장사의 신 호설암

장사의 신

장사 하나로 천하를 거머쥐었다

호설암

商神

증다오 지음 | 한정은 옮김

해냄

경영의 기본은 사람됨에 있다

상도(商道)에는 반드시 지켜야 할 원칙이 있다. 속임수로 옳지 못한 이득을 취하거나 사람들에게 피해를 입히는 것은 진정한 장사꾼의 면모가 아니다. 큰 상인은 다른 사람들의 눈에는 별 것 아닌 장사에 자신의 능력을 발휘해 부(富)를 거머쥔다. 청나라 때 상인 호설암이 바로 그런 인물이었다. 지금까지도 많은 이들의 입에 오르내리는 그의 활약상은 수없이 많지만, 그 면모를 철저히 분석하는 일은 아주 어려운 작업이기 때문에 제대로 된 분석서가 나오지 못했다. 그에 관해 알고는 있으나 그 근본은 알아내지 못했기 때문이다.

호설암은 본래 한 점포의 직원, 쉽게 말해서 '보잘 것 없는 인물'에 불과했다. 그러나 사물을 보는 눈이 빠르고 예리하여 하나를 보면 열을 가늠할 뿐만 아니라 일처리 또한 능수능란하여 점포의 노무직에서 은행창구 직원으로 자리를 옮겼다. 게다가 자신의 점포를 마련하여 공격적으로 영업함으로써 작은 장사에서 출발하여 점차 큰 사업으로, 주목을 받지 못하던 인물에서 점차 사람들의 눈길을 끌고 주변에 영향력 있는 인물이 되었다. 다시 말해 바닥에서 출발하여 최정상에 오른 것이다.

호설암의 사람됨을 알게 된다면, 큰 상인의 요건이란 바로 "먼저 사람이 되어야 한다"는 간단한 이치를 이해할 수 있을 것이다. 이제 '홍정상인' 호설암의 경영원칙인 경상지법(經商智法) 88가지를 하나씩 밝혀 세상에 알리고자 한다. 130년이 지난 지금도 활용할 수 있는 그 계책과 행위에서 현대의 경영자들이 알아야 할 원칙을 도출해 내기 위해서다. 이 책에서는 특히 시세(時勢), 정세(政勢), 상세(商勢)를 이용하여 큰 상인이 될 수 있었던 이유 중 그간 알려지지 않은 것들을 중심으로 서술하겠다.

"엽전 구멍 안에서 재주를 넘을" 수 있었던 호설암은, 마침내 비범함으로 사람들의 주목을 받았다. 그의 상도에는 세 가지 중요한 것이 있다. 첫째 마음이 밝아야 하고, 둘째 눈이 빛나야 하며, 셋째 손이 빨라야 한다는 것이다. 이는 평범한 원리이지만 제대로 실천해 내는 장사꾼은 호설암 외에는 아직 없었다.

이를 위해서는 먼저 좋은 사람이 되어야 한다. 그래야만 비로소 큰 상도를 갖춘 상인이 될 수 있다. 호설암 같은 식견 있는 큰 상인이 다시 세상에 나기를 기다린다.

증다오

5

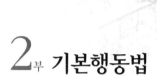

2부 기본행동법

3부 상황파악법

4부 인재육성법

5부 목표도달법

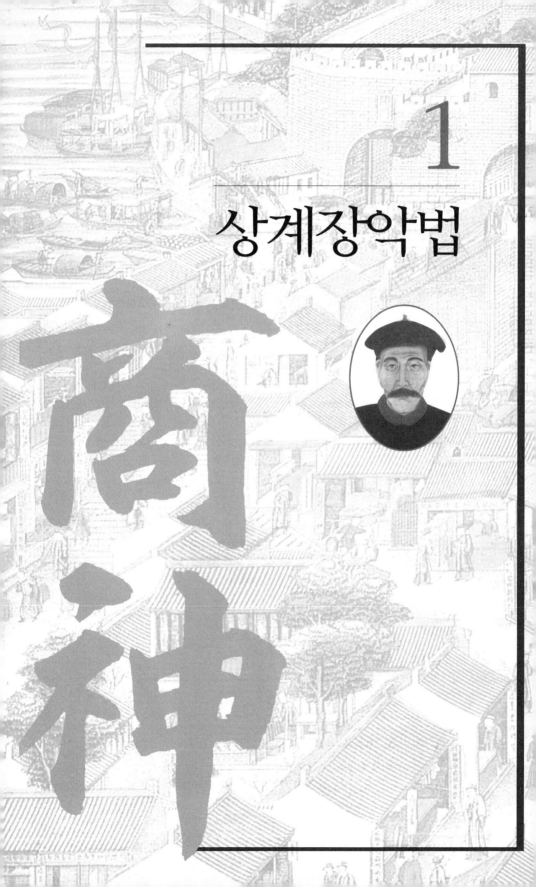

1

상계장악법

商神

상계를 장악하라

[거상(巨商)은 반드시 남다른 뜻을 품어야 한다]

이솝우화에 사자의 용맹함이 호랑이를 능가하고, 호랑이의 강함이 표범을 능가한다는 이야기가 나온다. 이것은 상대와 천하를 다투고자 하는 기세에 관한 이야기다. 장사에서도 그 이치는 같다. 뜻이 있는 상인이라면 그 분야에서 최고가 되고 싶은 꿈이 있을 것이다. 이 점은 경쟁의 이치와도 같다. 현재 당신이 어떤 사업에 종사하든, 마땅히 거상을 거울삼아 자신의 뜻을 세우고 경영할 수 있어야 한다. 당연히 사업에는 성공과 실패가 따르기 마련이다. 성공한 사람은 한없는 기쁨을, 실패한 사람은 감당하기 어려운 고통을 맛본다.

호설암은 하찮은 삶을 살고 싶지 않았다. 그래서 천하제일의 거상이 되겠다는 뜻을 세웠다. 그는 엄청난 정신력으로 난관을 극복하며 자신의 상도(商道)를 이루었다. "오직 바르게 일하는 사람이야말로 뛰어난 사람이라

할 것이다"라고 했던 말이나, 그가 자신의 직원들에게 입버릇처럼 "무슨 일이든 하지 않으려면 하지 말라. 하지만 하려거든 제대로 해야 한다"라는 말은 모두 같은 의미를 담고 있다. 뜻을 세울 수 있어야 하고, 자신감을 가져야 하며, 그리고 성실하게 일을 해야 한다는 것이다. 이 말 속에는 그가 성공할 수 있었던 가장 중요한 이유가 함축되어 있다. 여기에서 우리는 호설암이라는 거상의 기질, 즉 뜻을 세우고 실행하는 정신을 엿볼 수 있다. 우리는 어쩌면 바로 이 점이 부족하기 때문에 한 가지 일도 제대로 못하는 것인지도 모른다.

🔵 호설암 경상지법 1
남보다 앞서겠다는 뜻을 세워라

성공한 거상들은 그 분야의 최고가 되기까지 변함없는 자신감으로 고심하며 자신만의 이미지를 만들고 실력으로 능력을 입증했다. 즉, 확실한 자신감을 보여줄 수 있어야만 세상의 인정을 받을 수 있다. 이것은 호설암을 최고의 거상으로 만든 성격적 특징이었다. 자신감을 가진 사람만이 큰 뜻을 품고, 엄청난 성공을 거둘 수 있는 것이다.

뜻을 세우고 자신감을 품는 것 외에도, 정확하게 자신이 나아가고자 하는 방향을 정한 후에는 난관을 회피하지 않아야 한다. 꾸준히 밀고 나가는 결심과 의지력, 다시 말해 한결같은 마음과 인내심이 있어야 하는 것이다. 하지 않을 것이면 모르지만, 정확하게 보고 결정을 했다면, 게다가 이미 시작한 일이라면 끝까지 밀고 나가 반드시 결과를 끌어내야 한다. 이는 성공을 원하는 사람이라면 반드시 갖추어야 할 덕목 가운데 하나다. 호설암이 바로 그런 사람이었다.

태평군(太平軍)에 의해 항주(杭州)가 점령되었을 때의 일이다. 항주의 모든 것이 변했는데, 오직 야경꾼만이 전과 다름없었다. 항주가 태평군에 의해 함락되기 전에도, 태평군의 수중에 있는 동안에도, 그리고 조정에 의해 회복이 된 후에도 야경꾼 노씨의 딱따기 소리는 하루도 빼지 않고 매일 같은 시간에 맞춰 울려퍼졌다. 전란이 지나간 얼마 후 호설암이 다시 고향으로 돌아온 첫날 밤에도 "탁, 탁, 딱! 탁, 탁, 딱!" 하는 딱따기 소리가 들려왔다. 오랜 전란이 끝나고, 이제 막 평화를 찾은 고향 곳곳에서 울려퍼지는 이 평화로운 시절의 소리는 듣는 이에게 안도와 위안이 뒤섞인 흥분을 느끼게 했다. 호설암의 얼굴에도 숙연한 빛이 떠올랐다.

야경꾼에 관한 이야기를 들은 그는 자신도 모르게 "대단해! 정말 대단해!" 하고 탄성을 질렀다. 그리고 당장 야경꾼 노씨를 불러 자신의 집안일을 맡겨야겠다고 결심했다. 그 야경꾼은 사람들이 흔히 말하는 '뛰어난 인물'은 아니었다. 하지만 어떤 상황에서도 자기가 맡은 일을 성실하게 하는 사람이었다. 호설암은 "세상에는 많은 일이 있고 모두가 할 수 있지만, 다만 나는 성심을 다해 하는지를 볼 뿐이다. 그렇게 할 수 있는 사람이 바로 뛰어난 인물이다"라고 말했다.

장사를 하는 사람에게는 수완이 중요하지만, 성실하게 인내심을 가지고 일하는 자세가 더욱 중요하다. 이것은 너무나 간단한 이치다. 일의 성공여부는 꾸준히 노력하며 일하는 자기 자신에게 달려 있기 때문이다. 머릿속에 일확천금이나 노리고 주인 노릇만 할 꿈을 꾸는 사람은 진정한 부자가 될 수 없다. 창업의 어려움이나 고된 시간을 어떻게 이겨낼 것인가는 안중에도 없으면서, 잠시 해보다가 어려워지면 중도에 그만두려는 사람들에게 부자가 되고자 하는 소망은 단지 백일몽일 뿐이다.

이 세상에 그저 되는 일이란 없다. 고금을 막론하고, 큰 시련에 직면하여 끈질긴 인내심으로 꾸준하게 노력하지 않고 성공한 상인은 한 명도 없었다. 홍콩의 거상 이가성(李嘉誠)은 일찍이 길거리에 서서 행인들에게 물건을 파는 점원으로 일했다. 골드리온의 창업주 증헌재(曾憲梓) 또한 창업 초기에 자기 회사가 만든 넥타이를 선전하기 위해 골목골목 크고 작은 점포들을 찾아다녔고, 온갖 냉대를 받으면서도 웃으며 모든 굴욕감을 견뎠다.

맡은 일을 어떤 상황에서도 끝까지 하는 사람이 진정 뛰어난 사람인 것이다.

호설암은 가난하고 보잘것없는 신분으로 태어났지만, 일찌감치 자신의 상단(商團)을 세우겠다는 기업가 정신을 가지고 있었다. 그렇기 때문에 난세의 어려움 속에서 과감하게 왕유령(王有齡)을 도와줄 수 있었다.

호설암은 자신을 위험한 지경에 빠뜨리면서까지 왕유령에게 은자 500냥을 빌려주었는데, 이것은 결코 목적 없이 한 행동이 아니었다. 왕유령의 장래를 믿었고, 그에게 주는 금전적 도움을 투자라고 생각했다. 이것은 용기도 필요하지만, 먼 앞날을 내다보는 안목이 있어야 가능한 일이다. 보통 사람들은 현재의 이익을 추구하지만, 호설암은 미래의 이익을 추구했던 것이다. "긴 줄을 놓아야 멀리 있는 매를 잡는다"는 말은 바로 이런 경우를 두고 하는 말이다. 왕유령이 관직에 오르자 호설암도 자연히 그 후광을 입게 된다. 따라서 그의 돈이 결코 헛되이 쓰인 것이 아니었다.

"고난을 겪지 않으면 부처가 될 수 없다"는 말이 있듯이, 한 시대를 살다 간 '홍정상인(紅頂商人 : 청대 일품 관직을 받은 상인-옮긴이)' 호설암의 성장과 성공의 기록은 오늘날 성공하고자 하는 모든 사람들에게 하나의 본보기가 될 것이다.

자신의 터전을 개척하라

호설암의 상도는 오직 삶을 치열하게 살고자 하는 그의 바람에서 비롯되었다. 사람으로 태어나 능력 하나로 자신의 터전을 개척할 수 있다면, 바로 여기에 삶의 가치가 있다고 생각했던 것이다. 하지만 이것은 매우 험난한 과정이다. 실패를 거듭하는 사람들이 간혹 있는데, 그 이유는 자기에게 적합한 자리를 찾지 못했기 때문이다. 호설암이 가장 먼저 결심한 것은 자신의 점포를 차리는 일이었다.

"닭의 머리가 될지언정 소의 꼬리는 되지 않겠다." 이것은 자기의 점포를 열어서 스스로가 주인이 되었을 때 가능하다. 즉, 다른 사람의 속박을 받지 않겠다는 강한 자립심이 있어야 하는 것이다. 자립심은 강한 진취적 정신이자, 위험도 과감하게 받아들이는 초인적인 의지의 구체적인 표현이다. 또한 성공하는 상인에게 없어서는 안 될 덕목이기도 하다.

홍정상인 호설암은 어려서 전장(錢庄 : 사설 금융기관-옮긴이)에 들어가서 요강을 비우고 똥오줌통을 지는 일부터 시작했다. 명석한 머리 덕분에 몇 년 후에는 문서를 관리하는 자리로 승진했는데, 이는 오늘날 은행직원에 해당하는 일이었다. 어렸을 때 이미 확고한 자신의 뜻이 있었고 활달하고 시원시원한 성격을 지닌 그였으나, 살아가는 일이 결코 쉽지 않았다. 하지만 젊은 시절의 호설암은 재물에 대해 정확하고 열린 눈을 가지고 있었다. 또한 논리적이고 막힘이 없는 성격, 뛰어난 필력, 남다른 담력 등 훗날 청대 제일의 거부가 될 면모도 갖추고 있었다. 만약 그가 전장의 다른 젊은이들과 별반 다르지 않았다면, 한평생 돈만 셈하며 하루하루를 보냈을 것이다.

자신의 점포를 가지겠다는 목표는 상계에 발을 들여놓고, 끊임없이 시장을 개척하고, 마침내 최고의 거상이 될 수 있게 한 내적 원동력이었다.

처음에 호설암은 전장의 도제에 불과했다. 아버지의 죽음과 가난한 집안 형편 때문에, 그는 어려서 전장의 도제가 되어 마루 닦는 일과 뒷간 청소를 도맡아 했다. 하지만 총명하고 부지런했던 그는 도제생활이 끝나자 곧 신임을 얻어 수금을 전담하는 직원으로 발탁되었다. 그런데 당시 스무 살이 채 되지 않았던 호설암은 대담하게도, 가난한 선비 왕유령에게 전장에서 수금한 돈을 빌려주어 관직을 사도록 도와주었다. 이것은 스스로 자기 밥그릇을 던져버리는 행동이었을 뿐만 아니라, 이로 인해 동료들 사이에서 신망도 잃게 되었다. 결국 어느 전장도 그를 고용하려 하지 않았다. 이리저리 떠돌며 하루하루 끼니를 걱정해야 하는 지경이 되고 만 것이다.

"하늘이 무너져도 솟아날 구멍은 있다"는 말이 있다. 왕유령은 호설암의 도움으로 벼슬길에 오르는 데 성공한다. 절강성 해운국(海運國 : 해상운송 기관-옮긴이)의 관리가 되어 항주로 돌아온 것이다. 그리고 은혜를 갚기 위해서 최선을 다해 호설암을 도와주었다.

왕유령이 돌아오자, 호설암은 그를 도와준 일로 인해 썼던 불명예를 씻을 수 있었다. 이때 호설암에게는 두 가지 선택의 길이 생겼다. 하나는 왕유령의 곁에서 그를 돕는 것이었다. 실제로 왕유령은 호설암이 관부에 남아서 자신을 도와주기를 바랐다. 왕유령은 적당한 시기가 되면 호설암도 관직에 올라 분명히 입신양명할 수 있을 것이라고 생각했다.

또다른 선택은 이전에 일했던 신화(信和) 전장으로 다시 들어가는 것이었다. 신화 전장은 왕유령으로부터 호설암이 빌려준 은자 5백 냥을 되돌려받은 후, 이미 호설암을 다시 받아들이고자 했다. 신화의 책임자가 직접 호설암을 찾아와 다시 일해 줄 것을 요청하면서, 호설암이 일하지 않은 기간 동안의 월급까지도 모두 주겠다고 말했다.

하지만 호설암은 어느 쪽도 택하지 않았다. 관직은 본래부터 호설암의 관심사가 아니었으므로 택하지 않았다. 왕유령을 돕는 일이라면 마다할 일이 아니었지만, 그래도 결국 그는 자신의 장사를 하는 쪽을 택했다. 호설암은 전장에 다시 들어가는 일을 "어제 팔던 두부를 다시 찌는 격"이라고 말했다. 여기에는 사실 "좋은 말은 자기가 밟고 온 풀을 먹지 않는다"는 인식이 깔려 있었다. '어제 팔던 두부'를 아무리 잘 쪄도 '직원'일 뿐이고 결국은 '이인자'일 뿐이다. 호설암은 자신이 주인이 아닌 이상 직접 결정할 수 있는 권한이 없다는 것을 잘 알고 있었던 것이다.

"스스로가 주인이 될 수 없다면, 어찌 대장부라 하겠는가?" 호설암이 원한 것은 자신이 주인이 되는 것이었다. 그는 곧바로 자신의 전장을 여는 일에 착수했다. 사실 이때의 호설암에게는 밑천이 전혀 없었다. 하지만 그는 왕유령이 머잖아 주현(州縣 : 지방행정단위 - 옮긴이)의 관리로 파견되었을 때 자신의 전장이 관부의 재정관리를 위탁받게 된다면, 자연스럽게 자금 문제가 해결될 것이라고 생각했다. 호설암에게는 상계(商界)에서 자신의 발판을 마련하기 위해 상황에 신속하게 대처하면서 목표한 바를 향해 달려가는 패기가 있었다.

강한 자립심은 호설암이 꾸준히 사업을 추진할 수 있었던 기초가 되었다. 자신의 터전을 만들겠다는 생각이 아예 없었더라면, 그는 영원히 제자리 걸음을 하거나 다른 사람들이 하는 대로 따라가며 작은 장사를 하는 것에 만족하고 있었을 것이다.

🏵 호설암 경상지법 3
성공하는 인생은 자신감에서 시작된다

상인은 어떻게 성공적으로 상도를 장악하는가? 이것은

뜻을 세우는 것에서부터 시작된다. 호설암은 상인이 왜 뜻을 세우는가를 생각했다. 자존심을 지키면서 성공하는 것은 사람의 본능이다. 장사를 하는 사람은 반드시 거상이 되고자 하는 뜻을 품어야 한다. 그래야만 비로소 큰 일을 할 수가 있다.

호설암은 "입지(立志)는 나에게 있고, 성사(成事)는 사람에게 있다"는 명언을 남겼다. 이는 "일을 도모하는 것은 사람이지만 일을 이루는 것은 하늘이다"라는 숙명론과는 본질적으로 다르다. 성공하고자 하는 상인이라면 반드시 뜻을 세우고 일을 성공시키는 모든 의지가 나에게 있다는 자신감을 가져야 한다. 호설암에게는 바로 이런 남다른 자신감이 있었다.

호설암이 부강(阜康) 전장을 열었을 때, 온 나라가 태평천국의 난으로 전란의 와중에 있었다. 게다가 태평천국의 주요 활동지역이 바로 양쯔강 중하류의 동남지역 일대였다. 당시 국내의 금융업은 주로 산서(山西) 전장이 장악하고 있었다. 동남지역에서 늦게 문을 연 녕소방(寧紹幇), 진강방(鎭江幇)의 전장들은 규모나 상계에 미치는 영향력 면에서 산서 전장에 비교도 되지 않았다.

이때의 호설암은 전장의 도제로 일한 경력 외에 아무것도 내세울 것이 없었다. 그런데도 제일 먼저 생각한 일은 자신의 전장을 세우는 것이었다. 호설암에게는 무엇보다 자신감이 큰 밑천이었다. 전장 도제로서의 경험, 세상사에 대한 이해와 치밀한 안목, 뛰어난 수완, 이미 고위관리가 되어 든든한 후원자가 된 왕유령의 도움 등이 있기 때문에 산서 전장에 버금가는 최고의 전장을 만들 수 있다고 자신했던 것이다. 호설암은 자신의 전장을 열겠다는 말이 떨어지기가 무섭게 부강 전장의 문을 열었다.

호설암은 장사가 파산이라는 최대의 위기에 직면했을 때에도 고객의 자산에 손해를 끼치는 일은 절대 하지 않았다. 그는 실패는 해도 패배하지 않겠다는 신념을 가지고 있었다. 그는 "나는 빈손으로 일어섰고, 결국 여전히 빈손이니 진 것이 아니다! 먹고, 쓰고, 넉넉하게 살았으니, 이게 모두 번 것이 아니고 무엇이겠는가. 내가 죽지 않는 한, 나는 변함없이 다시 빈손으로 일어설 것이다"라고 호방하게 말했다. 이것이야말로 큰 일을 하는 자의 진정한 자신감이라 하겠다.

자신이 있다고 반드시 성공할 것이라든가 자신감이 성공을 가져다줄 것이라고 생각해서는 안 된다. 진정으로 성공하기 위해서는 본인에게 큰 성공을 거둘 수 있는 능력이 있는지, 또한 객관적인 상황이 잘 갖추어져 있는지가 중요하다. 다시 말해 시대의 흐름과 좋은 기회가 갖추어져야 하는 것이다. 단, 가장 중요한 조건은 성공할 수 있다는 자신감이라 하겠다.

호설암은 역사상 대의(大義)를 능히 해낸 사람들이 모두 큰 자신감을 가지고 있었다는 것을 잘 알고 있었다. 또한 "자신이 있으면 스스로 강하다"는 격언을 믿었다. 자신감이 있어야만 어려움을 알아도 물러서지 않으며, 깊은 물을 만나도 놀라지 않고, 위험에 이르러서도 두려워하지 않는 영웅의 진가가 드러난다고 생각했다.

자신감은 높은 인생목표를 향해 노력하고 부단히 매진할 수 있는 내적 원동력이자 받침대. 생각해 보라. 만약 호설암에게 자신감이 없었다면 자신의 전장을 열겠다는 생각을 하고, 게다가 훗날의 엄청난 성공을 거둘 수 있었을까? 또한 홍정상인으로 천하에 이름을 떨칠 수 있었을까?

🌐 호설암 경상지법 4
기(奇)로 천하를 이겨라

사람은 크게 인정받을수록, 인정받지 못한 때를 되새겨야 한다. 상도를 장악하는 데 능했던 사람들은 모두 이것에 철저히 대비했다.

상계에 투신한 호설암은 끊임없이 노력하고 철저하게 준비해, 마침내 상인 최고의 지위인 홍정상인으로 그 이름을 천하에 떨쳤다. 상인의 지위가 하급신분에 속했던 봉건시대에는 부를 통해 신분상승을 이루고 관직에 오르는 것이 상인의 가장 큰 꿈이었다.

청대 말기에 이르러 "이상입국(以商立國)", "상업이 모든 백성의 강령"이라고 부르짖는 사람들이 나타나기도 했지만, 근대화는 여전히 더디게 진행되고 있었다. 게다가 수천 년을 내려온 관(官) 본위적인 사상은 사람들의 가치관에 깊이 뿌리내리고 있었기에 벗어나기가 힘들었다. 당력행(唐力行) 교수의 저서 『상인과 중국근세사회』에는 '1908년 소주총상회'의 예가 기술되어 있다. 그 내용을 보면, 총상회의 회장과 부회장 격인 총리(總理)와 협리(協理)가 모두 내각의 관리인 중서(中書)의 직함을 갖고 있었다. 또한 지회장 격인 16명의 회동(會董)도 모두 2품 관리직, 부(府)의 장관, 주(州)와 현(縣)의 관리 직함을 가지고 있었다. 이는 모두 매관매직한 것이었다. 이러한 행위는 근대까지도 이어져, 상인들은 여전히 돈으로 관직을 샀고 온갖 방법으로 정부관료에게 줄을 대어 지위를 향상시키고자 했다.

장사에 있어 호설암과 협력관계에 있던 '사상(四象 : 자산이 은화 5백만 원 이상인 거상을 '상(象)'이라 하고, 은화 1백만 원 이상인 거상을 '우(牛)', 은화 10만 원 이상인 상인을 '구(狗)'라 칭했다) 가운데 한 사람인 방운증(龐云增)은 아들 방운제(龐云濟)의 이름으로 청 조정에 하남 일대의 재해 구휼자금 10만 냥을 기부했다. 이홍장(李鴻章)의 주청으로, 방운증은 특별히 1품 봉전과 4품 경당직 후보에 임명받았다.

청대에는 황제로부터 황마괘(黃馬掛)를 하사받아 입는 것이 더없이 큰 영광이었다. 청 태조 누루하치의 후손 소연(昭梿)의 저서 『소정잡록』에 황마괘에 대한 기록이 나오는데, 황제를 모시는 고관들과 탁월한 공을 세운 문무 대신만이 황마괘를 하사받아 입을 수 있었다. 반평생을 전쟁터에서 보낸 백전노장 좌종당(左宗棠)도 53세가 되던 1864년, 태평천국군의 수중에서 항주를 회복한 후에야 비로소 황마괘를 하사 받았다. 게다가 황마괘는 황제가 특별히 하사하는 상이었기 때문에 어떤 신하라도 이에 대해 언급할 수 없었다.

하지만 좌종당은 호설암을 위해 황마괘에 대해 직접 언급했다. 1878년 3월 27일, 그는 섬서성과 감숙성의 총독 담종린(譚鐘麟)에게 보낸 서신에서 이렇게 적었다. "호설암은 저에게 가장 오랫동안 가장 많은 도움을 준 사람이니, 조정에서 이를 살피시기를 바랍니다. 작년에 많은 자금으로 저의 굶주린 군사들을 먹일 수 있도록 도와주었고, 그 외에도 많은 재물을 아낌없이 내놓았습니다. 감히 말씀드리건대, 그의 공은 이루 열거할 수 없습니다. …… 만약 섬서의 재난에 관한 상소를 올리고자 하신다면, 설암의 헌납액이 가장 많으니 그에게 상을 내리기를 바라는 저의 청을 함께 살펴주시기 바랍니다."

4월 12일, 좌종당은 다시 담종린에게 서신을 보냈다. "물자 조달에 오직 설암이 가장 오랜 기간 많은 도움을 주었습니다. 결코 그를 두둔해서 드리는 말씀이 아닙니다. 이곳의 누구도 이를 부인하지 못할 것입니다."

열흘 후, 그는 다시 담종린에게 다음과 같은 내용의 서신을 띄웠다. "전장에서 탁월한 공을 세운 자가 아니면 감히 황마괘를 청할 수 없사오나, 화령제도의 규정에 따라 호설암은 이미 관리의 직함을 얻었습니다. 또한 전공(戰功)에 준하는 상을 받았으며 전국 각지의 가뭄지역에 20만 냥의 자금을 헌납하였으니, 누가 비할 수 있겠습니까? 하여 저는 호설암에게 황마괘를 내려도 과함이 없을 줄로 생각합니다."

한동안 숙고를 거듭한 후, 좌종당은 마침내 1878년 5월 15일 상소를 올렸다. 상해 채운국의 업무관리, 무기구입을 위한 자금대출, 중계운송을 위한 기부, 서방정벌을 위해 도움을 준 일 등 호설암의 여러 가지 공로를 열거했다. 그가 섬서, 감숙, 직록, 산시, 산동, 하남 등 여러 성의 재해지역 백성들을 위해 은화 20만 냥을 내놓은 일과 섬서와 감숙의 각 군영에서 필요한 약재를 구입하는 일에도 거금을 아끼지 않고 내놓은 일 등에 관해서도 적었다. 좌종당은 상소에서 "소신은 감히 조금의 과장을 더하거나, 거짓을 고하는 죄를 짓지 못하나이다"라고 맹세까지 했다.

이렇게 호설암은 무공과 선행으로 큰 공을 세우고, 황제로부터 가장 큰 신뢰를 받고 있던 좌종당의 천거까지 받아, 마침내 황마괘를 하사 받고 특별히 자금성에서 말을 탈 수 있는 허락도 받았다. 항주에 있던 호설암의 집도 크게 문루를 올렸으며, 절강성의 순무(巡撫 : 청대의 지방행정관-옮긴이)도 그의 집을 방문했다. 그런데 순무 품계가 2품이었기 때문에 반드시 대문 밖에서 가마를 내려야 했다. 건륭황제 시대에 한 소금상인이 거액의 기부금을 헌납하고 홍정의 칭호를 받은 일이 있었으나, 호설암처럼 홍정 칭호와 황마괘를 모두 하사받는 영광을 누린 예는 일찍이 없었다. 사람들은 이 특별한 관상(官商)을 일러 '난사람'이라 불렀다.

관직과 상인이라는 이중신분을 취득한 호설암은 관의 영예와 상인의 실제적 혜택을 동시에 누렸다. 관직을 통해 신분상승을 이룸으로써 자신의 경쟁력을 강화했던 것이다.

"정치를 하려거든 증국번(曾國藩)을 만나고 장사를 하려거든 호설암을 읽어라." 이 말은 오늘날까지도 회자되고 있는 말이다. 이것은 호설암이 상인들의 마음속에 어떤 위치를 차지하고 있는지, 또한 그가 당대 사회에 어떤 영향력을 미쳤는지 가늠할 수 있게 해준다.

19세기 말, 중국 상계를 주름잡았던 호설암은 예사롭지 않은 인생역정을 거쳤다. 난세에 태어나 권력의 힘을 빌어 막대한 부를 이룩했으며, 태평천국운동 시기에는 청 조정을 위해 충성을 다했다. 그는 서양의 기술을 도입하여 기술발전에도 적지 않은 공을 세웠으며, 좌종당이 서역원정에 나섰을 때에는 군량미와 군자금을 조달했다. 전장의 직원에서 일약 천하제일의 거부가 되었고, 한 시대를 주름잡는 홍정상인의 칭호를 하사받았다. 홍정과 황마괘를 하사 받은 후에는 상계를 능란하게 넘나들었다. 전장과 상단을 거점으로 전국적인 금융점포망을 형성하고, 약국 호경여당(虎慶餘堂)을 운영했다. 말년에 이르러서는 서양 상인들의 대거 등장과 조정권력의 몰락과 함께, 황명에 의해 죄인의 몸이 되어 재산을 모두 몰수당하면서 화려한 생을 마쳤다.

"호설암은 상인 중에서도 기이한 자로서, 비록 출신은 상인이지만 용기와 의협심이 있습니다." 좌종당은 그의 상소에서 이렇게 적었다. '기이하다'는 것은 독특하다, 특별하다, 보기 드물다, 다른 사람과 다르다, 중요하다는 뜻을 담고 있다. 또한 호설암의 일생과 그 특징들을 절묘하게 담아내는 말이기도 하다.

호설암을 일컫는 '기이하다'라는 말은 그가 걸어온 '기이한 역정'을 두고 하는 말이다. 청대의 사학자 진대경(陳大卿)은 『정절재문존』에서 호설암의 삶을 이렇게 평하고 있다. "관(官)과 상(商)에 능했으며, 점차 시대와 권세를 쫓았다. 흥망과 영욕을 맛보았고, 생사의 이치와 의리의 도(道)를 모두 겪었다."

호설암의 일생은 분명 기이하고 복잡하다. 그는 중국 봉건사회 상인의 경영관을 보여주는 전형이자, 전통상인의 시대를 마감하고 새로운 상인의 길을 연 선구자였다. 그래서 노신(魯迅)은 그를 일러 "중국 봉건사회의 최후의 상인"이라고 말했다. '최후'라는 말은 세 가지를 의미한다. 첫째는 집대

성한 인물이라는 뜻이고, 둘째는 과거를 계승하여 미래를 열었다는 뜻이며, 셋째는 다시 나오지 않을 인물이라는 뜻을 담고 있다. 이러한 정의는 상업의 역사에 있어 호설암의 위치가 가지는 특별한 의미, 즉 '기이하다'란 말을 다시 한 번 생각하게 한다.

호설암은 정1품 홍정상인의 칭호와 막대한 부를 이룬 거상으로서 일생의 커다란 영광을 누렸다. 그러나 재산이 몰수당하고 집안이 몰락하는 철저한 비극도 경험했다. 한 사람의 일생 속에서 이렇게 급격한 반전이 모두 일어난 예는 역사적으로도 보기 드문 일이다. 또한 우정과 사랑, 혈육의 정, 이 모든 감정들이 가지는 허무, 가식과 속임수 그리고 진실과 솔직함이 호설암이라는 한 인간의 행로 속에 그대로 묻어 있다. 호설암의 창업과 발전도 '기이하다'라는 말로 대변할 수 있다. 그는 10년이라는 짧은 기간에 전장 직원에서 천하제일의 부를 이룩한 거상으로 변신했다. 그리고 가난한 집안에서 태어나 맨주먹으로 집안을 일으켰다. 이 두 가지 사실은 수많은 창업자들의 호감을 사게 되었고, 지금까지도 성공하기를 바라는 이들에게 용기와 희망을 주고 있다.

사람이 환경을 만든다면, 환경 또한 사람을 만든다. 당연히 호설암의 성공이 갖는 '기이함'은 필연적으로 그가 속한 시대적 '기이함'에서 비롯되었다. 호설암이 살았던 시대는 내우외환이 겹친 고통의 시대였으며, 새로운 조류가 태동하던 시대였다. 근심과 희망이 공존하고, 기회와 도전이 함께 하는 시대이기도 했다. 이 대변동의 시간 속에서 그는 기회를 잡았고, 시대를 대표하는 상인으로 발전했다. 그리고 격변과 혼돈, 파란만장한 역사의 기복은 호설암에게도 마찬가지로 거대한 인생의 파고를 몰고 왔다.

여기서 시대의 '기이함'을 하늘이 준 기회라고 한다면, 지략의 '기이함'은 호설암 자신의 능력과 자질이라 할 수 있다. 수천 년을 내려오는 중국의 전통적 지략에 심취했던 호설암은 그것을 장사라는 영역에 적용해서, 중국의 고대 상인들의 경영방식을 종결짓고 상술을 한층 더 격상시켰다. 연환계(連環計 : 적에게 간첩을 보낸 사이에 자신은 승리를 얻는 계책), 양면작전 그리고 미인계를 비롯하여, 자신의 지명도를 높이기 위한 여러 가지 계략, 세력과 인정, 의리를 구축하기 위한 갖가지 노력과 방법들이 그의 일생 전체를 통해 나타난다.

행동방식의 '기이함'도 그의 일생의 특징을 그대로 보여주고 있다. 호설암이 살았던 시대는 신과 구, 동양과 서양이 전면적으로 격돌하던 시대였다. 이 같은 시대적 상황은 호설암의 삶 속에서도 그대로 나타났다. 그는 전장 운영과 군수품 조달, 장사와 선물거래 등 동서양을 막론하고 거의 모든 분야에 정통했다. 이렇게 그가 옛 것과 새 것, 동양과 서양을 모두 포용한 것은 당시로서는 혁신적인 경영방식이었다. 따라서 당시 사람들의 눈에는 호설암의 방식이 기이하게 비춰질 수밖에 없었다.

호설암의 기이함이 그에게 다양한 대응방식을 가능하게 했다. 무슨 일이든 그의 손안에서는 성사되었고, 누구든 그의 앞에서는 '쓸모 있는 인물'이 되었다.

얼굴을 알려라

프랑스의 대문호 발자크의 소설 『인간희곡』에는 낮이나 밤이나 유명해질 궁리를 하는 '혈기 넘치는 남녀'들이 등장한다. 그들은 자신의 능력에 따라 이리 뛰고 저리 뛰며 작은 성공에 쾌재를 부르지만, 결국에는 각기 다른 여러 원인 때문에 성공하기도 하고 실패하기도 한다.

사업도 이와 같다. 상인이라면 누구나 자신의 '영역'에서 일찌감치 이름을 알리고 싶어한다. 하지만 종종 잘못된 방법으로 실패를 초래하기도 한다. 호설암이 다른 상인들과 달랐던 점은 작은 이윤에 얽매이지 않고 명성을 큰 장사의 자본으로 보았다는 데 있다. 이것은 거상만이 가질 수 있는 혜안이다. 대개는 온갖 난관을 극복한 후에야 비로소 이 점을 깨닫는다. 그렇다면 왜 이런 차이점이 생기는 것일까? 이윤추구를 바라보는 시각이 완전히 다르기 때문이다. 큰 상인과 작은 상인의 근본적인 차이가 바로 여기에 있다.

🔵 호설암 경상지법 5
눈에 띄는 간판을 세워라

눈에 띄지 않는 간판은 제구실을 하지 못한다. 제구실을 못 하는 간판은 그 이름을 훼손하는 것 외에 아무 소용이 없다. 여기에서 '간판'이란 바로 회사의 브랜드이자 이미지다.

호설암은 간판을 세우는 일에도 남다른 안목을 발휘했다. 왜냐하면 장사에서 이미지를 만드는 일이 매우 중요하다는 것을 알고 있었기 때문이다. 자기 이미지를 만들었다는 것은 성공을 위한 기초를 다졌다는 뜻이다. 간판을 세우고 이름을 널리 알리는 것이 곧 자신의 이미지를 만드는 방법이다.

자신의 간판을 내거는 일은 장사를 시작하는 첫걸음이다. 호설암은 전장을 열 준비를 하면서 장부관리를 맡아줄 관리자를 물색하는 동시에 전장의 이름을 무엇으로 정할 것인지를 놓고 심사숙고했다. '엽전 구멍 안에서도 재주를 넘는' 능력을 가진 그였지만 이름을 정하는 일만은 할 수가 없었다. 그는 왕유령을 찾아갔다. 왕유령도 간판의 문구를 정하는 일은 처음 하는 일이라서 연구를 좀 해봐야겠다고 말했다. 그러자 호설암은 조금도 주저함이 없이 간판의 문구는 다음 몇 가지 원칙에 주의해야 한다고 말했다. 첫째, 눈에 띄어야 하고 말하기가 매끄러워야 하며, 둘째는 문구가 특별해서 사람들이 혼동하지 않도록 해야 한다는 것이었다. 또한 당연히 전장과 관련이 있어야 하고, 상스러운 의미를 지녀야 한다고 덧붙였다.

호설암이 말한 몇 가지 조건은 바로 간판의 문구를 정하는 중요한 사항들이다.

첫째, 발음하기가 쉬워야 한다. 호설암이 말한 쉽게 눈에 띄고 쉽게 말할 수 있어야 한다는 것은 문구가 간결하고 발음하기가 쉬워야 한다는 의미다. 문구가 생경하고 발음하기 어렵다면, 간판으로서의 기능이 크게 반감된다.

둘째, 특이해야 한다. 이색적인 문구로 된 상호는 특별한 인상을 주기 때문에 동일한 업종들 사이에서도 사람들의 이목을 끌 수 있다. 오늘날의 비즈니스적 관점에서 본다면, '특이하다'는 것은 일종의 독특한 분위기와 품격을 의미한다.

셋째, 적합해야 한다. 간판의 문구가 자신의 업종에 부합되고 업종의 특징을 잘 드러냄으로써, 사람들이 간판만 보고도 어떤 일을 하는 곳인지 알 수 있어야 한다.

넷째, 상스러운 의미를 지녀야 한다. 이것은 중국인들이 간판의 이름을 정할 때 특별히 중시하는 부분이다. 물론 보통사람들도 마찬가지다. 물건을 사는 사람이건 파는 사람이건 누구나 행운을 바라기 때문이다.

이러한 몇 가지 요구에 근거하여, 왕유령은 호설암을 위해 '부강(阜康)'이라는 말을 골라주었다. 이것은 '세상이 태평하고 도리로써 다스리며, 백성의 생활은 풍요롭고 산물은 풍부하다'는 뜻을 담고 있어서 호설암의 요구에 정확하게 부합되었다. 호설암은 "아주 좋습니다! 바로 이겁니다"라고 말하며 기뻐했다.

이름을 알리기 위해서는 수완이 필요하고 외관도 갖추어야 한다. 하지만 이름은 겉치레만으로 만들어지는 것이 아니며, 그렇게 만들어진 이름은 결코 오래갈 수도 없다. "한 때를 가릴 수는 있어도 한 시대를 속일 수는 없다"는 말도 있다. 내실이 없고 겉치레뿐이라는 사실이 사람들에게 알려지면, 이름의 가치는 물론, 고객의 신뢰와 존중마저 잃어버리게 된다. 이렇게 되면 사람들에게 남겨진 나쁜 인상을 지우고 다시 명성을 얻기가 매우 어려워진다.

명성을 만들기 위해서 가장 중요한 것은 자신의 '자본과 신용'을 만드는 것이다. 호경여당을 운영하던 초기에 호설암은 바로 이 방법을 사용했다. 그는 진정한 명성을 확립하기 위해 호경여당 운영에 관한 확고한 두 가지 원칙을 세웠다.

첫째는 믿을 수 있는 처방, 정확한 약재 선택, 세심한 조제로 반드시 의도하는 약효를 발휘해야 한다는 것이었다. 호설암은 "입으로는 진짜라고 말하면서 가짜 약을 파는 것이야말로 가장 고약한 일이다"라고 말했다. 그는 손님들이 눈으로 직접 약을 조제하는 모습을 볼 수 있게 했다. 그래서 자신의 약국에서 판매하는 약의 품질과 가격에 믿음을 주고자 했다. 또 어떤 약을 조제하기 전에, 매번 무슨 약을 조제하고 있다는 게시판을 문 앞에 붙여서 사람들이 참관할 수 있게 했다. 약재의 출처를 꼭 명시했고, 녹용을 팔 때에는 약국 후원에서 여러 마리의 사슴을 키우기도 했다. 따라서 손님들은 호경여당의 약재를 믿을 수 있게 되었다.

둘째, 약국의 직원들에게 능력 외에도 성실하고 따뜻한 마음가짐을 가져야 한다고 강조했다. 손님들이 약이 나오기를 기다리는 대청 위쪽에는 이런 편액이 걸려 있었다. "비록 다듬고 합하는 것을 보는 사람이 없으나, 하늘이 알고 있음을 자신은 알고 있다." 이 말은 "약을 파는 사람은 스스로가 진실하고 성실해야 한다"는 뜻이다. 성실하지 못한 사람이 약을 팔면 환자의 병을 고치기는커녕 오히려 병을 악화시킨다. 성실한 마음을 가진 사람은 늘 환자들의 입장에서 생각하고 약의 품질에 주의를 기울이기 때문에, 이러한 직원을 가진 약국은 자신의 이름을 더럽히거나 간판을 내릴 염려가 없다.

호설암의 이러한 원칙을 한마디로 요약하자면, 남을 속이지 않는 성실함으로 진정한 자신의 이름을 만드는 것이라 할 수 있다. 조제과정을 보여주고 약국 후원에 사슴을 놓아 기르는 일 등은 다른 상인들에게서 볼 수 없는 야단스러운 면이 있다. 하지만 이것이 바로 자신의 명성을 빛내는 수단이었던 것이다.

전략적인 안목을 가진 사업가는 결코 '눈 가리고 아웅' 하는 식의 속임수로 성공하기를 바라지 않는다. 성실과 신뢰, 고객의 요구를 확실히 만족시키는 것을 출발점으로 삼는다. 이것은 모든 장사의 기본적인 출발점이며, 경쟁에서 승리할 수 있는 방법이다. 재능은 있지만 덕이 없고, 겉치레만으로 이름을 얻고 이익을 취하려 한다면, 결국에는 제 발등을 제가 찧는 결과를 낳을 뿐이다. 그래서 호설암은 "우리는 공연한 겉치레를 하려는 것이 아니다. 장사는 성실하면서도 떠들썩해야 한다"고 말했다.

이름 짓는 일은 무엇보다 중요하다. 장사를 할 때는 제일 먼저 이름을 지어야 한다. 이름이 있어야만 사람들이 알 수 있고, 이름에 신뢰가 더해질 때 그 이름은 설득력을 가진다. 그렇게 되면 이름은 '자본과 신용'의 기호가 된다. 안목이 있는 상인이라면 자신의 상호를 어떻게 정할 것인가를 신중하게 생각해야 한다. 우리는 전장의 간판을 중시하는 호설암의 모습에서 그의 상업적 안목을 볼 수 있다.

브랜드를 창조하는 것은 결코 쉬운 일이 아니다. 그 과정에는 수없이 많은 난관과 위험이 존재한다고 말할 수 있다. 호설암은 이 점을 너무나 잘 알고 있었다. 그는 "나는 장사의 이치는 모두 똑같다고 생각한다. 간판을 창조하는 것이 무엇보다 중요하다"고 말했다. 그래서 그는 자신의 간판을 만들고, 브랜드를 창조하기 위해 늘 많은 노력을 기울였다.

호설암은 평생동안 이름과 명성을 중하게 생각했고, 이름이 결국 되돌아온다는 말을 경영철학으로 여겼다. 이름과 명성을 지키기 위해 평생을 노력한 결과, 그는 누구보다도 뛰어난 업적을 이룩했다. 호설암이 약국체인을 운영한 데는 깊은 뜻이 있었다. 그는 약국을 병들어 죽어가는 사람을 살리는 동시에 세상에 이름을 널리 알리는 방법이라고 생각했다. 호설암은 약제상과 공익사업을 겸하여 약국을 운영했던 것이다. 그 효과는 무형의 것이었지만 헤아릴 수 없는 많은 실리로 변화했다.

호설암이 세상에 자신의 얼굴을 알릴 수 있었던 가장 효과적인 방법은 '이름을 알리고' '자본과 신용'이라는 간판을 창조한 것이었다.

🔵 호설암 경상지법 6
이름이 돈을 버는 것보다 중요하다

장사에서 이름을 얻고자 하는 것은 이윤을 얻기 위해서다. 자기 이미지를 확립하고 이름이 알려지면, '자본과 신용'이 빛을 발하고 장사도 자연히 번성하게 된다. 바로 이름이 되돌아오는 것이다. 호설암은 '먼저 이름을 벌고 돈을 번다'는 말의 의미를 잘 알고 있었기 때문에 어떻게 이름을 알릴 것인가를 가장 우선적으로 고려했다. 오직 돈을 벌기 위해 자기 이름을 스스로 훼손시키는 사람들이 많았지만, 호설암은 이를 지극히 경계했다.

호설암이 호경여당을 시작할 때도 가장 먼저 생각한 것이 이름을 널리 알리는 일이었다. 그는 많은 자금을 투입하여 두 가지 일을 벌였다. 하나는 항상 필요한 구급약을 대량으로 사들여 약을 살 형편이 못 되는 사람들에게 무료로 나누어주는 일이었다. 그리고 군영에서 필요한 약품을 기부형태로 원가에 제공했다. 이런 방법으로 그는 아주 짧은 시간에 자신의 브랜드를 창조했다. 호설암이 이렇게 한 것은 옹정(雍正) 연간에 발생한 한 사건이 계기가 되었다.

북경 시내에 상당히 규모가 큰 약국이 있었다. 이 약국의 약재와 조제방법은 특별한 신뢰를 받고 있어서, 옹정황제도 궁중의 '어약방'에서 필요한 약제공급을 그들에게 맡길 정도였다. 어느 해 3월 봄, 춘시(春試 : 매년 봄에 치루는 과거-옮긴이)가 있던 때였다. 전해 겨울이 따뜻하고 눈이 많이 내리지 않아서인지, 봄이 되자 이상기후를 띠면서 역병이 돌기 시작했다. 춘시를 준비하던 많은 서생들이 병으로 자리에 누웠다. 그중 건강한 축에 드는 사람들도 식욕부진으로 기력을 차리지 못했다. 당시 과거장은 여러 개의 작은 방으로 나뉘어져 있고 각 방에 한 사람씩 들어가도록 만들어진 구조였다. 그런데 사람이 허리를 굽히고 서야 할 정도로 높이가 낮았고 다리를 펴고 앉을 수 없을 정도로 협소했다. 게다가 세 번의 시험을 치루는 동안 전혀 밖으로 나올 수 없기 때문에, 체력이 약한 사람은 견디기가 매우 힘이 들었다. 더군다나 역병으로 인해 기력이 쇠해져 있던 서생들은 더 말할 나위가 없었다.

상황이 이러하자, 그 약국은 급히 약을 조제한 후 내무대신에게 옹정황제에게 상소를 올려달라고 청했다. 그 내용은 불시의 상황에 대비할 수 있도록 과거장에 들어가는 모든 서생들에게 조제한 약을 나누어주고자 한다는 것이었다. 옹정황제는 크게 걱정하고 있던 터라, 이 소식을 듣자 매우 기뻐했다. 그 약국은 곧바로 사람을 보내어, 과거장 문 앞에 기다렸다가 과거장으로 들어가는 서생들에게 약을 한 포씩 나누어주게 했다. 약을 싼 겉봉에는 '봉지(奉旨 : 황명을 받들다-옮긴이)'라는 직인이 찍혀 있었고 따로 설명서 한 장이 들어 있었다. 그리고 그 약국에서 판매하는 유명한 환약과 고약의 도장이 그 위에 찍혀 있었다. 그 결과 그 해 응시자들 가운데 병으로 퇴장한 사람들의 수는 전해에 비해 많지 않았다. 시험을 마치고 과거장을 나온 서생들은 모두 이 약국으로 가서 약을 샀다. 북경에 있던 이 약국의 이름이 서생들의 입소문을 타고, 운남성과 귀주성에 이르기까지 전국 18개 성으로 전해졌다. 얼마 지나지 않아 약국은 손님으로 문전성시를 이루게 되었다.

호설암이 두 가지 일을 벌인 목적은 바로 이것이었다. 전란을 피해 전국 각지에서 모여든 사람들에게 약을 나누어준다면 그들을 통해 호경여당의 이름이 전국 각지로 알려지게 될 것이었다. 군영 역시 전국 곳곳에서 올라온 군인들이 모여 있는 곳이기 때문에 전국적으로 호경여당의 약을 광고하는 효과를 거둘 수 있었다. 이렇게 만들어진 명성은 거금을 들여 전국 각지로 사람을 보내어 벽보를 붙이는 것과는 비교할 수도 없는 엄청난 광고효과인 것이다.

오늘날 비즈니스 안목에서 볼 때, 무료로 약을 제공한 호설암의 방법은 일종의 특수한 광고방식이다. 게다가 일거다득(一擧多得)의 절묘한 수단이었다. 사회를 위해 일한다는 명성을 얻었고, 조정의 지지도 받게 되었다. 또한 난민과 군영의 장병들을 통하여 '살아 있는' 광고를 대대적으로 전개함으로써 자기 브랜드를 창출하고 입지를 다졌다. 상황이 이런데 어찌 재원(財源)이 열리지 않겠는가? 호설암은 이 전략을 세운 후 자신에 찬 목소리로 말했다. "우리가 만든 약이 좋다는 것을 사람들에게 믿게 할 수 있다면, 내게는 그 다음에 할 일이 있다. 바로 돈을 버는 것이다."

장사에서의 명성은 곧 이윤이 된다. 호설암이 부강 전장 초기에, 호부의 채권매입에 적극 나섰던 것도 "이름은 결국 되돌아온다"는 말을 잘 알고 있었기 때문이다.

부강이 문을 연 지 사흘째 되던 날, 호부의 채권매입에 관한 전업공소(전장업 경영자들로 구성된 일종의 동업조합-옮긴이) 회의가 있었다. 모두가 서로 팽팽히 대립하고 있을 때, 호설암의 지시를 받은 유경생(柳慶生)이 벌떡 일어나서 순식간에 2만 냥에 달하는 채권을 매입했다. 항주에서 발행된 정부채권은 총 25만 냥이었는데, 규모가 큰 전장 아홉 곳, 작은 전장 서른 세 곳이 참가한 이날 회의에서 부강이 가장 많은 채권을 매입했던 것이다. 이 일을 계기로 부강의 이름은 조정과 업계에 동시에 알려지게 되었다.

전업공소가 채권구입 상황을 절강성 관부에 보고하자, 조정에서는 배분한 채권매입이 순조롭게 진행된 것에 매우 만족해 했다. 특히 부강의 적극적인 매입을 칭찬하면서, 호부에 상소를 올려 상을 내리기를 청했다. 이로인해 부강의 이름이 조정과 성내의 전장업자들에게 널리 알려지게 되었다.

그로부터 얼마 후, 채권매입에 대한 보답으로 절강성 관부는 절강성에서 강소성으로 보내는 수십만 냥에 달하는 자금 전송업무를 부강에게 위탁했다. 이로써 호설암의 전장은 절강에서 강소까지 영업범위가 확장되었다.

호경여당도 마찬가지였다. 성실과 거짓없는 태도로 이름을 알린다는 설립초기의 방침을 지켜나갔다. 무료로 약을 나누어주거나 기부하는 방법으로 호경여당은 순식간에 전국적으로 널리 알려졌다. 약재가 좋고 조제방법도 뛰어났기 때문에 약국은 날로 번성했다. 여름철로 접어들어 역병이 창궐하는 때가 되면, 약국은 약을 사려는 사람들로 문전성시를 이루었다. 후에 호설암의 장사가 파산에 이르게 되었을 때에도, 오직 호경여당만이 살아남아 몰락한 호설암에게 귀중한 가업이 되어주었다.

'호경여당'이라는 이름은 바로 '신뢰'라는 말과 같았다.

호경여당은 호설암에게 큰돈을 벌어주었지만 그보다 더 가치 있는 높은 명성도 가져다주었다. 호설암이 결국 호경여당을 팔아야 하는 상황에 직면했더라도 그 간판은 결코 사라지지 않았을 것이다. 호경여당의 높은 명성을 알고 있는 조정이 이를 폐쇄할 리가 없고, 호설암 역시 여전히 호경여당의 주인으로 남아 있었을 것이다. 그는 직원들에게 평상시와 다름없이 손님을 위해 일하라고 당부했다. 자신이 맡은 일을 차질 없이 한다면 걱정할 필요가 없다고 모두를 안정시킨 것이었다.

🔅 호설암 경상지법 7
체면이 바로 간판이다

체면을 유지하는 한 간판은 쓰러지지 않는다. 호설암은 특히 체면을 중시했다. 사방에서 위기가 닥치고 모든 것이 무너질 상황에 처했을 때도 그는 체면을 유지해야 비로소 사는 것이라 생각 했다. 그래서 그는 "체면이 간판이며, 체면을 유지하는 한 간판은 쓰러지지 않는다"라고 말했다.

상해의 부강 전장에서 발생한 예금 대량인출 여파가 다음날이 되자 항주에 까지 파급되었다. 호설암은 상해에서 항주로 돌아오는 배에서 이 소식을 들었다. 이때 호설암이 가장 먼저 생각한 것은 체면을 유지해야 한다는 것이었다. 그는 세 가지 조처를 취했다.

첫째, 모든 것을 이전과 다름없이 유지하도록 했다. 호설암이 항주에 도착하자, 집안일을 도와주는 마선생이 배로 찾아와 상해 항주에서 발생한 '재난'을 보고했다. 마선생은 뱃머리를 돌려 집에서 가까운 만안교 부두에서 하선할 것을 건의했다. 당시 호설암의 집은 원보가에 있었고 그의 전장은 청하방에 있었다. 호설암은 외지에서 항주로 돌아오면 늘 원보가와 청하방 사이의 번화가인 망선교 부두로 들어와서 하선했다. 그러면 집안 가솔들이 모두 나와 그의 가마를 맞았는데, 그 전경이 매우 성대했다. 나팔수처럼 두 줄로 길게 늘어선 호위병들이 관명(官名)이 쓰인 등과 깃발을 들고 람니대교로 나오면, 이 모습을 구경하기 위해 행인들이 몰려들었다.

마선생은 예금인출 사태가 벌어진 상황에서 호설암이 떠들썩한 행차로 사람들의 이목을 받지 않기를 바랐다. 그래서 그렇게 건의한 것이었다. 하지만 호설암은 모든 것을 전과 다름없이 하도록 지시했다. 이것은 당연히 체면을 유지하려는 조치였다. 호설암은 부강의 예금인출 사태로 인해 자신이 기죽은 듯한 모습을 사람들에게 보이고 싶지 않았던 것이다.

둘째, 부강의 영업을 정상적으로 하라고 지시했다. 호설암이 전장에 도착하기 전에 전장의 업무를 지휘하던 사운청(謝云淸)과 자신의 부인이 사흘간 업무를 중지한다는 결정을 내렸다. 그는 그 결정을 철회하고 예전과 다름없이 진행하도록 했다. 그는 사운청에게 그날 밤 안으로 예금주들의 계좌를 모두 조사하도록 했다. 우선 거액 예금주에게 지불할 이자를 산출하여 미리 지불하고자 했다. 또한 대고객들의 자금을 미리 확보하기 위해 최선을 다하고 있다는 모습을 보여주기 위해서였다. 이는 신용을 지키기 위한 것이기도 했지만, 잃어버린 체면을 되찾으려는 의도가 더 컸다. 부강이 사흘간 영업을 중단한다는 게시문을 내건 사건은 항주에서 엄청난 파장을 일으켰다. 다행히 더 심각한 문제는 불거지지 않았지만, 예금인출 사태 이후 곧바로 영업을 잠정 중단한 것은 사실상 체면에 큰 손상을 가져온 조치였던 것이다.

셋째, 이미 계획했던 셋째 딸의 혼사를 예정대로 진행하도록 했다. 치명적인 사태가 벌어지고 있었지만, 호설암은 부인에게 딸의 혼례를 위해 모든 준비를 차질 없이 진행하게 했다. 그는 상황이 아무리 힘들어도 해야 할 일은 해야 한다고 말했다. 이것은 당연히 체면을 유지하려는 조치였다. 예금인출사태가 벌어진 후, 사람들의 관심은 딸의 혼사에 집중되어 있는 상황이었다. 만약 이번 혼사에서 지금까지 호설암이 집안 대사에서 보여주었던 풍모와 품격을 잃는다면, 더욱 체면을 잃게 될 것은 뻔했다. 호설암은 결코 그렇게 할 수 없었다.

　호설암이 이렇게 한 것은 '죽어도 체면을 지키겠다'는 고집만은 아니었다. 그의 이러한 조처가 분명한 효과로 나타난 것이다. 첫째는 부강에 대한 고객들의 신뢰를 유지하고 동요를 진정시켜서 자신의 명예를 지킬 수 있었다. 일련의 조치들이 있었기 때문에 예금 대량인출 사태가 더 이상 심각한 상황으로 발전하지 않았다. 둘째, 대고객들을 안심시켜 이들이 예금인출 대열에 가세하는 사태도 미연에 방지했다. 대고객들의 합류는 사태를 더욱 악화시킬 수 있는 요소였다. 대고객을 안심시킬 수 있다면, 소액예금 인출 사태는 어쨌든 감당해 낼 수가 있고, 소요를 진정시킬 수 있기 때문이다.

　체면을 지키는 것은 호설암이 위기를 극복하는 중요한 수단이었다. 그는 사람들의 마음속에서 부강의 간판이 내려지지 않는 한 다시 일어설 수 있다고 믿었다.

상세를 꿰뚫어라

[깨어 있는 눈이 가장 무섭다]

천하에는 전세(戰勢), 인세(人勢), 권세(權勢), 상세(商勢), 정세(情勢)가 있다. 이 가운데 어느 힘이 가장 유용할까? 하나를 해답으로 지목하는 것은 지나치게 단순한 논리일 것이다. 중요한 것은 당신이 어떤 종류의 힘을 얻기 위해 노력하는가에 달려 있다.

장사는 실제로 돈을 얼마나 벌 수 있는가 하는 문제와 직결되기 때문에, 장사하는 사람은 특히 상세에 신경 써야 한다. 상세와 시세(時勢)는 상호 연관성을 띤다. 시대의 변화가 경영전략의 변화를 결정하기 때문이다. 호설암은 시대 속에서 돌파구를 찾으면서 착실하게 한발 한발 시장을 다졌다. 거상은 상세를 꿰뚫고 있어야만 바둑에서 악수를 두는 우(愚)를 피할 수 있다. 다시 말해 늘 깨어 있는 혜안으로 일의 흐름을 들여다볼 수 있어야만 한다. 비로소 상세를 포착할 줄 아는 고수가 된다.

일을 하기 전에 마음속에 큰 그림을 그려라

큰일을 하는 사람은 전체 상황에 대한 개념이 확고해야 한다. 사람들이 미처 보지 못하는 곳을 볼 수 있어야 하며, 전체를 정확하게 꿰뚫어볼 수 있어야 하는 것이다.

"시대가 영웅을 만든다"는 말이 있다. 호설암도 "장사에서는 시대적 상황을 정확히 보는 것이 무엇보다 중요하다"라고 말한 바 있다. 사회적 환경과 분위기가 없다면 영웅이 출현할 수 있는 토양과 조건도 없다. 진정한 영웅은 반드시 시국을 지배할 줄 알아야 하는데, 호설암이 바로 그러했다.

호설암은 1823년에 태어나 1885년에 생을 마감했다. 그동안 청대의 선종, 문종, 목종, 덕종 네 명의 황제 치세기를 거치면서, 신구격변의 시대 속에서 복잡다단한 변화의 삶을 살았다.

내우외환의 격변기 속에서 국고가 바닥이 나자, 시대는 상인들의 힘을 필요로 했다. 근대 이전까지 중국은 주변 이민족과 끊임없이 정권을 놓고 각축을 벌였다. 하지만 그 때문에 나라 전체의 생존이나 발전이 위협받은 적은 없었다. 오히려 통일된 면모를 유지하며 확장, 발전할 수 있었다. 그런데 이것이 봉건 통치자들로 하여금 문화적 우월감을 갖게 하고, 결과적으로 스스로 친 울타리 속에 갇히게 만들었다.

근세 전반기의 2, 3백 년 동안 명청 전제정권은 쇄국과 상업 억제정책을 실시했다. 이 때문에 중국은 전통사회에서 자본주의 사회로 넘어가는 과도기를 놓치고 말았다. 18세기 말과 19세기 초, 봉건시대 말엽의 중국은 계급혁명과 산업혁명을 통해 국력을 키운 구미의 자본주의 국가들에 비해 한 시대나 뒤처져 있었다.

호설암이 18세가 되던 1840년, 아편전쟁이 발발했다. 대포를 앞세워 중국의 낙후된 군함들을 격파한 대영제국 함대는 1842년 8월 29일 청 조정을 협박하여 불평등 조약인 '남경 조약'을 체결했다. 그 이듬해, 다시 '호문 조약'을 체결했다. 이 조약들을 통해, 영국은 홍콩을 강점하고 청 조정으로부터 2천 1백만 원에 달하는 배상금을 강제로 받아냈다. 또한 광주, 복주, 하문, 영파, 상해 등 5개 지역을 개항장으로 지정했다. 그리고 이곳의 관세권과 영사재판권을 가져가는 등 일방적인 최혜국대우를 누렸다. 미국과 프랑스 두 나라도 각각 청 조정을 압박하여 '망하 조약'과 '황포 조약'을 체결했다. 두 나라는 영사재판권의 범위를 확대하고 개항장에서 자유로이 선교활동을 할 수 있는 특권을 획득했다.

이미 무너지고 있는 담을 여러 사람이 달려들어 밀어내듯 포르투갈, 벨기에, 스웨덴, 노르웨이, 네덜란드, 스페인, 덴마크 등 서양의 다른 열강들도 중국으로 몰려들었다. 그들은 영국, 프랑스, 미국과 함께 침략의 특권을 나누어 먹었다.

그 후 10년 동안, 이미 봉건통치의 고통 속에 살고 있던 백성들은 다시 제국주의의 압박이라는 이중고에 시달리게 되었다. 피폐해진 생활을 참다 못해 위험한 모험에 뛰어드는 사람들도 늘어났다. 1842년에서 1852년에 이르는 10년 동안 전국적으로 일어난 무장봉기가 92건에 달했다. 1851년 1월 11일, 광동성 화현 출신의 홍수전(洪秀全)이 광서에서 중국 역사상 최대규모의 농민봉기를 주도했다. 태평천국운동이 바로 그것이다. 3년이 채 안 되는 기간 동안, 태평군은 파죽지세로 세력을 확장했고, 먼저 영안에서 나라를 세운 후 곧바로 호남성과 호북성으로 세력을 넓혀 남경을 도읍으로 정했다. 이어서 서쪽과 북쪽지역 정벌에 나섰는데, 상당 기간에 걸쳐 영토를 확장하며 조정과 대립했다. 이 기간 동안 상해와 복건성에서도 반청(反淸)을 부르짖는 봉기가 앞다투어 일어났다.

중국 내부의 분열은 열강들에게 좋은 기회가 되었다. 그들은 기회를 놓칠세라 조정을 압박하여 '천진 조약'과 '북경 조약'을 체결했다. 또한 외세는 변고를 틈타 연해지역에서 양쯔강 유역으로, 화남에서 동북지방으로 세력을 넓혔다. 또한 중국의 영해와 내륙 하천의 권리, 세관 및 무역권, 사법권을 모두 그들의 수중에 넣었다. 특히 북경에 상주하는 서양인들은 이제 더 이상 과거 강희제와 건륭제 시절 황제에게 공물을 바치기 위해 찾아오는 외국사절단이 아니었다. 그들은 조약과 무력을 등에 업은 열강의 공사(公使)로 권력을 휘둘렀다. 이것은 '만방이 배알하기 위해 찾아오고', '하늘이 내린 대국'을 자처하던 청조에게는 치명적인 충격이 아닐 수 없었다.

도광제 이후 내전과 외세침략 때문에 사회의 생산력은 심각하게 파괴되어 있었다. '생선과 쌀밥의 고장'으로 살기 좋은 곳으로 이름났던 동남지역도 전란을 겪는 동안 피폐해졌다. 살아남은 자들은 고향을 버리고 유리걸식으로 목숨을 부지했다. 전국 각지에서 가뭄, 홍수, 메뚜기떼 습격, 기근, 역병 등 자연재해가 잇달았다. 그런데 나라에서는 전쟁배상, 내전으로 인해 막대한 군비가 지출되었다. 게다가 지방관리들의 횡령과 뇌물요구가 극심하여 조정의 재정상황은 극도로 악화되었다.

국고가 바닥나면 조정의 수족은 묶이는 것이나 다름없다. 19세기 중엽과 말엽은 양무운동과 변방지역 국방력 강화계획이 추진되던 시기로서 자금을 요청하는 상소가 끊이지 않았다. 하지만 조정의 재정은 이미 고갈상태였다. 어떤 정권이든 통치하기 위해서는 물질적 기초가 있어야 한다. 따라서 조정은 자본력을 가진 상인들에게 국사에 개입할 수 있는 기회를 제공하게 되었다.

또한, 상품경제의 발전과 서양문화의 유입은 상업을 천시하던 전통적인 관념에 큰 변화를 가져왔다. 따라서 상인들이 포부를 펼칠 수 있는 사회적 분위기도 조성되었다.

중국 봉건사회를 통치해 온 전제정권은 소규모 농업경제의 기초 위에서 세워졌다. 그래서 인구이동과 농업경제의 안정성을 위협하는 상품경제에 대해 가혹한 태도를 취했다. 중농경상(重農輕商) 정책은 당연한 귀결이었다.

한조(漢朝) 때 태동한 상업경시의 전통은 역대 왕조들을 거치는 동안에도 줄곧 변함없이 이어졌다. 전통적인 중농경상 정책과 "가진 것이 적음을 걱정하지 말고 고르지 못함을 걱정하라"는 유교의 가르침은 사람들의 뇌리에 상업과 상인에 대한 천시관념을 깊이 각인시켰다. 전통적인 중농경상 정책과 일반 백성들의 생활의식이 모두 "상업은 백성을 탐욕하게 만들고 농업은 백성을 충실하게 한다"는 원칙에 의해 좌우되었던 것이다.

하지만 상품은 사회와 경제를 운용하는 일종의 특수한 매체로서 인간과 인간, 지역과 지역을 연결하는 역할을 한다. 사회의 발전은 상품경제를 필요로 한다. 농토에만 수입을 의지하던 봉건정권은 착취에 가까운 세금을 징수했기에 농민들에겐 남는 게 없었다. 반면 장사는 적은 노력을 들이고도 괜찮은 수입을 얻을 수 있었다. 따라서 사회의 멸시에도 불구하고 장삿길로 뛰어드는 사람들이 늘 있어 왔다. 그래서 상품경제는 홀대를 받으면서도 느리지만 발전을 이룰 수 있었다.

명나라 중엽과 말엽에 이르자 갖가지 난관을 뚫고 자본주의의 싹이 트기 시작했다. 이때부터 중국 봉건사회라는 모체 속에서 변혁의 요소들이 조용히 태동했다. 청 말엽에 아편전쟁을 계기로 전통으로의 이탈이 한층 더 표면화되었다. 전쟁이 끝난 후 개항이 되자, 열강의 공업생산품이 대량으로 밀려들기 시작했다. 더불어 농산물과 원자재의 약탈이 극심해져서 중국은 반강제로 세계시장에 편입될 수밖에 없었다. 제2차 아편전쟁 후, 열강들은 세관, 해운, 재정, 금융활동의 영역을 중국 전역으로 확대했다. 그들의 영향력이 산간벽지까지 미쳤고, 이것은 중국 봉건경제의 해체를 더욱 가속화했다. 또한, 1860년대 이후 중국은 양무운동을 통해 근대식 군대와 공업육성에 힘썼다. 이것은 수공에 의존하던 자연경제가 기계를 이용한 대량생산을 기초로 하는 상품경제로 전환하는 데 큰 역할을 담당했다.

이외에도 서양의 물질문명, 생활습관, 자연과학, 그리고 사회과학 분야의 지식과 학문이 유입되었다. 서양인과 그들의 공업제품, 선교활동, 조차지 내의 생활, 서양으로 파견된 시찰단 등 여러 통로를 통해 중국으로 들어왔는데, 적어도 두 가지 측면에서 중국에 대해 점진적인 영향을 미쳤다.

서양의 경제관념과 상품경제가 사치를 금하고 검소함을 숭상하던 중국 전통사회의 관념을 흔들어놓았다. 소박함보다는 부와 호화로움을 추구하는 사회적 풍조를 낳은 것이다. 이것은 장사로 큰돈을 벌고자 하는 사람들이 늘어나면서 일종의 사회적 추세가 되었다.

또 서양의 사회과학과 자연과학, 부르주아적 민주주의 문화가 광범위하게 중국으로 유입되었다. 이것은 날로 심각해지는 민족적 위기 속에서 사람들이 중국과 서양을 비교하고 연구하도록 만들었다. 서양을 배워야 할 필요성을 절감하게 된 것이다. 이 가운데 하나가 상업을 국가발전의 기초로 삼았던 서양 열강들의 경험을 배우는 것이었다.

인간은 환경을 창조하고 환경은 인간을 창조한다. 청 말엽의 상황은 호설암을 장삿길로 들어서게 만들었다. 하지만 이것이 전부는 아니었다. 호설암은 이미 예측불허로 변화하는 시대적 상황을 정확하게 파악하고 있었다. 그것은 상계의 거인으로 우뚝 설 수 있게 만든 주된 원인이기도 했다.

호설암이 시대를 꿰뚫고 있었다는 점은 서양인들과 교분을 맺는 과정에서도 드러난다. 그들과 왕래가 잦아지면서, 그는 점차 서양인들에게서 나름대로 배울 점이 있다는 것을 깨닫게 되었다. 후에 서양인들과 서로 도움을 주고받는 관계로 발전하게 되는데, 이는 모두 점진적인 관계의 변화를 거쳐서 얻어진 결과였다.

하지만 호설암에게는 타고난 강점이 있었다. 그것은 바로 한발 먼저 상황을 파악하여 그 변화에 발빠르게 대처하는 능력이었다. 이러한 능력을 십분 발휘하여 지리적 조건과 시대적 상황을 자신을 위한 이윤창출의 조건으로 활용했다.

청 말엽에 이르자, 과거의 낡은 틀은 크나큰 충격에 직면했다. 서양의 함선과 대포는 지존무상으로 군림했던 제국에게 견딜 수 없는 고통을 가져왔다. 그 후 온 나라는 장장 10여 년에 걸친 내란에 휩싸이게 된다.

이 갑작스러운 변화는 봉건 관료계층의 분화를 촉발했다. 서양의 충격에 직면한 관료계층은 초기에는 하나같이 강경한 태도로 제국의 존엄을 지키려 했다. 하지만 서양과 접촉하는 계층이 다양해지면서 내부적으로 시각차가 생기기 시작했다. 서양의 강대한 세력을 눈으로 확인한 어떤 이들은 그들의 비위를 맞추어 트집잡을 빌미를 주지 않아야 한다고 주장했다. 이것은 단순하면서도 서글픈 생각이었다. 애꿎은 백성들만 다치게 해서는 안 된다는 생각에서 궁여지책으로 내놓은 방법일 뿐이었다.

어떤 사람들은 서양인들에게 강경하게 대응할 것을 주장했다. 이들의 생각은 비겁하게 뒤로 물러난다면 서양인들이 더욱 기고만장해질 것이라는 논리였다. 이는 기백과 의분에 넘친 생각이었지만, 현실에서는 통할 리 없었다. 중국과 서양의 세력 차이가 워낙 큰데다가, 전쟁이라도 벌어진다면 백성들만 고통을 당할 것이기 때문이었다. 그런데 이 양측은 모두 청의 입장에서 생각한 것일 뿐 현실적인 실천방안은 결여되어 있었다.

또다른 부류는 서양인들과의 빈번한 접촉을 통해 그들과 관계를 다진 사람들이었다. 이들이 서양인들의 힘을 빌려 사리사욕을 채우기는 했지만, 중국을 위해 기여를 한 것도 사실이었다. 통역관, 무역상, 그리고 서양인들과 교류가 비교적 많았던 연해지역의 관료들이 여기에 속했다.

서양에 대한 이해가 이렇게 달랐기 때문에 정치적 견해에서도 차이가 있었다. 호설암은 자신과 교분을 맺었던 벽환, 하계청, 왕유령 등과 비슷한 시각을 가지고 있었다. 서양인들을 이용해야 한다는 것이었다. 이들의 태도는 증국번 등의 적대적인 태도와는 상당한 거리가 있었기 때문에, 두 세력은 여러 문제에서 마찰을 빚었다. 호설암은 서양의 함대와 대포의 위력을 잘 알고 있었기에, 이들과 줄곧 뜻을 같이했고 적지 않은 혜택도 누렸다.

시간이 흐르면서 증국번과 좌종당의 태도가 바뀌기 시작했다. 좌종당은 서양을 이해하게 되면서 그들에 대해 호감을 가지게 되었을 뿐만 아니라 나아가 적극적으로 지지하게 되었다. 호설암이 기댈 곳을 더 얻은 셈이었다.

호설암은 줄곧 조정과도 밀접한 관계를 가지고 있었다. 처음에는 왕유령과의 교분을 통해 곡물운송, 지방 무장조직 훈련, 관고 위탁관리, 군수품 구입에 관여했다. 나중에 벽환, 하계청을 통해 중국과 외국 연합군의 태평군 진압활동도 계획했다. 마지막으로 좌종당이 성공적으로 서북지역을 평정할 수 있도록 여러모로 도움을 주었다. 조정을 도운 결과, 호설암의 사업은 남쪽지방에서 북쪽지방으로 확장될 수 있었다. 또한 전장에서 약업에 이르기까지 장사의 영역도 확대되었다. 게다가 항주에서 시작한 장사를 외국과의 무역으로도 발전시켰다. 조정에서 호설암의 공을 인정하여, 장사에서 반드시 필요로 하는 자유선택권을 그에게 주었던 것이다. 조정의 보호와 묵과가 없었다면, 그는 갖가지 제약으로 인해 엄청난 돈과 노력을 쏟아부어야 했을 것이다. 그리고 투자와 소모가 지나치게 많았다면, 그의 사업이 크게 번창하지 못했을 것이다.

호설암은 특별한 안목으로 당시 시대적 상황을 전체적으로 이해했다. 그리고 이것은 호설암의 사업이 엄청난 성공을 거두는 데 결정적인 요인이 되었다.

세(勢)를 이(利)로 바꿔라

힘이 없으면 이득이 없고, 이득이 없으면 힘도 없다. 힘은 역량이자, 방향이다. 축적된 역량이 힘이며, 방향을 찾는 이치가 또한 힘이다. "이치가 이르는 곳에 반드시 힘이 따른다"는 말도 있다.

호설암은 장사에서 힘에 기반을 둔 경영, 시대의 변화를 따르는 경영을 매우 중시했다. 그의 장사는 열에 아홉은 힘을 취하고 그것을 이용하는 것과 함께 발전했다. 그는 기회를 결코 놓치는 법이 없었고 끊임없이 자신의 영역을 확대하고 세력을 넓혔다.

호설암은 자신만의 장사철학이 있었는데, 그것은 바로 '권리'였다. "권리라 하는 것은 권세와 이득을 둘로 나눌 수 없음을 말한다. 세가 있으면 곧 이가 있다. 따라서 지금은 이를 구할 것이 아니라 먼저 세를 얻어야 한다"고 했다.

호설암이 취한 '힘'은 크게 네 가지로 분류된다. 그는 "권세의 힘, 상계의 힘, 강호의 힘이 있는데, 나는 이 모두를 원한다. 그런데 이 셋을 얻는 것으로는 부족하다. 서양의 힘이 있어야 한다"라고 말했다.

호설암이 가장 먼저 가지고자 했던 힘은 '권세의 힘'이었다.

호설암이 왕유령에게 전장에서 수금한 돈을 빌려준 일이나 하계청에게 자신의 애첩 아교(阿巧)를 바친 일, 서역정벌에 나선 좌종당에게 군자금을 대준 일 등은 그에게 권세의 힘을 가져다주었다. 그는 든든한 자금력과 수완으로 각계각층의 인사들과도 관계를 구축했는데, 가히 놀라울 정도였다.

하지만 그가 정치의 장에서 보여준 수완과 능력은 힘을 취하기 위한 전략의 일부분에 불과하다. 만약 권세의 힘에만 의존했더라면, 호설암의 장사와 경영은 탁월한 성취에 도달하지 못했을 것이다.

　두 번째 힘은 '상계의 힘'이었다.

　그가 상권을 장악해 가는 전형적인 예를 상해에서 찾아볼 수 있다. 그는 상해탄(上海灘)의 장사를 독점하면서 서양 상인들과 대립하게 되었다. 독점이라는 절대적인 우세를 이용하여 상해의 상권을 좌우하는 주도적 위치를 차지했던 것이다.

　초기에 생사장사를 시작하기 전 이미 그는 서양 상인들과 맞설 준비를 마쳤다. 그는 "서양인들과 거래를 할 때는 고치에서 실을 뽑듯이 철저해야 한다. 이 가격에 사겠다면 주고 그렇지 않으면 관두면 되는 것이다. 이렇게 하여 그들이 말을 듣지 않을 수 없도록 만들어야 한다"고 말했다.

　게다가 호설암에겐 나름대로의 작전이 있었다. 그것은 바로 다른 생사상들과 연계하여 서양 상인들이 꼼짝하지 못하도록 만드는 것이었다. 그는 물건을 팔기 위해 내놓는 사람에게 다음과 같은 방법을 취했다. 우선 서양 상인들보다 자기들에게 물건을 넘기는 것이 낫다고 설득했다. 물건을 넘기지 않을 경우엔 물건을 가지고 있다가 나중에 내놓으면 지금보다 더 많은 돈을 벌 수 있다고 설득하여 서양 상인에게도 넘기지 못하도록 만들었다.

　무슨 일이든 시작이 어려운 법이다. 누군가 앞서서 주도하는 사람이 있으면 대개는 그를 따르게 마련이다. 호설암은 앞서서 생사상들을 설득하기 시작했다. 구체적인 방법은 시기별로 달리했다.

　첫 생사 운송선이 상해로 들어오던 때에, 마침 상해에서 소도회(小刀會 : 1842년 태평천국군이 봉기했을 때 상해에서 '멸청복명(滅淸復明)'을 기치로 조직된 비밀결사조직)의 봉기가 일어났다. 호설암은 서양인들이 소도회를 돕고 있으니 서양 상인들에 대해 무역봉쇄 조처를 내려야 한다는 상소가 올려졌다는 사실을 알게 되었다. 조정이 봉쇄조처를 내리면 상해는 생사

품귀현상을 맞게 될 것이다. 때가 무르익기를 기다렸다가 생사를 시장에 내놓는다면 자연히 높은 가격을 받을 수 있었다. 그런데 이렇게 하기 위해서는 먼저 반드시 상해로 들어오는 생사물량의 절대다수를 확보해야 했다.

호설암은 당시 상해에서 생사거래의 절반을 장악하고 있던 방이(龐二)와 손을 잡았다. 방이는 처음에 다소 주저했다. 왜냐하면 호설암은 최근에 알려진 인물인데, 그의 사업적 기초가 미흡하다고 여겼기 때문이다. 하지만 곧 호설암이 의리가 있고 작은 돈에 좌우되는 인물이 아니라는 것을 알게 되었다. 또한 생사사업에서 손을 잡고자 하는 것도 상인들이 함께 단결하여 서양 상인에게 맞서기 위한 것임을 알게 되었다. 방이는 함께 장사해서 이윤을 나누자는 호설암과 의기투합했다. 그리고 서로 배척한다면 서양인들만 이롭게 한다는 뜻에도 공감하기에 이르렀다.

방이는 배포가 큰 인물로, 일단 상대를 친구로 받아들인 후에는 전적으로 신뢰했다. 그는 자신이 운영하던 상해의 생사사업의 전권을 호설암에게 일임했다. 방이의 적극적인 지지와 협조 하에 호설암은 상해의 생사유통의 70퍼센트를 장악하고 절대우위를 차지했다. 게다가 첫번째 생사전쟁에서 승리도 거두었다. 이렇게 하여 호설암은 적게는 수십만 냥에서 많게는 수백만 냥의 자금력을 확보하게 되었다. 그 후 좌종당을 위해 군량미와 군수품 구입에도 적극 가담했다.

당시는 서양의 발달된 방직기가 중국으로 들어오고 서양 상인들이 각지에서 직조공장을 설립하던 시기였다. 호설암은 중소 양잠농가의 이익을 보호하기 위해 생사를 대량으로 사들였다. 상황이 이러하자 서양 상인들은 세수관리총국의 사혁덕(司赫德)을 통해 호설암과 협력하기를 원하며 이윤은 균등하게 분배하자는 제의를 해왔다.

당시 상황으로 볼 때 상해로 생사운송을 금지하는 조처를 계속 실시할 수는 없었다. 서양 상인은 물론 상해에도 이로울 것이 없었기 때문이었다. 서양 상인들은 경제적인 손실을 겪었고, 상해의 경기는 침체에 빠졌다. 호설암은 자신이 먼저 태도를 바꾸어, 서로 반목하는 원인을 제거하고 상호 간에 신뢰를 마련하고자 했다. 그래야만 상해의 경기가 회복될 수 있다고 판단했던 것이다.

그런데 여기에는 조건이 있었다. 생사를 시장에 내놓기 위해서는 우선 중국의 생사상들과 상의하여 가격을 정하고 그들의 동의를 얻어야 했다. 둘째는 서양인들이 당분간 중국에서 직조공장을 세우지 않겠다는 약속을 해야 했다.

중국의 생사상들과 상의한다는 것은 호설암이 스스로 결정짓는 것과 마찬가지였다. 호설암의 발언이 절대적인 영향력을 발휘하고 있었기 때문이다. 절대적인 발언권을 가진 이상, 자신의 목적을 실현하기는 어려운 일이 아니었다.

이 시기에 호설암이 원하던 상계의 힘은 이미 완전히 형성되어 있었다. 이렇게 될 수 있었던 것은 그가 조정의 세력과 긴밀한 협력관계에 있었기 때문이다. 그가 생사를 대량으로 매입하고 서양 상인들의 자유매입 금지조치를 실시한 것 등은 반드시 조정의 협조가 필요한 사항들이었다. 특히 좌종당이 강남성과 강서성의 총독으로 부임하자 호설암은 물고기가 물을 만난 것과 같은 기회를 갖게 되었다. 또한, 욱서(郁西) 등 호설암의 협력자들이 생사산지에서 자금동원, 독점매입 등 여러 가지 일들을 맡아 잘 처리해 주었다. 이들은 생사상뿐 아니라 방대한 조직의 후원을 받고 있었기 때문에 사람들로 하여금 자신들의 뜻을 따르도록 만들었다.

호설암은 다른 장사에서도 탁월한 경영능력을 보여주었다. 항주에서 문을 연 부강 전장은 영파, 상해, 무한, 북경 등지로 발전해 갔다. 동치(同治)와 광서(光緒) 년간에 이르러서는 이미 강남의 전장들 가운데 가장 손꼽히는 위치를 차지하였고, 북방지역의 산서 전장과 어깨를 나란히 하는 명성을 누리게 되었다. 여기에 관부의 자금과 탄탄한 '간판'을 배경으로 고객의 마음속에 자리잡았다. 전당업은 더욱 빠른 속도로 발전하여, 전국적으로 이미 29곳의 전당포가 운영되고 있었다. 전국적인 영업망을 갖춘 전당포는 부강 전장과 호경여당과 더불어 호설암에게 든든한 사업적 지주였다.

생사를 놓고 서양 상인들과 벌인 전쟁은 근 20년간 지속되었다. 호설암은 매번 승리를 거둠으로써 중국인들에게 그나마 울분을 씻을 수 있는 후련함을 안겨주었다.

호설암이 이용했던 세 번째 힘은 '강호(江湖)의 힘'이었다.

이것은 내륙하천의 수송능력을 장악하는 것이었는데, 우오(尤五)와의 교분이 그 시작이었다.

왕유령이 처음 해운국으로 부임하여 양곡을 북방지역으로 운송하는 임무를 맡게 되었다. 양곡운송은 지방관리의 명성과 능력에 관련된 문제였기 때문에, 황종한(黃宗漢) 총독은 한 해 전부터 걱정이 심했다. 호설암은 방법을 달리하면 크게 문제가 되지 않는 일이라고 생각했다. 그는 굳이 양곡 운반선에만 목을 맬 필요가 없다고 판단한 것이다. 자금을 가지고 직접 상해로 가서 곡식을 매입한 후, 차질 없이 운송하기만 하면 목적은 달성되는 것이었다.

호설암은 송강 조방(漕帮: 하천운송을 주로 하던 민간조직 - 옮긴이)의 행수 조운원(曹運袁)을 찾아갔다. 비록 그의 조방의 세력이 예전 같지는 못했지만, 지방으로 안전하게 곡물을 운송하는 데 조방의 도움이 필요했기 때문이었다. 이런 종류의 힘은 놀고 있는, 즉 이용해 주기를 기다리는 '힘'이었다. 그러나 이런 힘은 잘 이용하면 큰 도움이 되지만, 소홀히 하는 경우엔 자칫 장애물이 될 수 있는 것이었다. 각 성의 조방들은 상호 긴밀한 연계를 맺고 있었다. 조방 내에 인맥을 만들 수 있다면, 왕유령이 해운국의 임무를 완수하는 데 큰 도움이 될 것이라고 호설암은 생각했다.

호설암은 조운원과의 교분을 쌓기 위해 매사에 신중하게 주의하며 그를 극진하게 대우했다. 침착하고 조리 있는 일 처리와 언동 하나하나에도 세심한 주의를 기울이는 그의 모습은 조운원에게 신뢰할 수 있는 인물이라는 인상을 주었다. 곡물매입은 일사천리로 순조롭게 진행되었다. 그리고 조운원이 호설암을 형님으로 예우하며 매사에 가르침을 청할 정도로 관계도 발전했다.

훗날 조운원이라는 이 '강호의 힘'은 호설암에게 아주 큰 도움이 되어 주었다. 호설암은 왕유령의 재임기간 동안 군수물자 장사를 했고, 그가 상해채운국 업무를 책임지고 있던 동안에는 좌종당을 위해 신식 총과 탄약을 공급하는 일을 맡았다. 만약 조운원의 도움과 보호가 없었더라면, 호설암은 책임을 완수하지 못했을 것이다.

호설암은 조방의 힘을 키워주기 위해 많은 주의를 기울였다. 그들에게 고정적으로 정부의 곡물과 물자를 운송할 수 있는 기회를 주는 등 최대한 배려했다. 호설암에게는 결코 변하지 않는 한 가지 신조가 있었는데, '아무리 화려한 꽃가마라도 두 사람이 들어야 한다'는 것이었다. 내가 상대를 존중하면, 상대도 나를 받들게 되어 있다는 뜻이다. 힘의 형성은 바로 이렇게 이루어지는 것이다.

내륙하천의 운송권을 장악하고 있던 강호의 세력은 청조 말엽에 이르러 점차 쇠락하기 시작했다. 여러 가지 사회경제적 요인 때문이었다. 조방은 주로 남북을 관통하는 수로를 이용했다. 그런데 그 체증이 심각해지자 원활한 수송이 어려워지고 수입도 점차 감소했다. 따라서 자연히 그 세력도 쇠퇴할 수밖에 없었다. 당시에는 은화와 현금 수송이 빈번했기 때문에 무장수송업의 도움을 필요로 하는 전장이 많았다. 하지만 훗날 은표(銀票 :

당시 전장에서 발행한 은태환 지폐–옮긴이)가 널리 쓰이고 전신환제도가 생기자 그때까지 번성하던 무장수송업도 자연히 쇠퇴했다.

어쨌든 호설암의 시대에는 강호세력이 여전히 중요한 세력 가운데 하나였다. 호설암은 이들의 역량을 결집하여 서양무역을 주로 하던 고응춘(古應春)의 세력과 결합해서 성공적인 장사환경을 구축했다.

호설암이 마지막으로 추구한 힘은 바로 '서양의 힘'이었다.

호설암의 성공은 태평천국운동과 청조의 압력에 의해 대외개방에 힘입은 바 크다. 당시 중국은 이 두 요인에 의해 혼란과 변동으로 심하게 요동치고 있었다. 호설암은 시의에 적절하게 대처하면서, 정확한 방향설정과 대세의 흐름을 간파하는 안목을 보여주었다. 그가 서양세력을 이용한 것도 바로 그러한 거시적인 안목에 따른 것이었다.

호설암은 생사장사를 시작하면서 서양인들과 처음으로 접촉하게 되었다. 또한 우연한 기회에 서양무역을 주로 하던 고응춘도 만나게 되었다. 두 사람은 첫 대면에서 곧바로 의기투합하여 서양세력을 이용하자고 다짐했다.

호설암이 서양세력을 이용하기로 결정한 것은 좌종당이 서북지역 평정을 위해 특별히 설립한 상해 채운국의 업무를 주관하면서부터였다.

상해 채운국의 업무는 매우 광범위했다. 첫째는 서양화폐를 모금하는 일이었는데, 호설암은 1천 6백만 원 이상의 자금을 모집했다. 둘째는 좌종당이 세운 선박국이 사용할 선박건조에 필요한 기계를 구입하는 일이었다. 셋째는 각종 최신식 총기와 탄약과 대포를 구입하는 일이었다. 난을 평정하겠다는 결심이 확고했던 좌종당은 호설암의 역할이 매우 중요하다고 판단했다. 그는 서양과 관련한 일을 모두 호설암이 맡아서 협상하고 처리하도록 했다. 이렇게 해서 호설암의 독점적인 구매의 지위가 점차 확립되기 시작했다.

호설암이 청 조정의 실력자 좌종당의 신임을 한몸에 받고 있는 거상임을 알고 있는 서양인들은 그의 비위를 맞추기 위해 애썼다. 이것이 호설암이 서양세력과 관련을 맺게 된 또다른 원인이 되었다. 일단 세력을 형성하면 다른 사람이 끼어들기가 쉽지 않은 법이다. 호설암을 인정한 서양인들은 다른 사람을 믿으려 하지 않았기 때문이었다.

강남제조총국의 한 자본가가 호설암의 수중에 있는 군수물자 사업을 가로채려고 호시탐탐 노리고 있었다. 하지만 그는 서양인들로부터 이미 호설암에게 최저가격으로 총기를 판매하고 있으며, 누구든 그를 통해 총기를 구입해야 한다는 말을 듣고 물러나야 했다.

사업가로서 호설암의 가장 큰 장점은 '힘을 취하고 이용하는' 능력이다. 그는 권세의 힘, 상계의 힘, 강호의 힘 그리고 서양의 힘을 필요로 했다. 힘과 이득이 불가분의 관계에 있다는 것을 분명히 인식하고 있었기 때문이다.

힘이 있는 곳에 이득이 있다면, 힘이 가는 대로 따라 움직이기만 하면 이득을 얻을 수 있다. 반대로 힘이 있어야 비로소 이득이 생긴다면, 사회의 각종 자원을 축적하여 성숙시켜서 하나의 큰 흐름으로 모아야 한다. 힘을 축적해 나가는 것은 바로 역량과 규모를 키워, 하나의 질서를 형성하고 큰 흐름을 만들어가는 과정이다. 역량을 비축하고 조절하는 것이야말로 유능한 관리자가 해야 할 중요한 임무인 것이다.

상인과 기업가는 사회에서 매우 중요한 역할을 한다. 인재를 조직화하고 자원을 발굴하여 이용하고, 정보를 종합하여 효율적으로 이용하는 것이 그들의 역할이다. 이 자체가 일종의 창조의 과정이다. 호설암은 구제불능으로 여겨졌던 도적을 데려와서 생사와 물품구입을 맡겼고, 실의에 빠져 있던 여자에게 용기를 북돋워주어, 그녀에게 지역의 민심을 안정시키는 능력을 발휘하게 만들기도 했다.

호설암은 조정과 강호 사이에 존재하는 불신과 서양인들과 조정 사이의 괴리를 해소하여, 이들 모두의 협력 하에 장사를 하고 이윤을 추구했다. 누구도 할 수 없었던 일을 호설암은 해낸 것이다. 이런 이유로 사람들은 그의 '신통함'과 '기이함'을 칭송한다. 이런 신통함과 기이함은 그 남다른 생각에서 비롯되었다.

무슨 일이든 다른 사람보다 한발 앞서고 멀리 보는 안목이 있어야만 도처에서 힘을 얻을 수 있다. 그래야만 힘으로 이득을 취하게 되고, 모든 일이 순리대로 진행될 수 있다.

✿ 호설암 경상지법 10
정세에 따른 행동이 상책이다

정세는 일종의 힘이다. "때를 기다리는 것은 정세를 활용하는 것만 못하다"는 격언이 있다. 정세를 이용할 줄 알아야 어려운 일들도 순조롭게 완수할 수 있다.

어떤 사람들은 자신의 힘만 갖고 이리 뛰고 저리 뛰며 애쓴다. 하지만 이것은 득보다 실이 더 많다. 혜안이 있는 상인이라면 반드시 흐름에 맞추어 움직이고 정세에 따라 행동한다. 호설암이 서양인들로부터 좌종당이 조선소를 설립하고 군량미를 구입하는 데 필요한 자금을 빌릴 수 있었던 것도 바로 정세에 따라 행동했기 때문이다.

호설암은 중국 역사상 최초로 상인의 신분으로 정부를 대표하여 외국으로부터 자본을 도입한 인물이다. 그전에는 정부가 서양으로부터 자본을 빌려온 선례도 없었지만, 규정에 의해 누구도 정부를 대신하여 서양인으로부터 자금을 빌릴 수가 없었다. 군 사령관이었던 공친왕(恭親王)이 선박을 구입하기 위해 서양으로부터 1천만 냥의 자금을 빌리고자 했을 때도 다음과 같은 공문이 내려왔다. "그대가 1천만 냥을 빌리기를 청했으나, 결단코 이 같은 조처를 취할 수 없노라."

사정이 이러했기 때문에, 과감하고 결단력 있는 좌종당조차도 외국으로부터 자금을 빌릴 수 있을지 확신하지 못했다. 하지만 호설암은 당시의 정세를 분석해 보고는 조정의 윤허를 받을 수 있다고 확신했다.

호설암은 "일을 함에 있어, 때를 기다리는 것은 정세를 이용하는 것만 못하다는 격언을 명심해야 한다. 내가 많은 일을 순조롭게 완수할 수 있었던 것은 정세의 이치를 알고 있었기 때문이다"라고 말했다. 서양인들로부터 자금을 빌리는 일도 지금은 윤허받을 수 있는 가능성이 높았다. 이는 정세에 의해 그렇게 될 수밖에 없었다.

당시에 공친왕의 외채도입이 무산되자 누구도 서양으로부터 돈을 빌리려고 나서지 않았다. 하지만 호설암이 나섰던 때에는, 태평천국군을 진압하고 동남지방을 되찾고자 하는 청 조정의 결정을 간파한 서양인들이 자발적으로 군자금을 빌려주겠다고 나선 상태였다. 조정도 이를 단박에 거절할 상황이 아니었다.

무엇보다 군수물자가 절박하게 필요했고, 더구나 태평천국군을 진압하는 것이 가장 시급한 문제였다. 서양으로부터 자금을 빌려 군수물자를 구입하도록 윤허해 달라는 상소를 받아들이지 않을 수 없었다.

이때 상소를 올린 인물이 바로 좌종당이었다. 그는 태평천국군을 진압하는 데 공을 세움으로써 조정의 두터운 신임을 받고 있었다. 따라서 그가 조정에 올린 상소는 자연히 다른 상소와는 그 격이 달랐다. 이런 여러 상황으로 인해 서양에서 자본을 들여오는 일은 받아들여지게 되었다.

정세란 어떤 일을 성공적으로 완수하는 데 필요한 외부적인 조건들이 구비되고, 때를 만나 좋은 기회로 만들어지는 큰 추세를 말한다. 다시 말해 시(時), 사건, 사람 등 요소들의 상호작용으로 일을 완성되게 만드는 일종의 '합력(合力)'이다. 여기에서 '시(時)'란 바로 '적시(適時)', 즉 가장 적합한 때를 말한다. 예전에는 아무리 노력해도 되지 않았던 일이 지금은 별다른 노력 없이도 이루어지는 것이다.

사건이란 구체적으로 지금 곧 하려고 하는 일이다. 특정한 시기에 이루어질 수 있는 특정한 일이 있다. 똑같은 일이 이때는 하면 되지만, 때가 바뀌면 아무리 노력해도 이루어지지 않는다. 될 일은 되고 안 되는 일은 애써도 소용없는 것이다. 그리고 사람이란 구체적으로 일을 하는 주체를 말한다. 같은 일이라도 하는 사람이 다르면 그 결과도 달라진다. 그러므로 정세에 따라 행동한다는 말은, 바로 '적절한 때에 적합한 사람이 해야 할 일을 한다'는 의미이다.

정세를 활용하는 데 가장 중요한 것은 시기의 선택과 정확한 이해이다. 이것은 다른 일도 마찬가지다. 특히 장사를 할 때에는 적절한 시기의 선택과 정세를 이용한 행동력이 중요하다. 이르면 소용이 없고, 늦으면 때를 놓치게 된다. 장소가 적절치 못하면 효과가 크지 않고, 심지어 부작용을 일으키기도 한다. 호설암은 '정세활용의 묘(妙)'를 깊이 깨닫고 있었기 때문에 상계를 한손에 쥐고 영향력을 행사할 수 있었다.

🌐 호설암 경상지법 11
상세에 따라 움직여라

시국에 바탕을 두고 인생을 설계하는 것이 가장 현명한 행동이다. 청조 말엽을 살았던 호설암이라는 한 인간의 성공은 '시대가 만든 영웅'이라고 말할 수 있다. 하지만 영웅은 결코 시대에 의해 피동적으로 만들어지지 않는다. 호설암은 시국을 정확하게 꿰뚫고 상황을 살피는 안목과 혜안이 있었기 때문에 '시대의 영웅'이 될 수 있었다.

호설암은 자신의 장사가 모두 시국과 불가분의 관계에 있다고 생각했다. 그의 전장은 태평군 도망병의 예금을 받아들였는데, 그것은 머잖아 그들이 패할 수밖에 없다는 상황판단에 따른 것이었다. 그가 서양 상인들을 상대로 생사장사를 시작한 것도 태평군이 절강에서 상해로 유입되는 생사를 차단할 것이라는 판단 때문이었다. 그는 늘 안정된 상황을 유지하기 위해 애썼다. 어느 정도의 대가를 지불해야 한다 해도 괘념치 않았다.

전쟁이 끝난 후 그가 항주에서 벌인 난민 구휼사업도 마찬가지였다. 관군이 항주를 되찾았다는 소식이 상해에 전해지자, 호설암은 급히 항주로 돌아와 전후 구휼활동에 참가했다. 가장 먼저 쌀 1만 석을 무상으로 제공하여 군량미와 난민구제에 사용하도록 했다. 약 1년 전 항주는 태평군에 의해 포위되어 수개월간 심각한 식량부족에 시달렸고, 인육을 먹는 지경에까지 이르렀다. 당시 절강성 무대(撫臺: 지방행정관 - 옮긴이)였던 왕유령의 명을 받은 호설암은 죽음을 무릅쓰고 상해로 와서 자금을 모았다. 그는 쌀 2만 석을 산 후, 그중 1만 석을 다시 항주 근방까지 운송했다. 태평군이 항주를 철통같이 포위하고 있었기 때문에, 호설암은 곡물 운반선을 항주 외곽의 강어귀에 세워놓고 한숨만 쉬고 있었다.

이렇게 절망하던 그는 돌연 영파로 뱃머리를 돌렸다. 관군에 의해 회복된 지 얼마되지 않은 영파는 수많은 난민들로 넘쳤고, 식량부족이 심각했다. 때마침 그가 운반해 온 쌀 1만 석은 구세주와도 같았다. 쌀을 인수한 양곡상이 값을 지불하려 하자, 호설암은 한푼도 받지 않겠다고 거절했다. 대신 한 가지 제안을 했다. 이 쌀은 빌려준 것이니, 앞으로 언제든 항주가 관군에 의해 회복되면 반드시 사흘 내에 같은 양의 쌀을 항주로 보내달라는 것이었다. 하지만 이 행위는 큰돈을 그냥 내던지는 것이나 다름없었다.

당시 상황으로는 태평군이 동남지방에서 세력을 떨치고 있었기 때문에 항주가 언제 회복될 지 알 수 없었다. 3, 4년 내에 항주가 회복된다 하더라도, 그 기간이 길기는 마찬가지였다. 하지만 호설암에게는 나름대로 생각과 계산이 있었다.

그는 상황 때문에 항주성 내로 쌀을 들여가지는 못했지만, 그들의 생명이나 다름없는 쌀을 가지고 돈을 벌 수는 없다고 생각했다. 그리고 앞으로 언젠가 항주가 관군에 의해 회복될 것이라고 믿었다. 그때가 되었을 때 쌀을 항주와 가까운 영파에 두면 적시에 바로 이용할 수 있을 것이라고 판단했다.

이것은 고향을 위해 할 수 있는 한 최선을 다하고 싶다는 그의 성심에서 비롯된 행동이었다. 생명의 위험을 무릅쓰고 항주를 빠져나왔던 것도, 항주 인근까지 쌀을 운반해 올 수 있었던 것도, 모두 다 고향 사람들이 굶어 죽어가는 것을 그냥 두고 볼 수 없었던 마음 때문이었다.

하지만 이 일은 객관적으로 이해득실을 따져봐도 옳은 행위였다. 1만 석의 쌀을 기부한 일로 호설암은 항주에서 사람들의 칭송을 한몸에 받는 유명인물이 되었다. 게다가 괴팍하고 강한 성격으로 '호남의 노새'로 불리던 좌종당의 인정도 받게 되었다. 또한 그로부터 항주의 전후사업을 책임지는 일도 맡게 되었다. 이 일이 있기 전까지만 해도 좌종당은 호설암이 식량을 가로챘다고 크게 오해하고 있었다.

예로부터 "성공은 성심에서 나오고, 이익은 신의에서 온다"라는 말이 전해진다. 호설암의 사람됨과 그의 성공은 결코 이 말이 빈말이 아님을 보여준다.

호설암이 쌀을 기부하자 항주의 상황은 신속하게 회복되면서 경제가 안정되기 시작했다. 호설암은 전후의 항주에 무엇보다 필요한 것이 경기회복이라고 생각했다. 그러기 위해서는 무엇보다도 민심을 안정시켜야 했다.

민심을 안정시키면 시장도 저절로 안정될 것이다. 이러한 안정의 기초가 바로 식량이었다. 태평군의 포위기간 동안 사람이 사람을 먹는 참극까지 일어난 상황에서, 식량이 가장 시급한 일이 아니고 무엇이겠는가.

민심이 안정되어 시장이 평온을 되찾고 모든 것들이 질서를 회복해야 장사도 뜻대로 할 수 있다. 그러기 때문에 상인인 그가 시장을 안정시키는 데 자신의 힘을 쏟은 것은 자신을 위해서도 바람직한 선택이었다. 호설암이 1만 석의 쌀을 내놓은 것은 '지역을 구하고 또한 자신을 구한 것'이라고 말할 수 있다.

이 역시 호설암이 남다른 안목을 지녔음을 보여주는 대목이라 하겠다. 그는 늘 공익을 위한 일에 앞장섰다. 자신이 경영하는 약방에 특별한 규정을 두거나, 자신의 전당포가 가난한 사람들을 위한 전장이 될 수 있도록 노력했다. 그리고 관부에서 전후 복구사업을 하는 데 무슨 일이든 도와주도록 유경생에게 지시했다. 이와 같은 행위에는 모두 시장상황을 안정시키고자 하는 뜻이 있었다. 그는 자신이 할 수 있는 일로 정세를 안정시키는 데 일조했던 것이다.

물론 정세의 안정이라는 것이 상인이 뜻대로 할 수 있는 것도 아니고 노력만으로 유지될 수 있는 것도 아니다. 하지만 장사를 하는 사람이라면 시장의 안정을 위해 노력하겠다는 자각이 있어야 한다. 그리고 자신의 자금으로 그렇게 할 수 있는 때가 오면 적극적으로 나서야 한다. 시장이 유지될 수 있도록 돕는 것은 지역을 돕는 것이자 자기 자신을 돕는 일이기 때문이다.

호설암은 "장사를 해서 돈을 벌었으면 좋은 일을 해야 마땅하다"고 말했다. 그리고 실제로 행동으로 실천했다. 좋은 일을 할 때는 늘 앞에 나섰으며, 하겠다고 한 일은 최선을 다했다. 그가 나선 일들은 하나같이 일반 백성들의 실생활에 실질적인 혜택을 주는 일이었다.

무료로 약을 나누어준다거나, 사재를 털어 나루터를 만든 일 등이 그렇다. 호설암은 항주에 나루터를 지어 모든 백성들이 그 혜택을 누릴 수 있게 했다. 당시 항주의 전당강에는 다리가 없어서 강 건너편의 소흥, 금화 등지에서 항주로 오기 위해서는 반드시 서흥에서 배를 타고 들어와 다시 육로를 이용해야 했다. 육로도 먼 길을 돌아와야 했고, 뱃길도 멀어서 풍랑이 심해지면 자주 사고가 발생하곤 했다. 항주에서 나고 자란 호설암은 이 상황을 누구보다 잘 알고 있었기에 일찍부터 나루터를 만들 생각을 했다. 이 일은 그가 자신의 장사를 벌였기 때문에 이룰 수 있었던 소망이었다.

호경여당을 세울 즈음 호설암의 자산은 은화 수천만 냥에 이르렀다. 이때 그가 가장 먼저 한 일이 바로 나루터를 짓는 일이었다. 그는 직접 장소를 물색하고 공사진행을 감독했다. 항주 삼랑부 부근의 강폭이 좁은 지점에 나루터가 만들어졌다. 이렇게 하여 사람들은 망루에서 곧바로 항주로 들어올 수 있게 되었다. 게다가 그는 직접 자금을 대어 수척의 대형선박을 건조하여 사람은 물론 마차도 강을 건널 수 있게 했다. 누구든 무료로 배를 이용할 수 있게 했는데, 이 때문에 사람들의 칭송이 자자했다.

사료에 기록된 바에 따르면, 호설암이 일생 동안 행한 선행 중에는 한 차례도 때를 그르지 않고 실시된 일도 있었다. 죽과 쌀을 나누어주고, 매년 겨울에 솜옷을 나누어준 일은 그가 파산에 이를 때까지 한번도 중단된 적이 없었다. 절강성 일대의 사람들은 많은 선행을 베푸는 호설암을 두고 '호대선인'이라고 불렀다.

호설암이 단지 선한 사람이라는 명성을 얻기 위해 많은 사재를 들여 선행을 베풀었을까. 어떤 이들은 이해가 되지 않을 것이다. 상인의 본분은 원래 이윤을 추구하는 것이다. 한푼을 쓰더라도 그만한 보답이 주어지는 일에 써야 하는 것이 이치인 것이다. 호설암 자신도 "이윤을 좇는 것이 상인이다. 이득이 된다면 칼날에 묻은 피도 기꺼이 핥는다"고 말한 바 있다. 무슨 일을 하든 절대로 밑지는 장사를 하지 않는 것이 상인이다. 그런데 호설암은 왜 그랬을까. 그가 선행을 베푼 것에는 이름을 얻고 이름으로 이득을 얻고자 하는 뜻도 들어 있었다. 그 자신도 "좋은 일은 결코 헛되지 않는다. 나는 이를 통해 이름을 알리고자 한다"고 말한 적이 있다.

그가 좋은 일을 한 것은 자신의 장사와 무관하지만은 않았다. 그가 나루터를 만든 것은 실제로 그의 약국과 관계가 있었다. 호경여당은 항주성 내의 하방가에 있었다. 그리고 약재와 조제약을 구입하기 위해 항주로 들어오는 사람들은 대개 항희호 일대의 사람들이었다. 나루터를 만든 후, 나루터에서 항주성 내로 들어오자면 반드시 호경여당이 자리잡고 있는 하방가를 경유해야 했다. 나루터는 호설암의 명성을 높였을 뿐 아니라, 사람들의 발길을 호경여당으로 끌어들이는 힘을 발휘했다. 또 호경여당의 시장을 넓히는 결과를 가져왔다.

호설암이 좋은 일을 한 데는 아주 분명한 목적이 있었다. 그것은 바로 "장사에서 가장 중요한 것은 시장의 안정이고, 시장이 안정되어야만 번창할 수 있다"는 것이었다. 따라서 그의 선행은 시장의 안정을 도모한 것이자 자신의 시장을 넓히는 수단이었다.

상인이 돈을 벌어 가난한 사람을 구제하는 것은 사실 자신의 장사를 위해 더 좋은 조건을 창출하는 것과 같다. 속담에 "배고픔과 추위가 도둑을 만든다"는 말이 있다. 허기와 추위로 정상적인 생활을 할 수 없게 되면, 사람은 살기 위해 수단과 방법을 가리지 않게 된다. 농민봉기가 바로 그렇다. 살아갈 길을 잃고 도움 청할 곳마저 없어진 사람들이 '도심(盜心)'을 품으면 '손해 보는 사람'은 바로 가진 쪽이 되는 것이다.

호설암이 "상인은 자발적으로 시장상황의 안정에 힘써야 한다"고 강조한 것도 바로 이러한 이유 때문이다.

전체적인 정세의 흐름을 파악하라

투자를 자신을 위한 재원(財源)으로 만들기 위해서는 무엇보다 정확한 판단력이 중요하다. 전체적인 정세 속에서 큰 방향을 볼 줄 아는 안목이 있어야 하는 것이다. 전체 상황을 계산하고 어떻게 전개되어 나가는지를 보면서 행동을 취할 때, 비로소 든든한 기초 위에 설 수 있다.

호설암이 상권을 주름잡으며 전성기를 구가할 수 있었던 기초는 복잡한 정세 속에서 큰 흐름을 볼 줄 아는 그의 안목 때문이었다. 서양 상인들에게 생사를 판매한 일은 그 탁월한 안목을 보여주는 한 예라 하겠다.

호설암은 생사시장과 생사가격을 장악하기 위해 생사업계의 거물과 교분을 쌓고 연합했다. 그리고 호남과 호북지방에서 생사를 사들여 상해로 들여온 다음, 이듬해 새 생사가 시장에 나오기 직전까지 내놓지 않았다. 당시 조정은 소도회가 상해에서 활동하고 있었기 때문에 생사와 차를 상해로 들여와서 서양 상인들에게 판매하는 것을 금지하고 있었다. 외국 대사관들은 자국 교민들에게 소도회에 물자를 보급하거나 도움을 주어서는 안 된다는 공문서를 발송했다. 또한 청 조정은 영국, 프랑스, 미국의 공동 항의에도 불구하고 상해에 세관을 설립한다는 결정을 내렸다.

이런 상황들은 호설암이 진행하고 있었던 생사장사에 절대적으로 유리한 상황이었다. 머지않아 새 생사가 시장에 나오긴 하겠지만, 일단 조정에서 상해의 생사반입을 금지한 상태였기 때문에 호설암이 보유하고 있던 생사는 그야말로 금값이었다.

한편 조정에서 상해에 세관을 설립한 이상, 서양 상인들은 어쩔 수 없이 어느 정도의 제약을 받아야 했다. 그들은 중국과의 무역관계 확립을 절박하게 바라고 있었다. 따라서 호설암이 생사상들과 연계하여 시장을 장악하겠다는 의도는 충분한 가능성이 있었다. 서양 상인들이 높은 가격에 생사를 사가도록 만드는 일은 그리 어려운 일이 아니었기 때문이다. 하지만 호기가 눈앞에 이르렀을 때, 호설암은 뜻밖에도 서양인들이 내세우는 가격과 비슷한 값에 보유하고 있던 생사를 팔아넘겼다. 이것은 앞날을 내다본 결정이었다.

태평천국의 기세가 이미 꺾이기 시작하고 있었는데, 서양인들도 이 점을 민감하게 파악하고 있었다. 호설암은 그들이 청 조정과 접촉하기로 결정했다는 것을 알 수 있었다. 비록 지금은 조정이 본국 상인들과 서양 상인의 거래를 금지하는 상태였지만, 전후복구와 경제회복을 위해서 조만간 금지령을 해제할 거라고 예상했다.

관례로 볼 때, 조정이 직접 서양인들과 무역거래를 할 리 없었다. 서양인들과의 장사는 역시 상인들의 몫이었다. 호설암은 바로 여기에서 앞으로 전개될 방향을 간파했다. 그는 머지않아 서양인들과 장기적인 거래관계를 터야 한다고 생각했다. 중국의 관리들이 상인을 위해 서양인들과의 협상에 나서줄 리는 없었다. 따라서 서양인들과의 장사가 순조롭게 진행될 수 있는가의 여부는 결국 상인 자신의 능력에 달려 있었다.

그래서 호설암은 서양인들에게 얼마간 '인정'을 베풀어서 앞으로 다시 만날 수 있는 여지를 남겨두어야 한다고 생각했다. 비록 서양 상인과의 생사거래를 장악하겠다는 당장의 목표는 달성하지 못했지만, 그에 못지않게 가치 있는 일이었다.

우리는 호설암의 안목이 얼마나 세심하고 정확한지 알 수 있다. 눈앞의 이익을 얻지는 못했지만, 서양인들과의 더 큰 장사를 위해 길을 터놓았던 것이다. 이때 호설암이 베푼 인정은 3년간 생사판매 계약이라는 보답으로 돌아왔다. 이는 향후 서양 상인들과 벌일 더욱 큰 규모의 무역관계를 확보하고, 서양으로부터 자금을 들여와 국제금융업을 시작하는 좋은 계기가 되었다.

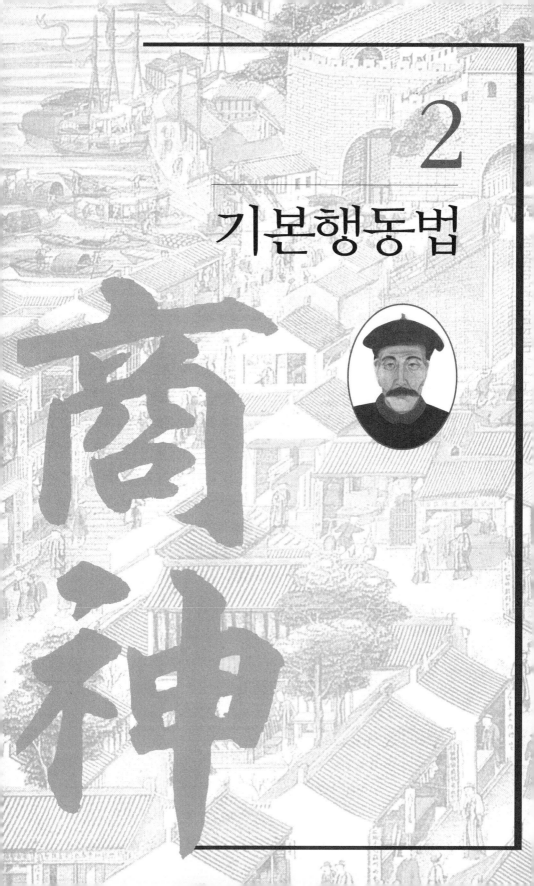

2

기본행동법

商神

4

장사의 공리

[신뢰를 저버리는 것은 자멸행위다]

예부터 장사에는 두 가지 방법이 있다. 하나는 신뢰로써 천하를 얻는 것이고, 다른 하나는 속임수로 천하를 가리는 것이다. 전자는 성공을 가져오지만, 후자는 실패를 자초한다. 오늘날 거짓과 속임수로 이윤을 얻는 저급한 상인들이 있다. 이들은 거짓과 속임수가 한 때를 속이고 일생을 망치는, 하잘것없는 재주에 불과하다는 것을 모르고 있다. 신용을 모르는 사람은 작은 욕심을 채울 수는 있지만 거상의 그릇은 되지 못한다.

호설암이 무엇보다 경계한 것은 거짓된 말과 신의를 모르는 행동, 그리고 몇 푼의 '검은 돈'을 위해 속임수를 쓰는 것이었다. 검은 돈은 도처에 퍼져 마음을 병들게 하는 바이러스와 같다. 검은 돈을 좋아한다면, 상계의 '좀벌레'다. 그러나 신뢰로써 천하를 얻는 사람은 재원(財源)이 끊이지 않는다. 또한 장사를 공개적으로 보여주는 것을 두려워하거나 꺼리지 않는다.

🔵 호설암 경상지법 13
사람은 반드시 신의가 있어야 한다

신용(信用)과 신의(信義)는 사람이 살아가는 데 근본이 되는 덕목이다. 맹자는 "사람이 신의를 모르면 다른 것을 어찌 알겠는가"라고 말했다. 행동에 신의가 없고 성실하지 못하고 말만 앞서는 사람은 결국 사람들의 멸시를 받게 된다.

그런데 사람들은 상인은 예외로 취급하는 듯하다. 상인은 대개 어느 정도 교활하고, 서로 속고 속이는 방법으로 돈을 번다고 생각하는 것이다. 그래서 "상인의 말은 반이 거짓말이다"라는 식의 생각이 널리 퍼져 있다. 심지어 상인들조차도 이런 시각을 갖고 있어서, 치고 빠지는 수법이나 교묘한 투기 수완이 없으면 결코 돈을 벌 수 없다고 생각한다. 상인이 교활하다는 일반인들의 인식을 상인들 자신도 수긍하고 있는 것이다.

호설암은 "사람은 신의가 있어야 한다"고 늘 입버릇처럼 말했다. 장사를 제대로 하는 것과 사람답게 행동하는 것은 본질적으로 동일하다. 진정으로 성공한 상인들의 기초가 바로 신의였다는 사실이 이를 말해 준다. 호설암 역시 무엇보다 신의를 소중하게 여겼기 때문에 성공할 수 있었다. 그가 얼마나 신의를 중요하게 생각했는지는 다음의 일화에서 잘 알 수 있다.

호설암이 부강 전장을 연 지 얼마되지 않은 어느 날, 한 남자가 은화 1만 2천 냥을 가지고 찾아왔다. 그는 나상덕(羅尙德)이라는 사람이었는데, 이자도 예금증서도 필요없다는 이상한 말을 했다. 그의 사연은 다음과 같았다.

그는 사천사람으로, 고향에서 살 때 도박에 빠져 지냈다. 정혼을 맺은 후에도 도박에서 헤어나지 못하고, 몇 차례에 걸쳐 처가에서 1만 5천 냥을 빌려다가 모두 탕진하고 말았다. 결국 그는 처가로부터 정혼을 없던 일로 해주기만 한다면 빌려간 돈은 갚지 않아도 된다는 말을 들었다. 이에 충격을 받은 나상덕은 정혼을 물리는 것은 물론이고, 어떻게 해서라도 1만 5천 냥을 갚겠다고 맹세했다. 그 후 군에 들어간 그는 13년 동안 온갖 고생 끝에 6품 무관이 되었고, 안 먹고 안 입으며 어렵사리 1만 2천 냥을 모을 수 있었다. 조정의 명을 받아 강소성으로 파견되어 태평군과의 전쟁에 참가하게 되었는데, 당장 돈을 맡길 곳이 없어 부강 전장에 맡기려고 찾아왔다는 것이었다.

그가 돈을 호설암의 부강 전장에 맡기면서 이자도 예금증서도 필요치 않다고 한 것은 두 가지 이유 때문이었다. 첫째는 부강 전장의 명성을 믿었다. 그는 자신의 고향사람 유이(柳二)로부터 호설암에 관한 칭찬을 자주 들었다고 했다. 둘째는 전쟁터로 가는 몸으로 생사를 장담할 수 없기에 예금증서를 지닌다 해도 간수하기가 불편하다는 것이었다.

이 말을 들은 호설암은 그 자리에서 이렇게 결정을 내렸다. 나상덕은 이자가 필요 없다고 했지만, 3년 정기예금의 이자를 쳐서 3년 후에 원금을 찾으러 오면 1만 5천 냥을 돌려주겠다는 것이었다. 또한 예금증서도 만들어서 이를 유경생에게 맡기겠다고 했다. 장사는 반드시 정해진 규정에 따라 해야 한다는 것이 호설암의 생각이었다.

나상덕은 후에 전쟁에서 목숨을 잃었다. 죽기 직전에 그는 두 명의 고향사람에게 부강 전장에 맡긴 예금을 찾아서 고향의 친척에게 전해달라고 부탁했다. 두 사람은 증서 한 장도 없이 무작정 부강 전장으로 왔지만 순조롭게 일을 처리할 수 있었다. 처음에 그들은 곤란을 당하거나 부강이 아예 그런 일이 없다고 잡아떼지 않을까 걱정했었다. 그런데 부강 전장에서는 그들이 나상덕의 고향사람이 맞는지 유이와 대면하여 확인하는 것 이외에 아무런 이의 없이 원금은 물론 이자까지 모두 계산해 주었다.

신용과 신의는 바로 이런 것이다. 나상덕의 수중에는 어떤 증서도 없었고, 후에 나상덕을 대신하여 찾아온 사람들도 부강 전장과는 일면식도 없는 사람들이었다. 따라서 그 예금의 존재를 부인한다 해도 누구도 이를 증명할 수 없는 상황이었다. 이것은 비열한 행동이지만, 장사에서 이 같은 일이 일어나지 않는다고 누가 장담할 수 있겠는가. 하지만 부강은 그렇지 않았다. 이 사건에서 우리는 신용을 지킬 줄 아는 호설암의 인품을 알 수 있다.

호설암의 신의가 의협심에 찬 협객의 신의와 동일한 것은 아니다. 그가 신의를 중시한 것은 어디까지나 자신의 장사를 위한 것이며, 더 많은 돈을 벌기 위함이다. 여기에서도 우리는 장사의 도(道)에 정통한 그의 일면을 볼 수 있다. 장사가 사고파는 쌍방관계, 일종의 교환관계라는 것을 누구나 알고 있다. 이런 교환은 본질적으로 상호이익을 위한 자발적인 관계로서 서로의 이익을 목적으로 이루어진다. 이러한 교환관계가 장기적으로 이어지면 장사가 발전한다. "신의통상(信義通商)" 즉 "성실함이 천하의 손님을 부른다"는 말이 있다. 신용과 성실이 손님을 부르고, 그래야만 장사가 커나갈 수 있다는 이치를 담고 있다.

부강이 나상덕의 예금을 지불함으로써 더욱 많은 예금을 끌어올 수 있었던 것도 그 예다. 나상덕의 부탁대로 일을 처리한 후 군영으로 돌아간 두 사람은 부강에서 있었던 일을 사람들에게 전했고, 부강의 명성은 단번에 군영 전체로 알려지게 되었다. 많은 관병들이 자신의 예금을 '장기 무이자'로 부강 전장에 맡겨왔다. 장사와 거래에 있어 가장 중요한 것이 바로 신용인 것이다.

호설암은 "간교하게 도박을 해도, 결코 발뺌하는 도박을 하지 않는다"는 말이 장사에서도 마찬가지라고 했다. 어떤 수단을 써서 상대를 이기든 그 수단이 교묘하고 감쪽같아서 발견되지만 않는다면 속임수도 용인될 수 있었다. 그렇지만 도박에서 졌을 때 내기에 건 돈은 반드시 내놓아야 한다는 뜻이다.

신용을 모르는 것은 바로 '발뺌'이다. 이 말은 항주의 전장을 책임지고 있던 사운청이 예금 대량인출 사태가 터지자 문을 닫고 업무를 중단하려 했을 때, 이를 책망하며 호설암이 한 말이다.

상해에서 예금인출 사태가 터지자 부강 전장은 영업을 중단할 수밖에 없었다. 그리고 그 여파는 다음날 항주에까지 파급되었다. 부강 전장이 보유하고 있던 현금은 40만 냥에 불과했기 때문에, 인출사태가 계속 된다면 막을 방법이 없었다. 이때 호설암은 항주로 돌아오는 도중이었는데, 도착까지 이틀이 남아 있는 상태였다. 항주에 있던 사운청과 호설암의 부인은 당황한 나머지 어찌할 바를 몰랐다. 두 사람은 논의 끝에 잠시 문을 닫고 호설암이 돌아올 때까지 기다리자고 결정했다.

이렇게 해서 부강 전장 문 앞에는 "현재의 상황이 불안정하여 자금회전이 원활하지 못하다"는 내용의 게시문이 걸렸다. 원래는 호설암이 돌아올 때까지 사흘간 영업을 중단하고, 그 후에는 정상적으로 업무를 개시하려는 의도였다. 하지만 예상과는 달리, 게시문이 나붙자 엄청난 파문이 일어났다. 고객들이 예금을 찾기 위해 전장으로 몰려들었던 것이다. 다행히 항주 관부가 직접 나서는 바람에 더 큰 혼란은 막을 수 있었다.

두 사람이 영업을 잠정중단하기로 한 것은 나름대로 상황을 고려하여 내린 결정이었다. 부강 전장이 보유하고 있던 자금을 확보하고 있다가, 만일의 사태가 발생했을 때 호설암이 재기하는 데 필요한 자금으로 사용하려한 것이다. 상해의 전장이 이미 예금인출 사태로 문을 닫은 상태였기 때문이다. 호설암의 부인은 최악의 상황에 직면할 가능성을 생각하지 않을 수 없었다. 사운청 또한 며칠이라도 시간을 벌어 대고객들을 안심시켜 더 큰 손실을 막아보자는 취지에서 취한 조치였다. 당연히 이는 모두 호설암을 위해 내린 결정이었다.

하지만 호설암의 생각은 달랐다. 이것은 고객에 대한 신용 없는 행동이었고, 신의를 저버리는 결정이었다. 전장이 고객에 대해 신용을 지킨다는 것은 고객의 입장에서 생각하고, 고객이 맡긴 돈에 대해 책임을 지는 것이다. 어떤 상황에서든 고객은 전장에 대해 자신이 맡긴 돈을 찾아갈 권리가 있다. 전장의 문을 잠그고 예금을 찾겠다는 고객의 요구를 거절하면서, 자신의 퇴로를 열어놓은 것은 가장 신용 없는 행동이었다. 더군다나 전장이 문을 닫고 영업을 중단하는 것 자체가 이미 신용 없는 행동이었던 것이다.

⊛ 호설암 경상지법 14
처음부터 끝까지 신용이다

이미 자신에게 위기가 시작되고 있을 때에도 호설암은 좌종당을 위해 두 가지 큰일을 맡고 나섰다. 하나는 군량미를 마련하는 것이었고, 다른 하나는 총을 구입하는 것이었다.

좌종당은 조정으로 돌아오자 순친왕(醇親王)의 위임을 받아 팔기군을 정비하는 책임을 맡았다. 그는 특별히 신강지역 총사령으로 있던 왕덕방(王德榜)을 추천하여 그에게 화기훈련 지휘를 맡겼다. 그 후 좌종당은 다시 남양지역(청조 말 강소, 절강, 복건, 광동의 연해 지역을 일컫던 이름) 방비를 튼튼히 하라는 조정의 명을 받게 되었다. 이를 위해 그는 왕덕방을 호남으로 보내 군사를 모집하게 했다. 계획대로 6천의 군사를 모으려면 최소한 4천 점의 화승총이 필요했다. 새로 모집한 병사들을 먹일 군량미는 호부가 마련한다 하더라도, 우선 당장 필요한 자금만도 얼추 25만 냥은 있어야 했다.

좌종당이 이전에 서역정벌에 나섰을 때 상해에 전운국을 설립하고, 호설암으로 하여금 그곳의 사무를 관장하도록 맡긴 적이 있었다. 좌종당은 큰 자금이 필요해지자, 자연히 다시 호설암을 떠올리게 되었다.

비록 호설암이 두 가지 일을 맡아 처리하겠다고는 했지만, 이 일은 상당히 어려운 문제였다. 우선 부딪히는 문제가 돈이었다. 그전에 이미 좌종당은 복건성과 광동성의 난민구제를 위해 호설암에게 20만 냥의 자금을 모집해 달라는 요구를 해놓은 상황이었다. 그런데 다시 25만 냥의 자금을 추가로 모집해야 했던 것이다.

또한 전운국이 보유하고 있는 서양식 화승총은 겨우 2천 5백 점뿐이었기 때문에, 부족한 수량은 당장 구입해야 했다. 당시의 가격에 따르면, 총 한 자루의 값이 약 18냥이었고 여기에 배 운임을 포함하면, 1천 5백 점의 총을 구입하는 데만도 3만 냥이 넘는 자금이 필요했다. 이런저런 필요한 자금을 모두 합하면 대략 50만 냥이 넘었다.

예전 같았다면, 호설암에게 이 정도의 자금이 그리 큰돈은 아니었을 테지만, 지금은 상황이 예전과 많이 달라져 있었다. 우선 중국과 프랑스의 분쟁 때문에 상해의 경제가 극도로 침체되어 있었다. 또한 호설암은 생사시장을 장악하려는 목적으로 2천만 냥의 자금을 생사비축에 쏟아부은 상태였다. 이로 인해 부강 전장의 자금사정이 상당히 어려워져 있었다. 따라서 자금을 모집하기가 결코 쉽지 않았다.

게다가 좌종당을 동남지역에서 축출하기 위해, 이홍장은 호설암을 상해에서 매장시키려는 계획을 세우고 자금이 상해로 들어오지 못하도록 차단하라는 명을 내렸다. 이 돈은 원래 호설암이 좌종당을 위해 서양 상인으로부터 대출한 자금 가운데 마지막으로 들어온 것이었는데, 이 대출금의 첫 상환액의 상환만기일이 이미 지나 있었다.

호설암이 좌종당에게 솔직하게 털어놓았더라면, 기한을 연기받을 수도 있었을 것이다. 하지만 그는 그렇게 하지 않았다. 좌종당이 비록 군대의 책무를 맡고는 있었지만 나이가 이미 고령으로 접어든데다가 노환이 깊어지고 있는 상태였다. 그가 조정의 일을 할 수 있는 시간이 그리 많이 남지 않았다는 것을 알 수 있었다. 호설암은 어쩌면 이번 일이 자신이 그를 위해 할 수 있는 마지막 일이 될지 모른다고 생각했다.

좌종당을 만난 이후, 호설암은 한번도 책임지지 못할 말을 한 적이 없었다. 그래서 그의 깊은 신임을 받았다. 이제 좌종당에게서 더 기대할 것이 없어졌으므로 그를 위해 일하지 않는다는 인식을 사람들에게 보여줄 수는 없었다. 하지만 더 중요한 이유는 자신의 이름 때문이었다. 평생 신용을 중시하고 명성을 만들기 위해 노력했는데, 마지막에 그 이름에 흠을 낸다는 것은 결코 있을 수 없는 일이었다.

호설암이 좌종당을 대하는 태도에서, 우리는 두 가지 점에 감탄하게 된다. 첫째는 강을 건넌 후 다리가 필요없다고 그 다리를 부수어버리는 짓을 결코 하지 않는다는 점이다. 상인인 호설암은 조정의 실력자인 좌종당을 '이용'했고, 확실히 그를 통해 적지 않은 덕을 보았다. 하지만 그에게 있어 좌종당은 달면 삼키고 쓰면 뱉어버릴 수 있는 그런 인물이 결코 아니었다. 호설암은 자신이 지극히 어려운 지경에 처한 상황에서도 좌종당이 부탁한 일을 완수하고자 했다. 호설암의 이 품성은 우리에게 시사하는 바가 많은 대목이다.

두 번째는 처음부터 끝까지 신용을 지키려 했다는 점이다. 그는 자신이 일생 동안 지켜온 신용이 무너지는 것을 보고 싶지 않았다. 더 이상 신용을 지킬 수 없을 정도로 위험한 지경에 이른다 하더라도, 그는 자신의 명예와 이미지를 지키고자 했다. 호설암에게 있어 이 두 가지는 한 인간으로서든 상인으로서든 무엇보다 중요했던 것이다.

상인의 신용은 그가 장사를 하는 과정 속에서 어떻게 지키고 있는지를 보면 알 수 있다. 일관되게 신용과 명예를 지켜온 상황을 살펴보면 더욱 잘 알 수 있다. 신용과 명예는 구축하기는 어렵지만 무너뜨리기는 쉬워서, 한 번의 신용위기가 일생 동안 노력하며 쌓아온 이미지를 철저하게 파괴할 수 도 있다. 사업을 하는 사람이라면 누구나 이 점에 주의해야 한다.

🏮 호설암 경상지법 15
'성실과 신용'의 간판을 만들어라

상인은 상도를 중요하게 여겨야 한다. 성실과 신용은 상 도에서 결코 없어서는 안 될 중요한 부분이다. 상도는 상업의 내적인 부분 과 외적인 부분의 행위규범의 총체이다. 이는 선과 악, 공과 사, 정의와 불 의, 성실과 허위 등과 같은 몇 가지 도덕범주를 기준으로 한다.

호설암이 항주에 설립한 호경여당이 높은 명성을 얻어 북경의 동인당(同 仁堂)과 어깨를 나란히 할 수 있었던 것도 바로 '성실과 신용을 기본으로' 고객의 신뢰를 받았기 때문이다.

1874년에 설립된 호경여당은 약제의 품질을 중시하는 것으로 이름이 높았 다. 약국의 대청 내에는 두 개의 커다란 편액이 걸려 있었다. 손님이 들어 오는 맞은편에 걸린 편액에는 '정찰가격'이라는 글자가 씌어 있었다. 그리 고 계산대 맞은편에는 호설암의 친필로 "속임을 경계하라"는 글귀가 적혀 있었다. 그런데 그 옆에는 작은 글씨로 "거래는 속임수로 얻어지는 것이 아니며, 약업은 생명에 관계되는 것으로 결코 속임이 있어서는 안 된다. 조 악한 물건으로 이익을 얻어서는 안 된다. 오로지 제군들은 성심껏 맡은 일 을 다하고, 조제를 세심하게 하며, 자신을 속이고 남을 속이는 일을 하지 말며, 세상을 위해 복된 일을 하기를 바란다. 제군들의 선함은 바로 자기자신을 위함이자, 여러 많은 사람들을 위함이다"라는 글귀가 씌어 있었다.

이 두 글귀는 호경여당의 경영방침이자 고객들에게 성실과 신용이라는 이미지를 심어주기 위한 것이다. 여러 해를 거치면서, 호경여당의 하얀 간판은 좋은 물건과 합리적인 가격의 상징이 되었고, 많은 고객들로부터 깊은 신뢰를 받았다.

호설암이 호경여당의 문을 연 지 얼마되지 않아 서역정벌을 위한 준비가 시작되었다. 군사들을 위해 많은 약과 약재가 필요해졌다. 외부에서 조달하자면 많은 비용이 들고 당장 필요한 물량을 확보하기도 힘들었다. 후방에서 군량미 조달 책임을 맡고 있고, 큰 약국을 경영하고 있던 호설암은 자신의 약국에서 약과 약재를 구입한다면 비용이 절감되고 수월하게 일을 처리할 수 있을 것이라 생각했다. 이 일로 돈을 벌겠다는 계산을 한 것은 아니었지만, 결과적으로 약재의 질이 좋고 약의 효능도 뛰어났기 때문에 많은 돈을 벌게 되었다.

호경여당은 많은 흑자를 남겨 자본규모가 크게 확대되었다. 하지만 평상시의 빈민 구제 활동이나, 자연재해가 발생했을 때 기증한 약품구입의 비용은 모두 장사에서 얻은 흑자에서 지출했다. 단 한 푼도 호경여당의 자금에서 지출한 적은 없었다.

호설암이 점포의 직원을 뽑는 안목도 남달랐다. 성실을 가장 중요한 덕목으로 꼽았는데, 호경여당으로 들어서는 입구에는 다음과 같은 글귀가 걸려 있었다 "다듬고 더하는 것을 비록 보는 사람이 없으나, 그 마음을 하늘이 안다." 이 말은 성실하지 못한 사람이 약을 조제해서 팔면 재료와 함량이 옳지 못하여, 그 약을 먹은 사람에게 오히려 해를 끼칠 수 있음을 경계하는 말이다.

그리고 따뜻한 마음이 중요했다. 의술을 행하는 사람은 상대의 입장에서 생각할 줄 알아야 하는데, 약업을 하는 사람도 마찬가지라고 생각했다. 언제나 환자를 먼저 생각해야 약에 정성을 기울일 수 있기 때문이다. 마지막으로 당연히 실력이 있어야 했다. 실력이 없이 성실하고 따뜻한 마음만 있다면 이는 오히려 사람들의 업신여김을 받는 약점이 되기 쉬웠다.

이렇게 뽑힌 직원들은 전심전력으로 고객들을 위한 업무를 행할 수 있었다. 호설암 역시 사심 없이 후하게 대우했다.

이러한 관리 덕분에, 호설암이 실패에 직면했을 때에도 호경여당은 그 영향을 받지 않았으며, 호경여당의 직원들 또한 그의 실패를 기회로 사욕을 채우려 하지 않았다. 오히려 그들은 호설암이 선한 씨앗을 뿌렸으니 반드시 선한 결과를 거둘 것이며, 머잖아 다시 일어날 것이라고 굳게 믿었다. 그래서 모든 직원들은 예전과 다름없이 출근하여 일했다.

그가 경영했던 전당포와 전장과 비교해 볼 때, 호설암은 호경여당에서 가장 훌륭한 경영규범을 수립했다. 그렇기 때문에 직원들의 한결같은 성실함과 열정이 보답이 되어 돌아온 것이다. 호설암 자신도 장사에서 가르침이 없으면 그 장사는 결코 장기적으로 건실하게 발전할 수 없다는 사실을 깨닫게 되었다.

🌐 호설암 경상지법 16
신용과 명예로 일하라

호설암이 창업초기에 사용했던 자금은 거의 빌려온 자금이었다. 생사거래를 끝낸 후, 호설암은 곧바로 약국과 전당포 사업에 착수했다. 당시의 호설암은 거의 무일푼이나 다름없었기 때문에 다시 새로운 사업에 뛰어들 만한 자금이 없었다. 생사장사로 18만 냥의 돈을 벌었지만, 이 거래를 성사시키는 과정에서 들어간 비용과 조력자들에게 지불해야 할 몫 등을 제하고 나면 그에게 남은 것은 거의 없었다. 심지어 수만 냥의 손실을 보아야 했다.

자금이 없는 상태에서 엄청난 투자가 필요한 '프로젝트'를, 더군다나 두 가지나 계획한다는 것은 일반적으로 납득이 되지 않는 일이다. 늘 그를 감탄해 마지않던 우오와 고응춘마저도 호설암에게 약국과 전당포를 시작할 자금이 어디 있느냐며 회의적인 태도를 보였다.

호설암에게는 자신만의 계산이 있었다. 그것은 바로 자신의 신용과 명예 그리고 능력을 담보로 다른 사람들로부터 협조를 얻는다는 것이었다. 그는 분명한 사업계획을 세워놓고 있었다. 부강은 사업상 중요한 협력자인 방이와 이미 견실한 관계를 구축한 상태였고, 생사장사도 여러 사람들의 출자로 순조롭게 진행되고 있었기 때문에 특별히 신경쓸 것이 없었다. 약국은 조정의 관심을 끌 수 있는 일이었고, 전당포 사업은 소주의 부호로 이름난 번숙아(藩叔雅)를 비롯한 부잣집 공자들을 염두에 두고 있었다.

호설암은 지금이 소주 부호들의 자금을 끌어올 수 있는 기회라고 생각했다. 서양 상인과 거래하던 무렵, 그는 당시 소주성 관리로 있던 하계청(何桂淸)에게 도움을 청하기 위해 소주를 방문한 적이 있었다. 이때 그는 소주의 부호 번숙아, 오계중(吳季重), 육지향(陸芝香) 등을 만나게 되었다. 당시는 태평군이 소주와 절강성 지역에 대대적인 공략에 나선 터라 소주의 상황이 매우 불안정했다. 관군과 태평군의 강남본영이 바로 이 일대에 있어서 지역의 관군이 모두 전쟁에 투입된 상태였다. 따라서 이들을 비롯한 부자들은 혹여 백성들이 소요를 일으킬까 몹시 가슴을 조리고 있었다. 또한 태평군이 조만간 동남지역으로 밀려들 기세였기 때문에 더욱 두려움에 떨었다.

소주의 부호들은 난을 피해 상해로 옮겨 갈 계획을 세우고 있었다. 저택과 농토를 상해로 가져갈 수 없었지만, 대신 막대한 현금을 가지고 있었다. 호설암이 전장을 경영하고 있다는 것을 알게 된 그들은 그의 전장에 돈을 맡겨 상해에서 이를 이용하고자 했다.

그 액수는 자그마치 20만 냥이 넘었다.

호설암은 이 부잣집 공자들에게 자금 운용방법에 대해 말해 주었다. 돈의 절반은 정기예금으로 보관하고, 절반은 당좌예금으로 넣어두었다가 장사 밑천으로 사용할 것을 건의했다. 그들의 자금운용을 맡은 호설암의 기본원칙은 원금은 보존하고 이자를 이용한다는 것이었다.

여기에는 부잣집 공자들을 위한 배려가 깔려 있었다. 사실 처음 이들이 호설암에게 자금관리를 부탁했을 때, 그는 그 청을 거절할 생각이었다. 이들은 조상대대로 전해 내려오는 광대한 토지 덕택에, 먹고 마시며 즐길 줄은 알지만 이재(理財)에 대해서는 거의 무지했다. 이들이 사치와 방탕으로 흥청거리는 상해로 와서 가진 것을 모두 탕진하는 데는 그리 오랜 시간이 필요치 않을 것은 불 보듯 뻔했다. 게다가 어려움을 모르고 살아온 사람은 대개 세상사에 어두워, 좋고 나쁨을 분별하지 못하는 경우가 많다. 따라서 호설암은 그들과의 교분이 오히려 낭패를 가져올 수 있다고 생각했다.

하지만 달리 생각하면, 호설암은 절호의 기회를 만난 셈이었다. 이 부잣집 공자들이 당장의 이익에 연연하지 않고 자신의 건의에 따라 자금을 맡겨주기만 한다면, 호설암의 사업에 큰 도움이 될 것이기 때문이다. 20만 냥이라는 거금을 장기운용할 수 있다면, 정말 좋은 일이 아닐 수 없었다.

이렇게 하여, 호설암은 소주의 부자들을 위해 세심한 계획을 세웠다. 원금은 건드리지 않고 이자만을 활용한 것은 그들을 위한 배려이기도 했지만, 호설암 자신도 장기운용이 가능한 자금을 확보할 수 있었다. 직접 운용할 수 있는 20만 냥의 자금을 확보한 호설암은 전당포 설립계획을 시작했다. 당시에는 5만 냥 정도의 자본이 있으면 적당한 규모의 전당포를 설립할 수 있었다. 20만 냥이 넘는 자금은 전당포를 몇 개를 세우고도 남는 금액이었다. 호설암의 전당업은 이렇게 시작되었다.

자신의 뜻을 이루는 데 다른 사람의 능력을 활용하고, 상황에 융통성 있게 대처하는 그의 방식은 동시대의 다른 상인들을 능가했다.

🌐 호설암 경상지법 17
속임수를 경계하라

이름을 만드는 것은 겉치레만으로 되는 것이 아니며, 그렇게 만들어진 이름은 오래가지 못한다. 또한, 신뢰와 존경을 잃고 자신을 막다른 골목으로 몰아넣기도 한다. 이름을 만들고자 한다면, 호설암처럼 노력과 성실로 자신만의 '자본과 신용'을 만들어야 한다.

호경여당의 설립 초기에, 호설암은 바로 '자본과 신용'을 만드는 것에서부터 자신의 이름을 만들어갔다. 그가 의지하고자 한 것은 결코 무너지지 않는 진정한 이름을 만드는 것이었다. 진정한 이름을 만드는 일은 사실 아주 간단하다. '속임수를 경계'하는 것이다.

호경여당의 대청에는 노란색 바탕에 녹색 글씨로 된 큰 편액이 걸려 있었다. 이 편액은 약국 안에서 일을 보는 직원들이 책상에 앉았을 때 보이도록 안을 향해 걸려 있다. 이 편액에는 '속임수를 경계하라'는 글귀가 호설암의 친필로 쓰여 있다.

이 글귀는 약국 직원들에 대한 훈계이자 일깨움이었으며, 또한 호경여당의 운영원칙이기도 했다. 그것은 우선 '좋은 재료로, 정성스럽게 만든다', 즉 믿을 수 있는 처방전으로 좋은 약재를 가지고 정성스럽게 조제하여 특별한 효과를 지닌 약을 판매한다는 의미였다. 그리고 약국의 총관리인에서 부터 약재구입 담당자와 점원들에 이르기까지, 모두 부지런하고 유능하면서도 성실하고 따뜻한 마음씨를 지닐 것을 요구하는 뜻이기도 했다. 그렇게만 된다면, 약국의 명성이 손상을 입거나 간판을 내리는 일은 없을 것이기 때문이다.

손님들이 기다리는 큰 대청 위쪽에는 "다듬고 더하는 것을 비록 보는 사람이 없으나, 그 마음을 하늘이 안다"는 글귀의 편액이 높다랗게 걸려 있었다. 이것은 양심적으로 돈을 벌어야 한다는 뜻이다.

중국의 전통적인 조제약인 '환산고단'은 대개 민간처방전에 따라 조제되었기 때문에 그 방법이나 과정이 외부에 드러나지 않게 비밀리에 이루어졌다. 이렇게 민간처방으로 만들어진 약은 직접 조제한 사람이 아니면 그 품질을 알기가 어려웠다. 그래서 좋은 약이라고 속이거나 함량을 줄이려고 마음만 먹는다면 얼마든지 그렇게 할 수 있었다. 상황이 이렇다 보니, 예부터 사람들 사이에 '되는 대로 약'이라는 말이 나오게 되었다. 약재를 "다듬고 더하는 것을 비록 보는 사람이 없으나, 그 마음을 하늘이 안다"는 글귀가 나온 것도 이러한 연유에서였다.

성실하지 못한 사람이 약을 팔거나 직접 조제하면 병을 고치기는커녕 오히려 더 키우는 결과를 초래한다. 이 이치를 누구보다 잘 알고 있었던 호설암은 '속임수를 경계하라'는 글귀와 함께 '약업은 생명에 관계되니, 결코 속임이 있어서는 안 된다'라는 경고문을 친필로 적어서 걸어둔 것이다. 이를 통해 우리는 호설암이 속임수를 경계하는 일에 얼마나 마음을 썼는지 알 수 있다.

호설암은 '참을 말하면서, 거짓된 약을 파는 것'을 무엇보다 있을 수 없는 일로 보았다. 그는 호경여당에서 파는 약은 반드시 좋은 약재를 사용해 정성을 다해서 조제할 것을 요구했다. 당귀, 황기, 당삼은 반드시 감소, 섬서지방에서 생산된 것을 사용하고, 패모와 천궁은 반드시 운남, 귀주, 사천지방에서 생산된 것을 사용하도록 했다. 또한 호골과 인삼은 반드시 외국의 산지로 가서 구입하게 했으며, 진피, 얼음사탕과 같은 재료도 반드시 광동과 복건지방의 것이어야만 약에 첨가할 수 있도록 했다. 게다가 호설암은 손님들에게 직접 약의 조제과정을 보여줘서 약의 재료와 가격 모두 진품이며 합리적이라는 것을 믿을 수 있도록 했다.

호설암의 경영방법을 한 마디로 정리하자면, 속임이 없는 성실한 태도로 자신의 이름을 만든 것이라 하겠다. 신용을 쌓기 위해 비록 야단스러운 방법을 동원하기는 했지만, 그 근본은 어디까지나 성실을 바탕으로 하였다.

🌐 호설암 경상지법 18
절대 에누리는 없다

장사에서 같은 업종 간의 경쟁을 피할 수 없다면, 가격전쟁을 어떻게 돌파할 것인가? 호설암의 방법은 '에누리가 없다'는 것이었다.

창업초기에 호경여당은 항주의 허광화(許廣和), 엽종덕(葉種德) 두 약국과 경쟁하고 있었다. 두 약국은 본래 항주성 내에서 규모가 가장 크고 최고의 역사를 자랑하는 약국이었다. 하지만 호경여당이 창업초기에 실시한 약의 무료배포와 조제과정 공개 등의 갖가지 방법들이 큰 효과를 거두면서 그 명성이 높아졌다. 호경여당은 매일 손님들로 문전성시를 이루었다. 이렇게 되자 두 약국은 자연히 큰 타격을 입게 되었다. 두 약국도 손님을 끌 방법을 생각하지 않을 수 없게 된 것이다.

오랜 역사와 만만치 않은 실력을 지닌 이들은 한바탕 가격전쟁으로 호경여당의 숨통을 끊어놓을 작정을 했다. 엽종덕이 먼저 가격을 인하했다. 호경여당이 고려인삼 2냥을 은자 2냥에 팔면, 그들은 1냥 7푼에 팔았고, 호경여당이 회산약(참마과로 마의 뿌리-옮긴이) 2냥을 은자 5리에 팔면 그들은 4리에 파는 식이었다. 물건을 사는 사람은 당연히 가격이 싼 쪽을 택하기 때문에 엽종덕은 다시 손님들을 끌 수 있었다.

일반적인 경우라면, 호설암도 같은 방법으로 두 약국과 가격인하 경쟁에 나서야 했다. 또한 호설암은 그들과 맞설 수 있는 충분한 자금도 있었다. 전장과 전당포의 자금을 배경으로 그가 마음먹고 나선다면 두 약국의 문을 닫게 만들 가능성도 얼마든지 있었다. 하지만 그는 그렇게 하지 않았다. 호설암은 약재 가격을 인하하기는커녕 오히려 대청 입구에 '절대 에누리 안됨'이라고 쓴 큰 게시문을 내다붙였다.

이러한 호설암의 방법은 사람들에게 '한강(韓康)의 고사'를 떠올리게 했다. 한강은 온갖 약초에 정통한 약초상이었다. 그는 매일 산에 올라 약초를 캐어다가 장에 내다팔았다. 장이란 곳이 본래 가격을 흥정하는 곳으로, 좋지 않은 물건을 내다놓고 가격을 후려치는 방법으로 약초를 팔아넘기는 상인들도 많았다. 그런데 오직 한강만이 가격흥정을 용납하지 않았다.

그는 가격을 깎으려는 손님들에게 "내 약초는 이만한 가치가 있는 약초이기 때문에 이 값에 파는 것이오. 에누리는 안 되오"라고 말했다. 값을 흥정해서 사온 약을 먹은 사람들은 몇 첩을 먹어도 약효를 보지 못했지만, 한강의 약을 먹은 사람들은 한두 첩만 먹어도 병이 떨어져 나갔다. 이렇게 되자, 자연히 '한강의 에누리없는 가격' 이야기는 사람들의 입소문을 타고 알려지게 되었고, 그의 약초를 찾는 사람들이 더욱 많아졌다.

호설암이 '절대 에누리 안 됨'이라는 게시문을 내건 것은 호경여당의 약은 결코 가짜를 섞지 않는다는 고객을 향한 약속이었다. 그는 물건의 값을 내려서 파는 것이 임시방편에 불과하며 결코 오래갈 수 없다고 생각했다. 약재의 가격이란 것이 뻔해서, 상대방을 쓰러뜨리기 위해 계속 손해보면서 장사를 할 수는 없었다. 잘못했다간 상대가 쓰러지기 전에 자신이 먼저 무너질 수도 있었다. 가격을 내려서 팔고도 손해를 보지 않는 유일한 방법은 좋지 않은 물건을 속여 파는 것인데, 결과적으로 약의 품질이 떨어질 수밖에 없다. 이것 역시 스스로를 무너뜨리는 방법이다.

"고객의 심리는 대저울과 같다"는 말이 있다. 약이란 병을 치료하는 것인데, 약효가 좋지 않거나 병을 전혀 호전시키지 못한다면 결국 손해를 보는 사람은 그 약을 판 사람이다. 호설암은 "내가 손님들에게 말하고 싶은 것은 호경여당이 파는 것이 바로 한강의 '처방전'이라는 것이다. 제대로 된 약재를 알맞은 가격에 팔아야 한다. 이것이 바로 장사를 하는 장기적인 전략이다"라고 말했다.

그는 경쟁의 방법을 제대로 알고 있었다. 가격경쟁은 확실한 효과를 가져올 수 있는 방법이긴 하다. 동일한 품질이라면 가격면에서 유리한 제품이 시장에서 좋은 위치를 선점하는 것은 당연하다. 하지만 중요한 것은 '제대로' 된 것이냐 하는 거다. 가격이 저렴하면서도 제대로 된 물건이어야 한다. 가격이 싸면 일시적인 효과를 가져올 수는 있겠지만, 제품의 질이 보장되지 않는다면 결코 오래가지 못한다. 게다가 가격을 내린다는 것은 필연적으로 자신의 이윤손실을 전제로 한다. 박리다매로 시장점유율을 높일 수는 있겠지만, 큰 손실을 감수하는 방식으로는 시장을 차지할 수 없다. 이는 근본적으로 장사를 하는 목적에 배치되기 때문에 장기적으로 지속될 수가 없기 때문이다.

제대로 된 제품에 적절하게 더해진 '에누리없는 가격'은 제품에 대한 소비자들의 신뢰를 높이는 데 매우 긍정적인 작용을 한다. 또한 훌륭한 제품 이미지 확립을 위한 중요한 전략이기도 하다.

5

과감하고 신속하라

[100미터를 달리는 속도로 기회를 향해 질주하라]

경영속도는 매우 중요하다. 망설이며 생각만 하다가는 눈앞에 다가온 기회를 놓치고 만다. 후회를 남기는 것은 물론이고 실제로 치명적인 타격을 입기도 한다. 분명한 것은 기회가 성공의 속도를 결정한다는 것이다. 호설암은 기회의 고수라고 할 만큼 탁월한 능력을 발휘했다. 일단 그의 손에 들어온 기회는 그것이 어떤 것이든 모두 무형의 자산으로 변했다.

호설암은 자신에게 온 기회를 확실하게 붙잡아서, 이를 다양한 방법으로 활용하는 능력을 갖고 있었다. 이것은 사업의 위험을 감수하는 과감한 행동에서 비롯되었다. "기회를 놓치지 말라, 놓친 기회는 다시 오지 않는다." 성공하고자 한다면 이 말을 꼭 명심해야 한다. 사업에서 후회를 남기고 싶지 않다면, 당신은 제2의 호설암이 되어 신속하고 과감하게 행동해야 한다.

손에 들어온 기회는 결코 놓치지 않는다

호설암은 장사를 하기 위해서는 기회를 발견하고 확실히 붙잡아서, 그 기회를 이용하는 데 특히 능해야 한다고 말했다. 다시 말해 기회란 그것을 발견하고 확실히 이용할 수 있는 사람에게 비로소 참다운 것이 된다.

기회를 잡는다는 것은 기회를 보는 안목, 자기 것으로 만들 수 있는 수완과 노력으로 그 기회들을 실제적인 재원으로 만든다는 뜻이다. 장사는 기회가 있어야 하며, 더 중요한 것은 능력이 있어야 한다.

호설암이 생사장사를 시작했을 때 마침 중국에서 서구의 자본주의 공업생산이 시작되었다. 특히 방직공업이 크게 발전하던 시기였기 때문에, 원료가 되는 생사를 대량으로 필요로 하고 있었다. 따라서 생사장사를 하면 큰돈을 벌 수 있는 시기였다.

호설암이 생사장사에 손을 댄 것은 우연한 결과였다. 왕유령이 해운국으로 부임하여 곡물운송이라는 어려운 임무를 맡게 되자, 그는 호설암에게 도움을 요청했다. 이 일로 호설암은 항주와 상해를 자주 오가게 되었다. 그때 이용한 배편이 생사운송을 주로 하던 아주(阿珠)의 배였다. 호설암은 아주의 모친을 통해 생사장사에 대해 배우게 되었다.

곡물운송 문제를 해결하는 과정에서 호설암은 조방과 관련을 맺게 되었고, 서양 상인들과 무역을 하던 고응춘을 만나게 되었다. 오래지 않아 왕유령이 호주 관부로 부임했다. 이런 일련의 일들이 연이어 일어나면서 생사장사에 문외한이었던 호설암은 어렵지 않게 발을 들여놓게 되었고, 서양 상인들과의 생사무역에도 나서게 되었다. 이는 그에게 분명 '행운'이었다.

당시에 '장뚱보'라고 불리던 신화 전장의 주인도 호설암과 함께 항주와 상해를 오갔다. 그는 강소와 절강성 일대의 생사와 차 거래에 관해 호설암보다 더 잘 알고 있었다. 게다가 신화 전장은 규모가 크고 자금력 또한 탄탄한 전장이었다. 하지만 그는 큰돈을 벌 수 있는 기회를 보지 못했다.

생사장사에 관한 경험이나 능력도 호설암은 생사무역의 일인자인 방이에게 비할 바가 아니었다. 하지만 그는 생사거래에 뛰어들면서 곧바로 생사상들과 연합하여 가격을 장악했고, 서양 상인들을 꼼짝 못하게 하겠다고 결심했다. 오랫동안 서양 상인과 생사거래를 해온 방이는 결코 그런 생각을 하지 못했다.

호설암은 장뚱보와 방이가 생각하지 못한 일을 주저없이 실행에 옮겼다. 그는 아주의 모친을 통해 호주의 생사유통 상황을 파악했다. 그리고는 자금을 출자하여 아주의 부친에게 생사점포를 열도록 했다. 또한 그 지역 관부에 부임한 왕유령의 도움으로 생사를 사들였다. 그 다음 방이와 연계하여 서양 상인들을 대상으로 대규모 생사무역을 시작했다. 이렇게 되니, 큰돈이 그의 수중으로 들어올 수밖에 없었다.

기회는 모든 사람들에게 균등하게 찾아온다. 결론적으로, 어떠한 기회든 능력 있는 사람이 잡는 것이다. 호설암이 자신에게 다가온 기회를 확실하게 붙잡은 것도 바로 그의 능력이라 말할 수 있다. 여기에는 기회를 붙잡는 능력뿐만 아니라 과감하게 위험을 감수하는 능력도 필요하다. 호설암은 태평천국운동이 실패로 끝난 후 태평천국 군병들의 예금을 위탁받는 방법으로 전장의 자금력을 확대하기도 했다. 이것은 매우 큰 위험을 감수한 결정이었다.

당시에 태평군의 세력은 크게 위축되어 있었고, 이들은 살아남을 궁리를 하기에 바빴다. 태평군에게는 목숨을 지키는 것보다 재산을 지키는 것이 더 큰 일이었다. 재산을 잘 보존할 수 있다면, 사태가 진정된 후에 먹고 살 걱정은 하지 않아도 되었다. 그들에게는 재산을 현금화하여 전장에 묻어두는 것이 무엇보다 안전한 방법이었다.

하지만 전장이 태평군 군병들에게 재산을 은닉할 수 있도록 도와준다는 것은 매우 위험한 결정이었다. 태평천국에 가담한 군병들은 모두 '역도'였다. 역도들의 재산은 당연히 '역재(逆財)' 혹은 '역산(逆産)'이라 하여 은닉할 수 없었다. 역재를 받아 은닉해 준 사실이 드러나면, 역도들과 내통했다는 죄명으로 다스려졌다. 관부가 조사하여 위탁된 재산을 찾을 가능성도 있었다. 추적당하여 발각이 되면, 이 '역재'는 모두 관부에 몰수되었다.

문제는 전란이 끝난 후 위탁자가 예금을 찾으려 할 때다. 전장은 규정에 따라 반드시 예금을 지불해 주어야 했다. 전장으로서는 예금이 몰수되었음에도 위탁한 예금을 되돌려주어야 했기 때문에, '외상값'을 떼인 것이나 마찬가지였다. 이런 이유로 해서 도망병들의 예금을 받는 것은 큰 모험이었다. 하지만 거래의 위험이 큰 만큼 이윤 또한 컸다. 이런 예금은 이자를 지불할 필요가 없었다. 따라서 남의 돈을 거저 이용하는 것이나 마찬가지였다. 따라서 호설암은 그들의 예금을 받아들이기로 결정했다. 당시에 그는 "상인은 이윤을 쫓는 사람이다. 이득이 된다면 칼날 위에 묻은 피라도 핥아야 한다"고 말했다.

칼날에 묻은 피를 과감히 핥는 것은 큰 성공을 거두고자 하는 상인이라면 필히 갖추어야 할 자질이다. 그 이유는 간단하다. 위험부담이 없는 장사는 누구나 할 수 있다. 당연히 이윤 또한 적을 수밖에 없다. 물론 성공할 수도 없다. "위험을 감수할 필요가 없다면 누구나 할 수 있을 것인데, 어떻게 얼굴을 내밀 수 있겠는가?"라는 호설암의 말도 바로 이것을 뜻했다.

재원이 흘러 들어오는 기회는 모두 위험요소를 내포하고 있다. 호설암이 왕유령에게 자금을 빌려준 것 역시 그 속에는 위험이 내포되어 있었다. 후에 그가 죽는다거나 관직에서 물러나야 한다면 빌려준 돈은 고스란히 날아가버릴 것이기 때문이다.

세상에 위험이 따르지 않는 장사는 없다. 얼마나 이윤을 거둘 수 있는가는 경영자가 얼마나 위험을 감수할 수 있는가에 비례되기도 한다. 감수해야 할 위험이 클수록 이윤 또한 큰 법이다. "배가 불러 죽는 사람은 담도 크고, 배가 곯아 죽는 사람은 담도 작다"는 말은 모든 시대를 막론하고 상계의 법칙과도 같은 말이다.

큰돈을 벌어 성공하고자 하는 상인은 반드시 남다른 배포와 기백이 있어야 한다. 다른 사람들이 엄두도 내지 못하는 일을 과감히 할 수 있어야 한다. 특히 모든 사람들이 보는 위험 속에서 그들이 보지 못하는 '돈이 될 구석'을 찾아내야 한다. 그리고 정확하게 본 후에는 과감하게 행동해야 한다.

호설암과 같은 성공한 상인이 되고자 한다면 반드시 기회를 포착하고 생각한 것을 행동에 옮길 줄 아는 결단력이 있어야 한다. 앞에서 늑대가 올까 뒤에서 호랑이가 나타날까 두려워하는 사람은 결코 앞으로 나아갈 수 없다.

🏮 호설암 경상지법 20
변화가 클수록 기회도 많다

시장상황은 늘 끊임없이 변화한다. 변화는 기회를 의미하며, 기회는 항상 변화 속에서 나타난다. 하지만 기회는 잠재적인 상태이기 때문에 지혜롭게 분석할 혜안이 필요하다. 기회는 곧 부를 뜻하므로, 변화속에 잠재된 기회를 찾아낸다는 것은 곧 금광을 발견한 것과 같다.

하지만 기회의 존재는 조금만 늦어도 사라진다. 따라서 기회를 포착하는 데에는 용기와 담력이 필요하다. 기회를 발견하는 것이 일종의 지혜라면, 기회를 잡는 것은 용기다. 호설암은 장사라는 전쟁에서 늘 깊은 이해와 치밀한 분석, 전체적인 상황에 대한 철저한 파악을 거친 후에야 과감히 판단을 내렸다.

전장, 전당포, 호경여당 그리고 저택 등 호설암의 장사기반이 모두 항주에 있었다. 항주가 태평군에 의해 점령된다면, 그는 모든 기반을 잃게 될 수 있었다. 그런데 노모와 가족들을 모두 남겨두고 혼자 항주를 탈출해야 하는 상황이 되었다. 평소에 호설암은 사람들의 질투와 시기를 받고 있었기 때문에, 전란의 와중에서 호설암에 관한 갖가지 유언비어가 떠돌았다. 그가 태평군의 포위망을 뚫고 식량을 구입하기 위한 공금을 상해로 가지고 가서 이를 은닉했다거나, 왕유령이 죽자 호설암이 그의 재산을 모두 착복했다는 소문이 떠돌았던 것이다.

호설암은 여러 가지로 어려운 상황에 처했다. 왕유령이 죽은 후 그의 장사도 심각한 어려움에 직면했기 때문이다. 그의 전장은 본래 왕유령의 도움으로 관부의 일을 맡아서 발전할 수 있었다. 서양 상인들을 대상으로 생사무역을 하고 군수물자를 취급할 수 있었던 것도 모두 이 '거목'이 있었기 때문에 가능했던 일이었다. 호설암이 살았던 시대에는 기댈 언덕이 없이 큰 장사를 하는 것 자체가 불가능했던 때였다.

'세(勢)'를 모르는 사람은 장사를 하기가 어려웠고, 변화할 줄 모르는 사람 또한 장사를 할 수 없었다. 세의 보호 하에서 호설암은 끊임없이 장사수완을 변화시키며 도처에서 기회를 찾아냈던 고수였다. 그랬기 때문에 그는 성공했고, 많은 상인들 가운데 으뜸이 될 수 있었다.

태평천국군을 평정하는 과정에서, 청 조정은 수도의 고관들과 각 성의 총독들에게 군량미로 쓸 곡물을 기부하라는 명을 내렸다. 절강성 총독 황종한은 가장 먼저 기부해야 할 위치에 있었지만, 자신의 곳간 문을 열고 싶지 않았다. 그는 마침 곡물운송의 공을 인정받아 호주의 관리로 임명된 왕유령을 만나게 되었다. 그때 왕유령은 황종한에게 자신이 해운국 관리를 겸직하도록 해달라고 희망했다. 황종한은 그 기회를 놓치지 않고 자신에게 떨어진 '불똥'을 왕유령에게 넘겼다. 이를 거절하기 어려웠던 왕유령은 그를 대신하여 1만 냥의 자금을 내놓았다.

이 돈은 본래 해운국과 업무관계에 있던 신화 전장을 통해 조정으로 송금하도록 되어 있었다. 그런데 호설암은 이 돈을 자신에게 맡겨달라고 청했다. 그는 유경생에게 대원(大元) 전장을 통해 송금하도록 지시했다.

호설암이 이렇게 한 데는 다음과 같은 이유가 있었다. 유경생은 부강 전장으로 오기 전에 대원 전장에서 회계직원으로 일하고 있었다. 그런데 회계직원을 곧바로 전장의 총책임자로 발탁한다면, 다른 직원들로부터 질시를 받을 수 있었다. 어떤 장사든 궁극적으로는 인재에 의해 발전한다. 지금 그에게 송금업무를 책임지게 한다면, 후에 그를 부강으로 데려와 중요한 자리에 앉힐 수 있는 중요한 근거로 삼을 수 있었다. 총독의 일을 대신하는 것이므로 그 효과는 매우 큰 것이었다.

게다가 유경생이 이 임무 후에 부강 전장으로 옮기게 되면, 부강 전장은 자연스럽게 업계의 주목을 받을 수 있었다. 자연히 부강 전장의 이름을 널리 알리는 효과를 줄 것이며, 장사에도 긍정적인 영향을 미치게 될 것이 분명했다. 이렇게 호설암은 돈 한푼 들이지 않고 일석이조의 효과를 거두었다.

호설암의 경영방법은 실로 감탄을 자아내기에 충분하다. 기회를 포착하고 과감히 투자하는 것, 이것이 바로 그의 성공비결이었다.

🏛 호설암 경상지법 21
기회와 인연으로부터 재(財)를 발굴하라

기회와 인연이 바로 재원이다. 이 공식은 보기에 간단한 것 같다. 하지만 행동으로 옮기기에는 무척 어려운 일이다. 호설암은 "장사를 하는 것은 군사를 이끌고 전쟁을 하는 것과 비슷하다. …… 상황에 민첩하게 대처하면서도 변화 속에서 기회와 인연을 찾아낼 줄 알아야 한다. 이것이야말로 제일가는 능력이다"라고 말한 바 있다.

시장은 전쟁과 마찬가지로 순식간에 환경과 정세가 변한다. 높은 하늘에 엷은 구름이 깔리기도 하고, 고요한 바람이 지나가기도 한다. 밤에 달이 호수에 비치다가도 어느새 비가 내리고 바람이 불어, 천둥과 번개가 번쩍이며 돌풍을 일으키기도 한다. 여러 전쟁터를 겪은 군인이나 많은 기복을 경험한 상인은 대개 이런 변화에 익숙하다. 그들은 변화는 절대적이고 불변은 상대적이며, 수많은 변화만이 수많은 기회와 인연을 만든다는 것을 잘 알고 있다.

하지만 변화 속에 기회와 인연이 있다는 것은 다만 기회의 존재를 설명하는 것일 뿐이다. 중요한 것은 변화 속에서 그것을 발견하고 붙잡는 것이다. 옛 선인들은 "시대적 요구를 아는 자는 걸출한 인물이다"라고 했다. 시대적 요구란 무엇인가? 그것은 세상의 발전과 변화의 추세를 가리킨다. 시대적 요구를 안다는 것은 세상의 발전과 변화의 추세에 근거하여 기회와 인연을 부여잡는 것이며, 자신이 어디로 가야 할 것인가를 결정하는 것이다.

세상의 어떤 일이든 그 구조나 운동변화는 그 체계를 둘러싼 조건과 여러 가지 요인에 의해 결정된다. 어떤 조건과 요인이 일정한 배열과 구조상태를 이루었을 때, 외부로부터 일정한 힘이나 정보 혹은 물질이 가세하면, 그 체계는 중대한 구조적인 변화를 일으킨다. 그리고 그 속에 존재하는 사람들도 변화 속으로 휘말려 들어가게 된다. 이러한 변화의 전환점을 '계기'라고 한다. 세상일의 계기와 맞물린 시간축의 어느 지점을 우리는 '시기'라고 부른다. 계기와 시기는 모두 시대적 요구 속에 내포되어 있다. 계기와 시기 위에서 시대적 요구는 선택, 결정 그리고 행동이라는 분명한 의미를 가진다. 시기와 계기를 포착하고 선택하며 결정하고 행동할 때, 더욱 높은 효율이 나타날 수 있다. 또한 예상목표를 달성할 수 있는 가능성도 최대가 된다.

어떤 일이든 그 발전과정 속에는 시기와 계기가 존재한다. 이들은 특히 인생의 선택, 경영상의 정책결정과 계획실현 등에 중요한 영향을 미친다. 시기와 계기가 언제 오는지 알 수 있고, 그것을 근거로 인생을 결정할 수 있는 사람, 그가 바로 시대적 요구를 아는 걸출한 인물인 것이다.

호설암은 사소한 변화조차도 분명하게 인식하고, 그 속에서 기회와 인연을 찾아낼 줄 아는 영웅이었다.

호설암의 장사가 날로 번창하고 있을 때 태평군에 의해 항주가 점령되자, 그는 한차례 큰 변고를 겪게 된다. 게다가 이 변화는 그를 막다른 골목으로 몰아넣는다. 이 변고는 세 가지 측면에서 다가왔는데, 이는 앞에서도 설명한 바 있다.

첫째, 호설암의 장사기반이 모두 항주에 있었기 때문에, 항주가 태평군에 의해 점령되면 그는 모든 기반을 잃을 수 있었다. 둘째, 평소에 호설암을 시기하는 사람들이 호설암을 비방하는 온갖 유언비어를 퍼뜨렸다. 만약 이로 인해 조정으로부터 처벌을 받게 된다면, 호설암은 두 번 다시 항주로 돌아올 수 없었다. 셋째, 왕유령이라는 기댈 언덕이 사라지자 그의 장사가 심각한 어려움에 직면했다. 그의 전장이나 생사장사는 왕유령이 있었기 때문에 순조롭게 발전할 수 있었다.

하지만 호설암은 결코 당황하지 않았다. 그에게 불리하게 전개되는 상황 속에서도 이용 가능한 요인들을 정확하게 볼 수 있을 정도로 그는 침착했다.

당시 항주성 내에 남아 있던 사람들은 사실 태평군에게 여러모로 도움을 주고 있었다. 그런데 태평군이 호설암을 자신들의 편으로 만들고자 그가 돌아오도록 갖가지 방법을 동원하자, 이들은 호설암이 돌아오는 것을 막기 위해 갖가지 유언비어를 퍼뜨렸다. 이들의 헛소문이 결코 유쾌할 리 없었지만, 호설암은 이것을 이용할 방법을 찾았다.

호설암은 상황을 분석한 후 두 가지 판단을 내렸다. 우선 항주로 돌아가지 않음으로써 이들과의 정면충돌을 피했다. 자신의 태도가 분명하다는 것을 알면 더 이상 성가시게 하지 않을 것이라고 판단했기 때문이다. 그리고 호설암은 훗날을 대비하여 복건과 절강성 총독 관부에 상소를 올렸다. 내부 첩자로 삼기 위해 항주성 내에 사람들을 남겨두었다는 내용의 상소였다. 이것은 불리한 형세를 유리하게 바꾸기 위한 고도의 계책이었다. 사실 이것은 적들을 언제든 폭발할 수 있는 화약더미 위에 올려놓은 것이나 다름없었다. 호설암은 언제든 그 상소를 항주의 태평군에게 보내어 그들이 관군과 내통했다고 고발할 수 있었기 때문이었다. 이렇게 되면, 그들이 태평군에 의해 처벌을 받게 될 것은 불 보듯 뻔했다.

당시에 호설암의 수중에는 항주의 군영에서 쓰기 위해 구입한 1만 석의 쌀이 있었다. 이 쌀을 항주로 가지고 들어갈 수가 없었기 때문에, 하는 수 없이 영파의 난민을 구제하는 데 쓰고 항주가 회복된 다음 되돌려 받기로 약속했었다. 이 또한 이용가능한 기회였다. 항주가 회복된 다음 호설암이 1만 석의 쌀로 식량문제를 해결한다면, 이는 자신의 신의를 확인시키는 계기가 될 뿐더러, 공금을 착복했다는 헛소문도 사라지게 만들 수 있었다. 실제로 호설암은 항주를 되찾기가 무섭게 군사를 이끌고 항주로 들어온 장군에게 쌀을 직접 넘겨주었다.

이렇게 하여 그는 예상했던 효과를 모두 거두었다. 그리고 단번에 좌종당의 깊은 신임을 받게 되어 항주의 전후 임무를 일임받았다. 이로써 호설암은 왕유령보다 더 큰 권세를 후견자로 얻게 되었다. 호설암의 홍정상인 칭호는 바로 이때의 결정이 가져온 결과였다. 원래 불리하게 보였던 요소들이 오히려 호설암이 다시 도약할 수 있는 기회가 된 것이었다.

호설암처럼 변화 속에서 기회와 인연을 찾는 능력이야말로 바로 걸출함을 지닌 인물이 반드시 갖추어야 할 자질이라 하겠다.

호설암 경상지법 22
일을 할 때는 완급을 조절하라

장사에서는 완급이 적당해야만 큰 일을 할 수 있다. 사람들이 자주 범하는 실수는 시기를 기다리지 못하고 조급하게 행동하는 것이다. 장사라는 들판에서 비바람을 겪다 보면 때로는 체면을 지키기도 하고 잃기도 하지만, 성공하고자 하는 결심은 결코 변함이 없어야 한다. 기다릴 것, 이것이 가장 확실한 보장인 것이다.

청조 함풍(咸豊) 년간에 태평천국운동이 강남지방을 휩쓸고 절강성의 성도 항주가 이들에 의해 점령되었다. 그러자 이 지역 장관이던 왕유령은 자진을 하고 승승장구하던 호설암은 간신히 몸을 피해 상해로 와야 했다. 어렵게 난을 피한 호설암은 상해의 서양인 조차지 내에 머물면서 항주를 생각하며 한숨으로 나날을 보냈다. 왕유령의 안위와 탈출하지 못한 노모와 가족들의 생사를 알 수 없었기 때문이었다. 항주가 태평군에 의해 점령된 후, 왕유령의 자진 소식과 가족들은 무사하다는 소식이 여러 경로를 거쳐 상해에 있는 호설암에게 전해졌다.

"큰 재난에서 살아남아도 화(禍)는 그것으로 끝나지 않는다"는 말이 있듯이, 고난은 한 번으로 끝나지 않았다. 항주성 내의 소위 재산가와 권력가 가운데 상당수가 태평군의 첩자 노릇을 했다. 이들은 태평군에게 항주의 호설암이란 인물이 관군을 위해 후방지원을 해왔으며, 지금 상해로 도주하였다고 고해 바쳤다. 그리고 그의 가족이 항주 부근에 숨어 있으니 그들을 찾아내어 인질로 삼아야 한다고 청했다. 호설암을 제거하고 그의 재산을 가로채려는 속셈이었다.

이 소식은 상해의 조차지까지 전해져서 호설암의 귀에 들어오게 되었다. 그는 조급함과 분노로 몸을 떨었다. 보통의 인물이 이런 일을 당했다면 어쩔 수 없이 항주로 돌아가 새로운 세력 앞에 순종했을 것이다. 하지만 그들의 모함은 호설암의 분노를 자아냄으로써 스스로 화를 부른 격이 되었다.

호설암의 계책은 간단하고도 분명했다. 그는 '절강성 후보도 겸 단련국 위원'의 신분으로 복건성과 절강성 총독에게 공문을 올렸다. 그는 자신이 먼저 상해로 피신했지만, 비밀리에 항주성 내의 몇몇 세력가들에게 백성들을 보호해 줄 것을 부탁했다고 적었다. 그리고 관군이 들어왔을 때 이에 호응하여 움직이기로 약조를 했다는 내용을 덧붙였다. 그 세력가들이 비록 몸은 태평군을 위해 일하고 있으나 마음은 조정에 있으니, 후에 그들에게 과거의 죄를 묻지 말고 이들을 중용하기를 청한다는 내용이었다.

호설암은 그 사본을 보관했다. 그리고 사람을 보내 사본을 항주의 세도가들에게 전했다. 이 공문에는 두 가지 뜻이 내포되어 있었다. 하나는 자신이 조정에 좋게 말해 놓았으니, 후한이 없을 것이라는 뜻이었다. 다른 하나는 계속해서 자신을 협박하려 든다면, 이 사본을 태평군에게 보내겠다는 의미였다. 이렇게 되면 '관군에 호응했다는 죄명'으로 이들이 오히려 멸문을 당할 수 있었다.

결과는 예상한 대로였다. 사본이 항주로 전해진 얼마 후, 호씨 일문은 위기를 모면했다. 친족 가운데 몇 명은 상해로 와서 호설암과 다시 만나기도 했다.

호설암은 늘 정세에 따라 완급을 조절하며 일을 처리했다. 장사에는 늘 치열한 경쟁과 위험이 도사리고 있기 때문에 경솔한 판단으로 모든 것을 잃을 수도 있다. 장사의 규모가 클수록 일일이 신경쓰기가 어렵기 때문에 헛점이 나타나기도 쉽다. 따라서 자신의 강함을 믿고 섣불리 간교한 무리들과 맞서서는 안 된다. 신중하지 못한 행동을 해서도 안 된다. 어떤 일이든 먼저 방법을 찾은 다음에 행동해야 한다. 장사를 하는 사람이라면 반드시 이를 명심해야 한다.

🌐 호설암 경상지법 23
부담을 두려워하면 큰그릇이 되지 못한다

장사에는 늘 보이지 않는 부담이 따르게 마련이다. 호설암이라면 이런 상황에서 어떻게 했을까? 한마디로 이렇게 말할 수 있다. "감정을 다스려라."

"기(氣)는 신비하다. 기가 안정되면 마음이 안정되고, 마음이 안정되면 일이 원만해진다"『노자』에 나오는 이 한마디는 감정을 다스리는 일의 중요성을 잘 말해 주고 있다. 호설암은 여기에서 깨우침을 얻고, 감정을 다스리라는 말을 자신의 장사에서 일종의 수단으로 삼았다. 그는 "아무쪼록 감정을 다스려라. 오늘의 결과는 어제의 원인이 있었기 때문이다. 과거를 생각하지 말고 미래만을 바라보라. 오늘 이전이 어떠했는가는 생각치 말고, 오늘 무엇을 했는지, 마땅히 무엇을 해야 하는지만을 생각하면 된다"고 말했다.

하지만 실생활 속에서, 감정을 다스린다는 것은 쉽지 않다. 특히 위기에 직면했을 때나 반대로 일이 너무나 순조롭게 진행될 때는 감정을 자제하기가 쉽지 않다.

왕유령은 관직에 오른 후 하규청의 추천을 받아 항주의 해운국 업무를 관장하는 자리에 올랐다. 그는 호설암의 전폭적인 도움으로 곡물운송이라는 난감한 임무를 원만하게 해결했다. 이때 마침 호주의 지방장관직에 결원이 생겼다. 이곳은 유명한 생사산지로서, 인구와 물자가 풍부하여 많은 관리들이 선호하는 곳이었다. 왕유령은 이미 유능한 관리로 이름을 얻고 있었기에 단번에 호주 주부(州府)로 부임했다. 또한 그는 설강 해운국 책임도 겸하라는 명도 받았다. 모든 것이 뜻대로 순조롭게 진행되었다.

모든 것이 잘 돌아가자, 왕유령 자신도 자신의 운이 이렇게 좋은 것이 믿어지지 않았다. 그는 호설암에게 "1년도 되지 않았는데, 오늘 이렇게 되리라고는 정말 생각지도 못했네. 복이 있으면 화가 따른다는 말도 있지 않은가. 나는 오히려 조바심이 난다네"라고 말했다. 그러나 호설암은 대범했다. 그는 왕유령에게 "아무쪼록 감정을 가라앉히십시오. 오늘의 결과는 어제의 원인이 있었기 때문이니, 과거는 생각지 마시고 오직 미래만 바라보십시오. 오늘 이전이야 어떠했든 돌아보지 마십시오. 공께서는 오직 오늘 무엇을 했는지, 무엇을 해야 하는지만을 생각하시면 됩니다"라고 말했다.

이 말은 사람이 영예와 치욕 혹은 이해득실로 마음이 흔들리거나 지나치게 따져서는 안 되며, 반드시 해야 할 일에 마음을 기울여야 한다는 의미다. 이 말은 왕유령이 감정을 다스리지 못하는 것을 두고 한 말이지만, 인간사의 이치도 이와 같다. 사람에게는 어느 정도 이해득실에 연연하지 않는 대범함이 필요하다. 한때의 득실과 영욕을 완전히 무시하기는 힘들지만, 반드시 성취해야 할 일에 비하면 중요한 것이 못된다.

"이유 없는 복이 없고 이유 없는 화도 없다"는 말이 있다. 왕유령의 '운'은 사실상 호설암과 함께 노력해서 '얻은' 것이다. 그러므로 이를 얻었다거나 잃었다고 해서 조바심을 낼 필요가 없는 것이다.

장사에서 감정을 다스리는 것은 어떤 일을 만났을 때 놀라지 않는 태도이다. 그러기 위해서는 모든 상황을 잘 파악하고 있어야 한다. 민첩하게 대처하고 침착한 태도를 견지해야 하는 것이다. 침착성을 잃으면 오히려 문제를 야기하고 더 크게 확대시킬 수 있기 때문이다.

예상치 못한 문제를 혼자 처리해야 한다면 초연하고 중립적인 자세를 지키는 것이 중요하다. 여러 사람과 함께 처리해야 할 때에는 함께 힘을 모아야 한다. 아무 문제가 없는 경우라도 말을 아끼고 맑은 정신을 가지고 있어야 한다. 일을 처리할 때에는 신속하고 과감하게 행동하고, 뜻을 이루었더라도 담담하고 편안한 자세를 가질 수 있어야 한다. 뜻을 이루지 못했다 하더라도 평상시와 같은 태연한 자세를 유지하는 것이 현명하다.

호설암은 감정을 다스릴 줄 아는 사람이었다. 그의 부인 역시 주관이 뚜렷하고 유능한 사람이었다. 그러나 부강 전장의 예금인출 사태가 항주에까지 미치자, 그녀는 갑자기 들이닥친 재난 앞에 놀라 어찌할 바를 몰랐다. 이때 호설암이 항주로 돌아왔다. 그가 전장에 도착했을 때, 마침 전장 직원들의 식사시간이었다. 그는 아무일 없는 듯이 직원들의 밥상을 살펴보러 갔다. 밥상 위에 겨우 반찬 몇 가지뿐인 것을 본 그는 전장 책임자인 사운청에게 날씨가 추워졌으니 훠궈(중국식 전골-옮긴이)가 있어야겠다고 말했다. 호설암은 사운청에게 동지 이후에나 훠궈를 먹도록 한 규정을 고치게 하여 겨울에는 기온에 따라 훠궈를 먹을 수 있게 했다. 그리고 여름철에는 기온에 따라 수박을 먹을 수 있도록 정했다.

이전에도 직원들 생활을 잘 보살펴주었지만, 파산위기에 직면한 상황에서도 여전히 감정을 잘 절제하는 그의 모습은 직원들을 놀라게 했다.

호설암이 이렇게 감정을 다스렸던 것은, 이해득실에 연연하지 않고 대범했기 때문이다. 그는 사업이 자신만의 능력으로 이룩된 것이 아니며, 현재의 상황 또한 한 사람의 과실로 비롯된 것이 아니라는 것을 잘 알고 있었다. 오늘의 결과는 어제의 원인이 있었기 때문이었다. 그는 누구도 원망할 필요가 없으며, 자신을 원망할 필요도 없다고 생각했다. 다만 현재 무엇을 해야 하는지, 어떻게 해야 하는지 생각하는 것이 가장 중요하다고 스스로에게 말했다.

그가 보인 절제되고 냉철한 자세는 위기가 닥쳤을 때 그가 선택한 대처 수단이었다. 직원들의 밥상을 살펴보는 모습은 직원들의 마음을 안정시키는 효과를 가져왔다. 객관적인 상황이 이미 진행될 만큼 진행된 상황이었기 때문에, 어떤 방법을 쓰든 일시적일 뿐이었다. 근본적으로 문제를 해결할 수 있는 방법이 없었던 것이다.

장사는 어디까지나 장사다. 상인이라면 당연히 득실을 계산해야 한다. 하지만 많은 경우, 특히 위기가 닥친 상황이라면 상인은 누구보다도 먼저 득실을 떨쳐버릴 수 있어야 한다. 그래야만 감정을 다스릴 수 있다. 눈앞의 득실에 얽매여 전전긍긍하며 벗어나지 못한다면, 더욱 혼란에 빠지게 되어 당장 해야 할 일을 제대로 볼 수 없게 되기 때문이다.

좌우를 모두 공략하라

[살아 움직이는 장사만이 생존할 수 있다]

세상에는 마음이 살아 움직이는 사람과 마음이 죽어 있는 사람, 두 종류의 사람이 있다. 마음이 살아 있는 사람은 날카로운 안목과 사방을 다 살피는 눈으로 다른 사람들이 보지 못하는 '맥'을 찾아낸다. 한물간 장사를 돈이 되는 장사로 만든다.

사업을 하면서 한 가지 방법만을 죽어라 붙들고 늘 막다른 길을 좇는 사람들이 있다. 호설암은 시종 자기변신의 경영철학을 모색하면서 스스로를 궁지에 몰아넣는 길을 피했다. 그가 지혜로운 것은 막다른 길에 부딪히지 않고 출로(出路)를 찾아낼 수 있었기 때문이다. 호설암은 장사란 모름지기 원활하게 움직여야 한다고 말했다. 이 말 속에는 어느 한쪽에만 집착하지 않고 사물을 융통성 있게 보라는 의미가 담겨 있다. 또한 생각한 것은 주저하거나 미루지 말고 행동으로 옮겨야 한다는 뜻도 있다. 호설암처럼 원활하게 살아 움직이는 인물이 될 수 있겠는가? 기억하라. 살아 움직이는 장사만이 생존할 수 있다.

🔵 호설암 경상지법 24
살아 움직일 것,
이것이 장사를 잘하는 비법이다

　　살아 움직인다는 것은 변화에 능하다는 말이다. 호설암은 다음과 같은 명언을 남겼다. "하늘이 바뀌면, 사람은 당연히 바뀐다." '하늘'이란 시국의 변화를 뜻한다. 따라서 시국이 바뀌었으니, 사람도 마땅히 이에 상응하여 변화해야 한다는 뜻이다.

　"시국이 불안하면 충신을 알 수 있고, 사람을 오래 알면 그 됨됨이를 안다." 세상이 변하고 정권이 바뀌는 때가 되면, 입으로 충절을 말하는 신하들 속에서 누가 진정한 충신이고 아닌지를 알 수 있다. 애석하게도 중국의 수백 년 현대사는 거짓된 충신이 적지 않았음을 경험으로 보여주고 있다.

　자신을 위한 재원을 개척하기 위해서는 철저하고 명확한 상인의 눈이 있어야 한다. 정확하게 멀리 보고 넓게 보는 시야와 융통성 있는 두뇌도 필요하다. 넓은 시야와 융통성 있는 두뇌란 자신이 알고 있는 분야에만 매달리지 않고, 다른 분야에서도 돈이 될 만한 것을 찾아내는 능력을 말한다. 항상 새로운 투자방향을 모색하고, 경영범위를 끊임없이 확대할 수 있는 방법을 생각할 수 있어야 하는 것이다. 상인이 오직 자신에게 익숙한 것만 고집한다면 혁신도 이룰 수 없고, 지금 경영하고 있는 분야도 보장할 수 없다. 자신을 위한 재원 개척은 더 말할 필요가 없다.

장사가 살아 움직여야 한다는 말은 두 가지 뜻을 담고 있다. 하나는 구체적인 상황에 따라 융통성 있게 대응해야 한다는 것이다. 다른 하나는 반응을 할 때 신속해야 한다는 것, 즉 생각한 것을 곧바로 행동에 옮겨서 어떠한 기회도 그냥 지나쳐서는 안 된다는 뜻이다.

호설암은 살아 움직이는 장사를 했다. 그는 조금씩 정상을 향해 나아가면서, 융통성 있고 기민하게 움직이며 모든 방면으로 가능성을 열어두었다. 내딛는 한 걸음 한 걸음이 모두 공격을 위한 수였고, 한 수 한 수가 모두 그를 위한 '돈맥'이 되었다.

생사장사와 함께 왕유령을 도와 호주관부의 공무를 처리하는 동안 호설암은 몇 차례 호주를 방문했다. 이때 그는 이 지역의 유력 인사들과 교분을 쌓게 되는데, 욱서도 그중 한 사람이다. 예전에 호설암이 그의 집안일을 도와준 적이 있었다. 그것을 매우 고맙게 생각한 욱서는 보답으로 과부였던 부용부인을 '외실(外室)'로 맞을 수 있도록 주선해 주었다.

부용부인의 친정도 본래 장사를 하는 집안으로 '유경덕당(劉慶德堂)'이라 불리는 큰 규모의 약국을 조상 대대로 운영했다. 유경덕당은 부용부인의 부친 대에 이를 때까지도 제법 큰 규모를 유지하고 있었다. 그런데 10년 전에 그의 부친이 뱃길로 삼협을 지나다가 배가 뒤집히는 사고를 당하는 바람에 목숨을 잃고 말았다.

부용부인에게는 '유백수'라고 불리는 숙부가 있었다. 그는 부잣집에 태어난 덕분에 하는 일 없이 씀씀이가 헤프고, 특히 도박을 좋아했다. 그런데 그가 가업을 이어받은 지 1년이 못되어 약국은 물론이고 집마저 저당잡히는 지경이 되고 말았다. 하지만 유백수는 체면은 지켜야 한다는 자존심만은 대단했다. 처지가 형편없었지만, 굶어 죽는 한이 있어도 질녀를 첩으로 보낼 수 없다고 완강하게 버텼다.

결국 부용이 호설암에게 재가했지만, 유백수는 호설암을 결코 집안사람으로 인정하지 않았다. 더 이상 손을 내밀 곳도 없는 처지가 되었어도, 그는 절대로 집안 대대로 전해오는 몇 장의 조제비법만은 내놓지 않았다. 이 비법이 자신에게 있는 한 언젠가는 집안이 다시 일어설 것이라고 믿었던 것이다.

자신을 집안사람으로 인정하지 않는 유백수는 호설암에게 자연히 골치 아픈 존재가 되었다. 다른 사람들이 보기에도 그를 모른 척 내버려둘 수 없는 노릇이었다. 호설암에게 두 가지 제안이 들어왔다. 하나는 욱서가 생각한 것인데, 그에게 한몫을 챙겨준 후 더 이상 왕래를 하지 않는 것이었다. 다른 하나는 부용부인의 말처럼 그가 조상으로부터 물려받은 비법을 팔도록 도와주어 스스로 살아가도록 해주는 것이었다.

하지만 호설암의 생각은 달랐다. 그는 반드시 집안의 일원으로 인정을 받아, 처숙을 이용하여 자신의 약국을 열겠다고 생각했다. 그가 봤을 때, 약업은 앞으로 상당히 괜찮은 재원이 될 가능성이 있었다. 당시는 전란이 끊이지 않았던 시대라, 군대는 전쟁터를 쫓아 이곳저곳으로 이동해야 했다. 그런데 여기에는 반드시 역병 예방약이 필요했다. 그리고 큰 전쟁이 휩쓸고 간 후에는 반드시 큰 역병이 창궐했기 때문에 전란에서 목숨을 건진 사람들은 약을 필요로 했다. 따라서 좋은 약재에 적절한 가격 그리고 이름이 널리 알려지기만 한다면, 약국은 힘들이지 않고 돈을 벌 수 있는 장사였다.

게다가 약국을 열어 사람들의 목숨을 구하고 덕을 쌓아 명성을 얻는다면, 쉽게 조정의 인정을 받을 수 있을 것이라고 생각했다. 돈을 벌면서 동시에 명성까지 얻을 수 있으니 바로 일석이조의 장사였던 것이다. 자신이 약업을 모른다는 것은 크게 문제가 되지 않았다. 처숙이 잘 알고 있으니, 그를 설득할 수만 있다면 도움을 받을 수 있었다. 또한 그가 가지고 있는 집안의 전통비법도 충분히 이용할 수 있었다.

생각을 정리한 후, 호설암은 욱서의 도움으로 인친연(認親宴 : 혼인 후 친척관계를 인정하여 베푸는 잔치-옮긴이)을 열었다. 그는 이 자리에서 약국을 열 장소, 규모 그리고 자금 등에 관해 털어놓았다.

호설암의 '호경여당'은 이렇게 해서 세워지게 되었다. 그 후 십여 년 동안 호경여당은 천하에 명성을 떨치는 전통 있는 약국이 되었다. 호설암을 위한 안정적인 재원이 되어주었을 뿐만 아니라, '호대선인'이라는 명성도 가져다주었다.

전장에서 시작하여 서양 상인을 상대로 한 생사장사에 뛰어들고, 생사장사를 하는 동안 다시 약업 구상에 이르기까지, 재원을 확대하기 위해 민첩하게 움직이는 호설암에게 우리는 감탄을 금할 수가 없다.

호설암은 일을 할 때, 상황이 닥치면 이해하기 위해 노력했고 명확하게 파악되면 방법을 찾는 데 매진했다. '천천히'라는 말은 결코 뒤로 미루거나 내버려두고 방치하는 것이 아니었다. 정확하게 상황을 판단하라는 의미였다. 사람들이 그를 도와 일을 할 때는 반드시 이 점을 명심해야 했다.

🌐 호설암 경상지법 25
멀리 정확하게 봐라

장사하는 사람의 안목은 정확해야 하며, 동시에 멀리 볼 줄 알아야 한다. 호설암의 남달랐던 안목은 그가 장사에 첫발을 내딛던 시기에 이미 찬란한 미래를 예고했다고 말할 수 있다. 호설암은 상인의 안목에 대해, "한 성(省)을 보면 한 성의 장사를 할 수 있고, 천하를 보면 천하의 장사를 할 수 있으며, 외국을 보면 외국의 장사를 할 수 있다"고 말했다.

호설암은 생사장사에 발을 들여놓기 전에 이미 서양 상인들과의 무역까지 생각하고 있었다. 청조 말엽 개항 후, 중국과 구미열강 및 일본과의 무역은 주로 강남지방의 비단과 차를 중심으로 이뤄졌다. 특히 17, 18세기 서양의 방직공업이 비약적으로 발전함에 따라 생사수요가 날로 증대했다. 상해를 경유하여 외국으로 판매되는 강남의 생사는 상해 전체 무역거래량에서 중요한 위치를 차지했다. 동치와 광서 년간에 강소지역에서 유럽, 미국, 일본으로 수출된 생사 무역액은 자그마치 수백만 냥에 달했다.

호설암이 서양 상인들과의 무역을 생각한 것은 아주의 모친과 생사장사에 관해 이야기를 나눈 것이 계기가 되었다. 아주의 모친은 수만 냥의 생사를 비축해 둔 후 값이 오르기를 기다렸다가 서양 상인들에게 넘기면 아주 큰 돈이 될 수 있을 것이라고 말했다. 하지만 서양 상인과 거래를 하기 위해서는 많은 자금이 필요했다. 그들도 바보가 아닌 이상 비싼 값에 자신의 생사를 살 리가 없고, 또 암암리에 다른 구입 경로를 알아볼 거라고 생각했다. 또한 돈이 급한 생사상들이 낮은 값에라도 물건을 넘길 가능성도 얼마든지 있었다. 이렇게 된다면, 자신의 계획은 무산되고 수중에 가진 물건마저 팔곳이 없어질 수도 있었다. 따라서 서양 상인들과의 거래는 어느 정도 위험이 따르는 일이었다.

하지만 호설암의 생각은 다른 곳에 있었다. 만약 서양인들과 생사거래를하는 생사상들과 동업협정을 맺을 수만 있다면 승산은 있었다. 단일가격에물건을 내놓고, 그 가격에만 판매하겠다고 강하게 밀어붙인다면, 서양 상인들도 어쩔 수 없을 거라고 그는 생각했다.

자금부족 때문에 물건을 빨리 현금화하고 싶은 상인들에 대해서도 방법이 있었다. 우선 그들에게 원하는 값을 줄 테니 서양 상인들에게 넘기지 말고 자신에게 넘기라고 설득하는 것이었다. 상대가 그 요청을 거절할 경우에 대비해서는 서양인들에게 넘기지 않겠다는 약속을 받는 계획도 세웠다.

전장의 자금력으로 생사상들의 생사물량을 담보로 급한 자금을 융통해 주고, 서양인들이 이쪽에서 제시한 값에 순순히 응한 후에 그들에게 담보로 한 생사를 돌려주는 방법이었다. 좋은 값에 물건을 넘기고 많은 돈을 벌 수 있을 게 분명했으므로 마다할 사람이 있을 리 없었다.

이런 조건에도 불구하고 굳이 서양인들에게 물건을 넘기겠다는 사람이라면, 그는 서양인들로부터 모종의 특혜를 약속받았을 가능성이 컸다. 그런 상인들은 거래를 끊도록 만들어서 생사업계에서 살아남을 수 없도록 만들어버리면 그만이었다.

호설암의 이러한 구상은 앞을 내다본 과감한 결단이었다. 훗날 생사시장의 변동추세가 결코 그의 판단이 틀리지 않았다는 것을 입증했다. 생사장사에 뛰어든 호설암은 항주, 호주 그리고 상해를 오가면서 생사상들을 규합하고, 시장과 가격을 장악하기 위해 서양인들과 한바탕 신경전을 벌였다. 마침내 그는 자신의 구상대로 생사시장을 장악했고, 은화 18만 냥이라는 막대한 이윤을 남겼다. 그는 이 거래를 통해 당시 생사 무역상의 거물이었던 방이와도 공고한 협력관계를 구축했다. 한편으로는 외국 상인들과 접촉하면서 그들과 거래할 수 있는 경험을 축적했다. 이것은 후에 서양 상인과의 활발한 무역의 기반이 되었다. 18만 냥의 이윤과는 비교할 수 없는 큰 소득이었다.

몇 년이 지난 후 생사장사는 호설암에게 전장, 전당포 다음으로 중요한 자금줄이 되었다. 게다가 생사장사는 외국과의 무역이 주를 이루었다. 호설암은 확실히 외국을 바라본 장사를 했던 것이다.

'나무를 접붙이는 기술'을 터득하라

호설암은 반드시 살아 움직이는 장사를 해야 하며, 동쪽의 것을 옮겨 서쪽를 보완할 때도 이를 감쪽같이 하는 것이 능력이라고 생각했다.

호설암은 아주의 부친과 생사장사에 관해 논의를 마친 후, 은화 1천 냥을 자본금으로 내놓았다. 그리고 그에게 호주로 가서 곧바로 점포를 열고 생사를 사들이게 했다. 그런데 한 가지 문제가 생겼다. 규정에 따르면 생사 점포를 열기 위해서는 '아첩(牙帖)', 다시 말해 오늘날의 영업허가가 있어야 했던 것이다.

생사장사에 필요한 아첩은 수도에서 발행되었기 때문에, 이를 받기 위한 절차가 상당히 복잡했다. 우선 신청서를 제출하면 현지의 지방관청의 갖가지 결재를 거쳐서, 다시 북경에 있는 관련 관청으로 넘겨져서는 마지막으로 조정에서 심사를 거쳐야 허가증이 발급되었다. 그래서 '아첩' 한 장을 받는 데 걸리는 시간만도 아무리 빨라야 3개월은 족히 걸렸다. 신사(新絲 : 그해에 새로 생산되는 생사-옮긴이)는 4, 5월 경에 시장에 나오는데, 이때는 농촌이 보릿고개에 접어드는 시기였다. 따라서 양잠농가들은 돈을 필요로 했고, 돈이 급하지 않다 해도 신사를 하루빨리 팔아넘겨야 했다. 신사는 오래 보관할수록 누렇게 변색되어 제값을 받기가 어려웠기 때문이었다. 생사상인들의 입장에서는 이 시기에 생사를 사들이는 것이 자연히 수지가 맞았다.

그런데 호설암이 점포를 열기로 한 때가 벌써 3월이었다. 정상적인 절차를 밟아 '아첩'을 받는다면 생사의 구입시기를 놓치게 될 것이 분명했다. 생사라는 것은 한철 장사여서, 때를 놓치면 또다시 1년을 기다려야 했다. 이

상황을 보고 받은 호설암은 조급해졌다. 그는 사람을 호주로 보내어 얼마를 주는 한이 있어도 아첩을 대여하여, 점포 문을 열라고 지시했다. 자신은 보름 후에 호주로 가서 생사구입에 나설 것이라고 전했다.

호설암이 이렇게 신속하게 움직인 것은 그의 성격적인 특징이었다. 그는 생각한 것은 곧바로 행동으로 옮기며, 결코 미루는 법이 없었다. 하지만 이때는 더 큰 이유가 있었다. 그의 머릿속에 이미 치밀한 계산이 세워져 있었다. 그는 호주에서 관고(官庫 : 관아의 재정을 담당하던 부서 - 옮긴이)의 위탁자금으로 현지에서 생사를 구입할 계획이었다. 이때 이미 왕유령이 호주 주부로 승진을 앞두고 있던 때였다. 호설암의 부강 전장 역시 문을 연 후였기 때문에, 왕유령이 호주 관고의 대리임무를 맡게 될 것은 너무나도 당연했다. 이 일은 호설암이 부강 전장을 시작하던 초기에 이미 예상하고 있었던 일이었다.

왕유령이 호주로 부임한 후 처음으로 한 일은 당연히 세금과 곡식을 거두는 일이었다. 그리고 호주의 각 지역에서 성도(省都)인 항주로 보내야 하는 거액의 현금을 부강 전장에 맡겨 관리하게 했다. 이때 호설암은 '꽃을 이식하고 나무를 접목시키는 장사수완'을 발휘했다. 호주의 각 지역에서 들어온 현금으로 현지에서 생사를 구입하고, 이를 항주에서 되팔아서 원래의 액수를 정확하게 관고에 채워넣는 방법이었다. 이것은 관고에 한푼의 손해도 입히지 않으면서 자신은 자본 하나 들이지 않고 이윤을 챙길 수 있는 장사였다. 이렇게 완벽하게 계획을 세워놓은 상황에서, 그가 1년이라는 세월을 그냥 놓칠 리가 없었다.

호설암의 장사수완은 남의 닭을 빌려다 달걀을 얻는 격이었다. 이 수완은 단순히 관고의 자금출납을 관리하는 것에 비한다면 훨씬 뛰어난 자금운용 방법이었다.

돈이란 운용과정에서 그 가치가 증대되는 법이다. 돈을 한곳에 묵혀두고 이용하지 않는다면, 큰 원보(元宝 : 역대 왕조의 화폐의 일종-옮긴이)가 작은 원보를 낳지 못하는 것과 같다고 호설암은 말했다. 따라서 전장에 들어온 자금을 고스란히 묵힐 수는 없었다.

모름지기 상인이라면 어떻게 자금을 모집하고, 그 자금을 어떻게 사용할 것인가에 대해서 잘 알고 있어야 한다. 어떻게 하면 자기가 가진 돈을 '살아 있는 돈'으로 변모시킬 것인가, 어떻게 하면 자신이 모은 자금을 적절한 곳에 사용하여 가능한 한 빨리 가치증대를 가져오게 만들 것인가. 여기에는 분명 전문적 지식과 수완이 필요하다. 장사가 살아 움직이기 위해서 '동쪽의 것을 옮겨 서쪽을 보완할 것인가를 알아야 하되 겉으로 드러나지 않게' 하는 법을 알아야 한다. 장사를 하는 사람에게는 분명 대단한 능력이 될 것이다.

⊚ 호설암 경상지법 27
제약을 타파하라

장사를 할 때는 기존의 방식에 집착해서는 안 된다. 왕유령을 도와 곡물운송 임무를 맡은 호설암은 현지에서 쌀을 구입하여 조달하는 방법을 생각해 냈다. 그런데 이것은 그때까지의 관례를 깬 새로운 방식이었다.

왕유령이 절강 해운국 책임자로 부임한 후 처음 맡은 임무가 곡물운송이었다. 황궁에서 쓸 쌀과 관리들의 봉록을 조달하기 위해 곡창지대인 강남지방의 쌀을 북경으로 운송하는 임무였다. 곡물을 운송하는 뱃길은 장장 2천여 리가 넘는 긴 여정이었다.

곡물운송선은 늦어도 매년 2월 말에 출발해야 하는 것이 관례였다. 너무 늦으면 배가 제때에 돌아갈 수가 없어서 그 다음해 운행에 차질이 생기기 때문이었다. 곡물징수는 각지의 주, 현 등 작은 고을들에게 중요한 공무였다. 징수량은 정해진 관례에 따라야 했지만, 곡물징수와 운송을 주관하는 사람들이 뒷거래를 일삼는 등 폐단이 심했다.

곡물운송은 실제로 오래 전부터 각급 관리들에게 백성들을 착취하는 수단으로 이용되었다. 당시 조정에서 징수하는 수량은 가구별로 균등하게 배분되어 있었기에 관리들이 그 양에 손을 댈 수는 없었다. 하지만 조정은 운송비용을 부담할 여력이 없었다. 이렇게 되자 운송과정에 여러 경로의 음성적인 수단이 동원되었다. 그 부담은 고스란히 백성들에게 지워졌다.

운송비용을 충당하기 위해 백성들에게 정해진 수량 이상의 쌀을 징수하는 방법이 동원되었다. 그 양은 대개 정해진 양의 절반 가량을 더 받는 수준이었다. 이렇게 초과로 거두어들인 곡식은 각급 관리들이 균등하게 나눠 가졌다. 따라서 곡물운송 책임은 곧 '돈이 되는' 직책이었다.

당시 절강성은 그 전해에 가뭄이 심하여 세금과 곡물징수가 제대로 이루어지지 않았다. 게다가 하천의 토사침적이 심하게 일어나 수심이 얕아져서 배를 운행할 수가 없었다. 이로 인해 절강지역의 곡물운송은 9월이 다 되도록 이루어지지 못하고 있었다.

왕유령이 해운국으로 부임했을 당시에는 곡물운송 방법이 하천운송에서 해운으로 바뀌어 있었다. 절강에서 선박으로 상해로 운송하여, 상해에서 다시 정크선을 이용하여 수도로 운송하는 방법이었다. 곡물운송은 조정에 받치는 '공량(公糧)'이며, 매년 반드시 시기를 맞춰 수도로 운송해야 했다. 따라서 이 임무를 해내지 못한다면 왕유령은 목숨도 위태로울 수 있는 상황이었다.

더욱 난감했던 것은 그간에 해왔던 방식대로는 절대 임무를 완수할 수 없다는 점이었다. 그동안 절강지역에서 납입하지 못한 곡물량이 모두 30만 석이 넘었는데, 그토록 많은 쌀을 한꺼번에 운송할 방법이 없었다. 본래 곡물운송은 절강지역의 조방에게 일임하여 상해로 운송했었다. 하지만 하천 운송이 해운으로 바뀌자, 조방에서는 내심 곡물운송이 실패하기를 바라고 있었다. 당연히 적극적으로 나서서 도와줄 리가 없었다. 그들은 고의로 기한을 차일피일 미루었다. 관리들은 자신들의 밥줄이 달아날 형편이었다.

왕유령은 고심하던 차에, 현지에서 쌀을 구입하면 된다는 호설암의 계획으로 금세 해결책을 찾게 되었다. 어디에서 온 쌀이든 쌀이면 되는 것이었다. 조정에서는 쌀이 필요했고 중요한 것은 결과였기 때문에, 어디에서 쌀을 구해오든 상관없다는 것이 호설암의 생각이었다. 어쨌든 시기에 맞추어 쌀을 운송하기만 하면 되는 것이다. 상해에서 쌀을 사들이면, 운송해야 할 일도 크게 줄어 자연히 문제가 해결될 수 있었다.

문제는 쌀을 구입하여 조정에 바치는 것이 조정이 정한 규정을 위반하는 일이라는 것이었다. 그래서 먼저 절강성 총독 황종한의 허락을 받아야 했다. 총독 자신도 곡물이 제때에 운송되지 못하면 이로울 것이 없었으므로 크게 문제가 되지 않았다. 그런데 절강의 관고 자금으로 쌀을 구입하는 것은 공금전용에 해당되므로, 나중에 책임을 져야 할 사람이 있어야 한다는 것도 문제였다. 총독이 동의한 이상 그 이하의 관리들로서는 어쩔 도리가 없었다. 마지막으로 상해에서 필요한 양만큼 쌀을 대줄 수 있는 양곡상을 찾을 수 있는가 하는 문제도 있었다. 일반 상인이라면 이런 장사를 하겠다고 나설 리가 없었다. 이 일은 단순히 도와주는 차원에서 하는 것이나 마찬가지로 이득이 없는 일이었기 때문이다. 하지만 곡물상에게 약간의 차액을 보조해 주어 손해를 보지 않게만 해준다면 마다할 리는 없었다.

곡물상에게 일정액의 보조금을 주는 일과 쌀 운송에 필요한 비용은 모두 호설암이 부담했다. 곡물운송이 오히려 손해보는 장사가 되어버린 것이다. 하지만 호설암은 그렇게 생각하지 않았다. 기한에 맞추어 쌀을 납입할 수만 있다면 절강성의 총독을 비롯한 관리들의 고민을 덜어줄 수 있고, 왕유령에게 관리로서의 성공을 보장해 줄 수도 있었다. 이것은 은자 수만 냥에 달하는 가치 있는 일이었다.

현지에서 쌀을 구입하여 곡물운송의 문제를 해결한 일이 통상적인 의미의 장사라고 말할 수는 없다. 하지만 우리는 호설암이 문제를 보는 사고와 시각이 얼마나 열려 있고 융통성이 있는가를 알 수 있다. 황종한, 왕유령을 비롯한 절강성의 관리들은 그동안 쌀을 어떻게 징수해서 어떻게 운송할 것인가 하는 문제에만 골몰한 채 애를 태우고 있었다. 그들은 쌀을 징수하는 지역에서 상해로 운송해야 한다는 이전의 관례만을 생각하고 있었다. 달라진 상황에 맞게 새로운 운송방식을 찾아야 한다는 것은 생각하지 못했던 것이다.

호설암의 형식에 얽매이지 않는 융통성 있는 사고가 난제를 절묘하게 해결하고 모두에게 흡족한 결과를 안겨주었다.

🏮 호설암 경상지법 28
자신을 구하는 법을 배워라

장사를 할 때는 호설암의 말처럼, "여덟 개의 항아리에 뚜껑이 일곱 개일 때, 이리저리 덮어서 탄로나지 않게 하는 방법"을 고려해 보아야 한다.

호설암이 호주에서 구입한 생사를 상해로 운송해 왔을 때, 마침 소도회가 상해에서 난을 일으켰다. 소도회는 상해 현도(縣都 : 현정부 소재지-옮긴이)를 점령하고 조차지와 상해 현도 간의 연락을 차단했다. 그리고 상해 주변의 현에서 상해로 들어오는 모든 길을 봉쇄했다. 상해로 들어가는 뱃길만을 제외하고 내지로 연결되는 모든 연결통로를 차단했던 것이다. 외부와의 교통이 차단되자, 상해 시내의 생사유통도 중단되었다. 비축해 둔 생사재고 외에는 공급물량이 없었다.

이 소식이 전해지자, 상해에 상주하던 서양 상인들은 전쟁이 임박했다는 것을 예감하고 만일에 대비해서 생사를 구입하려고 혈안이 되었다. 이는 호설암에게 더없이 좋은 기회였다. 높은 가격에 생사를 팔아 큰돈을 챙길 수 있었기 때문이다. 이 상황은 호설암에게 서양 상인을 대상으로 한 생사거래 계획을 더욱 확고히 다지게 만들었다.

서양 상인들과의 거래를 하기 위해 가장 먼저 해야 할 일은 무역시장과 가격을 통제하는 것이었다. 여기에는 두 가지 방법이 있었다. 하나는 상해의 생사상인들과 연계하여 담합가격을 정한 후, 서양인들이 이쪽의 요구에 순순히 응하도록 만드는 것이었다. 다른 한 가지 방법은 생사를 사들여 시장을 장악한 후, 서양인들이 생사를 사기 위해서는 반드시 자신을 찾아오도록 만드는 것이었다.

당시 상해 생사시장에서의 호설암의 입지는 이제 막 걸음마를 시작한 단계였다. 생사상인들 사이에서 영향력이 크지 않았기 때문에, 첫번째 방법이 성사될 수 있을지 불투명했다. 호설암의 의도대로 실현된다 하더라도, 그 자신이 가능한 한 많은 생사를 비축해 두고 있어야 했다. 생사의 비축은 시장을 장악하고 가격을 독점하기 위한 기초이자, 서양인을 뜻대로 움직일 수 있는 방법이었다. 또한 상해 생사상들 사이에서 자신의 입지를 굳히고, 시장에서의 영향력을 강화하는 방법이기도 했다.

하지만 상해에서 생사를 구입하기 위해서는 엄청난 자본이 필요했다. 당시에 호설암에게는 10만 냥 어치의 생사가 상해 창고에 보관되어 있을 뿐이었다. 그의 사업 파트너였던 우오도 예전에 대출했었던 15만 냥의 은자를 상환해야 하는 형편이었다. 이 대출금을 상환하고 나면, 우오가 끌어 모을 수 있는 자금은 은자 7만 냥 정도에 불과했다. 결과적으로, 호설암은 자신의 자본은 한푼도 없이 상해에서 생사를 사들이겠다는 구상을 한 셈이었다.

그는 값으로 치면 10만 냥 정도 되는 창고의 생사보관증을 이용하여 '요술'을 부렸다. 우선 그는 생사보관증을 가지고 우오에게 돈을 빌려준 대출업자를 찾아갔다. 그는 보관증을 보여주면서, 지금 대출금을 상환할 능력은 있으나 창고의 생사를 모두 팔아 넘긴 후에 완전한 상환이 가능하다고 말했다. 이는 대출금 가운데 10만 냥의 상환기일을 한 번 더 늦추어달라는 요구였다. 생사보관증이라는 증명서가 있고 물건이 분명히 창고에 들어 있었으므로 대출업자는 그 요구를 받아들여도 큰 손해가 없었다. 이렇게 해서 호설암은 10만 냥의 자금을 융통할 수 있게 되었다.

그 후 그는 서양 상인과의 교섭에서 이 보관증을 다시 한 번 활용했다. 창고의 생사를 담보로 서양 상인으로부터 자금을 대출받은 것이었다. 한 장의 보관증이 거액의 현금으로 변하게 된 것이다. 서양 상인들로서는 담보를 확보한 상황에서 대출을 안 해줄 리가 없었다. 대출업자 쪽에서 보관증이 담보로 들어가 있다는 것을 알 도리가 없었기 때문에, 이 한 차례의 '마술'이 탄로날 리가 없었다. 이렇게 하여 10만 냥짜리 보관증이 1백만 냥짜리 장사가 되었다.

이것이 '여덟 개의 항아리에 일곱 개의 뚜껑'의 전형적인 수법이다. 한 장의 증서가 국내와 해외 두 곳을 돌면서 한 개의 뚜껑이 두 개의 항아리를 덮었으니, 그 치밀하고 노련한 수완에 감탄하지 않을 수 없다.

서양 상인보다 한 수 앞서야 한다

호설암은 장사에서 늘 서양인들보다 한 수 앞섰다.

중국은 2천 년이 넘는 오랜 기간 동안 안정적으로 폐쇄상태를 유지해 온 봉건사회였다. 그래서 통치자들은 스스로 최고라는 의식을 갖게 되었고, 외국인을 '오랑캐'라 하여 멸시하고 배척했다.

상인인 호설암에게는 항상 이익이 가장 우선적인 고려대상이었다. 민족 간의 모순이 첨예하게 표출되던 시대를 살았던 호설암에게 개인적인 이익은 종종 민족의 이익과 불가분의 관계에 놓이기도 했다. 특히 서양 상인들과의 무역이 그러했다.

강남지방은 예로부터 양잠업이 발달하여, 생사의 수공 염색업이 주를 이루던 곳이었다. 따라서 양잠과 관련된 인구가 수만 명에 이르렀고, 양잠시장에 어떤 문제라도 발생하면 일대 경제에 미치는 파급효과가 어마어마했다. 조정은 강남지방, 특히 강소성와 절강성 일대의 양잠업에 대해 보호정책을 썼다. 큰손에 의한 독점이나 가격담합을 금지했던 것이다. 이를 바탕으로 그 일대의 양잠업은 줄곧 순조롭게 발전해 올 수 있었다.

하지만 외세가 중국을 침략한 후 상황은 달라졌다. 서양 기계공업의 생산효율이 청조의 수공업을 능가했고, 품질 또한 전통적인 수공기술이 따라갈 수 없었다. 서양 상인들은 대량으로 생사를 사들여서 자국으로 운송했다. 이 때문에 가내공장에서는 원료를 구할 수 없어 문을 닫는 집이 속출했다. 많은 가내공장들이 줄줄이 문을 닫은 후, 서양의 무역상들이 양잠시장을 장악하고 생사가격을 마음대로 통제했다.

생사는 특수한 보존설비가 없는 상태에서는 한 달이 못되어 누렇게 변색되어 상품가치가 없어진다. 이곳저곳에 분산되어 있는 양잠농가들로서는 막 생산된 흰 생사를 오래 보관할 방법이 없었다. 양잠업은 줄곧 강남지방의 주요농업으로 수천만 농가의 명운을 쥐고 있었다. 만약 생사가 변질되어 서양인들에게 팔지 못하면 1년 농사가 헛수고가 되는 것이었다. 따라서 서양인들이 아무리 형편없는 값을 불러도, 양잠농가들은 묵묵히 생사를 팔아야 했다.

절강성에서 여러 해를 살았던 호설암은 양잠업의 사정을 잘 알고 있었다. 전부터 그는 줄곧 양잠업에 뛰어들고 싶었지만, 수중에 자금이 없었기 때문에 그저 생각으로만 그쳐야 했다. 그는 우선 전장을 시작하고 조정의 관리들과 관계를 만들었다. 그리고 충분한 자금력을 확보하게 되자 자신이 그토록 바라던 양잠업에 발을 들여놓기 시작했다.

그는 절강 순무의 명의로 서양인들의 매입가보다 높은 가격에 생사를 사들였다. 이는 오랫동안 서양 상인들의 농간에 시달렸던 양잠농가들에게는 천만다행한 일이었다. 호설암에게 생사를 팔겠다는 사람들이 줄을 이었다. 하지만 호설암의 자본력만으로 절강성의 생사를 모두 사들인다는 것은 불가능한 일이었다. 그래서 그는 절강 순무의 주도로 잠사상회를 발족하는 수완을 발휘했다. 이 상회의 회원은 모두 절강성의 부자, 지방유지 혹은 벼슬에서 물러나 고향으로 돌아온 퇴직관리들이었다. 이들은 돈을 출자하거나 그렇지 않은 경우에는 양잠농을 위한 보증을 서야 했다.

호설암은 생사를 팔러 온 양잠농들에게 말했다. "우리가 먼저 여러분들에게 돈의 일부를 지불하고, 나머지 금액은 차용증을 써주겠소. 이 차용증은 잠사상회가 보증하는 것이고, 그 위에는 절강 순무의 관인이 찍혀 있소. 가을이 되면 나머지 금액을 여러분들에게 지불할 것이며 이자도 쳐주겠소."

호설암의 수완이 너무나 기발했기 때문에 서양 상인들은 경악하지 않을 수 없었다. 서양의 여러 국가들 중 특히 영국의 방직산업은 중국의 생사공급에 크게 의존하고 있었다. 호설암에 의해 생사시장이 독점되자, 영국 내의 많은 방직공장들이 '쌀이 없어서 밥을 못하는' 상황에 직면하게 되었다. 서양 상인들은 줄줄이 호설암에게 달려와 자신들에게 생사를 팔라고 매달렸다. 하지만 호설암이 요구한 가격은 기존의 생사 구매가보다 거의 두 배 비싼 값이었다. 서양 상인들은 고개를 절레절레 흔들고 돌아갈 수밖에 없었다.

일이 풀리지 않자 그들은 계략을 꾸몄다. 자신들의 대표를 수도에 보내어 조정의 몇몇 고관들에게 뇌물을 바친 뒤, 절강 순무가 상업행위에 관여하는 것을 막아달라고 청했던 것이다. 하지만 호설암은 이미 이것을 예상하고 있었다. 그는 절강 순무 왕유령을 설득하여 조정에 상소를 올리게 했다. 그 내용은 다음과 같다. "강남의 생사가 양인들에 의해 수탈되어 남은 것이 없고, 엄청난 부를 자랑하던 대농가는 이제 거의 찾아보기 어렵사옵니다. …… 백성에게 이로움이 없으면, 나라도 이로움이 없고, 민심이 흔들리면, 국기(國基)도 흔들리게 되옵니다. 이에 소신은 깊이 결심한 바 있어 양잠의 폐단을 제거하고자 노력하였사옵니다. 호설암이라는 상인이 있어 충심으로 나라에 보답코자……."

이 상소는 왕유령 자신을 크게 알리는 동시에 서양 상인들이 백성과 조정에 어떤 경제적 손해를 끼쳤는지 상세하게 분석하고 있었다. 상소가 조정에 도착하자, 많은 대신들이 합당하다고 생각했고 다른 성에서도 절강성을 본받아야 할 것이라고 청했다. 상황이 이렇게 되자, 서양 상인들에게 뇌물을 받은 고관들은 함부로 나설 수가 없었다. 황명을 이용해 호설암의 대담한 행동을 중지시키려던 그들의 의도는 수포로 돌아가고 만 것이다.

그러나 서양 상인들은 다시 새로운 계책을 세웠다. 그것은 상대와 동일한 방식으로 상대를 공격하는 것이었다. 그들은 호설암의 생사는 결코 사지 않을 것이며, 다른 여러 성에서 높은 가격으로 생사를 대량으로 사들이기로 했다. 또한 그 자리에서 생사 값을 모두 지불해 준다는 소문도 퍼뜨렸다.

호설암에게 심각한 일격이었다. 서양 상인들이 충분하게 생사를 사들여 1개월간 생산가동을 유지한다면, 그것은 호설암에게 상상할 수도 없는 타격이었다. 생사구매에 대량의 자금이 들어간 상황에서, 생사가 변질되기라도 하다면 그 뒷감당을 어떻게 할지 생각만 해도 눈앞이 아찔한 일이었다.

하지만 역시 호설암이었다. 그는 냉철한 자세를 유지하며 곧바로 배를 타고 상해로 향했다. 상해에 도착한 호설암은 제일 먼저 상해의 명망 높은 재산가 진정심(陳正心)을 찾아갔다. 그는 엄청난 재산가였고, 사람됨이 호방하여 다른 사람의 어려움을 그냥 지나치는 법이 없었다. 또 상해에서 상당한 영향력을 행사하는 인물이기도 했다.

호설암의 요청으로, 진정심은 상해의 여러 생사상들에게 기별을 보내어 그들을 소집했다. 그는 절강성에서 호설암이 취한 행동에 대해 여러 상인들의 의견을 물었다. 물론 호설암은 그 자리에 없었다. 객관적으로 평가를 받기 위한 진정심의 조치였던 것이다. 그 자리에 모인 생사상들은 서양 상인들의 탐욕스러움에 분개했고, 상해에 호설암 같은 인물이 없음을 개탄했다. 그때 누군가가 진정심을 주축으로 힘을 모아 서양 상인들에게 대응하자는 제안을 했다. 모두가 힘을 합쳐 일정기간 동안 생사를 내놓지 않는다면, 서양 상인들은 생사를 구하지 못해 안달할 것이고 그 가격이 올라갈 것은 분명했다.

며칠이 지난 후, 상해의 생사상들은 일제히 서양 상인들에게 가격을 올려줄 것을 요구했다. 그리고 호설암이 이미 자신들의 생사를 높은 값에 사겠다는 의사를 전해왔다고 말했다.

서양 상인들은 비로소 상황의 심각성을 깨달았다. 그들은 암암리에 일부 상인들을 찾아가 높은 값을 쳐주겠다고 말했으나, 모두 거절당했다. 생사상들은 자신들이 물건을 넘긴다면, 다른 생사상들로부터 비난을 받고 매국노라는 악명까지 쓰게 될 것이라 말했다. 그리고 상해에서 막강한 영향력을 지닌 진정심의 노여움을 살 것이라며 일언지하에 거절했다.

서양인들은 호설암을 직접 만나는 것 외에 다른 방법이 없다는 것을 알게 되었다. 게다가 자국의 방직공장으로부터 독촉전보가 줄기차게 쏟아져 들어오고 있었다. 그들은 어쩔 수 없이 호설암에게 합리적인 가격을 제시해야 했다.

서양 상인들에 대한 호설암의 대응방식은 사람들의 민족의식을 불러일으키는 것이었다. 그는 서양인들과 장사를 할 때 두 가지만은 결코 해서는 안 된다고 늘 말했다. 하나는 서양인을 야만인이라 하여 배척하는 것이고, 다른 하나는 서양인들 앞에 납작 엎드려서 시키는 대로 하는 것이었다. 그는 이런 태도로 서양인들을 대한다면, 국권을 상실하고 나라를 잃게 될 뿐이라고 생각했다.

중국은 수천 년 동안 폐쇄상태를 유지하면서 스스로 기고만장해지는 악습을 낳았다. 옛 것을 숭상하고 자신의 모든 것이 대단하다는 생각에 사로잡혀, 외부의 문화와 관습을 거부했던 것이다. 동일함을 추구하지도 않았고, 자신과 다름을 인정하지도 않았다.

이러한 시대에 호설암이란 인물은 장기적인 안목을 지닌 인재라 말할 수 있다. 사서삼경만을 외우며 맹목적으로 옛 것을 받드는 사대부들은 아예 융통성이라는 것을 몰랐던 시대였기 때문이다. 호설암은 비록 공부를 많이 하지는 못했지만, 오히려 세계의 발전과 변화추세를 명확하게 보고, 큰 흐름에 맞추어 변화할 줄 아는 능력을 가지고 있었다. 호설암은 실리적인 태도와 장사수완을 보여주었다.

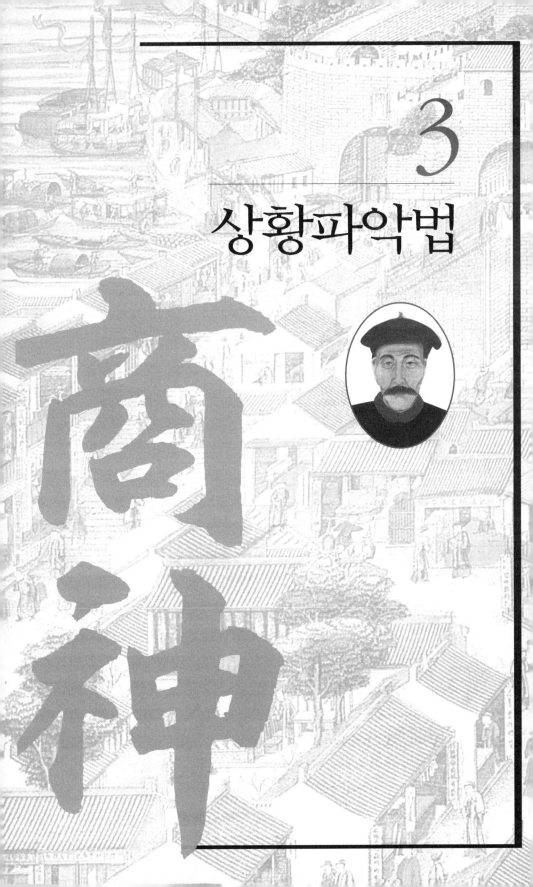

3

상황파악법

商神

7

대담하게 행동하라

'두려움'과 '대담함'은 서로 대응되는 말이다. 상인은 용기와 배포로 사람을 대함에 두려움이 없어야 하며, 자신을 당당하게 나타낼 수 있어야 한다. 약자와 강자는 그 대담함에 차이가 있다. 용기 없는 자는 장사라는 각축장에서 자신의 영역을 확보할 수 없다. 대담한 사람은 상대가 두려움을 느끼게 만든다. 호설암은 많은 경쟁상대를 만났는데, 그들은 그와 제대로 맞서보지도 못하고 물러섰다. 호설암이 대담한 지혜로써 상대를 꺾었기 때문이다. 호설암은 담력과 탁월한 식견으로 보통사람들이 감당할 수 없는 위험을 감내할 줄 알았다. 그가 항상 과감하게 행동했기 때문에 그의 사업은 줄곧 번창할 수 있었다. '과감'이라는 말은 아주 강력한 힘을 지닌 말이다. 당신은 과감하게 다른 사람을 앞설 수 있는가? 주먹을 불끈 쥐고, 자신을 향해 크게 소리쳐보라!

자신과 과감히 맞서라

호설암의 지혜는 하늘에서 떨어진 것이 아니라 스스로 연마한 결과로 얻어진 것이다. 그가 산이라도 삼킬 것 같은 담력과 식견을 가질 수 있었던 것도 천하를 얻고자 하는 열정과 어떤 상황에서도 방법을 찾아내는 수완이 있었기 때문이다.

호설암이 전장을 개업한 얼마 후, 왕유령 또한 순조롭게 지방행정 관직을 얻었다. 왕유령이 호주의 관리로 임명받아 떠날 때, 호설암이 그를 호주까지 배웅했다. 수로가 발달한 항주는 자연히 육로보다는 뱃길이 편리했기 때문에, 호설암 일행은 아주 집안의 배를 타게 되었다. 선상에서 아주의 모친과 이야기를 나누면서, 그는 생사장사를 해야겠다는 결심을 하게 되었다.

강소성과 절강성 일대는 본래 생사산지로 유명했다. 청조는 소주와 항주에 생사를 관장하는 '직조아문'을 설립했다. 항주 일대에는 생사 가내수공업 공장이 즐비하게 들어섰다. 소주와 항주의 여자들은 열두 살이 되면 누에를 치고 물레질하는 법을 배웠다. 양잠농가의 한 해 수입은 매년 3, 4월 두 달 동안 양잠 품을 판 덕으로 충당되었다. 생사는 세 가지 종류로 분류되었다. 상등 고치는 세사(細絲), 중등 고치는 비사(肥絲)로 짜졌고, 나머지는 조사(組絲)라 하여 등외로 분류되었다.

왕유령이 부임한 호주는 강소성과 절강성 일대에서 유명한 생사산지였다. 이곳에서 생산된 세사는 '천하제일'이라는 명성을 얻고 있었으며, 호주의 칠리라는 마을에서 나는 생사는 '칠리사'라 하여 그 가치가 황금과 맞먹을 정도였다.

호설암은 전부터 생사장사에 관심이 많았다. 항주에서 태어나고 자란 그는 당연히 호주의 생사가 품질이 뛰어나고 돈벌이가 된다는 것을 잘 알고 있었다. 다만, 자본이 없었고 또한 장사에 대해 아는 것이 없어서 시작하지 못하고 있었다. 마침 호주는 아주의 고향이기도 했다. 아주의 모친은 어릴 적부터 양잠과 물레질 심지어 누에와 생사장사에 이르기까지, 생사에 관해서라면 모르는 것이 없었다.

아주의 모친과 얘기를 나누면서, 호설암은 생사에 관해 이것저것 많은 것을 알게 되었다. 그는 양잠과 물레에 관한 상식도 자세히 이해하게 되었다. 예를 들어, 물레를 돌리는 방법이라든가 생사에 세 등급이 있다는 것을 알게 되었다. 또한 산지로 가서 생사를 사들이는 상인을 '사객인(絲客人)'이라 부르고, 산지에 생사점포를 열어 생사를 사들였다가 되파는 상인을 '사주인(絲主人)'이라 부르며, 중간에서 도매업을 전문으로 하는 상인을 '획장(劃庄)'이라 한다는 것도 알게 되었다. 그리고 전문적으로 서양인들과 생사무역을 하는 상인을 '양장(洋庄)'이라 한다는 것도 알게 되었다. 이외에도 생사장사는 생사의 좋고 나쁨을 구별할 줄 알고, 생사의 시세를 아는 것이 중요하다는 것을 배웠다.

해마다 생사가격이 오르락내리락 하지만, 신사의 값은 비교적 저렴해서 괜찮은 돈벌이가 될 수 있었다. 게다가 생사시세는 몇몇 큰손들에 의해 인위적으로 조정되는 경우가 대부분이었다. 생사를 취급하는 대표적인 상인들로 조직된 '견업공소'라는 동업조합이 있었다. 이들은 신사가 시중에 나오면 사들이는 날과 사들이지 않는 날을 미리 약속하여 생사가격을 통제했다. 이는 동업조합의 협약이었기 때문에 사적으로 변경시킬 수 없었다. 따라서 양잠농가가 생사를 시장에 내놓는 매매가격은 어디든지 동일했으며, 그 가격이 아니면 팔 곳이 없었다. 사실 가격통제에 관해서라면, 호설암은 스스로를 확실한 전문가라고 믿었다.

상황을 이해한 호설암은 자신은 자금을 대는 사객인이 되고 아주의 부친은 사주인이 되어 호주에 생사점포를 내자고 했다. 그는 이번에 호주로 돌아가는 대로 바로 모든 일을 진행해 달라고 아주의 부친에게 요구했다. 이미 왕유령이 호주의 지방장관으로 임명받은 후였기 때문에 사람들로부터 공연한 의심을 피하고, 현재 관리하고 있는 호주 관고의 자금으로 생사를 구입하기 위해 준비를 서둘렀다. 항주에서 생사를 되판 후 이용한 자금을 관고에 돌려놓는다면, 자본 한푼 들이지 않고 장사를 하는 셈이었기 때문이다.

호설암은 "가장 중요한 것은 안목이다"라고 말한 적이 있다. 이 말은 아주 깊은 이치를 담고 있다. 그가 말하는 안목은 '정확하게' 볼 줄 아는 것을 말하며, 다른 사람들이 보지 못하는 곳에서 '놀잇감'을 찾아내는 것이다. 호설암은 전쟁의 영향으로 은 가격이 오르내리는 것을 보고, 장차 전장이 전망이 있다고 판단했다. 그 예측은 정확했다. 또한 상인은 '열린' 눈으로 이치를 보며 익숙한 장사에만 눈을 고정시켜서도 안 된다. 호설암이 생사 장사에 눈을 돌린 것도 그의 시야가 넓다는 것을 말해 주는 것이다. 경영범위의 선택과 확대라는 각도에서 '열린 눈'을 가지는 것은 특히 중요하다.

여기서 우리는 호설암의 남다른 기백, 담력 그리고 식견을 배울 수 있다. 장사에서 새로운 터전을 개척하려는 기백이 없다면, 결코 다른 영역을 개척할 수 없다. 그 사람의 약한 기백이 식견을 제약하기 때문에, 정확한 안목을 가질 수도 없고 열린 안목 역시 가지기 힘들다. 신화 전장의 주인 장뜽보는 그날 호설암과 함께 배를 타고 있었고 호주라는 곳도 잘 알고 있었다. 하지만 생사장사를 할 생각은 하지 못했다. 사람 간의 대담함과 안목의 차이를 분명히 알 수 있는 대목이라 하겠다.

일단 생각을 정한 후, 대담하게 나아가라

장사에는 곳곳에 위험이 도사리고 있다. 그래서 한 번의 경솔함이 전체 판을 뒤엎어버리는 결과를 가져오기도 한다. 게다가 장사의 규모가 커지면 커질수록 구석구석 살피기가 어려워져서 부주의해지기 쉽다. 그러므로 장사에서는 결코 자신의 강함을 믿고 함부로 덤벼서도, 방심해서도 안 된다. 어떤 일이든 먼저 생각을 정한 후에 움직여야 한다. 비가 오기 전에 비올 때를 대비해야 한다는 사실을 명심해야 하는 것이다.

항주가 태평군에 의해 포위되자, 왕유령은 군대와 백성들을 이끌고 외로이 항주성을 지키고 있었다. 양식이 바닥을 드러낸 지 한 달여가 넘어가자 숙지황, 황정, 조율, 해삼과 같은 약재로 허기를 채워야 할 지경이 되었다. 나중에는 가죽, 풀 뿌리와 나무껍질을 먹으며 견디다가, 급기야 인육을 먹는 사태에까지 이르렀다.

호설암은 죽음을 무릅쓰고 항주를 빠져나와 상해로 가서 쌀을 사 가지고 왔다. 항주성 밖의 포구에 도착했지만, 성으로 통하는 길은 이미 완전히 두절된 상태였다. 성내와 성밖은 서로 바라보기만 할 뿐, 왕래할 방법이 없었다. 사흘이 3년 같은 시간이 흘렀다. 마침내 자신과 함께 길을 떠났던 소가기(蕭家驥)가 위험을 무릅쓰고 성내로 들어가겠다고 나섰다. 그는 이쪽 사정을 전하고, 양식을 들여갈 방법이 있는지 상의해 보겠다고 말했다. 호설암은 결국 그의 주장을 받아들일 수밖에 없었다.

호설암은 그에게 어떻게 항주성 안으로 들어갈 것인지, 그리고 적을 만났을 때 어떻게 대처할 것인지를 물었다. 사실 소가기는 일을 운에 맡길 수밖에 없다고 작정하고 있었다. 호설암은 단순히 운에 맡겨서는 안 된다고 말하면서, 소가기에게 세세한 대응방안을 일러준 후에 그를 떠나게 했다.

호설암은 "이런 위험한 때에, 그저 운에 맡기겠다는 것은 있을 수 없네. 생각을 정한 후에 움직여야 할 것이네"라고 말했다. 물론 당시의 '때'는 장사를 하는 때를 가리키는 말은 아니다. 하지만 장사에도 적용될 수 있는 이치가 담겨 있다. 사실 장사를 할 때 상황은 소가기가 위험을 무릅쓰고 성내로 들어가려는 것과 유사한 위험이 늘 도사리고 있기 때문이다. 천신만고 끝에 쌀을 성밖까지 운반해 와서 아무 성과 없이 되돌아 갈 수는 없는 것도 마찬가지다. 어떤 일이든 결과를 얻기 위해서는 반드시 위험을 감수해야 하는 것이다.

성밖에서는 성내의 상황을 전혀 알 수 없었다. 성밖에는 적들이 겹겹이 포위하고 있었기 때문에 붙잡히기라도 하는 날에는 목이 베일 수도 있었다. 그런데 소가기는 성내에 아는 사람이 아무도 없었다. 따라서 성 안에 포위되어 있는 사람들이 그를 쉽게 믿지 않을 수도 있었다. 만약 그에게 신분을 증명할 수 있는 증서가 없다면, 오히려 첩자로 오인될 수도 있었다. 그렇게 되면 자신의 목숨은커녕 임무도 완수할 수 없을 것이다. 소가기의 일은 결과가 어떻게 될지 아무도 알 수 없을 만큼 위험부담이 큰 일이었다.

장사도 이와 별반 다르지 않다. 장사에는 큰돈을 벌기 위해서 큰 위험을 무릅써야 하는 경우가 허다하다. 어떤 장사에 대담하게 투자했을 때, 대개는 마지막까지 기다려야만 그 결과를 알 수가 있다. 당신이 치밀한 계획과 근거를 가지고 일을 시작했다면 큰 문제가 출현할 가능성은 크지 않을 것이다. 하지만 실제 운영과정을 거쳐 나타난 결과는 예상과는 완전히 달라질 수 있다.

사람들은 흔히 전쟁터를 장사에 비유하기도 하고, 위험한 투자를 '보물을 내기에 거는 것'에 비유하기도 한다. 전쟁, 장사, 도박, 이 세 가지 사이에는 확실히 공통점이 있다. 끊임없이 위험이 따르고 길흉을 점치기 어렵다. 그리고 한 번의 부주의가 모든 것을 뒤엎는 결과를 초래하기도 한다. 어느 한 사업장의 실수가 한 번의 실패로 끝나지 않고 일파만파로 영향을 끼쳐서, 한꺼번에 모든 사업을 붕괴시킬 수도 있다. 호설암이 경영하던 전장과 전당포의 운영이 잘못되어 그 여파가 전체에 파급된 일이 바로 그 예라 하겠다. 따라서 장사라는 전쟁터를 누비는 사람은 대담하면서도 치밀해야 하며, 자신에게 늘 "생각을 정한 후에 움직여야 한다"는 사실을 일깨울 필요가 있다.

호설암이 생사장사에 처음 뛰어들어 성공을 거둔 것은 일을 기다리는 가운데 승기를 잡아 성공할 수 있었던 좋은 예다. 그는 새로 출하된 생사를 구입하여 상해로 운송한 후에, 결코 물건을 서둘러 시장에 내놓지 않았다. 당시 그는 전장을 시작한 지 얼마 되지 않아서 자금이 충분하지 못했다. 하루라도 빨리 물건을 넘기고 현금을 확보해야 할 상황이었다. 하지만 그는 생사를 창고에 그대로 비축해 두었다. 생사를 내놓지 않은 이유는 다른 생사상들과의 연합이 미처 이루어지지 않았기 때문이다. 그가 상해로 운송한 생사수량으로는 서양 상인들과 가격흥정을 벌일 수가 없었기 때문에, 반드시 다른 생사상들과 연계해야만 했다. 호설암은 잠시 자금을 묵히는 한이 있더라도 자신의 계획을 수포로 돌릴 수는 없다고 마음먹었다. 그는 "일을 끌면 변화가 생기는 법이니, 일시의 다급함에 마음 쓸 필요는 없다"는 말을 하면서 기다렸다. 그는 고응춘을 움직여 서양 상인들과 협상을 벌이게 하고, 한편으로는 방이와 손잡고 생사상들을 규합했다.

그해 말부터 이듬해 초까지 상해 생사시장의 여러 크고 작은 생사상들을 규합하는 데 성공하자, 서양 상인들이 좌지우지하던 가격체계도 흔들리기 시작했다. 하지만 호설암은 한 번 생사를 사들인 후 꿈쩍도 하지 않았다. 서양 상인들이 만족한 가격을 호설암에게 제시하지 않았기 때문이다. 여러 생사상들을 규합하는 과정에서, 호설암은 서양인들을 순종하도록 만들어야만 큰돈을 벌 수 있다고 그들을 설득했다. 그런데 이제 와서 서양인들이 제시하는 가격에 물건을 내놓는다면, 모든 사람들에게 비난받을 것이 뻔했다. 또한 이후에 시장을 장악하겠다는 계획에도 적지 않은 영향을 받을 수 있었다.

호설암은 이듬해 신사가 시장에 나올 때까지 물건을 내놓지 않았다. 게다가 청 조정은 내지에 세관을 설립하고 생사징수를 늘리겠다는 결정을 내렸다. 상황이 이렇게 전개되자, 서양 상인들은 고개를 숙이지 않을 수 없었다. 생사상 모두가 만족하는 가격을 제시하기에 이른 것이다. 비로소 호설암은 수중에 있던 생사를 모두 시장에 내놓았다. 그는 이 한 차례의 생사장사로 18만 냥이라는 거금을 벌어들이게 되었다.

장사에서 경영자의 적극성은 매우 중요한 역할을 한다. 뛰어난 상인은 다양한 각도에서 자신이 처한 조건을 이해할 줄 안다. 또한 여러 요인들이 자신에게 불리하게 작용할 때라도 유리하게 돌려놓을 줄 안다. 이것이 바로 우리가 말하는 '창조'이다.

예를 들어 호설암이 서양 상인과의 거래를 장악하기 위해 생사상들을 규합했던 것은 자신의 노력으로 창조할 수 있는 조건이었다. 하지만 사람이 만들어낼 수 없는 것도 있다. 정세의 변화, 시장의 전체적인 상황 같은 것은 한 사람의 상인 혹은 몇 명의 상인들이 결정할 수 있는 것이 아니다. 이때 할 수 있는 일은 기다리는 일이다.

위험을 감수해야만 큰 이익을 얻을 수 있다

'과감하다'는 말은 대담성과 식견 그리고 책략이 있어야 가능하다. 어떤 일을 할 만한 용기가 있고 식견이 있으며 책략이 있을 때 비로소 과감해질 수 있기 때문이다. 위험을 감수하는 것도 사실 과감할 수 있느냐 그렇지 못하느냐의 차이다. 이것은 '승리'와 '실패'라는 완전히 다른 결과를 낳는다.

호설암이 신속하게 세력을 확장하며 성공을 거둘 수 있었던 것도 용기와 책략, 식견을 바탕으로 과감하게 위험을 감수했기 때문이다.

어느 날 호설암은 청방(靑幇 : 청 말기에 곡식운송을 담당하던 공인들의 비밀결사 단체-옮긴이)이 태평군을 위해 상해에서 구입한 군수물자를 수송한다는 소식을 듣게 되었다. 당시에는 전쟁이 잦았기 때문에, 군수물자 거래는 큰 이윤을 남길 수 있는 장사였다. 호설암은 일찍이 군수물자 거래에 깊은 관심을 갖고 있었다. 그러나 어디에서 시작해야 할지 몰라서 고심하던 중에 뜻하지 않은 소식을 듣게 된 것이었다. 보통사람이라면 쉽게 감수할 수 있는 위험이 아니었지만, 호설암은 그 자리에서 한번 해보리라 결심했다.

생각한 것을 결코 미루는 법이 없는 호설암은 당장 왕유령을 찾아갔다. 왕유령은 그의 말을 듣더니 크게 기뻐하며 말했다. "일이 이렇게 잘 맞아떨어지다니! 방금 총독께서 나에게 해운국에서 자금을 내어 모제르총 5백 정을 구입하는 문제를 상의하셨네. 절강성 지역의 관군 병력을 강화할 계획이신 게지. 마침 누구에게 이 일을 맡길지 고심하던 차였다네. 관심이 있다면 자네가 이 일을 맡아주게."

호설암은 재빠르게 머릿속으로 계산을 했다. 모제르총 한 정에 은자 50냥이니 5백 정이면 2만 5천 냥의 은자가 필요하고, 1할 정도가 남으니 적어도 은자 3천 냥은 족히 벌 수 있다는 답이 나왔다. 그 자리에서 임무를 맡은 호설암은 상해에서 사용할 수 있도록 3만 냥짜리 정부어음을 써달라고 왕유령에게 청했다. 그리고 행장을 꾸린 후, 작은 배 한 척을 재촉하여 급히 상해로 떠났다.

호설암은 왜 이토록 급하게 서두른 것일까? 장사란 조금이라도 지체하다가는 시기를 놓친다는 것을 잘 알고 있었기 때문이다. 태평군이 무기구입을 서둘지 않을 것이라 판단했던 그는 서양 상인들과 미리 가격협상을 마칠 심산이었다. 차일피일 미루다가 태평군의 무기구입 시점과 맞닥뜨리기라도 한다면 값이 올라갈 것이 뻔했기 때문이다. 구입할 예정인 5백 정의 수량이면 서양 상인들도 당장 공급할 수 없기 때문에, 외국에서 운송해 오는 데에도 거의 달포가 걸릴 거라고 그는 예측했다. 이 군수품 장사를 성공시킬 수 있다는 자신감에 차 있던 호설암은 별 어려움 없이 은자 3천 냥이 넘는 이윤을 남길 수 있었다.

우리는 여기에서 호설암이 대담성과 식견을 가지고 있었기 때문에 다른 사람들은 엄두도 못 내는 장사에 과감하게 뛰어들 수 있었다는 것을 알 수 있다. 그에게서 늘 볼 수 있는 대담한 장사수완이야말로 큰 성공을 가능케 한 힘이라는 것을 다시 한 번 깨닫게 된다.

🔵 호설암 경상지법 33
생각한 것은 곧바로 행동으로 옮겨라

호설암은 일을 할 때 이해하지 못한 상황이 닥치면, 신속하게 상황을 분석하여 분명하게 생각을 정한 후 여유 있게 행동했다. '천천히'라고 말하지만, 이는 결코 미룬다거나 내버려둔다는 뜻이 아니었다. 사람들이 그를 도와 일을 할 때는 반드시 이 점을 알아야 했다.

호설암처럼 넓은 시야, 민활한 두뇌 그리고 행동력을 갖춘 사람에게는 눈에 보이는 모든 것이 재원이 된다. 그가 서양 상인과의 거래를 위해 상해에 왔을 때 기방에서 술자리가 있었다. 그는 이 자리에서 후에 생사(生死)를 같이하는 친구가 될 고응춘을 만나게 된다. 그는 고응춘과 이야기를 나누면서 돈을 벌 수 있는 기회를 발견하게 된다.

고응춘은 서양인과의 통역을 담당하던 역관이었다. 중국이 서양과 무역을 시작하던 초기에 역관은 매우 중요한 인물이었다. 그들은 표면적으로는 통역사와 비슷한 역할을 했지만, 사실은 오늘날의 자본가에 더 가깝다고 하겠다. 당시 '외국과의 사무'에서 무역의 연결고리 같은 기능을 담당했기 때문이다.

이들은 영어의 'comprador'를 음역하여 '캉바이두(康白度 : 짚으로 만든 나루터라는 뜻-옮긴이)'라고 불렸다. 재미있는 것은 이 시기 유명인사들의 기록 속에서도 캉바이두에 대한 설명이 나오는데, 중국인과 서양 상인의 중간에서 교역을 도와주는 인물이라는 중국어 해석이 덧붙여져 있다. 영어를 음역한 말이지만, 그 의미 속에는 은근히 조소의 뜻도 숨어 있었다. 이 명칭은 이러한 매판 자본가들의 직업적인 속성을 부분적으로나마 드러낸 말이기도 했다.

호설암이 서양인과 장사를 하기로 한 이상, 이런 중요인물들과 알고 지내야 할 필요가 있었다. 상해에 도착한 호설암은 고응춘를 소개시켜 줄 만한 인물을 물색했다. 당시 상해에서는 기방에서 대접하는 것이 관례였다. 호설암은 우오를 통해 고응춘을 주빈으로 한 술자리를 마련했다.

술자리에서 고응춘은 자신이 참여하고 있는 서양인과 중국인 사이의 군수품 장사에 대해 이야기했다. 얼마 전, 서양인들이 군수품을 실은 두 척의 선박을 부두에 정박시켜 놓고 있었다. 이들은 이미 가격협상을 마친 상태였다. 그런데 도중에 어떤 인물이 끼어들어, 서양인들에게 태평군이 자금은 넘쳐나지만 무기가 부족하여 곤혹스러워 한다는 소식을 알려주었다. 이 소식을 들은 서양인들은 일방적으로 계약을 파기하고 가격을 두 배로 올려달라고 주장했다는 것이었다. 무기가 그들의 손에 있었기 때문에 어쩔 수 없이 두 배의 가격을 치뤘다는 말이었다.

고응춘은 중국인들이 서로 제 발등을 찍어대어서 서양인들만 중간에서 덕을 본다며 분개했다. 하지만 고응춘의 이 말은 호설암에게 서양인과 무기장사를 해보고 싶다는 생각을 불러일으켰다. 또한 반드시 성공할 수 있다는 확신도 갖게 했다.

당시 상해에는 소도회가 활개를 치고 있던 터라 강남과 강서성의 총독은 이 때문에 크게 골머리를 앓고 있었다. 그래서 조정에 군사를 더 보내달라고 요청하는 상소를 올려놓은 상태였다. 그런데 먼저 군량미와 무기를 비축해야만 관군이 당도했을 때 곧바로 군대를 움직일 수 있었다. 강소성의 총독이 항주 사람이라는 것을 알고 있었던 호설암은 이를 이용하리라 마음먹었다.

이때는 태평군도 양자강을 따라 강소성과 절강성으로 밀려오고 있던 시기였다. 절강성은 자기방어를 위해 군대를 훈련하고 지방군을 양성하고 있었다. 군대를 훈련하자면 적지 않은 총기와 탄약이 필요했다. 호설암은 절강성 관리로 있는 왕유령의 힘을 빌어 이 지역의 무기구입 임무를 맡아야겠다고 결정했다. 장사를 하는 서양인들도 태평군에게 총기와 탄약을 팔면서 관군에게 팔지 않을 이유가 없었다.

일단 생각이 정리되면 곧바로 행동에 착수하는 것이 호설암의 방식이었다.

술자리가 파한 후 호설암은 우오와 마주앉아 고응춘을 통해 서양 상인들과 무기장사를 하는 일을 의논했다. 두 사람은 무기를 어떻게 구입할 것인지, 어느 길을 따라 항주로 운반할 것인지, 어떻게 안전하게 운송할 것인지 등 여러 이야기를 나누었다.

다음날 그는 다시 고응춘을 만나 구입할 총기 수량, 서양인과 협상 진행 방안 그리고 절강성 총독에게 서신을 보내는 일 등 세부적인 내용을 상의했다. 사흘째 되던 날, 호설암은 고응춘과 함께 서양 상인들을 만나 무기구입 문제를 마무리지었다. 무기장사를 해야겠다는 생각이 든 시점부터 72시간도 채 걸리지 않아 거래를 성사시킨 것이다.

호설암은 어떤 재원을 발견하거나 생각이 머리에 떠오르면 곧바로 행동으로 옮겼다. 상인은 늘 시국과 정세가 긴밀히 작용하고 부단히 변화하는 '시장'이라는 상황 속에 놓이게 된다. 시장에서 출현하는 다양한 상황과 변화는 장사하는 사람에게는 도전이자 기회다. 구체적인 시장상황을 겨냥하여 신속하게 반응할 수 있어야만, 자신의 경영방식을 새롭게 찾아낼 수 있고, 동시에 새로운 재원도 발굴할 수 있다.

치밀하게 생각한 후에 과감하게 움직이는 것, 이는 오늘날 상인들이 깊이 깨닫고 본받을 만한 모범이라 하겠다.

⊚ 호설암 경상지법 34
정확하게 본 후에는 망설이지 마라

장사 셈이 빠르고 정확하며, 강온양책을 병행하여 일석삼조의 성과를 거둘 줄 알며, 해야 할 일은 반드시 해내는 인물. 호설암이라는 인물은 이렇게 요약될 수 있을 것이다.

청조 때, 수도에서 소비되는 곡식은 모두 생선과 쌀의 고장이라 불리던 소주와 항주로부터 경항 대운하를 거쳐 북경까지 운송되었다. 함풍 2년 3월, 태평천국군이 남경을 공략하여 이곳을 수도로 정하자 곡물운송이 위협을 받게 되었다. 청 조정은 절강성 지역에 해운국을 설립하여 해상으로 곡물을 운송하도록 명했다. 이 방법은 안전하면서 많은 화물을 실을 수 있었으며, 영파에서 천진까지 오는 데 걸리는 시간이 하천운송에 비해 오래 걸리지도 않았다.

왕유령은 해운국의 사무를 관장하면서, 호설암에게 자신을 대신하여 구체적인 사무를 처리하도록 했다. 호설암은 이 임무에 온갖 심혈을 기울였는데, 곧 이 속에 돈을 벌 수 있는 오묘한 길이 있다는 사실을 발견하게 되었다. 바다를 거쳐 북상하는 경우 반드시 상해를 거쳐야 했다. 그런데 때로 상해의 쌀값이 절강성보다 싼 경우도 있었다. 그는 두 지역의 쌀값 차이가 분명해 지는 때를 이용할 수 있을 것이라 생각했다.

그는 왕유령에게 빈 선박을 상해로 보내어 거기서 쌀을 구입한 후, 다시 천진으로 운반하자고 제안했다. 절강성의 양곡가격을 기준으로 계산할 때, 한 번의 운항으로 은자 2만 냥은 족히 벌 수 있다는 계획이었다. 호설암의 계획을 들은 왕유령은 그의 민활한 생각과 수완에 혀를 내둘렀다.

두 사람은 이렇게 번 돈을 어떻게 쓸 것인지 상의했다. 호설암은 예전에 일했던 신화 전장을 떠올렸다. 그곳에서 쫓겨날 때 반드시 자신의 전장을 열겠다는 맹세를 했었는데, 이제 그것을 실천할 때가 온 것이었다. 하지만 2만 냥 정도의 자본금으로는 어림도 없었다. 호설암은 눈을 한 번 굴리더니 곧바로 좋은 방법을 생각해냈다. 왕유령에게 말하자 그는 무릎을 치며 웃었다.

"좋소. 해묵은 원한 하나를 해결하면서 우리를 위해 일하도록 만들 수가 있겠군. 아주 절묘해!"

다음날 왕유령은 대단한 위세를 자랑하며 위용을 갖춘 모습으로 신화 전장에 행차했다. 신화 전장의 주인 장조화(蔣兆和)는 황급히 뛰어나와 그를 맞았다. 왕유령은 좌정한 후 "이 전장에 호설암이란 이름을 가진 직원이 있으렷다?" 하고 물었다. 장조화는 머리를 조아리며 "아, 있습니다. 있습니다" 하고 대답했다. 왕유령은 비단 주머니를 꺼내어 천천히 풀고는, 주머니 안에서 반짝반짝 빛을 발하는 은자 5백 냥을 꺼냈다. 그러고는 이렇게 말했다.

"작년에 내가 호설암에게 은자 5백 냥을 급히 융통한 일이 있었는데, 월 이자를 1푼으로 계산하여 지금 총 550냥이 되네. 내 오늘 직접 그에게 전해주러 왔는데, 호설암이 지금 있는지 모르겠소."

장조화는 호설암의 행방을 모른 지 오래되었기 때문에 어디에 가서 그를 찾아야 할지 알 수 없어서 내심 마음을 졸았다. 엉겁결에 그는 "호설암은 일 때문에 외지로 나갔으니, 사나흘 안에는 돌아오지 못할 것입니다. 대인께서 은자를 여기에 맡겨놓으시면, 제가 증서를 한 장 써드릴 테니, 이렇게 하면 어떠하겠는지요"라고 말했다.

"안 되지!" 왕유령은 단번에 거절하며, 짐짓 못마땅한 듯한 표정을 지었다. "전장의 규정은 누구나 잘 알지. 나도 누구 손을 거쳐 누가 결재를 하는지 조금도 소홀함이 없을 것이라는 걸 잘 알고 있네. 내 말은 그 사람과 할 얘기가 있다는 뜻일세." 왕유령은 성큼성큼 전장을 나와 가마에 오르더니 큰 소리로 "가자!" 하며 외쳤다. 그리고는 유유히 그 자리를 떠났다. 장조화는 자신이 천하에 둘도 없는 어리석은 짓을 했다며 가슴을 쳤다. 호설암을 쫓아낸 일로 눈을 뻔히 뜨고 은자를 돌려받을 수 없게 된 것이다. 왕유령이 해운국을 관장한다는 소식을 듣고는 그 후회가 더욱 커졌다. 해운국에서 매년 관리하는 곡물대금이 수십만 냥에 이르렀다. 이러한 큰 고객을 잡았다면 신화는 장차 자금 걱정을 할 필요가 없었을 것이었다.

장조화는 휘하의 모든 사람들을 풀어 천신만고 끝에 호설암을 찾았다. 하지만 호설암은 그를 본 척도 하지 않으며, "주인나리, 제가 아직 갚지 못한 빚이 있는지요?"라고 물었다. "아닐세, 아닐세." 장조화는 애써 웃는 얼굴을 지으며 비굴한 어조로 말했다. "자네가 나한테 빚진 게 아니라 내가 자네한테 크게 빚을 졌네. 자, 여기 내가 자네한테 빚진 월급이네." 그러고는 은자 1백 냥을 탁자 위에 놓았다. 호설암은 그의 뜻을 모르겠다는 듯 짐짓 놀라는 체했다. 그러자 장조화는 "자네가 화를 내며 가버린 후, 내가 얼마나 후회했는지 모를걸세. 사람을 시켜 구석구석 자네를 찾았지. 이전에 자네에게 주던 월급으로 계산했다네. 자네가 떠난 지 열 달이 되었는데, 거기에 내가 좀더 계산을 했네. 부디 받아주게나"라고 말했다.

호설암의 얼굴이 단번에 굳어졌다. "어찌 그럴 수가 있겠습니까? 일을 하지 않았는데 월급을 받다니, 더구나 이렇게 많은 은자를 받다니요. 오히려 사람들로부터 제가 재물을 탐한다는 소리를 듣게 될 것입니다."

"말을 그리 하면 어쩌나!" 장조화는 황급히 덧붙였다. "자네는 우리 신화 전장의 직원이 아니었나. 이후에 모든 것을 자네에게 맡긴다면 아무런 문제도 되지 않을걸세." 호설암은 눈꼬리를 보일 듯 말 듯 치켜올리며 놀란 듯이 말했다. "예전처럼 나리를 위해 이리저리 뛰어다니며 일하란 말씀이십니까? 그건……" 호설암은 큰 소리로 웃었다. "주인나리께서는 사람을 잘못 보셨습니다. 마침 제게 좋은 기회가 생겼습니다. 지금 해운국에서 어떤 일을 맡겨왔는데, 전장의 직원에 비하면 훨씬 나은 일이지요."

그는 불현듯 깨달았다. '어쩐지 해운국의 왕유령이 찾아와 호설암을 찾더라니. 호설암이 이미 높은 줄을 잡았으니, 예전에 비할 바가 아니구나. 얕봐서는 안 되겠다.' 장조화 역시 근본이 상인인지라, 신화 전장을 위해 호설암이 큰돈이 된다는 것을 깨닫고 결코 그를 놓칠 수 없다고 생각했다.

그는 내심 온갖 궁리를 하면서, 입에 침이 마르도록 호설암을 칭찬했다. 그리고 갖은 미사여구를 늘어놓더니 나중에는 갖가지 선물도 내놓았다. 호설암은 못 이기는 척 그의 청을 받아들였고, 분위기는 그렇게 무르익어갔다.

장조화는 호설암을 신화의 총관리직에 임명하면서 그에게 얼마간의 지분도 주고자 했다. 호설암은 사양하다가 결국 고맙다며 받아들였다. 이렇게 그는 다시 신화의 사람이 되어 같은 배를 타게 되었다.

그 후 장조화는 말 그대로 호설암에게 온갖 융숭한 대접을 다 했다. 하루는 기방으로 초대해 술대접을 하고, 하루는 교외에서 야유회를 준비하는 등, 사흘 건너 작은 연회를 열고 닷새 건너 대연회를 열었다. 호설암은 그가 이끄는 대로 여흥을 즐겼다. 한 달이 지나자, 두 사람 사이에 있었던 과거의 앙금은 어느덧 사라진 듯했다. 호설암이 때를 보아 은자 1만 냥을 3년 만기로 신화에 예치하자, 장조화는 기뻐서 어쩔 줄을 몰랐다.

그날도 호설암은 술과 음식을 맘껏 먹은 후, 장조화에게 무슨 말인가를 할 듯이 망설이다가 입을 다물었다. 이것을 본 장조화가 말했다. "설암 아우, 자네는 나와 한 집안이나 마찬가지네. 자네 일이 곧 내 일이니, 무슨 어려움이 있거든 서슴지 말고 말하게. 이 형과 함께 그 어려움을 나누세." 호설암은 "이 일은 매우 막중합니다. 형님이 감당하기가 어려울까 걱정됩니다"라고 대답했다. 장조화는 가슴을 치며 말했다. "친구를 위해서는 어떤 위험도 무릅쓰겠네. 칼산에 오르고 불바다에 뛰어들어도 두렵지 않은데, 못할 일이 무엇이겠는가?"

호설암은 그에게 해운국이 70만 냥의 은자를 보관하고 있는데, 믿을 만한 전장을 찾아 예치할 계획이라고 말했다. 그러면서 이자는 낮아도 상관없지만 언제든 자금을 이용할 수 있어야 한다고 덧붙였다. 이 말을 들은 장조화는 너무 기뻐서 심장이 멎는 듯했다. 신화 전장의 자금 보유고가 20만 냥이 채 못되어 자금력이 약한 관계로, 그동안 놓친 큰 고객만 해도 수도 없이 많았다. 만약 해운국의 자금을 맡을 수만 있다면 항주에서 최고의 자금력을 가진 전장이 될 수 있었다. 장조화는 호설암에게 그 자금을 신화에 맡겨달라고 부탁했다.

"문제는 없습니다. 신화의 경영상태가 괜찮고 신용도 높으니 말입니다. 하지만 자금이 필요하다고 했을 때 절대로 지체해서는 안 됩니다." 호설암은 자못 진지한 어투로 말했다. 장조화는 막대한 금액을 예탁받을 수 있다는 흥분에 들떠서 호설암의 말 속에 가려진 뜻을 알아채지 못했다. "욕심으로 정신이 팔리면 눈이 먼다"는 말은 이를 두고 하는 말일 것이다.

며칠이 지나지 않아 70만 냥의 은자가 신화 전장으로 들어왔다. 장조화는 갑자기 의기양양해지면서 목소리에도 힘이 넘쳤다. 호설암은 그를 안심시키기 위해, 자금 중의 30만 냥은 장기예치할 수 있을 것이며 해운국이 자금을 모두 필요로 하는 경우는 없을 거라고 말해 주었다. 마음을 가라앉힌 장조화는 앞으로 고리(高利)에 자금을 대출해 주고 사업을 날로 번창시킬 것이라며 주먹을 불끈 쥐었다.

신화의 관리직을 맡은 호설암은 수시로 전장에 들러서 장조화와 가까이 지냈다. 장조화는 호설암과의 관계가 돈독해질수록 해운국이라는 큰 고객을 붙들어놓을 수 있을 것이라 생각해서 그를 반겼다. 호설암과의 관계가 허물없다는 것을 증명이라도 하듯, 장조화는 전장의 거래장부를 그에게 보여주곤 했다. 본래 전장에서 잔뼈가 굵은 호설암은 대략 훑어보는 것만으로도 전장의 거래상황을 알 수 있었다.

어느 날 호설암은 장조화가 급하게 자금을 대출해 주느라, 보유자금이 10만 냥밖에 안 된다는 사실을 발견했다. 이는 매우 위험한 일이었다. 문제가 발생했을 때, 다른 전장에서 급히 자금을 유통해 급한 불을 끈다 하더라도 완전히 해결하기에는 부족한 액수였다. 행여 자금인출을 할 수 없다는 소문이 퍼져서 삽시간에 예금을 찾으려는 사람들이 몰려든다면, 전장으로서는 이를 버텨낼 재간이 없는 것이다. 현재 유일하게 거액의 예치금을 인출할 수 있는 대고객은 해운국뿐이었다. 생각이 여기에 미치자, 호설암의 입가에는 회심의 미소가 스쳤다.

다음날 신화 전장이 막 문을 열었을 무렵, 관리인 듯한 두 사람이 해운국 왕유령이 서명한 문서를 들고 30만 냥을 인출해 가겠다며 찾아왔다. 이 소리를 들은 장조화는 번개에 맞은 듯 몸이 굳었다. 현재 가지고 있는 돈이 10만 냥뿐인데 어떻게 예금을 돌려준단 말인가? 크게 당황한 그는 우선 두 사람을 좌정하게 하고 급히 호설암을 찾았다. 그런데 마침 호설암은 공무로 상해에 가고 없었다. 장조화의 등줄기에는 식은땀이 흘러내렸다. 그는 급히 전장업공회를 찾아갔는데, 그곳에서는 겨우 5만 냥을 변통해 주었다. 상황이 어쩔 수 없는 지경에 이르자 장조화는 해운국으로 왕유령을 찾아갔다.

왕유령과 장조화는 전혀 개인적인 친분이 없었다. 왕유령은 지극히 공적인 어투로 "이 30만 냥의 은자는 강북대군영으로 보낼 군량미를 구입하는 데 쓰일 자금이오. 지금 조정과 태평천국군의 전투가 치열하니, 조금이라도 상부의 명을 어길 시에는 목이 달아날 것이오"라고 말했다. 그리고는 "애초에 먼저 해운국의 자금은 언제든 인출할 수 있어야 한다는 사실을 분명히 했을 터인데, 어찌 내놓을 수 없다 하는가? 공금을 사사로이 유용하다니!"라며 호통을 쳤다.

장조화는 전전긍긍했다. 왕유령은 "이참에 자네에게 말하겠네. 나머지 40만 냥도 열흘 후에 증총독께 보낼 군량미를 구입하는 데 필요하니, 그때 차질이 없게 하게"라고 덧붙였다. 이 말에 장종화는 눈앞이 아찔하여 쓰러질 지경이 되었다. 증총독의 법 집행은 모르는 백성이 없을 정도로 엄격했다. 교수형에 처하는 일도 비일비재하여 백성들 사이에서는 '면도날'이라고 불리는 총독이었다. 해운국을 나온 장조화는 다리가 후들거리고 눈앞이

캄캄하여 그만 바닥에 쓰러지고 말았다.

자금결손이 심각하여 신화 전장이 곧 문을 닫을 것이라는 소식을 들은 사람들이 벌써 출금전표를 가지고 대기하고 있었다. 설상가상으로 도저히 감당할 수 없는 상황이 벌어지자, 장조화는 죽으면 모든 것이 끝난다는 생각에 자살을 결심했다. 마침 이때, 기적처럼 호설암이 나타났다. 그는 체통도 잊은 채 그의 앞에 무릎을 꿇고 눈물을 흘리며 하소연했다.

"설암 아우, 자네가 이 형을 구해줘야 하네!"

그순간 호설암은 더할 수 없는 쾌감을 느꼈다. "장조화, 당신도 이런 날이 있군!"이라고 말하고 싶은 마음이 굴뚝 같았다. 하지만, 그는 속내를 드러내지 않고 오히려 안타까운 듯 말했다. "어쩌다가 이 지경이 되었습니까? 모두 제 탓입니다." 그는 장조화를 일으켜 세워 잠시 안정하게 하고, 돈을 찾으러 온 사람들을 향해 말했다. "신화는 오랜 역사를 자랑하는 전장입니다. 지금껏 좋은 신용을 유지해 왔고 또한 해운국이 받쳐주고 있는데, 어찌 여러분들의 돈을 떼일까 염려하십니까?" 그러자 사람들 가운데 누군가가 "듣자 하니 해운국이 예금을 모두 찾아간다고 하더이다. 신화가 이를 댈 자금이 없어서 곧 문을 닫는다는 소문이 있소"라고 말했다.

"그게 무슨 말이오?" 호설암은 태연하게 물었다. 그러고는 정색을 하고 외쳤다. "본인과 해운국의 어른은 막역한 사이로 해운국 사무를 모두 알고 있거늘, 내가 어찌 그런 일을 모른단 말입니까? 민심을 소란케 하는 말은 듣지 마시오. 이는 재판에 넘겨질 일이오!" 이 말에 사람들은 아무도 입을 열지 못했다. 호설암과 왕유령의 관계가 특별하다는 사실을 항주 사람이라면 모르는 이가 없었다. 그의 말은 해운국을 대표한다고 해도 과언이 아니었다. 사람들은 더 이상 돈을 찾겠다고 나서지 않고 모두 돌아갔다. 마침내 전장은 안정을 되찾았다.

장조화는 맥없는 목소리로 호설암에게 물었다. "해운국이 정말 예금을 찾지 않겠다고 하던가?" "제가 알기로는 지금은 돈이 필요한 일이 없습니다. 저는 왕대인으로부터 직접 말을 듣는 사람입니다." 호설암은 옅은 미소를 띠며 위로하듯 말했다. "왕대인께서는 해운국의 사무를 총괄하시는 분이니, 당연히 사전에 여러 계획을 세우시겠지요. 하지만 이렇듯 급하게 하셔서는 안 되지요. 대인을 설득하여 처음 뜻을 바꾸도록 하는 것이 우리에게도 유리합니다."

장조화의 눈에 희망의 빛이 스쳤다. 그는 반신반의하며 "설암 아우가 왕대인이 생각을 바꾸도록 설득할 수 있겠는가?" 하고 물었다. 호설암은 가슴을 두드리며 말했다. "우리는 어려움을 함께 겪은 사이니 어렵지 않을 것입니다. 한데……" 그는 목소리를 낮추며 장조화의 귀에 속삭였다.

"속담에, 관리가 되어 천리 길도 마다하지 않는 것은 다만 돈 때문이라는 말이 있습니다. 왕대인께서는 여러 해 조용히 지내시다 보니 형편이 곤란하여 일찍이 무슨 일이든 하고 싶어하셨지요. 특히 전장에 관심이 많으시지만, 손에 쥔 돈도 없고 도와줄 사람도 없어 지금껏 그냥 계셨습니다. 형님께서 괜찮으시다면 이 기회에 그분께 지분을 드려서 친분을 쌓아두시는 게 어떻습니까? 그렇게만 된다면 앞으로 장사를 하는 데도 큰 도움이 될 것입니다."

이 말을 들은 장종화는 속이 쓰렸다. 하지만 완전히 망하는 꼴을 면하려면 그 방법밖에 없었다. 그는 얼마나 주면 좋겠는지 호설암에게 물었다. 호설암은 자신의 오른손을 옷소매 속에 넣더니 만지작거리면서 "오십?" 하고 말했다. 장조화는 비통한 심정에 하마터면 실소를 터뜨릴 뻔했다. 그 모습에 호설암은 내심 조소를 금치 못했다.

장조화는 은자 1천 냥을 한 주로 해서 50주를 모집했고, 여기에 자신의 가산 5만 냥을 더하여 총 10만 냥의 자금으로 신화를 시작했다. 장조화의 지분이 절반을 넘었기 때문에, 당연히 그가 전장의 주인이 되어 모든 사무를 총괄하고 전횡을 일삼았다. 다른 주주들은 여기저기 흩어져 있었고, 그나마 각자의 지분도 얼마되지 않았기 때문에 그가 하는 대로 내버려둘 수밖에 없었다.

그런데 지금 왕유령에게 그의 지분 가운데 절반을 넘겨주면, 호설암이 가진 10주를 포함하여 이들의 지분이 절반을 넘었다. 그렇게 되면 전장의 주인 자리는 보존하기 어려웠다. 이는 장종화에게는 목숨과 관련된 일이나 마찬가지였다. 주인에서 직원 가운데 한 명으로 전락한다면, 파산과 다를 게 무엇이겠는가? 장조화가 이를 받아들일 리 없었다. 그는 입을 다물더니 오랫동안 말이 없었다.

호설암은 그의 속을 훤히 들여다보고는 또 한 번 불을 질렀다. "만약 원치 않으신다면 왕대인께서 크게 노하시며 돈을 모조리 찾아가실 텐데, 이를 감당하실 재간이 있습니까?"

장종화는 힘없이 "내가 자금을 끌어오면 되지"하고 말했다.

"허허." 호설암은 냉소했다. "70만 냥이나 되는 돈이, 마술을 부리지 않는 이상 거저 생기는 돈입니까? 형님이 서양인과 동업하여 영국에서 석유를 사서 일본으로 가다가 배가 침몰하는 바람에 날려버린 그 많은 손실을 지금 어떻게 메우고 있습니까?" 이 말에 장조화는 얼굴색이 변했다. 그는 정말로 엄청난 상대를 만난 것이다. 어쩌다 호설암이 전장에서 뼈가 굵었다는 사실을 잊었단 말인가. 사고가 나지 않았다면 엄청난 이득을 가져왔을 텐데, 배가 조난당할 줄 누가 상상이나 했던가. 은자 30만 냥 값어치의 석유가 고스란히 바다 속으로 가라앉고 말았던 것이다. 그 사고는 장부상으로도 나타나지 않는 비밀이었는데, 호설암이 알고 있을 줄이야.

"예금을 돌려주지 않으면, 왕대인께서 상부에 보고하여 형님이 군량미를 구입할 공금을 착복했다고 할 것입니다. 이렇게 되면 누구도 형님의 목숨을 보장 못 합니다. 좀 현명해지세요!" 이는 단순한 으름장이 아니었다. 자신은 물론, 멸문지화를 당할 수도 있었다. 장조화는 모골이 송연해지고 입술이 떨려서 말까지 더듬었다. "내, 하지, 지분을 주겠네."

"사내 대장부는 발등의 불을 피할 줄 알고, 시대의 요구를 따르는 자는 걸출하다 했습니다." 호설암은 안색을 누그러뜨리고는 약간의 위로라도 하려는 심산으로 말했다. 이재에 밝은 장조화가 나중에 다시 필요할 때가 있다고 생각하고 그를 달랬다. "사실 너무 놀라실 필요는 없습니다. 왕대인을 흡족하게만 만드신다면 이후에 계속 전장의 주인 자리는 안심해도 됩니다. 왕대인께서는 이 분야는 잘 모르시니 절대로 간섭하지 않을 것입니다. 나중에 장사가 잘되어 연말에 수익을 나누면, 모두가 큰 돈을 벌 수 있어 좋고, 서로 정과 의리도 지키는 것이 되니, 얼마나 좋습니까?"

이 말에 장조화는 마음을 놓는 듯했다. 목숨을 건질 수 있을 뿐만 아니라, 이전처럼 주인노릇을 할 수도 있다는 말에 안심했던 것이었다. 왕유령이 전장에 관해서는 문외한이니 어쨌든 이 일이 어떻게 돌아가는지 모를 것이고, 또한 신화는 오랜 신용을 자랑하는 점포인데다가 해운국을 등에 업으면 항주 전체가 고객이 되는 것이었다. 불행 중 다행이란 생각이 들었다. 마음을 정한 후, 장조화는 호설암에게 말했다. "모든 것을 설암 아우가 알아서 해주게. 내 한몸과 가문의 목숨 전부를 자네에게 맡기겠네. 부디 왕대인께서 좋게 보시기를 바라겠네."

"그건 당연하지요. 의리상 거절할 수 없으실 겁니다." 호설암은 다시 다짐하듯 말했다. 그러고는 "호씨가 친구를 위해 어떤 어려움도 마다하지 않고 오직 '의리'를 지켰으니, 형님이 저를 믿으시면 부귀영화가 모두 여기에 있을 것입니다" 하고 덧붙였다. 장조화는 감격하며 고마운 듯이 호설암을 바라보았다. 이때부터 전장의 크고 작은 사무는 모두 호설암의 말에 따라 이루어졌다. 장조화는 이름뿐인 주인이었고 실제로는 직원이나 마찬가지였다. 공교롭게도 이전과 정반대의 상황이 되어버린 것이다.

왕유령은 호설암의 책략을 빌어 손가락 하나 까딱하지 않고 일석삼조의 결과를 얻었다. 호설암은 원한을 풀었고, 자신은 거액의 지분을 고스란히 손에 넣었다. 또한 전장을 손바닥 들여다보듯 잘 알고 있는 인물을 자신의 밑에 두게 되었다. 그는 자신도 모르게 "정말 얻기 어려운 인재로다, 정말 얻기 어려운 인재로다" 하며 탄복했다. 이를 계기로 왕유령은 호설암을 더욱 중히 여기게 되었고, 이후 두 사람의 관계는 상권을 온통 흔들어놓게 된다.

🏦 호설암 경상지법 35
위기를 견뎌야 비로소 강해질 수 있다

장사에서 성공은 늘 상대적이고 실패는 절대적이다. 누구도 자신의 장사에 문제가 발생하는 것을 원치 않는다. 하지만 문제를 겪지 않고 장사를 하는 사람은 아무도 없다. 그렇다면 문제가 닥쳤을 때 어떻게 대응해야 하는가? 호설암은 두려워할수록 일을 그르치며, 오히려 대담하게 맞서면 문제가 되지 않는다고 생각했다.

항주가 태평군에 의해 포위당하자, 절강성 행정장관이던 왕유령은 항주의 병사와 백성들을 이끌고 성을 굳게 지켰다. 이렇게 한 달이 넘는 시간이 흘렀다. 왕유령은 호설암에게 성밖으로 나가 식량을 구하게 했다. 그리고 자신은 결코 살길을 찾아 성을 버리지 않겠다고 결심했다. 모든 성의 백성들이 오직 자기만을 바라보고 있었기 때문에 결코 도주할 수 없었다. 비록 도주의 기회가 생긴다 하더라도, 그동안의 고생이 모두 허사가 되고 조정의 엄벌을 면하기 어렵기 때문에 소용없는 일이었다.

사실 왕유령이 도주하려고 마음먹었더라면 그렇게 할 수도 있었다. 하지만 도주하지 않은 진짜 이유가 있었다. 그는 외부와의 소식이 두절된 상태라 상황의 심각성을 모르고 있었기 때문에 성에 남아 있었던 것이다. 왕유령은 속으로 조정이 결코 가만 있지 않을 거라고 생각했다. 원군을 보내어 항주의 포위상태를 풀어줄 것이라고 기대하고 있었다. 원군이 오기만 하면 자연히 모든 것이 해결될 것이라 믿었던 것이다.

하지만 항주의 상황은 외부에서 볼 때 이미 어쩔 도리가 없는 형국이었다. 당시 이수성(李秀成)이 이끄는 태평군의 주력부대는 절강성으로 진격했고, 남경을 수중에 넣은 후 포위의 여세를 더욱 강화하고 있었다. 항주가 포위되자 이원도(李元度)가 관군을 이끌고 급히 달려왔으나, 태평군의 전면적인 반격 앞에서 더 이상 진격하지 못하고 있었다. 사실 관군이 항주까지 당도한다 해도 항주를 겹겹이 포위하고 있는 태평군을 격퇴시킬 수 있을지도 의문이었다.

항주에서 온갖 위험과 고초를 겪으며 상해에 도착한 호설암은 여러 상황을 분석해 본 뒤, 항주가 무너지는 것은 시간문제라고 생각했다. 왕유령을 비롯한 병사들이 '순절'을 피할 수 없다는 것도 알았다. 하지만 그는 여러 사람들의 만류에도 불구하고, 계획대로 상해에서 1만 석의 쌀을 구입하여 죽음을 각오하고 다시 항주로 갔다.

고응춘이 호설암을 만류한 것은 당연히 돌아가는 길이 죽음의 길이 될 수도 있었기 때문이었다. 강소와 절강 대부분의 지역은 이미 태평군이 점령하고 있어서, 상해에서 항주에 이르는 길목에는 태평군이 곳곳에 진을 치고 있었다. 호설암은 절강성 일대에서 유명해서 거의 모르는 사람이 없었다. 태평군 중에서도 그를 알아보는 사람이 있을 것이 분명했다. 상황이 이러하니 처음부터 자신의 신분을 숨길 방법이 없었다. 태평군에게 발각되어 쌀을 또한 항주성 내로 반입하려 했다는 사실이 탄로라도 나는 날엔 죽음은 기정사실이었다. 또한 항주가 포위된 후 외부와의 통로가 완전히 차단되어 있었기 때문에, 식량을 성내로 들여갈 방법도 없었다.

호설암은 신의를 지켜야 한다고 생각했다. 도중에 포기할 수 없는 일이므로 어떻게 해서든 밀고 나가야 했다. 위험을 앞두고, 호설암은 이렇게 말했다. "제가 당연히 죽음으로 뛰어들 리가 있겠습니까. 하지만 난관을 만나면 대담하게 부딪쳐야 한다는 것이 제 생각입니다. 실제로 태평군을 만나면 겁이 나겠지요. 하지만 지금 전 두렵지 않습니다. 두려워할수록 일을 그르치는 법입니다. 아예 대담하게 맞서면 오히려 문제가 안 됩니다." 이것은 고응춘을 안심시키려고 한 말이었지만, 이 속에는 아주 깊은 뜻이 담겨 있다.

호설암의 이 말은 아주 위험한 상황에서 나온 말이다. "난관을 만나면 대담하게 부딪친다", "아예 대담하게 맞서면 오히려 아무 문제가 안 된다"는 말 속에는 경영의 위기에 직면했을 때 충분히 적용될 만한 이치가 담겨 있다.

이것은 실제로 한 개인이 위기와 난관을 만났을 때 반드시 갖추어야 할 심리적인 문제를 언급한 것이다. 위기에 직면했을 때 필요한 것은 대담하게 맞서는 강건한 정신이다. 그래야만 비로소 자신을 가다듬고 의연하게 맞설 수 있으며, 냉정하게 상황을 판단하고 위기를 돌파할 수 있다. 위기상황에서 의연하지 못하면 실수를 피할 수 없고, 더욱 심각한 위기 속에 빠질 수도 있다. 장사를 하는 사람들 가운데 중요한 시기에 잘못된 수를 두는 이들이 많은데, 이는 대부분 심리적인 패배가 그 원인이다.

위기가 출현했을 때 오히려 위기를 향해 뛰어든다면, 그 속에서 살길을 발견할 수도 있다. 용감하게 앞으로 나아가는 것이야말로 용자(勇者)의 영원한 무기다.

장사에는 성공과 실패가 따르기 마련이다

　　장사에서는 누구도 영원히 실패하지 않는다고 감히 말할 수 없다. 또한 영원히 실패하지 않는 사람도 없다. 성공은 늘 상대적인 반면 실패는 절대적이다. 누구도 자신이 하는 장사에 문제가 생기기를 바라지 않지만, 문제에 직면하지 않는 사람은 없다. 문제가 닥쳤을 때, 호설암은 어떻게 대응했을까?

　지붕에 구멍이 나니 간밤에 비가 내리는 격으로, 호설암이 부강 전장의 신용을 지키기 위해 전력을 다하고 있을 때 영파의 통유, 통천 두 전장이 동시에 파산했다는 소식이 전해졌다.

　이 두 전장은 부강 전장이 영파에 설립한 분점이었다. 본점인 상해의 부강 전장에서 예금인출 사태가 발생하자, 복본상(宓本常)은 비밀리에 영파로 와서 이 두 전장으로부터 자금을 모집할 계획을 세웠다. 하지만 영파도 경기가 극히 침체되어 있었기에 스스로를 지킬 수 없는 상황이 되어 있었다. 복본상이 영파에 당도한 지 얼마되지 않아 통천의 책임자가 자취를 감추었고, 통유의 책임자 또한 만날 수가 없었다. 이렇게 되자, 영파 세관의 감독 서경(瑞慶)은 즉시 영파 현감에게 통유를 폐쇄하라는 명을 내렸다. 동시에 그는 절강성 장관 덕형(德馨)에게 전보를 보내어 항주에 있는 두 전장의 주인에게 신속히 영파로 와서 파산한 전장을 정리하라고 전해줄 것을 요청했다.

　부강 전장의 분점이니, 주인은 당연히 호설암이었다. 평소 호설암과 절친한 관계였던 덕형은 이 일을 수수방관할 수 없었다. 그는 자신의 아내를 보내어 호설암에게 통유와 통천 전장의 소식을 전했다. 만약 두 전장이 20만 냥 정도의 자금으로 파산을 면할 수 있다면 자신이 영파 세관에 보증을 설 수 있다는 뜻도 함께 전했다. 하지만 호설암은 그렇게 할 수 없다고 말했다. 그는 덕형의 부인에게 덕형의 뜻은 고맙지만, 이는 일시적인 방편에 불과하다고 말했다. 결국 덕형까지 휘말려들 수도 있으니 좋은 방법이 아니라고도 했다.

당시 상황으로 볼 때, 통유와 통천을 보존한다 해도 이것은 이미 갈라지기 시작한 틈을 메우는 것에 불과했다. 호설암은 이미 더 이상 보존키 어려운 통유와 통천 두 전장을 버리고, 모든 역량을 현재 정상적인 영업을 유지할 수 있는 항주의 부강 전장에 투입하기로 결정했다.

이 같은 결정은 오늘날의 경영관점에서 볼 때 일종의 수세적 전선을 펴는 것이다. 전면적인 붕괴가 닥친 상황에서, 즉시 수세적으로 돌아서서 한곳에 집중하는 것은 생존을 위한 필수적이면서도 유효한 전략이다. 이 방법은 첫째, 역량의 분산을 막을 수 있다. 자금력이 제한된 상태에서 가장 경계해야 할 것은 역량의 분산이다. 이는 본래 제한된 자금력의 효과를 떨어뜨릴 수 있기 때문이다. 둘째, 자금력 부족을 최대한 피할 수 있다. 자신이 보유한 모든 것을 지키기가 불가능한 상황이라면 아무리 적은 자금이라도 함부로 유출해서는 안 된다. 셋째, 이것은 패색이 짙어가는 국면을 위기에서 구하는 최소한의 목적에 적합한 전략이다. 전면적인 위기가 닥쳤을 때의 목적은 생존이지 발전이 아니다. 다음을 위해 패배할지언정 무너지지 않을 기반을 지키는 데 최선의 노력을 기울여야 한다. 이미 더 이상 구제할 방법이 없는 상황에서는 포기할 것은 과감히 포기하고 가능성이 있는 부분을 지켜서 다음을 기약할 수 있어야 하는 것이다.

하지만 호설암에게도 형세를 되돌려놓을 방법은 없었다. 모든 영예와 부귀가 마치 하룻밤 한 줄기 구름처럼 바람결에 흩어지고 말았다. 정녕 하루 저녁의 꿈이었다.

호설암은 진정으로 이길 줄도, 패할 줄도 아는 대장부였다.

그는 자신을 위해 한푼의 재산도 은닉하지 않았으며, 철저하게 패배했다. 그가 마음만 먹었다면 자신을 위해 재산을 숨길 수도 있었다. 생각해보라. 수십 년간 장사의 전쟁터를 누비면서 오늘날 대기업에 버금가는 부를 이룬 그가 아닌가! 스무 곳의 전당포만도 2백만 냥의 가치가 있었고, 집안에 보석과 장신구 몇 가지만 숨겼더라도 파산 후에 넉넉한 생활을 유지할 정도는 충분히 되었을 것이다. 또한 재산을 숨길 만한 조건도 충분했다. 그의 전장과 생사점포가 모두 파산한 후, 그가 2품 품계를 박탈당하고 가산을 정리해야 했던 것을 빼고는 좌종당의 덕택으로 속속들이 조사를 당하는 상황을 면할 수 있었기 때문이다.

호설암의 부인을 비롯한 몇몇 사람들은 재산을 숨기자고 권했지만, 그는 응하지 않았다. 다만 결코 실패를 인정하는 법이 없는 부인의 성품을 고려하여, 집안의 부녀자들의 개인주택 가운데 일부를 부인에게 이전한다는 데는 어쩔 수 없이 동의했다. 하지만 동의만 했을 뿐 실제로는 그렇게 하지 않았다. '모든 것은 운명이다.' 그는 운명에 순응했던 것이다.

자기 한몸 지키기도 어려운 상황이었지만, 호설암은 관용으로 사람을 대하는 품성을 잃지 않았다. 부강 전장이 파산한 후 복본상은 자살을 했는데, 호설암이 보기에는 '그럴 필요가 없는' 행위였다. 그는 이미 복본상의 과실과 의롭지 못한 행동을 용서했던 것이다. 그는 고응춘에게 복본상의 사후 수습을 몇 번이고 당부했다. 비록 복본상의 과실이 컸지만, 친구로서 그의 죽음을 못 본 척할 수는 없었던 것이다.

절망적인 상황에 처해서도 그는 다른 사람을 먼저 생각했다. 밤이 되어 자신의 몸에 전해지는 한기를 느끼며, 그는 금년에도 예전과 다름없이 솜옷과 죽을 나눠줘야 한다며 근심했다. 그는 관아의 조사를 두려워하지 않았다. 공금은 전당포가 저당잡고 있었기에 천천히 시일을 두고 되돌려주면 해결될 수 있는 일이기 때문이었다.

　다만 개인의 예금은 얼마간 감한 액수를 돌려줄 수밖에 없었다. "이 생각만 하면 어깨가 천근 만근 눌리는 것 같아 숨을 쉴 수가 없다"는 그의 말에서 당시의 심경이 드러난다. 이를 통해, 우리는 호설암이 늘 입버릇처럼 말했던 "다른 사람의 입장에서 생각하지 않을 수 없다"는 말이 결코 장사를 하고자 했던 입에 발린 말이 아니라는 것을 알게 된다.

　여름이면 차와 약을 나눠주고 겨울이면 솜옷과 죽을 나눠주었으며, 죽은 자를 위해 관을 만들어주고, 놀이방을 세운 것 등의 모든 일은 '선행이 최고의 낙'이어서가 아니라, 다만 돈을 벌었으면 마땅히 좋은 일을 해야 한다고 생각했기 때문이다. 이는 매일 밥을 먹고 일을 하는 것처럼 당연한 일이어서, 기뻐하기 위해 해야 하는 일이 아니었다.

　'엽전 구멍 안에서도 재주넘는 법'을 안다고 스스로 말하던 한 거상이 철저하게 무너지면서, 모든 상황을 거리낌없이 수긍하고 받아들이기는 결코 쉽지 않은 일이다.

　장사라는 전쟁터에서 늘 승리하는 장수는 없다. 전쟁터를 누비는 상인은 패배할 때를 대비하여 마음의 준비를 해야 한다. 이길 줄도 알고 질 줄도 아는 마음자세를 가져야 하는 것이다. 이길 줄만 안다면 대장부라 할 수 없다. 거리낌없이 당당하게 질 줄 알아야만 진정한 대장부인 것이다. '내일 죽을 것처럼 살고, 삶이 오늘 하루뿐인 듯이 사는' 이치를 깨닫고 패배 앞에서도 당당하게 설 수 있을 때, 비로소 대장부라 할 수 있다.

　장사하는 사람은 질 줄 알아야 한다. 이는 '돈과 재물은 몸 밖의 물건'이라는 옛말을 두고 하는 말이기도 하다. 사람들은 "돈과 재물은 몸 밖의 것으로, 올 때 가져오지 않았고 갈 때도 가져가지 못한다"는 말을 잘 알고 있다. 하지만 실제로 돈과 재물의 득실에 직면하게 되면 진정으로 이렇게 생각하는 것이 말처럼 쉽지 않다. 사람들이 괴로워하고 기뻐하는 것은 대개 이 몸 밖의 물건 때문이다. 어느 누가 재물을 돌 보듯 초연할 수 있겠는가! 이는 오래 살고자 하는 인간의 욕망과도 같다. 입으로 말하는 것과 그 이치를 아는 것이 별개이듯이, 진정으로 현실에 직면했을 때 하는 행동 또한 별개의 일이다.

하지만 우리는 이 몸 밖의 물건에 대해 정확한 태도를 지녀야 한다. 사람이 물건을 다스려야지 물건에게 지배를 받아서는 안 된다. 어쨌든 돈과 재물은 타고 났을 때 가져온 것이 아니며, 죽었을 때 가져가지 못하는 것이다. 또한 인생에는 돈이나 재물보다 더 중요한 것이 있다. 건강하고 온전한 생명은 돈이나 재물보다 중요하다. 누구도 자신의 생명을 팔아 돈을 얻으려는 사람은 없다. 따라서 돈과 재물의 득실에서 헤어나지 못하거나, 돈 때문에 근심하며 잠을 설치고 험한 말을 입에 담을 필요가 없는 것이다.

상인은 태생적으로 돈과 끊을 수 없는 관계를 타고났기 때문에, 돈으로 인한 기쁨을 마땅히 돈을 초월한 기쁨으로 승화시킬 수 있어야 한다. 돈을 다스려 얻는 것은 장사의 과정으로부터 생기는 것이어야 하며, 돈 자체로부터 얻는 것이어서는 안 된다는 것을 명심해야 한다.

🏵 호설암 경상지법 37
득과 실에 연연하면 큰 장사를 할 수 없다

장사에는 예상치 못한 변화가 늘 따르고 어떤 일이든 일어날 가능성이 있다. 그러므로 이미 잃어버린 것을 두고 좌절하거나 주저하기보다는 앞을 바라보아야 한다.

"득실에 연연하는 마음을 버려라." 이는 호설암이 자신의 사업이 완전히 붕괴될 긴박한 시기에 직면하여 스스로에게 한 말이다.

광서 8년, 호설암의 사업은 서양 상인과 조정의 일부세력 양쪽으로부터 공격을 받아 가장 위험한 시기를 맞고 있었다. 이 무렵 그는 도저히 감당할 수 없는 몇 가지 난관에 봉착해 있었다.

첫째, 베트남 주권문제를 놓고 중국과 프랑스의 관계가 긴장국면으로 치닫고 있었는데, 이것이 상해의 극심한 경기침체를 가져왔다. 상해 시내에는 온갖 유언비어가 난무하는 등 민심이 갈수록 흉흉해졌다. 이것은 다시 예금인출 사태를 가져왔고, 자금압박을 견디지 못한 여러 전장들이 파산하는 위기로 이어졌다. 둘째, 서양 상인들이 연합하여 생사구입을 거절하고 나섰다. 그러자 호설암이 비축해 둔 대량의 생사는 싼값에도 살 사람을 찾지 못해 어려움을 겪고 있었다. 셋째, 서양으로부터 빌려온 대출금의 두 번째 만기일이 다가오고 있었으나, 상환책임을 진 각 성들은 아직 분납금을 마련하지 못하고 있었다. 넷째, 좌종당이 주도한 난민구제와 무기구입 사업에 총 45만 냥의 은자가 필요했다. 비록 조정의 공금을 대신하여 자금을 충당하는 것이었지만 이미 더 이상 운용할 수 있는 자금이 없었다. 다섯째, 자금줄이 날로 압박받고 있을 때, 부강 전장이 설상가상의 상황을 맞고 있었다. 여섯째, 호설암의 딸이 출가를 앞두고 있었는데, 계획대로 혼사를 진행할 경우 최소한 20만 냥의 은자가 필요했다.

이런 갖가지 난관은 '공교롭게도 좋지 않은 때를 만나, 어려움이 말로 하기 힘들 정도'로 한꺼번에 들이닥쳤다.

이런 때에 부강 전장에서 대량인출 사태가 발생했다. 이 일은 먼저 상해에서 시작되었다. 복본상의 잘못된 대응으로 사태는 수습하기 힘든 상황으로 치달았고, 사흘이 못되어 항주로까지 파급되었다. 당시 호설암은 상해에서 항주로 가는 배 위에 있었다. 항주에는 호설암의 부인과 유경생이 사태를 진정시키기 위해 동분서주하고 있었다. 절강성의 행정관으로 있던 덕형까지 나섰지만 상황은 수습되지 않았다. 결국 호설암이 항주에 도착했을 때는 이미 문을 닫고 영업을 중지한 상태였다.

항주에 도착한 호설암은 곧 상해와 항주의 상황을 알게 되었다. 전장은 그의 여러 사업 가운데에서 가장 대표적인 것이었다. 전장이 무너지면 그의 모든 성과가 한꺼번에 무너지는 사태가 초래될 수 있었다. 이 소식을 접하자, 호설암은 절망, 분노, 근심 그리고 실망에 사로잡혀 자칫 스스로를 주체하지 못하고 주저앉을 뻔했다. 그는 자신의 노모가 상해와 항주의 사태를 알고 노환이 도졌을까 불안하여 황급히 집으로 가고자 했다. 그러나 사태의 심각성을 곧바로 깨닫고는 집으로 먼저 가서는 안 된다고 생각했다. 이렇게 한다면 돈을 부강 전장에 맡긴 사람들에게 자신만을 생각한다는 인상을 주게 되고, 마지막 신뢰까지 잃어버리는 결과를 낳을 수도 있었기 때문이다.

부강 전장에 도착하자, 호설암은 비로소 마음을 진정시킬 수 있었다. 그는 스스로에게 득실에 연연하는 마음을 버려야 한다고 말했다. 무엇보다도 자신이 부강의 주인이라는 사실을 잊어야 한다고 다짐했다. 또한, 자기 자신을 호설암의 총관리인이라 생각하기로 했다. 부강의 주인인 호설암이 이미 사태를 수습하기 어려우니, 총관리인인 자신이 이 모든 난관에 대처해야 한다고 다짐했다. 호설암이 득실에 연연한 마음을 버리자고 다짐한 것은, 긴박한 순간에는 득실을 한쪽으로 제쳐둘 수 있어야만 비로소 정신을 집중할 수가 있기 때문이었다.

호설암은 스스로를 냉정하게 모든 정신력을 눈앞에 닥친 재난에 집중하도록 만들었다. 만약 자신에게 닥친 엄청난 손실에만 가슴을 졸였다면, 그는 이후의 엄청난 결과를 감당하지 못했을 것이다. 또한 냉정하고 명확하게 사태를 파악하지 못했다면, 스스로 공포와 혼란 속에서 허우적대다가 조금이나마 회복할 수 있는 기회마저 상실했을 것이다.

상인은 위기 앞에서 득실에 연연하지 않도록 스스로 다잡아야 하지만, 일반적인 상황에서도 이렇게 경계할 수 있어야 한다. 득실에 지나치게 얽매이면 장기적인 안목으로 문제를 바라볼 수 없고, 다른 사람들이 겪을 어려움을 생각지 못한다. 득실을 따지는 마음을 제쳐두지 못하면, 돈으로 인해 원한을 사서는 안 된다는 생각을 하지 못한다. 벌 수 있는 돈이 있고 벌어서는 안 되는 돈이 있다는 것도 더더욱 알지 못한다. 이렇게 되면 정말로 '예상치 못한 일'이 발생했을 때, 얻은 것보다 잃는 것이 훨씬 더 많아진다.

8

상황을 조성하라

"변(變) 즉 통(通)이요, 변(變) 즉 생(生)이다." 장사에서는 변화를 결코 소홀히 해서는 안 된다. 자신에게 유리한 상황을 조성하고자 한다면, 다양한 장사수완으로 곳곳에서 이윤을 창출해야 한다. 또한 상대로 하여금 정신을 차리지 못하게 만들 줄 알아야 한다. 호설암은 장사를 할 때 자신에게 필요한 상황을 조성하는 데 특히 심혈을 기울였다. 그는 장사를 하기 전에 먼저 떠들썩한 상황을 조성해야 한다고 말했다. 그리고 그 상황은 크면 클수록 좋다고도 했다. 그는 장사를 시작하기 전에 늘 어떻게 특별한 상황을 만들어낼 것인가를 놓고 고심했다. 호설암은 상황 조성을 자신의 능력을 가늠하는 기준으로 삼았으며, 탁월한 수완을 발휘해 영역을 확대했다. 그의 수완은 치밀한 계산에서 나온 내공이었다.

점포는 얼굴이다

　　호설암은 "점포는 사람의 얼굴과 같다. 좋지 않으면 장사에 영향을 준다"고 말했다. 어떻게 점포를 꾸밀 것인가? 호설암은 세 가지 원칙을 말했다. 적절한 위치와 세심한 설계, 그리고 정교한 진열이 바로 그것이다.

　　첫째, '적절한 위치'라는 것은 점포의 입지선택이 좋아야 한다는 것이다.

　　1874년, 호설암은 항주의 오산 밑자락에 있는 대정 거리를 택하여 이곳에 점포를 짓고 호경여당의 문을 열었다. 여기에는 그의 깊은 뜻이 있었다.

　　오산은 서호의 남쪽에 자리잡고 있다. 자양, 운거, 칠보, 아미 등 10여 개의 작은 산들로 이루어진 산으로, 서쪽으로는 봉황산, 장태산 그리고 옥황산과 이어져 있다. 춘추시대에 이곳은 오나라의 상업중심지로 유명했고, 산꼭대기에는 성황묘가 있어서 '성황산'이라고도 불렸다. 또한 오산에는 유적지가 많은데, 춘추시대의 오자서 묘(廟), 곽박 정(井), 송대의 동악 묘, 명대의 성황 묘 등이 이곳에 있다. 오산의 산등성이에는 오랜 세월에 걸친 석회암의 용해작용으로 형성된 '12생초석'이 기묘한 장관을 이루고 있다. 산 정상에는 회관 정(亭)이 있고, 이 정자를 중심으로 북쪽으로 거울처럼 맑은 서호가 펼쳐지고, 남쪽으로는 전 강(江)이 한 필의 비단처럼 흘러 내리고 있다. 청대 옹정 년간에 이르러, '오산태관'은 '서호 18경' 가운데 하나로 꼽혔다. 오산의 자연절경과 문화유적은 수많은 관광객들이 찾는 명승지로, 항주에서도 관광객이 가장 많이 찾는 곳으로 손꼽힌다.

　　항주는 당송시대부터 불교사찰이 도처에 세워지면서 '동남의 불국'으로 불렸다. 매년 꽃들이 흐드러지게 피어나는 봄부터 여름이 되기까지 약 한 달

동안, '조산진향(朝山進香)'이란 글귀가 쓰인 황포로 만든 향낭을 등에 멘 사람들이 각지에서 들어왔다. 그들은 도처에 세워진 사원에서 향을 피우고 절을 하며 소원을 빌었다. 이때가 되면 매년 연례행사처럼 사람들의 행렬이 끊이지 않았다. 방대한 규모와 종교적 특색이 어우러진 모습이 한편의 장관을 이루었다. 사원 주변의 점포와 노점상에는 향, 칼, 두루마리로 된 불경, 바구니, 빗 등 온갖 소소한 물건들이 가득 진열되어 있었다. 범조술 (范祖述)의 저서 『항속유풍』에 다음과 같은 기록이 있다. 성내에는 대략 360가지의 장사가 들어서 있는데, 그 가짓수에 있어 한 해의 어느 때도 이 춘시(春市)만 못했다. 크고 작은 거리마다 사람들이 밀려들었는데 모두 향을 피우러 오는 사람들이었다. …… 각양각색의 장사가 들어서니 그 수를 헤아리기가 어렵다." 이렇게 사찰을 찾아 향을 피우고 절을 하려는 사람들이 모여들면서 형성된 시장을 '향시(香市)'라고 불렀다.

오산에는 일찍이 원대에 향시가 생겼는데, 청대에 와서 오산 향시와 전당문 밖의 소경사 향시, 악문 북쪽으로 80리 떨어진 천축 향시는 항주에서 역사가 가장 깊고 규모도 가장 큰 3대 향시로 꼽혔다.

따라서 오산은 장사하는 사람에게는 특별한 의미가 있는 곳이었다. 대정 거리는 사람들이 오산에 오르기 위해 반드시 거쳐가는 길목이었던 것이다. 호설암은 장기적이고 안정적인 경영을 하기 위해, 이곳을 택하여 3천 6백 평 규모의 호경여당을 세웠다. 이는 확실히 정확한 안목이었다.

둘째는 세심한 설계다. 호경여당의 건축은 매우 정교하여 독특한 품격을 지니고 있었다. 호경여당이 처음 지어졌을 때는 동서로 세 채의 건물이 나란히 줄지어선 구조를 띠고 있었다(후에 서쪽에 있던 한 채가 철거되고, 지금은 두 채만 남아 있다). 맨 앞 채는 영업 점포였고 두 번째 건물은 약을 조제하는 곳이었다. 이렇게 앞에 점포가 있고 뒤에 조제방이 있는 것은 생산과 판매가 하나로 연결된 구조였다. 이 구조는 손님의 요구에 융통성 있게 반응하는 데 도움이 되었다. 두 채의 건물은 아궁이를 사이에 두고 떨어져 있었다. 건물 앞뒤로는 마당이 넓게 펼쳐져 있었는데, 좌우로 난 복도를 통해 서로 연결되어 있었다. 서로 오가기가 편리하고, 수려하면서도 정갈한 외관을 지니고 있었다.

중국 고대 건축사에서 흔치 않은 건축물 가운데 하나인 호경여당은 장엄한 검은색 기둥, 금도금 채화, 기둥의 조각장식, 추녀 누각 등 예스럽고 소박한 강남지방 건축물의 전형적인 특징을 띠고 있다. 또한 영업상의 필요 때문에 그곳만의 독특한 구조를 지니고 있다. 전체 건축물이 선학의 형상을 띠고 있는데, 점포의 활력과 생기를 상징한다. 그리고 사방으로 둘러쳐진 담은 높이가 2미터에 달했다. 호설암은 사람을 시켜 거리 쪽으로 면한 담벼락에 '호경여당국약호'라는 일곱 글자를 크게 쓰도록 했는데, 이 글귀는 오가는 사람들의 시선을 붙들었다.

호경여당의 처마에는 꽃등 모양의 작은 기둥이 여러 겹으로 드리워져 있고, 문루에는 '경여당'이라는 글귀가 금빛을 발하며 새겨져 있다. 문루를 넘어서면 곧바로 '진내교역(進內交易)'이라는 네 글자가 뛰어난 솜씨로 새겨져 있다. 입구에서 이어지는 긴 복도에는 배의 선창처럼 작은 창들이 나 있다.

사람은 얼굴 덕을 보고 장사는 점포의 앞면 덕을 본다는 말이 있다. 호경여당의 이렇듯 참신한 설계는 사람들의 관심과 감탄을 자아내기에 충분했다.

셋째는 정교한 진열이다. 호경여당의 내부 진열은 묘하게 서로 어울렸다.

만약 호경여당을 오산 자락에서 서식하는 아름다운 선학에 비한다면, 이곳으로 들어서는 대청은 '학의 머리'와 같다고 할 수 있다. 대청을 돌아 나오면 '학의 목'처럼 긴 복도가 이어지고, 그 앞에는 팔각석문이 있다. 석문 위에는 고입운(高入云)이라는 글자가, 좌측에 길게 이어지는 벽에는 백사

(白蛇) 전설을 담은 벽화가 새겨져 있다. 석벽으로 된 복도에는 은행나무로 만든 서른 여섯 개의 약패(藥牌)가 걸려 있다. 모두 검은 바탕에 금색 글씨로 외과문신환, 호씨벽단, 안궁우황환, 십전대보환, 대보전녹환, 소아회춘환 등 약명이 쓰여 있고, 옆에는 각종 환약의 치료효과가 적혀 있다. 이것은 약국의 내부장식이면서 동시에 손님들에게 각종 약재와 약재의 효능에 대해 설명하고 있다. 한약에 대한 지식을 제공하면서 한편으로 교묘하게 광고효과도 겸하고 있는 것이다.

석문을 지나 긴 복도의 끝자락에는 사각정이 있다. 처마 밑에는 단아한 등롱이 걸려 있고, 들보에는 중의약의 시조 신농(神農)이 온갖 약초를 맛보는 모습, 백사 전설에 나오는 어머니가 신선초를 훔치는 모습 그리고 이시진(李時珍), 주단계(朱丹溪) 등의 고사에 얽힌 그림들이 그려져 있다. 이들 그림을 보고 있노라면, 마치 신선계나 태고시대에 온 듯한 기분마저 든다. 예스러운 미(美)를 감상하면서 신화 속 인물들과 고대 선현들의 그림에서 중의학의 유구한 역사를 느끼게 된다. 사각정 아래에는 붉은색과 검은색이 빛을 발하는 긴 의자가 놓여 있었는데, 손님들을 위한 작은 휴식처 구실을 했다. 긴 복도를 중심으로 사방에는 갖가지 기이한 꽃과 풀들이 흐드러지게 피어 있다.

'학의 목'을 지나 오른쪽으로 돌아 나오면 제2대문이 나온다. 문 상단에는 '약국'이라고 쓰인 편액이 가로로 걸려 있다. 과거에는 약업을 약방과 약국 두 가지로 분류했다. 약국은 규모가 크고, 산지로부터 직접 약재를 구입하고, 도매로 판매하는 일을 겸했다. 호설암의 경우 풍부한 자금력을 바탕으로 약방과 약재 도매상을 겸하고 있었다. 따라서 대문 밖에 걸린 '약국'이라는 글귀에서는 당당한 위엄마저 느껴졌다.

약국 문루를 지나면 남향으로 자리잡고 있는 화려한 대청으로 들어오게 된다. 이곳은 손님들을 맞이하는 점포다. 조각과 그림으로 장식된 난간, 높다랗게 달려 있는 등롱, 유리로 만든 천장을 통해 비쳐 들어오는 밝은 빛, 대청 안에 진열된 갖가지 귀한 물건들이 시선을 사로잡는다. 들보에는 상서로운 동물들과 예스러운 향이 배어 나는 고대 인물들의 고사가 정교하게 조각되어 있다. 대청 양쪽으로는 홍목으로 만들어진 커다란 안내석이 자리 잡고 있어서, 보는 이로 하여금 일종의 위압감을 자아낸다. 좌측에는 처방실과, 인삼과 녹용 진열대가 있고, 우측에는 조제약 진열대가 놓여 있다. 진열대 뒤편에는 진열대보다 더 크고 높은 장이 놓여 있다. 그 안에는 빛깔과 광택이 각기 다른 도자기와 은은한 빛을 발하는 주석 단지가 고상하고 정결한 분위기를 더하고, 장식장 아래쪽에는 얇게 썰린 각종 약재 조각들이 가득 들어 있다. 중앙에 있는 안내석 양쪽에는 '음화식덕(飮和食德), 비수이강(俾壽而康)'이라는 글귀가 걸려 있다. 이 글귀는 먹고 마시는 것이 적절하고 규칙적이면 건강하게 장수한다는 뜻이다. 그런데 '음화식덕'은 항주에서 오랜 역사와 큰 규모를 자랑하는 두 약방 '허광화(許廣和)'와 '엽종덕(葉種德)'을 삼키겠다는 뜻도 담고 있었다.

'경여당'이라는 세 글자는 남송시대의 간신 진회(秦檜)가 자신의 집을 짓고 친필로 '여경당'이라 쓴 데서 따온 것이다. 진회는 송과 금이 대립하고 있을 때, 금에 대해 신하를 자처하며 화의를 주장했다. 그는 금에 대해 결사항전을 주장하던 명장 악비(岳飛)에게 근거 없는 죄명을 씌워 죽인 인물이기도 하다. 후대에 와서 그는 두 손이 뒤로 묶인 채 악비의 무덤 앞에서 무릎을 꿇은 철 조각상이 되어, 더러운 이름을 천하에 알리는 신세가 되었다. 진회의 품성이 악하긴 했으나, 그는 뛰어난 서예가였다. 또한 북송 말년에서 남송 고종(高宗) 연간에 이르기까지, 여러 요직과 재상을 역임하며 19년의 세도를 누렸던 인물이다. 비록 악명이긴 했으나 모르는 사람이 없었다. 호설암은 진회의 '여경당'을 뒤집어서 '경여당'으로 썼다. 진회의 서체를 좋아해서이기도 했지만, 그 이면에는 진회의 '유명세'를 이용하고자 하는 뜻이 숨어 있었다. 일종의 광고효과를 누린 그의 창조적 발상이라 할 수 있겠다.

호경여당의 조제방 건물과 소매로 약을 판매하던 서쪽 건물 사이는 상당히 긴 통로로 연결되어 있다. 봉건시대에 상인은 점포 안에 통로를 설치하지 못하도록 금하고 있었지만, 호설암은 홍정상인의 칭호와 황마괘를 하사받았기 때문에 특별한 예외를 누릴 수 있었다. 통로의 중간부분의 양쪽은 마치 황궁과 관아에서나 볼 수 있는 높고 엄숙한 모습을 띠고 있는데, 이는 호경여당의 주인의 명성과 신분이 어느 정도인가를 보여준다.

호설암이 점포의 입지를 정한 넓은 안목, 정교하고 아름다운 건축, 교묘하고 우아한 진열과 장식은 호경여당의 높은 문화수준과 남다른 개성을 엿볼 수 있게 한다. 그의 세 가지 원칙은 오늘날에 적용해도 손색이 없을 것이다.

호설암 경상지법 39
기반 확장에 진력하라

상인은 언젠가는 자기 소유의 '기반'을 가지게 된다. 하지만 중요한 것은 어떻게 기반을 자신의 '명예'로 만들 것인가 하는 것이다. 이는 결코 쉬운 일이 아니다. 호설암은 "자신의 장사와 세력을 넓히고, 기반을 넓히는 것이 가장 급선무다"라고 말했다. 그는 세력확장을 매우 중요시했다. 또한 세(勢)를 기반으로 명예를 취했는데, 다음에 나오는 이야기는 그 전형적인 예이다.

원창성(元昌盛)은 복주의 마미 만(灣) 연안에 있는 전장이었다. 이곳은 늘 어선들이 밀집해 있어서 돛대가 숲을 이루었다. 어민들은 물고기를 잡아다 항구에 배를 정박시켜 놓고 물고기를 팔기도 하고 담수나 연료, 생활필수품을 실어다 팔기도 했다. 이런 때에는 늘 큰 시장이 형성되었다. 생선상들은 하루 종일 부두에 나와 지켜 있다가 어민들과 가격흥정을 벌여 생선을 사갔다. 이렇게 사들인 생선은 다시 근처의 시장으로 운송되기도 하고 멀리 다른 지방으로 팔려나가기도 했다.

마미 만은 수심이 깊어서 배가 정박하기에 좋은 조건을 갖추고 있었다. 그래서 복건성의 수사(水師)가 이곳에 주재하고 있었으며, 해변을 따라 백여 척의 전함들이 수십 리에 걸쳐 정박해 있었다. 구식 화살선, 신식 철갑선, 소형기선 등 이곳은 온통 배들로 가득했다. 수사의 관병들이 쓰는 비용이 엄청났는데, 모두 이 항만의 인근지역에서 조달되었다.

마미 만 주변에 있는 조선소에서는 기적소리가 끊임없이 들려오고, 전기불꽃의 섬광이 번쩍였다. 청 조정의 조선사업의 현대화가 이곳에서 어렵게 첫 발을 내딛고 있었다. 또한 이곳은 군수산업의 중심기지이기도 했다. 날마다 강남의 기기국에서는 귀를 찢을 듯한 시험폭파 소리가 들려왔다. 하지만 이 모든 것은 돈이 있어야만 가능한 사업이었다. 복주의 백성들 눈에 마미 만은 늘 돈이 흘러 넘치는 곳이었다. 상인에게 이곳은 의심의 여지가 없는 황금의 연안이었다. 이 지역에서 자리잡고 산다는 것은 신용과 신분의 상징이기도 했다. 연안을 따라 줄지어 선 점포들은 치열한 경쟁의 틈바구니 속에서 살아남은 자들의 터전이었다. 마미 만에서 오래 버틴 사람일수록 상인들로부터 큰 존경을 받았는데, 유서 깊은 점포는 더욱 그러했다.

원창성은 마미 만에서 유명한 전장이었다. 복주의 토박이들은 예전의 마미 만의 모습을 생생하게 기억하고 있었다. 과거에 순수 민간 항구였던 마미 만은 어선은 거의 없었고 연안에 점포들이 드물게 자리하고 있는 황량한 항구에 불과했다. 원창성이 문을 연 것은 이때였다. 당시 성내에 있던 전장들이 보기에, 원창성은 어민들과 푼돈 거래를 하는 전장에 불과했다. 이곳이 조선소, 기기국, 수사가 들어서면서 강남지방을 대표하는 공업기지로 발전하게 될 줄은 생각조차 못했던 것이다.

하지만 원창성의 창립자 공춘화는 달랐다. 그는 원래 연안지역의 민가를 습격하여 약탈을 일삼던 해적두목이었다. 거친 바다를 돌며 크고 작은 항구를 제집 드나들듯이 하면서, 바다의 상황을 훤히 꿰뚫고 있는 인물이었다. 그는 어민들의 통곡소리 속에서 불의한 재물을 모은 후, 자신의 훗날을 위해 그 바다에서 손을 씻기로 마음먹었다. 전장을 열기로 결심한 공춘화는 마미만 연안에 자리를 잡았다. 이때부터 경표(京票)를 정하게 되었다.

경표는 전장에 부과하는 일종의 세금이었다. 복건성 지역은 은자 2백만 냥의 경표를 배당받았는데, 전장공회는 각 전장들에게 각자의 재력에 따라 스스로 분담금액을 정하도록 요구했다. 이는 자신의 몸에서 살점을 떼어내는 것과 똑같은 소리였다. 전장의 주인들은 하나같이 입을 다물고 나서는 이가 없었다. 자연히 회의장에는 침묵이 감돌았다. 마땅히 공회의 수장이자 원창성의 현주인인 노준휘(盧俊輝)가 먼저 나서서 자신이 분담할 금액을 밝혀야 했다. 하지만 그는 손해를 보고 싶지 않았다. 그는 앉은 사람들 가운데 만만한 인물을 찾아 일을 떠넘길 요량으로 눈길을 움직였다. 대개의 경우, 맨 먼저 분담액수를 밝히는 사람은 시작부터 금액을 낮춰 부를 수가 없었다. 그렇게 되면 다음 사람이 입을 떼기가 어려웠기 때문이었다. 따라서 맨 먼저 나서는 사람은 통상적으로 손해를 보게 되어 있었다. 노준휘는 문득 좌중에서 호설암을 발견했다. 그는 호설암의 손을 잡고 인사를 하면서 그에게 20만 냥의 경표를 받아줄 것을 요구했다.

호설암은 난감했다. 분점의 잔여금액이 10만 냥 정도에 불과했기 때문에

20만 냥을 분담하는 것은 불가능했던 것이다. 정한 기일까지 금액을 채우지 못하면 조정으로부터 대죄를 받을 것이 틀림없었다. 그는 잠시 이 상황을 벗어날 방법을 생각했다. 호설암은 "만약 회장께서 50만 냥을 분담하신다면 저도 한치의 착오도 없이 그 청을 수행하겠습니다"라고 말했다. 이 예상치 못한 반격에 노준휘는 말문이 막혔다. 원창성이 융통할 수 있는 자금이 60만~70만 냥이 못 되었다. 당연히 이렇게 큰 액수를 떠맡고 나설 수가 없었다.

하지만 전장의 주인들은 호설암의 말에 일리가 있다며 들고 나섰다. 노준휘는 공회의 회장으로서 앞장설 수밖에 없었다. 그는 내심 화가 치밀었으나 속내를 드러내지는 못하고, 결국 20만 냥을 내게 되었다. 자신의 살점을 떼인 노준휘는 호설암에 대해 치를 떨게 되었다.

전장으로 돌아온 노준휘는 호설암이 나서지 않았다면 자신이 그토록 큰 손해를 보지는 않았을 것이란 생각에 분을 삭이지 못했다. 그는 언젠가 부강 전장에 복수를 하리라 결심했다.

전장공회의 불문율 가운데, 각 전장에서 발행한 은표를 서로 현금으로 바꿔주도록 하는 규정이 있었다. 다만 전장이 파산위기에 직면하여 신용을 상실한 경우에는 그 전장의 은표를 받지 않을 수 있었다. 노준휘는 호설암의 신용을 흔들어놓을 목적으로, 공회의 규정을 무시하고 독단적으로 부강의 은표를 받지 않기로 결정했다. 그는 부강의 분점이 문을 연 지 얼마 되지 않아서 아직 안정되지 못한 걸 알고 있었다. 복주 사람들은 아직 부강 전장의 신용정도가 어떤지 잘 몰랐다. 노준휘는 이렇게 하면 호설암의 명성에 필히 손상이 갈 것이고, 더 이상 고개를 들지 못하게 될 것이라고 생각했다.

이튿날 한 차상(茶商)이 원창성에 5천 냥짜리 부강 전장의 전표를 들고 들어와서는 현금으로 바꿔줄 것을 요구했다. 노준휘는 그의 전표를 이리저리 들여다보더니 받을 수 없다고 거절했다. 그 차상인이 깜짝 놀라자, 노준휘는 "근래 두 해 동안 부강의 신용이 좋지가 않아서 어쩔 수가 없습니다"라고 말했다. 차상인은 화를 내며 은표를 들고 그곳을 나갔다. 그는 복주에 부강의 분점이 생겼다는 말을 들은 것을 기억하고, 곧장 그곳으로 찾아갔다.

마침 점포 안에서 약재를 고르고 있던 호설암은 문밖에서 시끄러운 소리가 나는 것을 들었다. 차상인이 부강의 은표를 들고 와서는 주인을 만나야겠다며 실랑이를 벌이고 있는 것이었다. 호설암은 놀라서 그를 안으로 들어오게 하고 차를 대접하며 이유를 물었다. 차상인은 노준휘가 한 말을 그대로 전했다. 호설암은 순간적으로 사태가 심각하다는 것을 느꼈다. 원창성은 복주에서 유서 깊은 전장으로 신용도 좋고 자금력도 튼튼해서, 만약 그곳에서 부강의 은표를 거절한다는 소식이 퍼지기라도 한다면 큰 파문이 일 것이 분명했기 때문이었다.

전장의 장사라는 것이 일단 신용위기가 닥치면, 아무 소용이 없어지게 된다. 전란이 끊이지 않는 시대였기 때문에 예상치 못한 변고도 많았고, 전장의 주인들이 재물을 챙겨 도주를 하는 일도 심심찮게 있었다. 결국 예금자들만 고스란히 손해를 보는 일이 많았다. 그래서 조금이라도 이상한 소문이 돌면 마치 눈사태가 나듯이 예금인출 사태가 터졌다. 이렇게 되면, 전장이 인출사태에 대처한다 하더라도 신용에는 치명적인 타격을 입을 수밖에 없었다. 따라서 전장 사업에 있어 가장 두려운 것이 바로 은표를 거절당하는 것이었다. 호설암은 좋은 말로 차상인을 달랜 후, 5천 냥의 은자를 내주면서 따로 1푼 2리의 이자까지 쳐주었다. 큰 이득을 본 차상인은 외부에 발설하지 않기로 약속하고 떠났다.

차상인이 돌아가자마자, 호설암은 대응할 방법을 고심하기 시작했다. 그가 복주에 부강의 분점을 낸 것은 영업범위를 확대하여 복주의 자본을 유입하기 위해서였다. 시작하자마자 부강 전장에까지 위험이 닥칠 수 있는 어려움이 발생하리라고는 생각지도 못했던 것이다.

호설암은 장사를 하면서, 사람을 선하게 대하고 웃는 얼굴을 가져야 부를 가질 수 있다고 생각했다. 또한 그는 다른 전장에 인출사태를 일으켜 사람을 사지에 몰아넣는 짓은 하지 않겠다고 늘 주장해 왔다. 그런데 노준휘가 하늘 무서운 줄 모르고 발톱을 세우고 나설 줄 누가 알았겠는가. 이렇게 된 이상 맞대응을 할 수밖에 없었고, 또한 반드시 이겨야 했다. 호설암은 생각했다. 단지 입지를 굳히기 위해서라면, 원창성에게 이쪽이 결코 호락호락한 상대가 아니라는 것을 보여주고 스스로 물러나도록 만드는 것으로 충분했다. 이것은 그리 어려운 일이 아니었다.

하지만 상대가 일단 자신의 목을 밟아서 죽이려 한다면, 결코 상대를 가만 두어서는 안 된다는 것을 알고 있었다. 반드시 상대의 급소를 공격하여 다시는 몸을 일으킬 수 없도록 만들어야 했다. 노준휘가 감히 호랑이의 머리 위에 올라서 털을 뽑으려 한 이상, 목표는 당연히 그에게 자신의 행동에 대한 결과를 철저히 맛보도록 하는 것이었다. 그리고 최종적인 목표는 그가 순순히 점포의 문을 닫고 물러서면, 부강이 그 자리를 대신하는 것이었다.

처음부터 호설암이 이런 생각을 한 것은 아니었다. 하지만 노준휘의 도전은 사태의 긴박함이 이렇게 하지 않으면 안 된다는 사실을 분명하게 인식시켜 주었다. 장사에서는 승리와 패배 이외에 다른 선택의 여지가 없다는 것을 잘 아는 호설암은 무슨 일이 있어도 부강의 신용을 지켜내야 했다. 반 시각 정도 지나자, 호설암의 머릿속에는 노준휘를 처리하는 일은 모든 대책이 세워졌다. 그는 승리를 자신했다. 더군다나 그를 처리하는 일은 그리 어려운 것이 아니었다. 상대의 계획을 무산시키는 것은 복잡할 것이 없었다. "그의 도(道)로 그의 신(身)을 다스린다"는 이 경우를 두고 하는 말이었다. 전장 간의 경쟁은 자본 싸움이자 신용 싸움이었다. 튼튼한 자금력을 가진 쪽은 비바람에도 흔들리지 않지만, 그렇지 못한 쪽은 일격에도 무너질 수 있었다.

호설암은 당장 원창성의 현재 자본파악에 나섰다. 발행한 은표가 얼마나 되는지, 자신과의 차액이 얼마나 되는지를 조사했다. 이것은 전장의 기밀이었다. 적을 알고 나를 알면 백전불패라고 했다. 그는 먼저 상대의 기밀을 손에 넣은 다음 계획을 세우리라 결심했다. 그는 직접 나서서, 마치 노련한 사냥꾼처럼 사냥감에 대해 정보를 캐냈다.

원창성의 직원 가운데 조덕귀(趙德貴)라는 사람이 있었다. 그는 요즘 늘 머릿속이 복잡해서 얼굴 펼 날이 없었다. 이상할 정도로 도박만 하면 재수 없이 지는 바람에, 이미 적지 않은 도박 빚을 지고 있었다. 조덕귀는 이 모든 게 노준휘의 농간이라 생각하며 이를 갈았다.

조덕귀와 새 주인인 노준휘 사이의 원한은 모두 공옥교로부터 비롯되었다. 조덕귀는 노준휘와 같은 연배로, 용모가 노준휘에 비해 조금 못한 것 외에는 크게 떨어지는 점이 없었다. 당시에 조덕귀는 후원에서 매일 아가씨의 수발을 들고 있었다. 그는 공옥교와 가까이 지낼 수 있는 시간이 누구보다도 많았고, 공씨 집안의 사위는 당연히 자신일 것이라고 생각했다. 아가씨가 심심해 하면 무료함을 달래주었고, 아가씨가 피곤해 하면 다리를 두드려주었다. 심지어 한번은 그가 엉겁결에 아가씨의 가슴을 만진 적도 있었는데, 그녀는 그를 나무라지 않았다. 조덕귀는 허무맹랑하게도 자신이 아가씨의 부군이 될 것이라 생각하기 시작했다.

늘 생각지 못한 일이 일어나는 것이 세상이다. 어느 날 주인어른은 아가씨에게 점포에 나와서 장부관리를 배우도록 했다. 공옥교는 훤칠하고 남자다워 보이는 노준휘를 본 후부터 조덕귀에게 날이 갈수록 냉담해졌다. 그는 분노로 노준휘를 죽이고 싶었다. 연적에 대한 원한으로 인해 그는 이성을 잃을 지경이었다. 하지만 일은 일사천리로 진행되어 아가씨는 노준휘와 연을 맺게 되었다. 조덕귀의 명운은 새 주인의 손에 쥐어졌다.

노준휘는 어제의 연적에 대해 모질고 지독했다. 그는 힘들고 어려운 일만 조덕귀에게 맡겼고, 월급을 깎는 일도 잦았다. 새 주인은 상처 입은 짐승을 놀리기라도 하듯이 조덕귀의 아픔을 건드렸다. 조덕귀는 분노로 거의 미칠 지경이 되었다. 그는 모든 것을 잊어버리려는 듯 도박에 빠져들었다.

어느 날 그는 한푼도 남김없이 도박에 털어넣고는 빚쟁이들의 독촉을 받게 되었다. 그들을 피해 골목으로 도망쳐 나오다가, 골목어귀에 버티고 서 있는 사내들과 맞닥뜨렸다. 수중에 한푼도 없었던 조덕귀는 그저 살려달라며 매달리는 수밖에 없었다. 하지만 그에게는 주먹과 발길질이 쏟아졌다. 그중의 한 사내가 날이 시퍼렇게 선 칼을 끄집어내더니, "돈이 없으면 두 귀를 잘라서라도 빚을 갚아야지!"라고 말하며 잔인하게 웃었다. 조덕귀는 겁에 질려 혼이 빠져버렸다. 이때 한 중년의 남자가 다가오더니 사연을 물었다. 그 남자가 조덕귀를 대신해 은자 10냥을 돌려주자, 덩치 큰 사내들은 곧 사라졌다. 그 남자는 자신을 호선생이라고 소개하고는 바닥에 엎어져 있는 조덕귀를 일으켜 세워 작은 술집으로 데려갔다.

조덕귀는 연신 고맙다는 말을 하며 석 잔의 술을 거푸 들이켰다. 그러고는 가슴속에 쌓였던 울분을 토로하기 시작했다. 호선생은 분노와 깊은 동정을 보이며 그의 복수를 도와주겠다고 말했다. 그리고 일이 계획대로 된다면, 공옥교가 그의 품으로 돌아올 수 있다고도 했다. 조덕귀는 이 말을 듣고 자신의 귀를 의심했다. 호선생은 자신을 항주에서 '호부자'로 널리 알려진 사람이라고 털어놓고, 조덕귀가 원한다면 그를 부강 전장의 관리자로 앉히겠다고 말했다. 매월 50냥의 월급 이외에도 상여금을 지급하겠다는 말도 덧붙였다. 우선 원창성의 상황을 알려준다면 따로 후하게 보상하겠다는 말도 잊지 않았다.

호설암은 1천 냥짜리 은표를 꺼내더니 진지한 표정으로 "이는 미리 주는 보답이오. 일이 성사된 후에 두 배를 더 주겠소"라고 말했다. 조덕귀는 놀라움과 기쁨이 엇갈리는 심정이었다. 조덕귀는 그 자리에서 무슨 수를 써서라도 노준휘의 기밀을 빼내 오겠다고 약속했다.

원창성의 명운은 이렇게 작은 술집에서 결정되었다. 호설암은 흡족한 마음으로 돌아와 소식이 오기를 기다렸다.

며칠이 지난 후, 호설암은 상대의 사정을 손바닥 들여다보듯 훤히 알게 되었다. 노준휘는 전장의 대권을 손에 쥔 후, 그동안 장인이 해왔던 안전위주의 경영방식을 뒤엎고 단번에 큰 이득을 얻을 목적으로 대량으로 은표를 발행했다. 원창성이 현재 보유하고 있는 자금이 50만 냥인데, 근 1백만 냥의 은표를 발행하는 바람에 40만 냥이 넘는 은표가 부도 상태였다. 이는 위험하기 짝이 없는 경영방식이었다. 만약 사람들이 은표를 모두 현금으로 바꾸겠다고 나온다면, 원창성은 하루아침에 파산할 수밖에 없는 상황이었다. 이런데도 노준휘는 대담하게도 신용을 건 도박을 걸어온 것이었다.

호설암은 '하늘이 나를 돕는구나!' 하며 속으로 쾌재를 불렀다. 그는 자신의 자금력을 점검했다. 당장 70만 냥을 동원할 수 있었다. 원창성의 은표 70만 냥을 사들일 수 있다면, 그는 노준휘의 명운을 손안에 쥘 수 있었다. 언제든 마음만 먹으면 그의 목줄을 누를 수 있는 것이다.

호설암은 즉각 자금을 동원하여 비밀리에 신속하게 원창성의 은표를 사들였다. 노준휘는 자신이 덫에 걸려들고 있다는 사실을 까맣게 모르고 있었다.

게다가 그는 스스로 자신의 파산을 재촉하는 일을 진행하고 있었다. 그는 호설암이 자신의 은표를 사들이고 있는 것을 모른 채, 돈을 전장에 묻어둘 수는 없다며 20만 냥을 들여 도박장을 열었다. 이렇게 되자 원창성의 금고에는 30만 냥 가량의 자금만이 남게 되었다. 이것은 일상적인 영업상태를 겨우 유지할 수 있는 정도여서 이미 위험수위에 도달한 상태였다.

조덕귀는 곧바로 이 소식을 알려주었고, 호설암은 예상 외의 성과에 크게 기뻐했다. 그의 수중에 있는 원창성의 은표는 이미 50만 냥에 달했다. 이 정도면 상대를 꼼짝없이 손들고 나오게 만들기에 충분했다. 때마침 노준휘의 서른 살 생일잔치를 맞아, 호설암은 많은 선물과 함께 잔치에 참석했다. 노준휘는 호설암이 직접 와서 축하인사를 하리라고는 예상치 못한 듯했다. 하지만 두 사람은 서로 예를 갖추고 몇 마디 말을 나누면서 적지 않은 술잔을 비웠다.

이틀 후, 원창성으로 느닷없이 한 떼의 손님들이 은표를 들고 몰려와 돈을 인출해 줄 것을 요구했다. 하루 사이에 20만 냥의 자금이 빠져나갔다. 직원의 보고를 받은 노준휘는 우연이겠거니 생각하고 대수롭지 않게 넘겼다. 하지만 이튿날 더 많은 사람들이 몰려와 은표를 들이밀면서 현금인출을 요구했다. 노준휘가 손을 쓸 겨를도 없이 금고의 자금이 바닥이 났다. 오랜 역사를 자랑하는 원창성에서 예금인출 사태가 발생한 것이었다.

노준휘는 사태의 심각함을 인식하고 황급히 다른 전장으로 달려갔다. 하지만 평소에 안하무인으로 행동하며 인간관계가 좋지 못했던 그에게 도움의 손길을 뻗치는 사람은 없었다. 모두 사태를 바라보며 수수방관할 뿐이었다. 오히려 너무나 쉽게 재물을 얻은 그에 대한 시기심으로 그의 몰락을 바라는 사람들도 있었다.

원창성 문 앞은 몰려든 사람들로 북새통을 이루었고, 예금을 찾지 못한 사람들의 분노 섞인 울음 소리가 끊이지 않았다. 노준휘는 전장의 문을 닫아 걸게 하고, 집 안에 웅크린 채 꼼짝도 하지 않았다. 상황이 더 확대된다면, 관아에서 조사를 나올 것이었다. 은자를 마련하여 백성들의 분노를 잠재우지 못하면 법에 따라 처벌을 받고, 집마저 경매로 넘어갈 판이었다. 이것은 자신은 유배되고, 처자식들은 노비로 팔려가며, 집안은 몰락한다는 것을 뜻했다.

노준휘는 전후상황을 골똘히 생각한 후, 전장을 다른 사람에게 넘기는 것만이 화를 면하는 길이라고 판단했다. 하지만 전장들은 모두 강 건너 불구경하듯 바라볼 뿐이었다. 이때 호설암이 갑자기 찾아왔다. 그는 원창성의 은표를 접수한다는 조건으로 원창성을 인수하는 데 합의했다. 그리고 몰려든 사람들을 향해, 원창성의 은표는 모두 부강 분점에서 지체없이 현금으로 바꿀 수 있다고 말했다. 은표를 쥐고 달려왔던 사람들은 호설암의 말을 듣자 환호성을 질렀다. 한바탕 난리가 금세 평정된 것이다. 이어서 빚잔치가 벌어졌다. 원창성의 가구며 못 하나까지 모조리 값이 매겨졌다. 계산이 끝나자, 노준휘는 겨우 남루한 옷 한 벌을 걸친 채 문 밖으로 쫓겨났다. 부귀영화가 한바탕 꿈이 되고 만 것이다.

호설암은 당당하게 부강의 분점을 원창성의 자리로 이전했다. 그의 세력이 더욱 크게 강화되었다는 것은 말할 필요가 없다. 호설암에게 이 사건은 매우 중요한 의미가 있었는데, 기반과 명분을 동시에 얻게 되었기 때문이다.

⊕ 호설암 경상지법 40
그럴듯한 외양을 갖추어라

사람들은 능력만 있다면 그럴듯한 외양을 갖추기를 바란다. 이것은 세상 사람들 앞에서 자신이 돋보이기를 바라는 심리의 표출이다. 솔직히 말해, 외양이란 다른 사람들에게 보여주는 것이다. 장사에서 외양은 이미지를 확립하고 브랜드를 만드는 것으로 나타난다.

호설암은 장사를 하면서, 특히 외양을 중시했다. 그는 장사는 먼저 떠들썩한 외양을 만들어내야 하며, 게다가 이 '외양'은 크고 대단할수록 좋다고 했다. 따라서 그는 어떤 장사를 시작하기 전에, 늘 어떻게 특별한 외양을 만들 것인지를 두고 많이 고심했다.

그럴듯한 외양을 만드는 일은 당연히 사람마다 그 방법이 다를 것이다. 보통의 경우라면, 축하행사를 하거나 화환을 보내고, 폭죽을 터뜨리며 연회를 베풀고, 선물을 증정하고, 유명인사들의 서명을 받는 등의 방법으로 떠들썩한 분위기와 외양을 조성한다. 부강 전장이 문을 열었을 때, 호설암은 떠들썩한 분위기와 외양을 만드는 일에 정성을 쏟았다. 그는 전장이 들어설 건물을 높고 널찍하게 짓고, 화려하면서도 당당하게 내부장식을 꾸미게 해서 인색한 인상을 주지 않도록 주의했다.

심지어 그는 점포 내에 걸릴 편액과 그림에도 신경 썼다. 모조품을 걸어서 사람들의 웃음거리가 되어서도 안 되지만, 지나치게 이름없는 사람의 작품이어서도 안 되었다. 전장의 개업행사가 있던 날, 점포 앞쪽에는 형형색색의 등롱이 내걸렸다. 안내석의 직원들은 남색 장삼을 깨끗하게 차려입고 내방객을 맞이했다. 항주성 내의 관계(官界)와 상계(商界)의 유명인사들은 거의 모두 초대되었다. 호설암은 직접 내방객을 맞으며 대접했는데, 저녁 때까지도 그 흥취가 이어졌다.

외양은 우선 잘 갖추고 잘 꾸며야 한다. 장사에서 그럴듯한 외양은 결코 빼놓을 수 없는 요소다. 당당하고 화려한 점포, 평범하지 않은 기품은 쉽게 고객의 신뢰를 획득할 수 있는 매우 중요한 외부 조건이 된다. 옹색한 인상을 주는 점포는 처음부터 고객의 마음을 놓치게 된다. 이런 점에서 외양을 꾸미는 일은 억지로 허세를 부리는 것과는 근본적으로 다르다. 고객의 관심을 불러일으키고 고객의 신뢰를 얻기 위해, 자신의 이미지를 확립하고 실력과 강점을 드러내는 것이다. 호설암은 안에 텅 빈 선반뿐이더라도 그럴듯하게 보이는 방법을 생각할 수 있어야 한다고 말했다. 그의 부강 전장도 처음 문을 열었을 때, 사실 텅 빈 선반에 불과했다.

외양을 꾸밀 때, 장사하는 사람은 한 가지 문제에 주의해야 한다. 외양을 그럴듯하게 꾸미기는 쉬워도 끝마무리 하기는 어렵다는 점이다. 충분한 능력이 있다면 원하는 만큼 꾸밀 수 있을 것이다. 하지만 일단 외양을 갖추고 꾸민 후에는 이를 마무리하기 위해서 대가를 지불해야 한다. 왜냐하면 수습하는 과정에서 고객의 신뢰가 흔들리기 쉽고 경영상황, 현실적인 능력, 미래의 발전전망 그리고 신뢰도에 대해 의혹이 제기될 수 있기 때문이다. 이런 의미에서 외양은 양날의 칼이다. 따라서 벌여놓은 외양을 수습할 때는 신중에 신중을 기해야 한다.

바로 이런 이유 때문에, 파산위기에 직면해서도 호설암은 외양을 수습하는 데 전력을 다했다.

서양 상인들로부터 배척당하고, 갖가지 압박과 유언비어에 시달리면서, 상해의 부강 전장이 대량 인출사태를 맞았다. 이때의 호설암은 사실 이미 사면초가에 처해 있었다. 때마침 이 시기에 셋째 딸 혼인이 있었다. 보통사람이었다면 위기 중에 치르는 딸의 혼사를 떠들썩하게 알리지 않았을 것이다. 그를 돕던 사람들조차도 혼사 날짜를 변경할 수는 없다 하더라도 너무 요란하지 치르지는 말자고 제안했다. 사위를 포함하여 딸도 이를 이해할 것이라고 말했다.

하지만 호설암은 그럴듯한 외양을 갖추어야 한다고 생각했다. 그는 혼사와 관련된 모든 것을 예정대로 진행하도록 지시했다. 상황이 아무리 어렵더라도, 갖출 것은 갖추어야 한다는 것이었다. 예전 같지 않게 쓸쓸한 분위기 속에서 딸의 혼사가 치러진다면, 부강의 고객들은 최근의 예금인출 사태와 연관지어 생각할 수 있었다. 그들이 부강이 눈앞의 난관을 극복할 수 있을 것인가에 대해 의구심을 갖게 된다면 정말 끝장이었던 것이다.

딸의 혼사가 있던 날, 호씨 집안에는 여전히 화려한 등롱이 줄줄이 내걸리고 가마가 끊임없이 이어졌다. 각양각색의 등과 깃발이 4리(里)에 걸쳐 이어졌다. 혼사를 돕는 사람들은 모두 남색 두루마기에 검은색 바지를 입고 있었다. 가마꾼들은 일률적으로 홍색 테를 두른 남색 비단 저고리를 입었다. 그 정경이 가히 볼 만했다. 이렇게 그럴듯하게 외양을 갖춤으로써 얻어진 효과는 컸다. 부강 전장이 이전과 다름없이 문을 열고 영업을 시작할 수 있었고 전당포, 약국, 생사점포 등 호설암의 다른 모든 사업들도 평온을 유지할 수 있었다. 부강 전장의 예금인출 사태도 상당히 진정기미를 보이는 것으로 나타났다.

인정과 사리에 밝아야 한다

[예리한 안목은 예리한 칼날에서 발하는 섬광과 같다]

자신을 알고 상대를 알면 백 번 싸워도 위태롭지 않다. 이는 『손자병법』에 나오는 전술이다. 장사에서는 인정과 사리에 밝아야 하고, 상대의 드러난 면과 숨겨진 부분도 알아야 한다. 자신에게 필요한 게 무엇인지 정확하게 아는 사람만이 큰 그릇이 될 수 있으며, 일을 추진할 때도 유효한 참모를 기용할 수 있다. 호설암의 대인관계의 원칙은 '넓은 관용'과 '양보'였다. 그는 이를 적절히 이용하면서 충돌을 피하고 자신의 출로(出路)를 확보했다. 장사에는 영원한 친구도, 영원한 적도 없다. 아무리 치열하게 경쟁했던 상대라도 경쟁이 끝난 후에 함께 손잡을 수 있다. 경쟁과 협력은 언제나 존재하는 것이다. "남에게 살길을 주면 자신에게 돈길이 주어진다"는 말이 있다. 예리한 안목을 지닌 사람은 장기적으로 자신의 장사수완을 펼칠 줄 안다.

🏮 호설암 경상지법 41
즉각 단서를 잡아라

호설암의 경상(經商)은 '지(智)'를 중요시했다. 지란 임기응변이며, 시장을 관찰하고 시대의 변화를 좇는 것이다. 지는 상인이 기본적으로 갖추어야 할 조건이다. 호설암의 장사의 지혜는 두 가지 특징이 있다. 첫째는 지를 '의(義)'에 접목하여 상대의 마음을 사로잡는 방법으로 시장의 상황을 파악했으며, 둘째는 지를 '안목'으로 전환하여 장사를 판단했다는 것이다.

인간관계를 체득하면, 인성을 훤히 알게 된다는 말이 있다. 호설암은 인간관계에 대해 아주 세밀한 부분까지 알고 있었다.

그는 왕유령에게 돈을 변통해 준 일로 인해 일자리를 잃고 실의에 빠졌지만, 결코 전에 알던 사람들을 찾아가 구걸하지 않았다. 오히려 성공한 후에 세심하게 선물을 보내고 옛 친구들을 정성스럽게 대접했다. 사람들은 호설암이 자신이 어려울 때 지인들에게 폐를 끼치지 않더니, 잘 살게 된 후에 모두와 함께 그 복을 누린다고 말했다.

이러한 지혜가 바로 인간관계의 지혜다. 복잡한 것을 싫어하는 것이 사람의 마음이다. 호설암은 누군가 자신을 성가시게 하는 것을 좋아할 사람이 없다는 것을 잘 알고 있었다. 반대로 사람들은 작은 이익이라도 덕 보는 것을 좋아하는 심리가 있다. 따라서 상대의 이런 작은 심리를 만족시키면 더 크게 만족해 한다는 것도 알았다. 이렇게 사소한 부분에 대한 관심을 인간본성과 결합시켜 나타난 결과가 바로 지와 의가 결합된 행위다.

송강 조방의 우오와 이야기를 나누던 호설암은 그가 자신에게 쌀을 파는 것을 왠지 난감해 한다고 느꼈다. 흔쾌히 팔겠다고 말하지 못하는 것으로 봐서

말 못할 사정이 있는 것 같았다. 그의 마음을 살핀 호설암은 솔직하게 무슨 곤란한 일이 있느냐고 물었다. 문제가 있다면 자신이 도와줄 것이고, 그게 아니라면 차라리 쌀을 사지 않는 것이 낫겠다고 말했다.

상대의 어려움을 도와주겠다고 말하는 것은 내가 그를 친구로 생각한다는 것을 보여주는 행동이다. 인간의 내면에 대한 관찰이 다시 의와 관련된 행위로 나타난 것이다.

이러한 종류의 지는 최고의 상업적 지혜라고 말할 수 있을 것이다. 이 지혜를 적절하게 잘 이용하면 결국에는 의로 상승하여 거래에 큰 도움이 된다. 이렇게 하면 새로운 기회가 더 많이 생긴다. 이것은 승리를 위한 안전투자인 셈이다.

녹영병(綠營兵 : 청대 한족으로 구성된 군대-옮긴이) 나상덕이 1만 2천 냥의 예금을 맡긴 일화를 살펴보자. 시장규칙에 따르면, 전장은 예금하고자 하는 금액을 확인하고 증서를 발급해 주면 그만이다. 만약 예금자의 신분이 불분명하고 예금액이 너무나 많을 경우에는, 우선 그를 안심시킨 후 관아에 연락하여 상황을 분명히 파악한 후에 처리하는 게 일반적이다.

나상덕은 자신의 친척 양서판(楊書辦)에게 호설암의 의로운 행위를 들은 뒤, 그가 믿을 만한 사람이라고 판단했다. 그가 왕유령을 도와준 일이라든가, 부강 정장을 연 뒤 제일 먼저 은화 1원이 입금된 계좌 20개를 관청의 구휼기관으로 보낸 일에 대해 들었던 것이다.

돈을 맡기면서 증서도 이자도 필요 없다고 하는 것은 분명 숨겨진 사연이 있기 마련이다. 호설암은 일부러 그와 식사를 같이 했다. 식사를 하다 보면 편안함이 생기게 된다. 호설암의 예상은 적중했다. 술과 밥으로 배를 불리자, 나상덕은 자신의 사연을 모두 털어놓았다.

나상덕은 젊어서 도박에 빠졌다. 결국 정혼을 맺은 집안에서 그를 불러, 혼인을 물리자고 얘기했다. 그렇게만 해준다면 그동안의 빚은 모두 없는 것으로 하고 따로 은자 1천 5백 냥을 주겠다고 말했다. 이에 충격을 받은 그는 청혼을 물리고, 돈을 벌기 위해 군에 들어갔다. 그리고 무슨 수를 써서라도 그 빚을 갚으리라 다짐했다고 말했다. 호설암은 재빨리 머리를 굴렸다. 그는 나상덕에게 그의 돈을 3년 만기로 하고, 3년 후에 찾을 때 1만 5천 냥을 돌려주겠다고 말했다. 이는 일반적인 경우보다 더 높은 이자였다.

하지만 이는 지를 의와 결합할 수 있는 기회였다. 자신의 이러한 행동이 나상덕을 통해 전 군영에 널리 알려진다면 단기간에 예금액을 적어도 10만 냥을 모을 수 있다고 생각했다. 충분한 예금이 들어와 잘 운용할 수만 있다면, 이자를 조금 더 주는 것은 대수로울 일이 아니었던 것이다. 지혜가 또 다른 지혜를 낳는 격이었다.

호설암은 인간의 심리를 이용하여 지혜를 이익이나 세력으로 변화시킬 줄 알았다. 그는 순무 황종한의 재물에 대한 욕심을 이용하여 실리를 취했다. 먼저 상해에서 그의 본가로 은자 2만 냥을 보내고, 후에 그를 도와 항주에서 북경의 호부로 은자 1만 냥을 보냈다. 전자의 돈은 왕유령을 호주의 지방 행정관으로 발탁하는 결과를 낳았고, 후자의 돈은 왕유령이 혜학령과 함께 해운국의 사무를 관장하는 차사(差使)로 임명되는 결과로 나타났다. 이것은 바로 호설암이 심리적으로 상대의 의지를 조정하는 지혜를 가졌던 인물임을 의미하는 일화라 하겠다.

또한 호설암은 지를 '안목'으로 바꾸는 탁월한 능력도 갖고 있었다. 앞에서 말한 나상덕의 이야기에서 그의 안목을 엿볼 수 있다. 호설암은 눈앞의 장사를 하면서 생각은 미래에 두었다. 그는 한 번에 그치는 장사를 하지 않았다.

호설암의 안목에는 또다른 면모가 있다. 아무리 장사를 잘 한다 해도 안목이 없다면 크게 성장할 수 없다. 장사를 크게 하면 할수록 눈은 더욱 먼 곳을 바라보아야 한다. 반드시 전체 국면을 볼 줄 알아야 하는 것이다. 눈이 하나의 성(省)을 바라보면 한 성의 장사를 할 수 있고, 천하를 보면 천하의 장사를 할 수 있으며, 외국을 바라보면 외국의 장사를 할 수 있는 것이다.

장사의 지혜는 중요한 것에서부터 드러난다.

안목을 크게 멀리 보면, 손이 하는 일도 활발하고 능숙한 법이다. 관표(官票 : 조정에서 발행한 채권—옮긴이)가 처음 발행되었을 때, 아무도 그 신용 정도를 알지 못했다. 작은 안목을 가진 자는 오직 이 점만을 보았다. 하지만 큰 안목을 가진 자는 관청의 재정상태의 어려움과 민심의 흐름을 보고, 관부의 신용이 좋아지면 전장도 그 덕을 볼 것이라는 점을 보았다.

이처럼 호설암은 장사의 지혜를 두 가지 남다른 특징으로 발전시켰다. 이 점 때문에 그는 관부와 협력하면서 동료들로부터 존경받는 상인의 길을 걸을 수 있었다. 특히 지를 의와 결합시키는 것, 즉 장사에 정신을 투영하여 인성의 복잡한 측면들을 정확하게 짚어낼 줄 아는 점 때문에 호설암은 사람들로부터 '동남의 협객'이라는 칭호로 불리기도 했다.

오늘날까지 사람들이 호설암에게 열광하는 이유는 그의 낭만적인 품성 때문이다. 상인이 계산에 밝고 지나치게 이해득실을 따지면, 그 지혜는 냉정하고 가혹하여 하는 일 또한 평범할 뿐이다. 어디에도 호설암의 지의(智義)처럼 사람을 빛나게 하는 빛을 찾아볼 수 없다.

🌐 호설암 경상지법 42
웃음 속에 칼을 품을 줄 알아야 한다

일반적으로 상인이 웃으며 경쟁상대를 대하기란 매우 어려운 일이다. 하지만 호설암은 할 수 있었다. 그에게는 영원한 친구도 적도 없으며, 단지 영원한 이익만이 있을 뿐이기 때문이다. 장사에서 경쟁상대와의 적대적인 관계를 피할 수는 없다. 하지만 호설암은 늘 웃으며 상대를 대했고, 어떻게 해서든 적을 친구로 돌려놓았다.

그는 온갖 우여곡절을 겪으면서도 누구보다 큰 성공을 거두었다. 그 성공은 자신의 능력에 힘입은 결과이기도 했지만 친구들의 도움도 컸다. 심지어 적으로부터 도움을 받기도 했다.

그 적들은 대개 장사할 때의 경쟁상대들이었다. 모두가 외나무 다리를 건너야 하는 상황이라면, 무슨 수를 써서라도 상대를 밀어 넘어뜨리려고 하는 것이 평범한 상인의 생각이다. 하지만 호설암은 그렇게 생각하지 않았다. 내가 상대를 밀어낸다 해도, 그가 다시 물 속에서 나와 나를 밀어내지 않는다고 누가 보장할 수 있겠는가? 모두가 노리는 것이 이득이니, 이득 위에서 해결해 보자는 것이 호설암의 생각이었다.

호설암의 오랜 친구 왕유령이 이전에 난감한 일을 당한 적이 있었다. 그가 순무 황대인을 만나러 갔는데, 일이 있어서 만날 수 없다는 전갈이 왔다. 왕유령은 호주부의 지사로 부임한 이래, 상부와의 관계를 원활하게 유지해 왔다고 말할 수 있었다. 새해나 명절을 맞이하면 위로는 순무로부터 절강성 관아의 모든 관리들에 이르기까지 일일이 선물을 보냈다. 그 덕택에 왕유령이 순무원에 올 때마다 순무는 늘 곧바로 그를 맞았는데, 이렇게 문전박대를 당하고 보니 어찌 된 영문인지 알 수가 없었다. 잔뜩 상심하여 호주부로 돌아온 왕유령은 호설암과 이 일에 대해 상의했다.

호설암은 분명 이유가 있으니 자신이 순무원으로 가서 알아보겠다고 말했다. 그는 순무원에 오자마자 순무의 수하에 있던 하사부를 찾았다. 두 사람은 서로 안 지 오래되어 못할 얘기가 없는 사이였다.

알고 보니 황대인은 자신의 친척이자 도대(道臺 : 청조 때의 지방관제―옮긴이)로 있던 주모라는 자로부터 이상한 얘기를 들은 후 심기가 불편해져 있었다. 왕유령이 금년에 호주부로 있으면서 적지 않은 이득을 보았는데, 대인에게 바치는 예물이 예전과 다름없는 걸 보니 왕유령에게 이제 대인은 안중에도 없는 모양이라는 말을 들은 것이다. 이 말을 들은 황대인은 내심 불쾌했고, 그래서 왕유령을 박대한 것이었다.

왕유령은 주모라는 작자가 도대체 어디에서 그런 소리를 들었는지, 자신에게 무슨 억하심정이 있길래 그런 말을 했는지 알 수가 없었다.

주모는 원래 실제 직무를 수행하는 도대가 아니라, 재물로 벼슬을 산 후 임관을 기다리고 있는 직함뿐인 도대였다. 순무 황대인의 친척으로, 사람 됨이 거만하고 안하무인이어서 사람들의 원성을 사는 인물이었다. 황대인도 그의 품성을 알고 있던 터라, 문제를 일으킬까 염려되어 그에게 실제 직무를 주지 못했던 것이다. 단지 친척의 정을 생각하여 순무아문에 일을 보도록 했던 것이다.

호주지부 자리가 비자 주모는 이 자리를 얻고자 온갖 애를 썼다. 하지만 왕유령이 거액의 자금을 동원하는 바람에 황대인은 결국 왕유령을 그 자리에 임명했던 것이다. 이때부터 그는 왕유령에게 앙심을 품고, 황대인의 면전에서 자주 그를 헐뜯곤 했다.

왕유령은 이 사실을 알고 무척 당황했다. 올해 호주의 수입이 지난해와 비슷해서 황대인에게 바치는 예물도 이전의 관례대로 한 것인데, 이것이 황대인의 노여움을 살 줄은 생각지도 못한 것이다. 이렇게 되면 지금 쓰고 있는 감투마저도 언제 달아날 지 모를 일이었다.

이에 호설암은 희미하게 미소를 짓고는 품속에서 빈 통장을 꺼내어 그 안에 은자 2만 냥이라고 써넣었다. 그리고 사람을 보내어, 왕대인이 일찍 이 돈을 전장에 입금하게 했는데 자신이 이 사실을 대인께 미처 고하지 못했다는 말도 함께 전하게 했다.

통장을 받은 황대인은 곧 왕유령에게 순무원으로 와서 다과를 같이 하자는 전갈을 보내왔다. 하지만 호설암은 마음이 그리 편치 않았다. 주도대라는 골칫거리가 황대인 가까이에 있는 한 언젠가는 문제가 될 것이라고 생각했기 때문이다. 왕유령 또한 그렇게 생각했지만, 주도대는 황대인의 친척이었기 때문에 그를 손보는 일이 쉽지 않았다.

호설암은 궁리를 거듭한 끝에 바로 편지 한 통을 써서, 1천 냥짜리 은표와 함께 하사부에게 보냈다. 그날 한밤중에 하사부는 호설암을 찾아와 밀실에서 한동안 이야기를 나눈 후 돌아갔다. 다음날 아침 일찍, 호설암은 왕유령을 찾았다. 그는 주도대가 며칠 안에 서양인들과 거래를 할 것인데, 그것이 무기장사라는 것을 알려주었다. 무기거래 자체는 특별할 것이 없었다. 주도대가 황대인이 알면 대노할 일을 한 것이 문제였다.

태평천국이 궐기한 후 각 성마다 양무운동의 일환으로 전함을 건조했는데, 특히 연해에 면한 여러 성들이 대표적이었다. 재정이 바닥난 절강성은 조선소를 세울 능력이 없었기 때문에 외국으로부터 전함을 구입할 계획이었다. 이치대로라면, 절강성 관아의 전함구입 건은 마땅히 순무에게 통지되어야 했다. 하지만 절강 번사와 순무 황대인 두 사람의 관계가 서로 한치도 물러서지 않는 관계였기 때문에, 번사는 이 사실을 순무에게 통지해 주지 않았다. 군기대신이 번사의 스승이었기 때문에, 평소에 황대인은 큰 문제가 없다면 번사가 하는 일에 대해 별 관여를 하지 않았다.

하지만 이 일은 달랐다. 전함을 구입하는 일은 수십만 냥의 거금이 들어가고, 얻어지는 수수료만도 10만 냥은 족히 되는 큰일이었다. 그런데도 순무에게 이 사실을 알리지 않았던 것이다. 비록 조정에 든든한 세력이 있기는 했지만, 이 일은 어디까지나 순무의 직무였기 때문에 뒤가 편치 않았던 번사는 주도대를 끌어들이기로 결심했다. 주도대는 언변에 능하여 함께 서양인들과의 교섭에 나서기에 적합했고, 황순무의 친척이어서 만일 문제가 생기더라도 황순무가 지나치게 문제삼지 못할 것이라고 생각했던 것이다.

주도대는 돈에 눈이 어두워 황대인을 속이고 번사를 도와 서양인과의 교섭에 참여했다. 본래 이 일은 비밀리에 진행되었는데, 공교롭게도 하사부가 이 일을 알게 된 것이다. 하지만 사태의 심각성을 잘 알고 있는 하사부는 감히 발설할 엄두를 내지 못하고 있었다. 그런 차에 호설암이 물어오자, 모든 사실을 털어놓은 것이다.

왕유령은 이 사실을 듣자 크게 기뻐하며, 황대인에게 사실대로 말하자고 주장했다. 하지만 호설암은 절대로 그렇게 해서는 안 된다고 말했다. 장사는 여러 사람이 관여하는 일이어서 각기 다른 의도를 가지고 있을 테니, 이 거래를 강제로 중단시킨다면 자신들에게 원한을 살 사람은 주도대 한 사람만이 아닐 거라는 얘기였다. 게다가 이 소문이 퍼져나가면, 사람들이 자신들을 고자질을 일삼는 소인배들로 생각할 것이라고 말했다. 두 사람은 다시 상의를 한 끝에 마침내 결정을 내렸다.

그날 밤 주도대가 한참 잠에 취해 있을 때 갑자기 문을 두드리는 소리가 요란하게 들려왔다. 그가 문을 열었을 때, 놀랍게도 순무원의 하사부가 서 있었다. 그는 주도대를 보고도 아무 말 없이, 품속에서 두 장의 편지를 꺼내어 그에게 내밀었다. 주도대는 편지를 뜯어보더니 금세 낯빛이 하얗게 변했다. 그것은 그를 고발하는 내용으로, 그의 악행 외에도 서양인과 배를 구입하는 일에 관한 것도 들어 있었다.

하사부는 그에게 오늘 오후에 있었던 일을 예기했다. 어떤 사람이 순무원 밖에서 두 장의 편지를 던져 넣으면서 병졸들에게 편지를 보라고 소리를 질렀다. 마침 그곳을 지나던 자신이 편지를 주워보니 너무나 엄청난 내용이라 동료의 정으로 그냥 있을 수가 없어서 그를 찾아왔노라고 말했다.

주도대는 이 말을 듣자 넋이 나간 듯 하사부에게 고맙다는 말조차 하지 못했다. 그는 속으로 순무원 내에서 자신에게 원한을 가진 누군가가 전함 구입에 관한 소문을 듣고 보복을 하려는 것이라고 생각했다. 그러자 이 일을 어떻게 하면 좋을지 몰라서 머릿속이 멍해 왔다. 급한 마음에 그는 하사부의 옷소매를 붙잡고 어떻게 하면 좋은지 말해 달라며 매달렸다.

하사부는 짐짓 한숨을 토하며 잠시 침묵하더니 입을 열었다. 순무어른이 번사를 미워하기는 하지만, 배를 구입하는 것을 반대하지는 않을 것이다. 만약 서양인과 이미 끝난 얘기라면, 이제 와서 사지 않겠다고 할 수는 없는 일이다. 그런데 정말로 구입한다면 큰돈이 필요한데, 순무원에서 이만한 자금을 일시에 마련하기는 어렵다. 이를 해결하기 위해서는 반드시 큰 자금력을 지닌 거상의 도움이 있어야 한다. 나중에 황대인이 물어오면, 번사와의 일은 언급하지 말고 주도대와 거상이 모든 상의를 해두었다고 보고하면 된다는 얘기를 했다.

주도대는 다 듣고 나더니 오히려 한숨을 쉬었다. 절강성 일대에 친구라곤 없는 그가 어디 가서 거상을 찾는단 말인가! 하사부는 때를 놓칠세라 다시 입을 열었다. 성의 관리들 중에 오직 호주의 왕유령만이 이 일을 처리할 수 있고, 더구나 그는 황대인의 신임을 받고 있으니 적임자라고 말했다. 또한 그와 호형호제하는 호설암은 절강성에서 손꼽히는 거상이니 그를 도와줄 수 있을 것이라고 덧붙였다.

왕유령의 이름을 듣더니, 주도대는 순간 안색이 변하며 아무 말도 하지 않았다. 하사부는 주도대의 심중을 들여다보고는, 다시 그에게 어떻게 하는 것이 자신에게 이로운지 생각해야 한다고 타일렀다. 다른 방법이 없지 않는가, 그러니 날이 밝으면 왕유령을 찾아가야 한다 등등 그가 질색할 말들을 늘어놓았다.

주도대는 어쩔 수 없이 왕유령을 찾아갔다. 왕유령은 주도대가 찾아온 이유를 듣더니 신음을 토하면서 말했다. "이 일에 나는 관여하고 싶지 않네만, 주형이 그렇게 해주기를 원하니 나도 돕겠네. 다만 이 일에서 나는 한 푼도 받을 수 없으니, 주형이 응한다면 당장 손을 써보겠네." 주도대는 이 말을 듣자 잠시 귀를 의심한 듯 어리둥절해 하더니, 황급히 자신은 진심으로 하는 말이라며 거듭 강조했다.

왕유령은 바로 순무아문으로 달려갔다. 황대인에게 자신의 친구인 호설암이 선박구입에 필요한 자금을 지원하기를 원하며, 주도대에게 이 일을 맡기는 것이 좋겠다는 내용의 말을 전했다. 큰 이득을 볼 수 있는 일이 생겼다고 생각한 황순무는 당장 허락을 했다.

주도대는 왕유령이 일을 대범하면서도 시원시원하게 처리하는 것을 보고 스스로 부끄러움을 느꼈다. 선박구입 건을 처리한 후 직접 왕유령을 찾아와 죄를 청했고, 두 사람은 점차 막역한 사이가 되었다.

호설암은 장사에서는 진정한 친구를 찾기 어렵지만, 도처에 적만 있는 것은 아니라고 생각했다. 적을 포용하여 그를 친구로 만들 수만 있다면, 그 사람은 고수 중의 고수라 할 수 있을 것이다.

🏮 호설암 경상지법 43
온갖 지략으로 상대를 정복하라

호설암이 호주에서 장사를 하면서, 홍방(洪幫)과 겨룬 한판 승부는 사업가인 그의 생애에서 더없이 흥미로운 싸움이었다. 이 싸움에서 그는 상대의 마음을 꿰뚫어볼 줄 아는 지혜로 승리를 거두었다.

왕유령이 호주지부로 부임하던 해였다. 길을 나서던 날, 호설암과 여러 친구들이 왕유령을 배웅하기 위해 다섯 척의 큰 배를 세내었다. 갖가지 예물과 지방토산품을 싣고 흥겨운 술자리를 열었다.

배가 호주 경내로 들어서자, 양쪽 강기슭을 따라 늘어서 있는 뽕나무 밭이 호설암의 시선을 사로잡았다. 그는 직업적인 직감으로 강변을 유심히 관찰했다. 뽕나무 숲이 끝도 없이 펼쳐졌다. 마치 끝없는 녹색의 바다와도 같았다. 이렇듯 광대한 뽕나무 숲은 얼마나 많은 양잠농가의 생활터전일까!

호설암은 흥분을 가라앉히고, 뱃사공에게 물어보았다. 뱃사공은 호주가 원래 생사와 쌀의 고장인데, 해마다 뽕나무 잎을 따고 누에를 먹이고 모를 심는 세 가지 일로 농가들은 한 해를 보낸다고 말해 주었다. 호주의 생사는 질이 우수해서 멀리 나라 밖으로도 팔려 나가는데, 상해의 외국인이 운영하는 생사공장에서도 호주의 생사를 사간다고 했다.

호설암은 내심 무릎을 쳤다. 일찍이 생사장사를 하고 싶었지만 어디서 어떻게 시작해야 할지를 몰랐었는데, 호주라는 땅에 오게 될 줄은 생각지도 못했던 것이다. 장사를 할 때는 시기, 지리 그리고 사람이 중요한 법이다. 호설암은 때마침 생사를 생산하는 계절에 호주로 왔으니 적절한 때와 적합한 지리를 만난 것이었다. 무엇보다 가장 중요한 사람 문제도 왕유령이 호주로 부임해 왔으니, 누가 감히 그의 명을 따르지 않겠는가? 그는 생사장사의 가장 큰 후원자였다.

생각한 것은 곧바로 행동으로 옮겨야 하는 사람이 호설암이었다. 그날 밤 그는 배 안에서 왕유령과 무릎을 맞대고 이야기를 나누면서 자신의 생각을 말했다. 왕유령은 장사나 사업에 대해서는 모르지만 사람을 보는 눈이 있었다. 그는 호설암이 타고난 장사수완을 가지고 있으며, 그가 하자는 대로 하면 틀림없이 큰돈을 벌 수 있다고 믿었다. 그래서 호주에서 생사장사를 하겠다는 호설암의 생각을 지지했다.

왕유령이 호주부 관아에 자리를 잡을 무렵, 호설암의 생사점포도 호주에서 문을 열었다. 호설암은 처음에 호주지부의 권세를 기반으로 점포를 열었기 때문에 호주의 백성들이 줄줄이 생사를 팔러 올 것이라고 생각했다. 하지만 문을 연 지 수개월이 지나도록 가게는 한산하기만 했고, 다른 생사점포에만 사람들이 북적댔다. 호설암은 여기에는 분명히 이유가 있을 것이라 짐작했다. 그는 몰래 사람을 보내어 도대체 누가 중간에서 농간을 부리는지 사방으로 수소문하도록 했다. 며칠이 지난 후, 조사하러 갔던 사람들은 적지 않은 수확을 가지고 돌아왔다.

호주의 생사는 모두 '순생당(順生堂)'에 의해 좌우되고 있었다. 순생당은 민간조직이기는 했지만, 그 내력이 다른 민간조직하고는 달랐다.

명조 숭정 4년, 북경사람 홍성영(洪盛英)은 진사시에 합격하고 한림원으로 들어오게 되었다. 그는 총명하고 세상물정에 밝았으며 대범하고 활발하여 많은 사람들이 그를 따랐다. 훗날 청이 중원의 주인이 되자, 홍성영은 명조의 유민들과 함께 반청활동을 벌였다. 하지만 새롭게 부흥하는 청을 당할 수가 없었다. 무리 가운데 일부는 대만으로 쫓겨가고 일부는 남아서 비밀리에 '운론당'을 조직했는데, 이것이 '홍문(洪門)'의 기원이 되었다.

옹정 9년, 청병이 소림사를 불태우자 홍문의 자손들은 사방으로 흩어졌다. 한림학사 진근남(陳近南)이 소림사의 파괴를 중지할 것을 조정에 주청했지만, 뜻을 이루지 못했다. 그는 호북의 고향으로 돌아와 홍문의 자제들을 모아 '삼합회(三合會)'를 만들었는데, 이것이 각지에 파급되어 홍문의 이름을 내건 단체들이 속속 조직되었다. 이때부터 '홍방'은 강호에서 막강한 세력을 가진 조직으로 발전했다. 호주의 순생당은 호주에 있는 홍방의 지부였는데, '홍문'을 정통을 이어받은 파로 삼고는 '명조의 부흥'을 신봉했다.

본래 홍방과 청 조정은 서로 대립하였고, 홍방은 조정의 여러 차례 토벌을 당하면서 지하로 숨어 들어갔다. 하지만 홍방은 그 세력이 큰데다가 백성들의 추앙을 받고 있었기 때문에 여러 차례에 걸친 청병의 토벌에도 불구하고 자꾸만 커져 갔다. 또한 홍방에서 분리되어 나온 청방(靑幇) 역시 홍방과 연합하여 조정에 양면공세를 취했다. 그러자 조정은 토벌보다는 그들을 달래는 정책을 쓰게 되었다.

호주의 순생당은 '안청순민(安淸順民)'을 기치로 내걸고, 백성들을 안정시키고 분쟁을 해결하는 일에 적극 나서기도 했다. 따라서 관청도 그들에게 반감이 없었고, 때때로 그들의 도움을 받아 민심을 안정시켜 변란을 미연에 방지하기도 했다. 순생당의 주된 재원은 생사매입의 독점이었다. 매년 생사가 나는 계절이 되면, 순생당은 사람들을 파견하여 거래의 안전과 생사거래의 질서를 유지하는 일에 나섰다. 생사상들은 일정한 비율에 근거하여 보호비를 헌납했으며, 모두가 서로 평화롭게 활동하며 상대의 영역을 침범하지 않았다.

따라서 호설암이 돌연 생사점포를 연 것은 순생당의 이권을 침해하는 행위였다. 순생당은 호주부의 세력을 두려워하여 공개적으로 그에게 대적하지는 못했지만, 암암리에 양잠농가가 호설암과 생사거래를 하지 못하도록 만들었다. 순생당의 명이라면, 호주의 백성들에게는 신의 지시나 마찬가지였기 때문에 누구도 거역하지 못했다. 만약 명을 따르지 않으면, 이는 홍문의 가법(家法)을 어긴 것으로 간주했다. 가볍게는 곤장을 맞거나 철폐를 목에 걸어야 했으며, 중하게는 산 채로 매장을 당하거나 능지처참을 당했다.

호설암은 상황을 파악한 후, 강호세력들의 존재를 생각지 못한 자신의 경솔함을 책망했다. 호주의 터줏대감과 같은 순생당의 허락을 얻지 못하면 자신은 일찌감치 포기하고 떠나야 할 형편이었다.

호설암은 넉넉하게 선물을 준비하여 순생당의 당주 윤곰보 어른을 찾아갔다. 윤당주는 홍문의 일인자로서, 그의 조부는 홍문의 맹주였던 주홍죽(朱洪竹)의 제자였다. 윤당주는 용감하고 호전적이며, 뛰어난 무술실력과 불같은 성정을 지닌 사람이었다.

언젠가 순생당의 제자들이 흉기를 들고 싸웠다는 죄목으로 관아에 붙잡힌 적이 있었는데, 윤당주가 직접 나서서 그들의 무죄를 주장했다. 호주지부는 냉소를 띠며 "당주께서 몸에서 살점을 도려내어 보증하신다면, 더 이상 추궁하지 않겠소"라고 말했다. 윤당주는 이 말을 듣자 그 자리에서 칼을 손에 들더니, 사람들이 지켜보는 가운데 자신의 두 볼에서 누에콩 만하게 열다섯 개의 살점을 도려내었다. 그의 얼굴은 온통 피투성이가 되었다. 공교롭게도 잘라낸 살점의 숫자는 난동 혐의로 체포된 열다섯 제자들의 숫자와 동일했다.

호주지부는 대경실색하며 홍문의 제자를 풀어주었고, 윤당주에게 술을 내려 칭찬했다. 그리하여 윤당주의 얼굴에는 열다섯 개의 흉터가 생겼는데, 그는 이때부터 '윤곰보 어른'이라고 불리게 되었다. 이 사실을 알게 된 호설암은 결코 그를 원수로 만드는 일은 하지 않겠다고 스스로 다짐했다.

순생당은 멀리 호주의 외곽지역에 있는 조용하고 한적한 숲 속에 자리잡고 있었다. 사면이 울창한 숲으로 둘러쳐져 있고, 흰 학이 두 날개를 퍼덕거리며 날아오르는 이곳은 원래 도교사원이었다.

호설암 일행이 순생당에 당도했을 때, 윤당주는 벌써 문밖에서 기다리고 있었다. 체구가 크고 위엄이 있었으며, 얼굴이 열다섯 개의 흉터로 인해 온통 검은 빛이어서 한눈에 그를 알아볼 수 있었다. 호설암은 환하게 웃으며 앞으로 나아가 그의 손을 잡고 예를 차리며 말했다. "당주의 명성을 오래전부터 들었습니다. 이렇게 찾아와서 폐를 끼칩니다." 윤당주는 얼음처럼 차가운 태도로 미동도 하지 않은 채 한동안 그를 찬찬히 바라보더니, 느닷없이 질문을 던졌다.

"손님께서는 어느 산에서 오셨는지요?"

"금화산(錦華山)에서 왔습니다."

"산 위에 무슨 당(堂)이 있습니까?"

"인의당(仁義堂)이 있습니다."

"당 뒤편으로 무슨 수(水)가 있습니까?"

"사해수(四海水)가 있습니다."

"수 주변에는 무슨 향(香)이 있습니까?"

"만복향(萬福香)이 있습니다."

호설암의 대답은 거침이 없었다. 산명, 당명, 수명, 향명 모두 훌륭했다. 윤대인은 잠시 침묵하더니 다시 말했다.

"세 명의 남자가 의형제를 맺는다?"

"도원(桃園)에서 맺은 의(義)이지요."

"천하가 큰 혼란에 빠지면?"

"영웅이 뜻을 세우지요."

"음."

윤당주는 상대가 순생당의 구호를 이해하고 있고, 설명까지 막힘없이 하는 것을 보고 낯빛이 누그러졌다. 그는 다시 "손님께서는 서책을 가까이 하고 예를 알며 시를 지을 줄 안다 들었습니다" 하고 말했다.

호설암은 "시를 지을 줄은 모릅니다. 읊을 줄은 알지요. 금화산 정상에 향이 피어나니, 오대조의 이름이 도처에 떨치네. 천하의 영웅들이 모여 결의를 하니, 세 산과 다섯 골짜기가 집이로다" 하고 읊었다.

이 말을 듣더니, 윤당주는 웃음을 터뜨리며 호설암의 어깨를 두드렸다.

"결례를 했소이다. 결례를 했소이다. 당규가 이러하니 어쩔 수 없었소. 마음에 담아두지 마십시오."

본래 홍문은 관병의 첩자가 잠입하는 것을 방지하기 위해 여러 개의 암호를 정해두었는데, 외부에서는 이를 알 길이 없었다. 만약 찾아온 손님이 잘못된 대답을 하면 홍문의 의심을 샀고, 서로 칼을 들이대며 한바탕 싸움을 피하기가 어려웠다. 호설암은 운이 좋게도 홍문의 제자로부터 미리 들어서 알고 있었고, 그래서 순조롭게 심사를 통과할 수 있었다.

순생당의 향당(香堂) 한가운데에는 천제가 모셔져 있고, 위에는 '충의당(忠의堂)'이라고 쓰인 편액이 걸려 있었으며, 삼층으로 된 젯상이 놓여 있었다. 맨 위층에 양각애(羊角哀)와 좌백도(左伯桃) 두 사람의 위패가 모셔져 있고, 중간 층에는 송강(宋江)의 위패가, 그리고 맨 아래층에는 시조를 비롯한 남녀 책사들과 성현의 위패가 놓여 있었다.

청방과 다르게 홍방은 '의(義)'를 중시한다는 점이 특히 눈에 띄었다. 호설암은 그것들을 보면서 마음속으로, 장사를 하면서 의를 중히 여기는 것을 보니 홍문과 우리가 인연이 있구나, 하는 생각을 했다.

향당에 놓인 물건들은 그저 진열되어 있는 것이 아니라, 모두 깊은 의미를 담고 있었다. 예를 들어 향로는 '반청복명(反靑復明)'의 뜻을 내포하고 있고, 촛대와 칠성검은 '만복명흥(滿復明興)'의 뜻을 담고 있었다. 자와 거울은 문하생들의 행동을 가늠하는 데 사용되었다. 이 모든 것들은 외부인들은 이해하기가 어려웠다. 당 안에는 홍등이 길게 드리워져 있었는데, 밖에는 세 개의 등이, 가운데에는 여덟 개의 등이, 그리고 안쪽으로 스물한 개의 등이 걸려 있었다. 그 수를 합하면 '홍(洪)'이란 글자를 뒤집었을 때 나타나는 '삼팔이십일'의 획수와 맞아떨어졌다.

윤당주를 따라 향당을 보고 나오니, 아이가 다기를 펼쳐놓고 호설암에게 앉기를 청했다. 예스럽고 소박한 다기 위로 벽라춘(碧螺春 : 녹차의 일종-옮긴이)의 향기가 은은하게 퍼졌다. 윤당주는 아이에게 작은 소리로 "가 있거라!" 하고 말했다. 그는 직접 차 주전자를 들고는 차를 부었다. 호설암은 그의 정성스러운 대접에 감동을 받았다. 당주가 직접 차를 부어주었으니, 자신의 체면을 세워준 셈이었다.

하지만 이상한 점이 눈에 띄었다. 윤당주가 찻주전자의 주둥이를 찻잔의 손잡이와 마주보게 놓은 것이었다. 호설암은 돌연 이것은 강호에서 찻주전 자를 통해 던지는 질문이라는 사실을 깨달았다. "당신은 문 밖에 있는가 아니면 문 안에 있는가?" 호설암은 태연하게 찻잔의 주둥이를 찻주전자의 주둥이와 마주보도록 놓았다. 그것은 주둥이와 주둥이, 육친과 육친, 다시 말해 한 집안 사람이라는 의미였다.

윤당주는 말없이, 왼손을 위로 향하게 하여 세 손가락을 모으고 오른손은 아래로 향하게 하여 네 손가락으로 잡더니, 찻잔을 들어서 상대방에게 주었 다. 호설암은 그가 조직의 규약으로 자신을 시험하는 것임을 알았다. 그는 왼손을 아래로 하여 찻잔의 입구를 들고, 오른손은 위로 향하게 하여 찻잔 의 밑을 받치고는 찻잔을 받았다. 이 행위는 무리 중에 자신은 겸손한 자라 는 뜻을 나타내는 것이었다. 윤당주는 두 개의 옷소매를 펼치더니 소매의 위쪽을 엄지손가락으로 쥐었다. 호설암은 옷깃의 두 번째와 세 번째 단추를 풀었는데, 이는 솔직하게 가슴을 열었으며 거리낌이 없다는 뜻이었다.

이 모든 동작들이 끝나자, 윤당주는 비로소 호설암은 친구가 되기 위해 온 것이지 염탐하러 온 것이 아님을 알고 완전히 마음을 놓았다. 그는 여전 히 말이 없이, 계속 상 위에 놓인 찻잔을 움직여서 다시 놓았다. 여덟 개의 찻잔을 둥글게 놓고, 입구에는 찻주전자를 놓았다. 그 뜻은 호랑이의 입이 먹이를 탈취해 가니 사람을 업신여김이 지나치다는 의미였다. 호설암은 찻 잔을 기러기가 무리를 지어 날아가는 모양으로 놓고, 찻주전자를 맨 앞에 놓았다. 그는 형제가 동행하니, 복을 함께 누린다고 대답을 했다.

윤당주는 다섯 개의 찻잔을 반원 모양으로 놓고, 세 개의 찻잔은 거꾸로 하 여 그 반원형 안에 놓았다. 권세가 꼭대기를 누르니, 물고기가 모두 죽는다 는 의미였다. 호설암은 그가 호주지부의 세력에 의지하여 강제로 생사를 사들이는 자신을 비난하며, 그에 굴복하지 않겠다는 뜻을 표명한 것임을 알았다. 호설암은 은표 한 장을 세 개의 찻잔 아래에 놓았다. 이것은 많은 노여움을 산 것에 대해 사죄한다는 의미였다. 윤당주는 두 개의 잔을 위로 향하게 하고 한 개는 아래로 향하게 놓았다. 이는 호주는 좁은 곳이라 하나의 산에 두 마리의 호랑이가 있을 수 없으므로, 두 사람이 함께하기가 어렵다는 뜻을 나타낸 것이었다. 호설암은 웃으면서, 여덟 개의 잔을 하나로 모으고, 찻주전자를 저편으로 가져가 찻물을 부었다. 이는 윤당주에게 우리 함께 서양인들에게 맞서자는 뜻을 표시한 것이었다.

윤당주의 눈이 빛나더니, 그는 곧 몸을 일으켜 호설암의 손을 잡으며 "다행히 선생의 가르침을 얻게 되었습니다. 큰 결례를 할 뻔했습니다!" 하고 말했다. 다른 사람들은 두 사람이 찻잔을 이리저리 놓은 것이 무슨 의미인지 알지 못했기 때문에, 윤당주가 갑자기 탄복하는 것을 보고 의아해 했다. 오로지 호설암만이 고개를 끄덕이며 옅은 미소를 짓더니 찻잔을 들어 차의 거품을 불었다. 마음으로 모든 것을 깨닫고 이해한 듯한 모습이었다.

호설암은 시장상황에 정통했는데, 호주에 오자마자 현지의 생사시장의 상황을 자세하게 조사했다. 시세에 따라 계산하면, 현지의 생사가격은 백근에 은자 2냥이 못되었다. 그러나 그가 알아본 바에 따르면 상해의 서양 상인들이 영국으로 수출하는 생사의 선적가격이 100근당 은자 11냥으로, 두 곳의 가격차가 다섯 배를 넘었다. 그는 서양 상인들이 중간에서 많은 이득을 챙기는 것을 알고 혀를 찼다.

서양 상인들이 생사가격을 터무니없이 깎을 수 있었던 것은 호주의 교통 수단이 불편하여 외지와 왕래하기가 불편했기 때문이었다. 게다가 순생당은 현지의 질서를 유지하고 안정적인 재원을 확보하기 위해, 서양인들의 터무니없는 가격을 그대로 순순히 수용했다. 그것은 결과적으로 그들의 앞잡이 노릇을 하는 꼴이 되었다. 호설암은 윤당주와 손잡고 생사구입을 독점한 후, 서양인들을 호주에서 몰아내고 생사가격을 올려놓겠다고 생각했다.

윤당주도 서양인들이 가격을 후려친다는 것을 잘 알고 있었지만, 생사구입 시장을 독점하기 위해 어쩔 수 없이 협조를 하고 있었다. 따라서 호설암이 함께 힘을 합쳐 서양인들과 맞서자고 말했을 때, 윤당주는 자신과 같은 생각을 하고 있다는 사실에 매우 흡족해 했다. 호설암의 재력과 호주지부의 세력이 뒷받침이 되고 순생당이 이와 협력한다면, 이는 더할 나위 없이 좋은 조건이었다. 일단 시장을 독점하게 되면, 순생당의 재원이 눈덩이처럼 불어날 것은 보지 않아도 알 수 있었다.

장사에 밝은 호설암의 지략이 찻주전자 속에서 다시 한 번 빛을 발한 것이다. 두 사람은 말없이 두던 찻잔 놀음을 그만두고, 술상을 마주하고 앉아 더욱 의기투합했다. 이후 여러 해 동안, 호주의 홍방은 호설암이 서양 상인들과 맞서 생사시장을 독점하는 과정에서 큰 힘이 되어주었다.

⊕ 호설암 경상지법 44
결코 원한 산 돈을 벌지 않는다

호설암은 장사는 손님이 주머니에서 돈을 꺼내도록 만들어야 하며, 그러기 위해서 손님을 잘 모셔야 한다고 생각했다. 같은 이치로, 장사바닥에서 친구를 만들기 위해서는 그를 잘 대우해야 한다고 믿었다. 이는 호설암의 경상의 원칙이다. "결코 같은 장사를 하는 사람들의 원한 산 돈을 벌지 않는다."

호설암은 서양 상인들과 생사무역을 하고자 방이와 손을 잡았다. 방이라는 인물은 유명한 생사상으로, 몇 대에 걸쳐 생사상을 해오면서 든든한 재력을 가지게 되었다. 특히 그의 집안은 도광 말년, 중국이 문호개방을 시작했을 때 서양인과 거래를 하면서 상해에서 손꼽히는 생사상이 되었다. 당시 호설암은 생사시장에 뛰어든 지 얼마되지 않은 풋내기에 불과했다. 그래서 혼자 힘으로 그 영향력을 펼치기에는 역부족이었다. 따라서 방이와 같은 막강한 생사상은 그가 반드시 얻어야 하는 사업배경이었다.

하지만 방이를 끌어들여 그의 세력을 '빌리는 것' 또한 쉬운 일이 아니었다. 방이는 본래 부잣집 자손이었기 때문에 그에게 어떤 선물을 보낸다 해도 대수로울 것이 없었다. 그는 돈으로 관직을 사서 도대의 직함을 가지고 있었다. 남부러울 것 없는 부잣집 자손이 돈으로 도대 감투를 산 것은 신분을 산 것이었다. 당시는 사농공상이라 하여 상인이 가장 하층이었다. 상인은 아무리 돈이 많아도 관리 앞에 서면 굽실거려야 했다. 따라서 상인이 돈을 벌면 관직을 사서, 이름뿐이나마 감투를 쓰고 싶어했다. 하지만 관리가 된 후에 매일 관청으로 가서 일을 맡아 처리할 필요가 없었다. 방이는 평상시에 관복을 입지 않았지만, 주나 현의 관리가 그의 앞에서 신분을 과시하며 거들먹거리면 자신의 직함으로 그들의 기를 눌렀다. 따라서 왕유령과 같은 진짜 관리도 그를 복종시킬 수는 없었다.

호설암이 방이를 끌어들이기 위해 이용한 방법이 바로 '잘 모시는 것'이었다. 방이는 생사업계의 거물이자 부유한 집에서 귀하게 자란 인물로, 특히 도박을 좋아했다. 그는 자신에게 버금가는 실력으로 마음껏 도박을 즐길 수 있는 인물을 높이 평가했다. 그것은 곧 그의 마음을 얻었다는 뜻으로, 무엇이든 그와 이야기할 수 있다는 의미이기도 했다.

호설암은 자신의 처남 유백수를 보내어 그와 만나게 했다. 유백수는 본래 도박이라면 목숨이라도 내놓을 인물로 마장, 골패, 주사위 도박 등 할 줄 모르는 도박이 없었다. 호설암의 지시를 받은 그는 방이와 함께 이틀 낮, 이틀밤을 쉬지 않고 마장을 하며, 치밀하고 주도면밀하게 자신이 가진 온갖 수와 기교를 유감없이 발휘했다. 그는 방이에게 연속해서 대패를 당하면서도 시종일관 거침없고 대범한 자세를 고수해서 방이를 흡족하게 해

주었다. 방이는 그를 좋은 도박친구로 인정하면서, "같이 도박하는 것이든 정식으로 일하는 것이든, 내 자네의 소원을 한 가지 들어주겠네" 하며 흔쾌히 말했다. 이 말을 들은 유백수는 그제서야 방이에게 자신과 손을 잡기를 바란다는 호설암의 생각을 전했다.

방이는 호설암이라는 사람의 됨됨이와 능력에 관해 아는 바가 없었다. 그는 호설암이 무슨 농간을 부릴지도 모른다는 생각에 속으로는 의심했지만, 그렇게 하겠다고 승낙을 했다. 이렇게 하여 두 사람은 만나게 되었다.

둘은 호설암이 호주관아의 힘을 빌어 방이의 골치 아픈 집안 문제를 해결해 준 뒤에 더욱 가까워졌다. 심지어 그는 상해의 모든 장사의 전권을 호설암에게 일임했다. 방이와 호설암은 장사에서 견고한 협력관계를 구축하게 되었고, 사적으로도 가까운 친구가 되었다.

상대를 흡족하게 대접해서 그가 나를 따르도록 만드는 것은 병의 증세에 따라 약을 처방하는 방법과 마찬가지라 하겠다. 상대가 화려한 비단을 좋아하면 비단으로, 상대가 도박을 좋아하면 도박으로 대응하는 방식은, 자랑할 만한 수완은 아니더라도 고려할 만한 가치는 있는 것이다.

장사에는 장사의 규칙이 있다. 손님이 당신을 위해 기꺼이 지갑을 열도록 만들기 위해서는 반드시 그를 흡족하게 대접할 수 있어야 한다. 다른 사람이 주저없이 당신의 뜻을 따르도록 만들 필요가 있을 때도 마찬가지다. 당신의 뜻을 따랐을 때 어떤 이익이 주어지는지 그가 느낄 수 있도록 해줘야 한다. 이것은 일종의 호혜의 원칙이다.

장사에서 친구가 되기 위해서는 서로 도움이 되는 관계가 되어야 한다. 또한 같은 장사를 하는 사람으로부터 원한 산 돈을 벌어서는 안 된다.

절강성 지역의 방비를 위해 서양인들에게 총을 구입하는 임무를 맡은 호설암은 총 한 자루에 은자 20냥을 주기로 대략적인 약정을 했다. 그런데 예상치 못하게도, 절강국의 공진린(龔振麟) 부자가 절강성 총독의 셋째 부인을 등에 업고 중간에 끼어들었다. 그들은 서양인들과 총 한 자루에 은자 32냥의 조건으로 총 1만 5천 자루를 구입한다는 계약을 맺었다.

자신의 장사를 다른 사람에게 빼앗긴데다가, 상대는 총 한 자루에 12냥의 웃돈을 얹어서 보고를 하고 총 18만 냥이라는 거금을 착복했다. 호설암은 이 일을 그냥 두고 볼 수 없었다. 그는 친구인 혜학령, 구풍언 등과 긴밀히 상의한 후, 구풍언이 나서서 공씨 부자를 압박했다. 결국 그들은 굴복하지 않을 수 없었다. 그들은 한 자루당 32냥에 총 5천 자루를 구풍언에게 넘기고, 총 한 자루에 2냥의 수수료만을 매겼다. 그들은 5만 냥의 은자를 고스란히 넘겨준 것이다.

하지만 호설암은 이 5만 냥의 은자를 받을 수 없다고 생각했다. 이것은 상대의 목을 눌러 뺏은 것이나 다름없으니, 그들이 자신을 증오할 것이 틀림없기 때문이었다. 그런데 이 거래는 실제로 5만 냥을 벌어들인 장사가 아니었다. 한 자루당 25냥으로 계산했을 때, 고작 2만 5천 냥의 이득을 본 것에 지나지 않았다. 여기에 총독에게 받칠 예물로 1만 냥을 제하면 1만 5천 냥이 남았다. 호설암은 남은 1만 5천 냥을 삼등분으로 나누어 구풍언에게 두 등분을, 공씨 부자에게 나머지 5천 냥을 주자고 건의했다. 자신과 혜학령은 한푼도 갖지 않았다.

호설암에게는 자신만의 원칙이 있었다. 그것은 돈을 마음 편하게 벌어야 하며, 번 후에 마음이 편치 못한 돈은 적을 만드는 돈이므로, 가질 수 있어도 갖지 않겠다는 것이다.

마음이 편치 않는 돈은 어떤 돈인가? 바로 후환을 남기는 돈, 나중에 좋지 않은 결과를 가져올 돈이다. 이 총기거래로 번 돈이 호설암에게는 마음이 편치 않은 돈이었다. 5만 냥의 이득을 공씨 부자가 고스란히 내놓은 것은 자신의 강한 공세 앞에서 어쩔 수 없이 그렇게 한 것이다. 따라서 그들과 큰 원수를 진 것이나 다름없었다. 상대가 마음에 앙심을 품은 이상, 비록 자신이 돈을 벌었다고 해도 언제 터질 지 모를 폭탄을 묻어둔 것이나 마찬가지였다. 따라서 실제로 득이 되는 것이 아니었다. 호설암은 같은 장사를 하는 사람의 노여움과 원한을 사면서 버는 돈이라면, 마땅히 벌 수 있는 돈이라도 벌지 않았다.

호설암의 이 생각은 확실히 일리가 있다. 그가 5천 냥을 주자, 공씨 부자는 호설암에게 있던 원한을 씻었다. 또한 그가 일을 아주 '매끄럽게' 처리할 줄 아는 인물이라는 것도 알게 되었다. 결국 원한이 존경으로 바뀌었고, 그들은 장사에서 호설암의 친구가 되었다.

장사는 비록 돈을 벌기 위한 것이지만, 마땅히 어떤 돈을 벌 것인가를 중요하게 생각해야 한다.

장사에서 친구가 되기 위해서는, 양측이 모두 이득을 줄 수 있는 관계가 되어야 한다. 호설암도 장사에서 진정한 친구가 되는 것이 정말 어렵다는 것을 알고 있었지만, 공동이익이라는 전제가 있다면 어쨌든 진정으로 협력할 수 있다는 것을 알고 있었다. 이는 친구를 만드는 방법이기도 하다.

🔵 호설암 경상지법 45
'곱사등이가 재주 넘는 일'은 절대로 하지 마라

"곱사등이가 재주 넘어봐야 두 머리만 멍해진다"는 말이 있다. 이것은 일을 할 때 경중과 완급 없이 여러 가지를 동시에 하면, 오히려 한 가지 일도 제대로 할 수 없다는 말이다.

'곱사등이가 재주를 넘는 것'은 현명하지 못한 행동이다.

욱서의 하나뿐인 아들 아호가 갑자기 병으로 죽었다는 소식을 들은 호설암은 바쁜 와중에서도 급히 호주로 달려갔다. 그런데 그곳에 가보니, 일이 그렇게 단순하지 않음을 알게 되었다.

아호에게는 누나인 아란이 있었다. 아란은 서른 살 가량 되었는데 본래 아주 대단한 인물이었다. 거기에 그의 남편은 형방 관리의 아들로서, 그 자신도 형방에서 일을 하고 있었다. 그런데 형방의 일이란 것이 본래 보통사람이 할 수 있는 일이 아니었다. 따라서 이 두 부부가 머리를 맞대면 어떤 일이든 할 수 있었다.

남동생이 죽은 후 친정에 대를 이을 사람이 없어지자, 아란은 친정의 재산을 가로챌 요량으로 온종일 소란을 떨며 다녔다. 하나뿐인 아들이 죽자 깊은 슬픔에 빠져 있던 욱서는 딸이 공연히 온 집 안을 들쑤시며 다녀도, 만사를 귀찮아 하며 하루 종일 집 안에서 꼼짝하지 않았다. 그는 대대로 해오던 호방의 일도 더 이상 돌보지 않고 있었다.

욱서는 호설암이 호주에서 생사장사와 호주 관고의 일을 할 때 도와주었던 사람으로 교분이 깊은 사이였다. 그래서 호설암은 이 '남의 일'을 가만두고 볼 수 없었다. 하지만 그의 입장에서는 이 일에 나서기가 여의치 않았다. 능력이 없어서가 아니라 시간이 없었기 때문이었다.

호설암은 이 일을 처리하자면 사흘의 시간으로는 어림없을 것이라 생각했다. 다시 하루이틀 더 시간을 낸다 하더라도 일을 말끔히 정리할 수 있을지 알 수 없는 일이었다. 상해와 항주의 일을 미뤄둘 수가 없었기 때문에 호주에는 사흘밖에 머물 수가 없었다. 서양 상인과의 생사협상이 진행되던 중이었고, 이미 구입한 무기가 선적을 기다리고 있었다. 그 외에도 여러 가지 구체적인 일들이 그의 결정을 기다리고 있었다.

항주에서는 전장이 문을 연 지 얼마되지 않았고, 관표발행이라든가 관아의 자산관리 등 일이 바쁘게 돌아가고 있었다. 전장의 관리를 맡긴 유경생이 일을 곧잘 했지만, 사업이 첫발을 내디딘 지 얼마되지 않았고 유경생이 아직 너무 젊었기 때문에, 몇 가지 일들은 그가 반드시 처리해야 했다.

욱서의 일도 그냥 내버려둘 수도 없었고 항주와 상해의 장사도 미룰 수 없는 형편이었기에, 호설암은 매우 난감할 수밖에 없었다. 잘못 하다가는 "곱사등이가 재주 넘어봐야 두 머리만 멍해지는 짝"이 나기 십상이었다.

난제에 직면한 호설암의 처리방법은 매우 단순했다. 그는 잠시 주저하며 고심하더니 남아서 욱서의 집안 일을 돕기로 결정했다. 이렇게 결정한 데는 세 가지 이유가 있었다. 첫째는 욱서의 일이 어쩌면 상해나 항주의 일에 비해 더 중요할 수도 있었다. 그것은 친구의 일이자 호주의 장사에도 연관된 일이었기 때문이다. 상해와 항주의 장사는 어쨌든 이미 대략적인 계획이 세워져 있었고, 실제 운영도 그 순서가 이미 세워진 상태였다. 두 번째로 이곳의 일은 자신이 나서지 않으면 원만하게 해결되기가 상당히 어려웠지만, 상해에는 고응춘과 우오가 있었고 항주에는 유경생이 있었다. 별다른 문제가 생기지 않는 한 수습하기 어려운 일이 발생할 리가 없었다. 세 번째는 이미 호주에 온 이상 좀더 시간을 두고 이곳의 일을 처리하는 편이 낫다고 판단했다. 미뤄두었다가 나중에 다시 와서 처리한다면, 일이 번거로워지고 문제를 처리할 수 있는 시기도 놓치게 될 것이 분명했다. 그리고 자신이 지금 상해나 항주에 있지 않은 이상, 지금으로서는 그곳에서 일어나는 일에 대해서는 어쩔 도리가 없었다.

이렇게 호설암은 어렵지 않게 곱사등이가 재주를 넘는 일을 피했다.

호설암은 늘 특별히 주의를 기울였다. 완전한 파산의 지경에 몰려서도, 그가 일을 처리한 중요한 원칙은 바로 이것이었다.

파산했을 때, 관아에서 그의 가산을 차압하려고 하자, 그의 부인은 얼마

간의 재산이라도 숨겨두었다가 나중에 재기할 수 있는 밑천으로 삼으려고 했다. 그녀가 돈과 귀중품을 교묘하게 꾸려서 다른 사람들을 통해 빼돌리려는 생각까지 했었지만, 호설암은 한사코 동의하지 않았다. 그 이유는 그의 대쪽 같은 성격 때문이기도 했지만, "곱사등이가 재주를 넘는 짓은 해서는 안 된다"는 원칙 때문이었다.

그는 이런 방법으로 자본을 남겨두는 것은 도박을 하고 돈을 못 주겠다고 발뺌하는 것과 마찬가지라고 생각했다. 내기에 건 돈을 지킬 수는 있다 하더라도 명성에 금이 가는 일이었다. 다시는 도박장 문을 열고 들어가지도 못하게 될 텐데, 어떻게 다시 재기할 기회가 오겠는가? 재기도 못하고, 명성마저 더럽혀지면, 이것이야말로 곱사등이가 재주를 넘는 격이 아닌가? 그는 헛되이 재주를 넘는 것보다 얼마간의 이름을 남기는 것이 낫다고 생각했다.

호설암이 한사코 곱사등이가 재주를 넘는 것을 피하고자 한 데는 두 가지 중요한 의미가 있다. 우선, 여러 가지 어려움에 직면했을 때는 경중과 완급을 조절할 줄 알아야 한다. 여러 일 가운데에서 선택을 해야 한다면, 중요하거나 화급을 다투지 않는 일은 잠시 옆으로 제쳐두는 것이 현명하다. 다음으로 행동은 과감해야 하며 우유부단해서는 안 된다. 특히 두 가지 일이 경중이나 완급을 분별하기 어렵고 동시에 처리할 수 없을 때 중요하다. 이런 경우 당사자는 망설이며 결단을 쉽게 내리지 못한다. 하지만 생각해 보면 분명해진다. 두 가지 모두 중요하다면, 어느 일을 먼저 선택해야 하는지 고민할 필요가 없다. 하나를 깨끗하게 포기하고 다른 하나에 전력을 기울여야 한다. 적어도 한 가지 일을 완성하는 편이 둘 다 제대로 하지 못하는 것보다는 훨씬 나은 일이다.

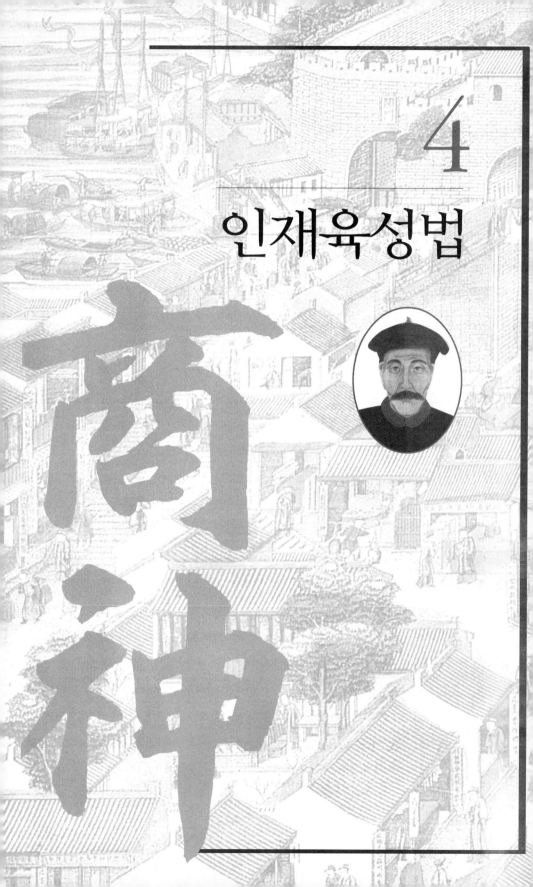

4

인재육성법

商神

10

사람에게 공을 들여라

천하의 모든 사람이 돈을 벌어주는 유능한 동료이다

장사는 혼자 먹는 밥상이 아니다. 혼자 먹으려는 사람은 안목이 바늘귀만큼도 안 되는 소인배로 결코 큰일을 할 수 없다. 호설암은 장사가 결코 한 사람의 힘으로 되는 것이 아니라는 것을 잘 알고 있었다. 모든 사람들의 협력이 중요하다고 생각했다. 그가 작은 자본을 가지고도 거상이 될 수 있었던 이유는 사람을 쓰는 일에 능했기 때문이다. 호설암은 모든 일을 과감하게 추진하며, 다른 사람들은 감히 생각지도 못하는 일에 도전했다. 또한 치밀한 계획을 통해 남들이 생각지도 못한 방법으로 큰 이윤을 창출할 줄 알았다. 일단 상황판단이 끝나면, 과감하게 행동에 옮기는 것이 그의 비결이었다. 하지만 그는 혼자서 일을 처리하지 않았다. 반드시 능력 있는 사람들을 활용했다. 호설암이 사람을 쓸 때 변함없이 지켰던 한 가지 원칙은 일을 맡긴 이상 의심하지 않는 것이었다. 이러한 인재

활용법은 호설암의 풍모와 재능을 보여주는 것으로 오늘을 사는 우리들도 기꺼이 수긍하게 만든다.

🔵 호설암 경상지법 46
서로 돕는 것이 재물을 모으는 길이다

호설암은 "화려한 꽃가마도 두 사람이 맞든다"는 말을 자주 했다. 이는 항주의 속담인데, 사람과 사람은 불가분의 관계에 있으며 서로 지키고 도와야 한다는 뜻이다. 그래야만 하는 일이 순조롭고, 장사가 발전한다.

하지만 진정으로 그 이치를 아는 사람은 결코 많지 않다. 중국은 전통적인 국가로, 인문적 배경이 상대적으로 세속화되어 있다. 어떤 일을 이루기 위해서는 여러 사람의 역량을 하나로 결집하여 활용하는 능력이 반드시 필요한 사회였다. 복잡한 인간관계는 때론 짐이 되기도 하지만, 적절하게 이용한다면 성공에 이르는 시발점이 될 수 있다. 다른 사람을 돕는 것이 바로 자신을 돕는 것이기 때문이다.

왕유령이 호설암의 도움으로 호주지부에 오르기 전, 호설암은 전장을 시작했다. 그의 전장이 관고를 대리할 수 있는 기회가 마련된 것이다. 하지만 현실적으로 큰 벽이 있었다. 그것은 바로 전곡사야(錢谷師爺 : 청대 관청의 재무를 담당하던 관리-옮긴이)였다. 옛날 주와 현의 아문에는 전곡사야와 형명사야(刑名師爺 : 청대 형사업무를 주관하던 관리-옮긴이)가 있었다. 사야는 관직의 업무를 보좌하는 고문에 불과했다. 하지만 이들은 법률과 규제에 정통했기 때문에 주나 현의 사법 및 재정과 관련된 구체적인 업무가 실제로 그들의 관할 하에 있었다.

게다가 이들은 자신들의 스승으로부터 넓은 학문과 견문을 전수받았기 때문에, 주현의 관리들도 그들을 가벼이 대하지 못했다. 사야는 독립적으로 일을 처리하며 관청의 명을 받지 않았다. 온건한 인사들은 주현의 수장들과 원만한 관계를 유지했으나, 독단적인 인물들은 그들을 무시하는 태도를 보이기도 했다. 따라서 호주관고의 업무를 대리하기 위해서는 먼저 전곡사야의 환심을 사야 했다.

호설암과 왕유령은 '가마를 맞드는' 절묘한 호흡으로 사야의 환심을 샀다. 왕유령이 호주로 부임한 때가 마침 단오였는데, 호설암은 이때를 이용했다. 그는 부임 축하연회에 초대를 받은 형명과 전곡, 두 사야의 고향 가족들에게 단오에 필요한 돈과 곡물을 전했다. 그리고 이 선물을 왕유령의 이름으로 전했다. 두 사야는 왕유령에게 고마움을 전했고, 왕유령은 호설암의 성의라고 밝혔다. 자연스럽게 두 사람은 호설암의 사람됨과 왕대인의 의중을 인식하게 되었다. 한 가지 좋은 일로 두 곳의 마음을 얻은 셈이었다. 왕유령과 호설암이 미리 상의한 것은 아니었지만 마치 입을 맞춘 듯이 절묘한 장면을 연출했던 것이다.

서로 돕는 일은 크게 신경을 써야 한다거나 큰 힘이 필요한 것이 아니다. 어떤 때는 사소한 일로도 상대에게 도움을 줄 수 있다. 왕유령이 호설암에게 해주었던 것은 한마디 말뿐이었지만 큰 효과를 가져왔다. 호설암과 왕유령 두 사람은 서로를 돕는 언행을 통해, 예로부터 '신선', '호랑이', '개' 등으로 불리던 사야들의 마음을 얻어 호주에서 하는 장사에 적극적으로 나서도록 만들었던 것이다. 또한 호설암은 호주의 전곡사야 양용지(楊用之)로부터 중요한 인물을 소개받게 되는데, 그가 바로 욱서였다. 호주가 조정에 받치는 세금과 곡물이 적지 않았기 때문에, 그는 결코 노여움을 사서는 안 될 인물이었다. 욱서는 훗날 호설암의 든든한 협력자가 되었다.

호설암은 하고 싶은 일도 많고 관여하는 일도 많은 인물이었다. 전장을 열면서 생사장사를 생각했고, 그 와중에 약국을 생각했으며 다시 군수물자, 식량, 전당포 등등 끊임이 없었다. 게다가 장사와는 관계없는 일들도 많이 처리했다. 절강 조방과 송강 조방의 분쟁을 중재했고, 욱서의 집안 문제와 고응춘의 혼사에 도움을 주었다. 하지만 한 사람의 힘은 제한적일 수밖에 없다. 이런 일들에 관여하면서 호설암에게도 위기가 찾아온 것이다.

호설암이 아무리 활력과 힘이 넘치는 인물이라 하더라도, 실수와 허점은 있기 마련이었다. 그의 실수는 자신의 경상 왕국 전체를 와해시키는 지극히 중대한 실수였다. 그가 복본상을 부강 전장의 책임자로 임명한 것이 바로 치명적인 실수였다.

복본상은 전장의 업무에 밝은 유능한 인물이었다. 하지만 욕심이 많고 행동이 가벼웠다. 그는 호설암이 '벌이는' 사업을 보고 '사내대장부가 저 정도의 일은 해야 한다'는 맹목적인 생각에 사로잡혔다. 그는 부강 전장의 자본을 가지고 자기 장사를 하려고 꾀했다. 그러다 보니 자연히 다른 사람의 꾐에도 쉽게 넘어갔다. 결국 외사촌 동생 진이생(陳義生)의 부추김으로, 부강의 자금을 빼돌려 장사에 손을 댔다.

그는 자신의 욕심을 채우기 위해 속임수와 거짓을 일삼았다. 암암리에 호설암의 방직공장 구입계획도 방해했다. 그는 방직공장 구입계획은 사업상의 손실을 보충하기 위해 구입하는 것처럼 꾸미는 거라는 소문을 퍼뜨렸다. 심지어 방직공장을 내놓은 사람을 구슬려 다른 구매자를 소개해 주기도 했다. 또한, 파산한 방직공장을 구입하는데 필요한 자금을 마련해 주라는 호설암의 지시에도 불구하고, 자금을 내줄 수 없다고 감히 거절하기까지 했다. 고응춘이 호설암으로부터 방직공장 구입 지시를 받고, 복분상에게 은표를 발행해 줄 것을 요구했을 때도 그는 이를 거절하면서 비웃기까지 했다.

이것은 호설암이 서양 상인들과 대립하면서 살아남기 위해 마지막으로 둔 수였다. 그런데 복본상의 방해로 기회를 놓치고, 호설암은 서양 상인 세력과의 대결에서 결국 철저하게 무너지고 말았다. 예금인출 사태 때에도 복본상이 대처를 잘못해서 사태가 더 심각해졌다.

이런 변화가 하루이틀 만에 나타난 것은 아니었다. 고응춘이 호설암에게 복본상이 대출을 거절했다는 사실을 알려준 것은 일종의 조짐이었다. 복본상이 이미 호설암의 뒤에서 다른 수작을 하고 있다는 의미였다. 호설암과 생사를 같이하기로 맹세한 친구에게 감히 맞서는 것은 그가 이미 호설암과 다른 배를 탔다는 것을 보여주는 것이 아니고 무엇이겠는가?

그리고 이보다 더욱 중요한 사실이 있었다. 복본상은 빚 독촉을 하고 있었다. 그것은 전장의 경영상태와 자금회전이 이미 어려워졌다는 것을 말해준다. 그렇지 않았다면, 복본상이 호설암과 뜻을 달리했다 하더라도, 고응춘에게 그렇게 노골적으로 불손한 태도를 취하지는 않았을 것이다. 하지만 호설암은 이런 징조들에 주의하지 않았고, 결국 수습할 수 없는 후환을 초래했다. 예금인출 사태가 발생한 후 호설암은 그제서야 이 모든 것을 깨달았지만, 이미 때는 늦었다.

호설암의 실수는 전장에만 국한되지 않았다. 그가 운영하던 전당포는 1년에 50만 냥이 넘는 수익이 발생할 정도로 알짜배기였다. 관리만 잘한다면 이것만으로도 그런대로 기반을 유지할 수 있었다. 하지만 그는 제대로 관리하지 못했다. 전당포를 '가난한 사람들의 전장'으로 만들겠다는 의지가 있었으나, 이렇게 되면 매년 전당포의 손실이 은자 30만 냥이 넘었기 때문이다.

분명히 한 사람의 능력에는 한계가 있다. 관여하는 일이 많으면 능력부족으로 부지불식간에 실수와 허점이 노출된다. 복본상의 예가 이 사실을 잘 보여준다. 한 사람이 경영하는 사업은 고리처럼 서로 연결되어 있다. 따라서 어느 한 부분에서 실수가 나오면, 그것이 그동안 힘겹게 쌓아온 탑을 일거에 무너뜨리는 결과를 가져올 수 있다.

　서로를 돕는 일은 여러 방면에서 필요하다. 동료의 도움도 있어야 하며, 내부로부터의 도움도 있어야 한다. 이것은 현대의 경제전쟁에서 살아남을 수 있는 가장 중요한 경영전략이기도 하다.

✪ 호설암 경상지법 47
인재를 모으는 일에 돈을 아끼지 마라

　호설암은 인재를 곁에 두는 것을 이렇게 표현했다. "안목은 좋아야 하고, 사람은 믿을 수 있어야 하며, 보수는 더 많이 주어야 한다. 그만한 돈을 줘야 그만한 가치의 물건을 살 수 있는 법이다. 사람을 쓰는 일도 마찬가지다."

　호설암은 사람의 마음을 얻으려면 진심으로 대하고, 의심하지 않으며, 속박하지 않아야 한다고 생각했다. 또 한 가지 매우 중요한 수단은 바로 '재(財)'로써 '재(才)'를 사는 것이었다. 그가 부강 전장을 준비할 때, 무엇보다 시급했던 것은 유능한 '관리자'였다. 여러 경로를 통해 알아본 후, 그는 대원(大源) 전장의 직원인 유경생에게 맡기기로 결정했다.

　전장이 아직 문을 열지 않았고, 회전할 수 있는 자금도 아직 들어오지 않았던 때에, 그는 유경생에게 1년에 은자 2백 냥의 보수를 지급하기로 결정했다. 이는 연말에 주어지는 상여금이 포함되지 않은 보수였다. 더구나 그는 유경생에게 1년 치 보수를 미리 지급했다. 당시 항주에서 여덟 명의 가족이 매끼 고기반찬과 채소와 과일을 먹고, 겨울과 여름에 비단과 베로 만든 옷을 입는 정도의 생활할 수 있는 돈을 모두 계산하면 은자 10냥이 채 필요치 않았다. 1년에 은자 2백 냥이면 엄청난 금액이었던 것이다. 유경생조차도 너무 후한 대우를 받는다고 생각했을 정도였다.

호설암의 과감한 제안은 유경생의 마음을 움직여 그의 충성심을 이끌어낼 수 있었다.

또한 유경생의 마음을 안정시켜 집안 걱정 없이 전장 일에만 전념할 수 있도록 만들었다. 유능하고 충성스러운 일손을 얻게 된 호설암은 안심하고 부강 전장의 구체적인 운영으로부터 손을 뗄 수 있었다.

우리는 주변에서 새로운 사업을 추진할 때, 인재에 거액을 투자하지 못하는 사람들을 보게 된다. 그들은 사람에게 중요한 것은 마음이지 보수의 많고 적음이 아니라고 생각한다. 또한 보수는 경영상태에 따라 결정되어야 한다고 생각한다.

물론 이러한 생각도 일리는 있다. 하지만 그런 사고로는 절대 인재를 붙잡을 수 없다. 인재를 얻으려면 그에 상응하는 대가를 치뤄야 한다. 이것은 상식이다. 사람을 쓰는 것은 그를 통해 돈을 벌기 위함이다. 그런데, 그가 당신에게 큰돈을 벌어줄 때 합당한 보수를 주지 않는다면, 누가 당신을 위해 기꺼이 일을 하려고 나서겠는가? 그리고 경영상태를 가지고 보수의 근거로 삼는 것은 결코 올바른 태도가 아니다. 이것은 결국 자신의 이익을 기준으로 직원들의 보수를 결정하는 것과 마찬가지기 때문이다. 또한 수익을 보수의 근거로 삼으면 객관적인 상황이나 자신의 판단실수로 인해 초래된 손실을 직원에게 떠넘기는 결과가 생길 수도 있다.

호설암은 인재를 얻는 일에 결코 돈을 아끼지 않았다. 인재를 붙잡는 것을 돈으로 물건을 사는 것과 마찬가지라고 여겼다. 물건이 좋으면 값이 비싸듯이, 큰돈을 들여 붙잡을 가치가 있는 사람은 반드시 충성스럽고 유능한 인물이라는 것이다. 다시 말해 '그만한 돈을 줘야 그만한 물건을 얻는' 것이다. 호설암은 결코 자신의 수익을 기준으로 부리는 사람들의 보수를 결정한 적이 없었다. 적자를 보았을 때에도 지불해야 하는 돈은 한푼이라도 적게 주는 법이 없었다. 첫 생사거래를 완수한 다음에 호설암은 여러 곳에 사례를 하고 각자에게 이익분배를 한 후, 정작 자신은 전장을 준비하느라 빌려온 부채는 고사하고 오히려 더 많은 빚을 안게 되었다. "한바탕 헛고생을 했다"는 그의 말 그대로였다. 그렇지만, 자신을 도왔거나 협력해 주었던 고응춘, 욱서, 우오 등에게 주는 '배당금'은 흔쾌히 지불했다. 호설암은 자신과 교분을 쌓은 사람들로부터 일을 멋지게 마무리하는 사람이라는 평판을 얻었다. 누구나 그를 도와 일하거나 협력하기를 원했다. 그는 재(財)로 재(才)를 붙잡았던 것이다.

호설암은 사람 문제에 관한 것이라면 인색한 법이 없었다. 호경여당에는 '양봉(陽俸)'과 '음봉(陰俸)' 두 종류의 규정이 있었다. 양봉은 오늘날의 퇴직금과 비슷한 급여였다. 호경여당의 직원들은 중도에 퇴직하거나 퇴출 당하는 경우가 아니라면, 늙고 병들어서 더 이상 일을 계속할 수 없게 된 후에도 죽을 때까지 호경여당으로부터 예전과 같은 보수를 받을 수 있었다. 음봉은 호경여당의 직원이 죽으면, 그 가족들에게 주어지는 위로금이었다. 이것은 호경여당의 발전을 위해 큰 공헌을 한 직원에게만 주어졌다. 그런 직원이 사망하면, 그가 생전에 받았던 보수대로 계산하여 가족들이 자립할 수 있을 때까지 지급했다.

"금 총알을 아까워하면 금 봉황을 잡을 수 없다"는 말이 있다. 인재를 곁에 두는 일도 같은 이치라 하겠다.

넓은 가슴이 인재를 끌어안을 수 있다

다른 사람이 당신에게 헌신하도록 만드는 것은 분명 일종의 능력이다. 호설암은 자신의 가슴을 조금 더 여는 것으로 사람들을 그렇게 만들었다.

주복년(朱福年)은 호설암과 방이가 함께 손잡고 서양 상인과 거래하는 것을 중간에서 방해하고, 주인의 돈을 빼돌려 자기 장사를 하는 등 성실하지 못한 사람이었다. 당연히 그의 '주인'인 방이가 이를 용납할 리가 없었다. 방이는 그의 행실을 샅샅이 조사해서 호된 맛을 보여주리라 마음먹었다. 하지만 호설암은 적절한 방법이 아니라고 생각했다. 그는 상대방이 마음으로 승복하도록 만들어야 한다고 말했다. 제갈량이 '칠종칠금(七從七擒 : 제갈량이 맹획을 일곱 번 잡아 일곱 번 풀어주었다는 고사-옮긴이)'해서 상대를 승복하게 만든 것을 예로 들었다.

호설암은 다음과 같은 방법을 제안했다. 사람들을 통해 주복년의 계좌와 생사점포의 자금을 빼돌려 장사를 한 내막을 조사한 후, 생사점포의 장부를 조사하여 장부에서 주복년의 허점을 찾아낸다. 이때 중요한 것은 주복년으로 하여금 자신의 행위가 '포착'되었을지도 모른다고 의심하도록 만들면서도, 그 내막을 분명히 드러내지 않아야 했다. 동시에 그에게 자신의 과실을 은폐할 수 있는 시간을 주어 빠져나갈 길을 열어주라고 했다. 마지막으로 주복년을 불러, 성심껏 일한다면 계속 그를 중용할 것이라는 점을 분명히 밝혀야 했다. 이렇게 하면 주복년은 감지덕지하며 철저하게 순종하게 될 것이라는 얘기였다.

호설암은 혜학령이 이야기해 준 고사에서 이 방법을 얻었다. 소주에 방유화

(方裕和)라는 거상이 있었다. 그는 2년 전부터 창고에서 물건이 없어지는 일이 자주 발생하자 암암리에 조사를 지시했다. 그리고는 오랜 시간이 지난 후에야 사태를 파악하게 되었다. 바로 신임하는 직원이자 자신의 집안 사람 이기도 한 인물이 외부와 내통한 것이었다. 그는 점포의 해산물이 밖으로 실려나가는 어수선한 틈을 타서 몰래 훔친 후, 나루터에서 외지로 팔아 넘겼다. 그동안 성내에 있는 점포와 식당들을 모조리 조사했지만, 미심쩍은 흔적을 전혀 발견할 수 없었던 것도 바로 이 때문이었다.

방행수의 추궁을 받자, 그는 자신이 물건을 빼돌린 사실을 시인했다. 일반적인 상식대로라면 그를 쫓아내는 것이 마땅했다. 하지만 방유화의 생각은 달랐다. 2년 동안 발각되지 않을 수 있었다는 것은 그가 상당히 유능하다는 의미였다. 그는 쫓아내기는커녕 오히려 더 많은 보수를 주고 그를 다시 직원으로 채용했다. 그 직원은 주인의 은혜에 반드시 보답하겠다고 마음먹게 되었고, 다시는 물건을 훔치지 않았다.

이것은 호설암이 보기에 상당히 괜찮은 처리방식이었다. 하지만 그의 생각은 약간 달랐다. 호설암은 혜학령에게 "나라면 비밀리에 조사를 하겠지만 진상을 알리지는 않았을 것이오. 그의 직위를 높이고 보수를 올려준 후, 그에게 도둑 찾는 일을 전담했을 거요"라고 말했다. 그 이유는 일단 도둑질을 했다는 사실을 들추어내면 그것이 상처가 되어 그 사람을 곁에 두기 힘들다는 것이었다. 굳이 밝혀내지 않아도 총명한 사람은 자신이 용서받았다는 것을 알 것이기 때문이다. 그 사람이 고마움을 느끼고 은혜에 보답하도록 만드는 것으로 충분하다고 호설암은 생각했다.

호설암이 말한 주복년에 대한 처리방법이 바로 이것이었다.

호설암의 방법은 분명 현명하고 효과적인 방법이다. "사람은 망신당하는 것을 무서워하고, 나무는 껍질이 벗겨지는 것을 무서워한다"는 말이 있다. 사람이 나쁜 일을 하고도 발각된 후 처벌받지 않으면 주인에게 마음속으로 고마움을 느끼게 된다. 하지만 마음의 상처 때문에 주인과 마주하기가 힘들어진다. 주인으로부터 더 이상 신임을 받지 못한다는 두려움과 수치심이 생겨, 자신있게 일을 할 수 없게 되는 것이다. 만약 주인이 그와 마주하기를 꺼려한다면, 상처는 더더욱 커진다. 이렇게 되면 더 이상 일을 할 수 없다. 따라서 잘못을 저지른 직원이 유능한 인물이고 붙잡고 싶다면, 그에게 체면을 지킬 수 있는 길을 열어주어 고마운 마음을 느끼도록 만드는 것이 현명하다. 이는 문제를 해결하는 동시에 한 사람을 구하고 자신에게도 이로운 결정이다.

물론 이 방법은 유능하고 양심적인 인재에게만 적용해야 한다. 죄질이 나쁜 사람은 딴 길을 가도록 만드는 것이 현명하다. 그래야만 자신에게 피해가 오지 않는다.

🌐 호설암 경상지법 49
아랫사람의 열정에 불을 지펴라

호설암은 상대의 장점을 활용하고, 그 능력을 발휘할 수 있도록 만드는 능력이 있었다.

호설암과 고응춘은 첫 대면에서 금세 의기투합했다. 고응춘은 이화양행(怡和洋行)의 중국 현지 경영활동 대리인이었다. 그는 서양인들과 오랫동안 함께 일해 왔기 때문에, 외국의 사정과 외국인들의 장사방식, 그리고 행동특징에 대해서도 잘 알고 있었다. 그렇기 때문에 호설암이 서양인들과 접촉했을 때 그의 도움은 이루 말할 수 없을 정도였다. 호설암이 모르는 것은 고응춘이 알고 있었다. 서양인에게 자금을 대출받을 때 이율은 얼마인지, 언제 상환해야 하는지, 어떤 방식으로 상환할 것인지 등에 관한 문제는 대체로 고응춘이 알아서 판단했다. 따라서 서양인들이 지나치게 불합리한 조건을 내세우거나, 호설암이 몰라서 손해보는 일은 없었다.

서양 여러 나라에 변화가 생기면 고응춘은 넓은 인맥과 다양한 경로를 통해 즉시 각국의 경기변동을 파악했다. 서양인들이 무리하게 생사매입을 거부하며 버틸 때에도 호설암은 서양에서 자연재해가 발생해 본국의 생사공급이 크게 줄었다는 정보를 입수할 수 있었다. 따라서 그는 서양인들이 이쪽에서 제시하는 조건과 가격으로 생사를 구입할 수밖에 없다는 것을 이미 알고 있었다. 호설암은 고응춘과 같은 훌륭한 협력자가 있었기 때문에 장장 20년 동안이나 상해지역의 생사무역을 독점할 수 있었던 것이다.

또한 호설암은 하계청과 만나면서 자신의 정치에 관한 이해가 단지 현(顯)과 성(省)의 사정에 국한되어 있으며, 관리사회의 여러 상황에 관해서는 거의 모르고 있다는 사실을 깨닫게 되었다. 중앙 조정의 관리들에 대해 모르고 있으니 정책이나 방안을 제시하는 자리에 함께 끼일 수 없고, 정책을 제시하는 자리에 합류할 수가 없으니 이득이 생길 수가 없었다. 그래서 호설암은 다양한 인물들과 접촉하는 데 특히 공을 들였다. 시문에 조예가 깊은 혜학령, 궁중 내막에 밝은 서용의(徐用儀), 호부 상서의 동생 보삼(寶森) 등과 교분을 쌓았다. 호설암은 이들과 교제하면서 조정의 사정에 대해 많은 걸 알게 되었다. 관리로서 지켜야 할 법도와 같은 작은 것에서부터 조정 내의 세력다툼 같은 살아 있는 지식도 있었다. 호설암에게 필요한 것은 바로 이런 소소한 지식이었다.

호설암은 공문서를 읽고 의미를 이해하는 일에 무척 서툴렀다. 하지만 자신의 장사에서 조정의 이해관계를 분석하는 일은 중요했다. 정말 중요한 일은 공문서가 아니라 고위관리가 더 도움이 되었다. 그래서 호설암은 몇 명의 가까운 친구들을 만드는 일에 열중했다. 한 명은 절강성 도대 덕형,

한 명은 고응춘 그리고 한 명은 우칠저였다. 특히 조정의 법도에 밝고 상황 파악에 빠른 인물들과 가까워지면서, 호설암은 자신이 구축한 관세(官勢)와 상세(商勢)를 철저하게 이용할 수 있었다.

서양인들이 소도회를 돕는다는 사실이 강남과 강서성 총독의 분노를 사서, 서양인들의 생사와 차 시장을 폐쇄해야 한다는 상소를 올린 정보를 호설암은 일찌감치 입수했다. 비밀경로를 통해 얻은 추측성 소식이었지만 의심할 바 없는 정보였다. 호설암은 이것을 근거로 생사를 대량으로 비축한 후 서양인들에게 고가로 팔아 엄청난 이득을 남겼다. 친구들을 통해 얻은 조정 내 상황변화에 관한 정보를 장사의 이윤으로 변화시킨 것이다. 후에 자신의 전장에 큰 위기가 닥쳤을 때에도 우칠저의 분석에 힘입어 사태를 전환할 수 있는 기회를 잡을 수 있었다. 이로 인해 그는 사람들로부터 "어려움 속에서도 기개가 빛나고, 한치의 소홀함이 없다"는 말을 들었다. 이처럼 정가(政街)에 대한 정확한 분석이 있었기 때문에, 호설암의 행동은 태연하고 침착할 수 있었다.

호설암은 "수수깡 껍질도 나름대로 의미가 있다. 수수깡 껍질이 없다면, 빈 대를 받칠 수 없지 않겠는가"하고 말했다.

수수깡 껍질이란 세도가에게 빌붙어 사는 부류의 인간들을 일컫는 말이다. 이들은 사람구실하기도 어려운 족속들이었지만 꼭 필요한 부류였다. 세도가의 놀고 마시는 자리에 흥을 돋우는 수수깡 껍질 같은 존재였던 것이다. 하지만 이 같은 부류의 인간들도 당시에는 장사에서 없어서는 안 될 특수한 '공적 관계'의 인물이었다.

호설암은 공적 관계의 중요성을 잘 알고 있었다. 상대방과의 관계가 돈독할수록 장사 역시 순조로운 법이다. 이런 관계는 상호간의 감정, 이해, 신뢰, 능력에 기초했다. 호설암은 수수깡 껍질 같은 인간들을 세도가들과 함께 실컷 즐기도록 만들어서, '협력'이라는 진짜 목적을 달성하고자 했던 것이다. 그는 인간과 세상물정을 분명히 인식하고 있었고 사람을 적재적소에 이용할 줄 알았다.

호설암 경상지법 50
시기를 받지 못하는 사람은 인재가 아니다

옛말에 "나무가 숲 가운데 아름다우면 바람이 반드시 그를 흔들고, 사람이 무리 가운데 빼어나면, 사람이 반드시 그를 반대한다"는 말이 있다. 한 사람의 재능과 식견이 다른 사람들을 평범하게 보이도록 만들 만큼 뛰어나면, 주변 사람들의 시기를 피하기 어렵다는 뜻이다. 평범한 사람은 특별한 작용을 하지 못하며, 또한 주변 사람의 이익에 위협이 되지도 못하기 때문에, 주변으로부터 시기를 불러일으키지도 않는다.

호설암는 늘 머릿속에 '사람들로부터 시기를 받지 못하는 사람은 인재가 아니다'라는 생각을 갖고 있었다. 시기를 받는 사람이야말로 능력 있는 사람이라는 뜻이다. 따라서 그는 사람을 발탁할 때 다른 사람들의 비난을 받는 인물들을 더욱 주목했다.

호설암의 이러한 인재관은 바로 그 자신에게서 비롯된 것이다. 그는 젊은 시절 도제로 일했을 때 능력이 뛰어나서 동료들로부터 질투와 미움을 받았다. 그들은 기회만 있으면 주인의 면전에서 호설암을 헐뜯었다. 이런 일들을 겪으면서 호설암의 인재관이 만들어진 것이었다.

고응춘은 상해에서 서양무역에 종사하는 역관이었다. 그는 영어실력이 뛰어났고 서양인 친구들이 많았는데, 특히 영국에 관해 잘 알고 있었다. 하지만 그를 더욱 돋보이게 한 것은, 서양인들과 교분이 두터우면서도 중국인들과 중국민족의 이익을 소중히 생각하는 마음이 깊었다는 점이다. 그는 중국인들끼리 서로 다투어 서양인들만 어부지리하는 상황을 몹시 안타까워했다. 호설암과 처음 만나자마자 그는 분통을 억눌러야 했던 한 가지 사건을 얘기해 주었다.

서양인으로부터 서양식 총과 탄약을 구매하기로 하고 가격협상까지 마친 후 계약만을 앞두고 있을 때였다. 그런데 어느 중국인이 그 서양인에게 가서 홍수전(洪秀全)의 군대가 서양식 총기를 급히 필요로 하는데, 그들은 돈을 얼마든지 줄 수 있다고 귀띔해 주었다. 그러자 그 서양인은 모든 일을 뒤엎고 다시 가격흥정을 해왔고, 결국 가격은 두 배 넘게 뛰어버렸다. 이야기를 하는 동안에도, 고응춘은 분을 삭이지 못했다. 그는 "서양인을 증오하는 자들은 하는 일마다 서로 발목을 잡고, 두려워하는 자들은 잘 보이려고 저희들끼리 싸웁니다. 머리가 잘 돌아가는 서양인들이 그런 기회를 놓칠 리가 없지요. 이런 인간들이 제일 가증스럽습니다"라고 말했다.

호설암은 고응춘의 태도에서 그가 분명 동료들로부터 배척을 받고 화가 나 있는 것이라고 짐작했다. 또한 그가 자신에게 필요한 인재라는 것도 알았다. 호설암은 그에게 함께 협력하여 서양인들과 장사를 해보자고 제안했다. 고응춘도 흔쾌히 동의했다. 이로써 호설암은 서양인들과의 무역에 뛰어들게 되었다. 영국인 허드슨과 협상하여 총 2백 점과 탄약 1만 발을 구입했고, 첫 생사무역에서 생사 수만 포대를 서양인에게 판매하고 일거에 은 자 수십만 냥을 벌어들였다.

호설암이 왕유령을 도와준 것도 이런 인재관에서 출발했다. 왕유령은 일개 서생으로, 과거에도 나가지 못하고 관직을 살 돈도 없는 가난한 처지였다. 하지만 그는 학문하는 사람의 지조와 기개를 꺾지 않았고, 이로 인해 사람들로부터 조소를 샀다. 오직 호설암만이 왕유령의 진면목을 알아보고 배척하지 않았다. 그는 '깨끗하고 기품 있는 자세와 부귀한 모습'을 지닌 왕유령을·보고 반드시 큰 인물이 될 것이라고 생각했다. 그래서 위험을 무릅쓰고 그에게 돈을 변통해 주었다. 호설암의 판단은 적중했고, 왕유령은 그의 도움으로 뜻을 이루었다. 호설암 역시 돈을 벌어 부의 길로 들어서게 되었다.

호설암은 자신이 아닌 다른 사람을 위해서도 많은 인재들을 발굴했다.

왕유령이 호주부로 부임해 있을 때, 그가 다스리는 한 현에서 민란이 발생했다. 이들은 현관을 죽이고 관아를 점령한 후, '무적대왕'이란 깃발을 내다 걸었다. 소식이 전해지자, 왕유령은 크게 노하여 회의를 열고 방법을 강구했다. 관리들은 이구동성으로 소탕해야 한다고 말했고, 왕유령도 그 의견에 동의했다.

하지만 사마송(司馬松)만이 이에 반대했다. 그는 현재 관병은 오랫동안 훈련을 받지 못해 싸우는 것이 미숙하므로 정면으로 부딪치는 것은 상책이 아니라고 말했다. 또한 관병들이 나섰다가 실패라도 한다면, 도처에서 백성들이 호응하여 들고 일어날 수도 있다고 했다. 그는 먼저 민란이 일어난 원인을 찾아야 민심도 안정시키고 난을 진정시킬 수 있을 거라고 주장했다.

사마송은 평소에 말이 없고 작은 이익을 탐하는데다가 늘 행색이 볼품없어서 동료들로부터 업신여김을 받고 있었다. 왕유령은 또한 그를 별로 탐탁치 않게 여겼지만, 친구의 소개로 왔기 때문에 쫓아내지 못하고 있었다. 평소에 그의 눈에 사마송은 아무 쓸모없는, 있으나마나 한 인물이었다. 왕유령은 사마송의 말은 들은 척도 하지 않고 1천 명의 관병을 민란 진압에 파병했다.

하지만 사마송의 예측은 틀리지 않았다. 관병의 반이 도중에 매복을 만나 죽거나 다쳤으며, 굶주림에 시달리던 백성들은 속속 무적대왕에게 합세하여 난동을 일으켰다. 크게 놀란 왕유령은 회의를 다시 소집했지만, 회의에 참석한 사람들은 이런저런 말만 늘어놓을 뿐 뾰족한 방법을 내놓지 못했다. 사마송의 의견을 물으려 했으나, 그는 병을 빙자하여 회의에 참석하라는 요청을 받고도 오지 않았다.

왕유령의 말을 들은 호설암은 사마송이야말로 난세에 필요한 인재라고 생각했다. 그는 사마송이 충직한 관상에 후대에 이름을 떨칠 상이며, 행동이 어수룩하고 단순해 보이지만, 실상은 총명하고 심지가 굳은 인물이라고 설명했다. 사마송은 평소에 말이 없고, 남의 말을 능숙하게 받아넘길 줄 모르는 인물이었다. 하지만 토벌할 것이 아니라 달래야 한다고 말한 것은 보통사람으로서는 그 뜻을 헤아리기 어려운, 앞을 내다본 계책이었다. 평소에 존재를 들어내지 않다가, 위기가 닥쳤을 때 지혜와 능력을 발휘하는 사람이 비로소 쓸모 있는 사람이다. 그가 왕유령을 위해 나서기를 꺼린 것은 왕유령이 일반적인 눈으로 그를 보았기 때문이었다.

사마송은 부인도 없이 힘들게 노모를 모시고 어려운 생활을 하고 있었다. 그의 친구가 왕유령의 관부에 소개해 주었지만, 재능을 발휘할 기회가 없었다. 이번에 그는 왕유령에게 계책을 내놓았지만, 왕유령은 사마송을 아예 안중에도 두지 않았다. 이것이 그를 크게 분노케 했다.

호설암의 설명을 들은 왕유령은 직접 사마송의 집을 찾아가 그 빚을 갚아주고, 생활비로 따로 5백 냥짜리 은표를 남겨놓고 돌아왔다. 왕유령이 돌아오자 호설암은 여종을 사마송에게 보내어 그의 후처로 삼게 하도록 건의했다. 이 모든 일에 사마송은 크게 감동했다. 그 다음날 감사를 전하러 찾아왔을 때, 호설암은 왕유령의 뜻을 그에게 전했다. 그 말을 들은 사마송은 역시나 별 말이 없이, 난민들과 만나 협상에 적극적으로 나섰다.

사마송은 난을 일으킨 무리들과 설전을 벌여 결국 난을 종식시켰다. 왕유령은 크게 기뻐하며 이 사실을 조정에 고했고, 조정에서는 그의 공을 치하하여 자신이 평정한 현의 현령으로 임명했다. 사마송이 부임한 지 얼마

되지 않아 그곳의 정치와 생활이 모두 안정을 이루었다. 그제서야 왕유령은 사마송이 본래 보기 드문 인재였다는 것을 깨달았다.

호설암은 다른 사람이 배척한다 하여 배척하지 않았으며, 독특한 혜안으로 자신만의 인재관을 입증해 보였다.

🏮 호설암 경상지법 51
사람을 잘못 쓰면 일을 그르친다

사람은 자신의 안목에 따라 써야 하며, 겉치레를 중시해서는 안 된다. 호설암은 장사를 돕는 사람을 뽑을 때 이 점에 주의했다. 그가 유경생을 쓸 때도 그러했고, 아주의 부모 장씨 부부와 함께 일을 할 때도 그러했다.

그가 자금을 대고, 아주의 부친으로 하여금 배를 타고 호주로 가서 생사 점포를 열도록 한 것은 본래 장씨를 돕고자 하는 뜻도 있었다. 호설암은 아주를 좋아했고, 심지어 그녀를 자신의 첩으로 삼고 싶은 생각을 가진 적도 있었다. 하지만 그는 여전히 치밀하게 고심을 한 끝에 그들에게 일을 맡기기로 결정을 했다. 왜냐하면 호주의 생사 문제는 앞으로 그가 하고자 하는 생사장사와 연관이 있었기 때문이다.

그는 아주의 모친에게서 생사와 관계된 여러 가지를 배울 수 있었다. 호설암은 이야기를 나누면서 그들이 평범한 부부이지만, 생사에 관해 남다른 식견이 있다는 것을 알게 되었다. 그들은 인내심과 안목도 있었고, 또 무척 성실했다. 안목과 능력이 있지만 속임수를 쓰는 사람은 다스리기가 힘들고 문제를 일으키기 쉽다. 그래서 성실하고 믿을 수 있어야 한다는 것이 호설암이 사람을 쓸 때의 전제조건이었다. 마침내 그는 자신이 자금을 대고 장씨에게 생사점포의 주인 자리를 맡겼다.

"자네가 사람을 직접 겪어보고 써야지, 그의 겉치레만을 봐서는 안 되네. 사람을 잘못 쓰면 피해를 입는 것은 자기 자신일세."

호설암은 유경생이 부강 전장의 직원을 물색할 때에도 이렇게 거듭 당부했다.

한 기업이라 하더라도 일하는 직원들의 일하는 태도, 기술수준, 숙련도는 각기 다르다. 일을 해도 안 해도 마찬가지고, 많이 하거나 적게 해도 차이가 없고, 잘 하거나 못 해도 상관이 없다면, 능력 없고 태만한 사람은 현실에 안주할 것이다. 또한 재능 있고 성실한 사람은 그 능력을 발휘할 수 없을 것이다. 이런 일을 막기 위해서는, 반드시 사람의 재능과 장점을 가장 효과적으로 개발하고 이용할 수 있는 경쟁 매커니즘과 상벌제도를 마련해야 한다. 호설암은 상벌을 통해 호경여당의 직원들을 효과적으로 관리했다. 실제 성과에 근거하여 위아래 관계없이 공평하게 처리했다. 처벌에는 관리층도 예외가 아니었으며, 상에는 약재 심부름을 하는 평범한 직원도 잊지 않았다.

보수와 승진은 하나의 격려수단이다. 당시 엽종덕에서 약재 써는 일을 하던 한 약공(藥工)이 있었는데 솜씨가 매우 뛰어나 '대패'라는 별명으로 불렸다. 하지만 성격이 불 같아서 엽종덕에서 더 이상 일을 못하게 되는 사건이 생겼다. 그는 소개를 받아 호경여당으로 오게 되었는데, 호설암은 오히려 능력을 인정하여 급여를 많이 주었고 약재방의 책임자로 앉혔다. 호설암은 '성질 사나운' 유능한 사람은 우대했지만, 순종적이지만 평범한 사람은 칭찬하지 않았다. 사람은 감정이 있는 사회적 동물이다. "정성이 이르면, 쇠나 금이라도 갈라진다"는 말이 있듯이, 조정에서 홍정상인으로 이름 높은 호설암이 사람들의 노여움을 사서 쫓겨난 자신을 중히 대우하는 것을 보고 대패 역시 더욱 열심히 노력했다.

호설암은 공이 있는 직원을 위해 특별히 공로주 제도도 두었다. 이것은 이윤의 일부를 떼어주는 일종의 특별 상여금이었다. 공로주는 영구적인 것으로 본인이 세상을 떠날 때까지 주어졌는데, 손영강(孫永康)이라는 젊은 약공이 이 상을 받았다. 한번은 호경여당의 맞은편 점포에서 불이 났는데, 불길이 빠르게 번져 호경여당 문전에 있던 간판으로 옮겨 붙으려 했다. 손영강은 주저없이 온몸에 찬물 한 통을 뒤집어쓰고 넘실거리는 불길 속으로 뛰어들어 간판을 들고 나왔다. 그의 머리카락이며 눈썹이 온통 불에 거슬렸다. 호설암은 이 소식을 듣자마자 사람들이 있는 자리에서 손영강에게 공로주를 주겠다고 선언했다.

또한 호설암은 '양봉'과 '음봉' 같은 직원들을 격려하는 제도도 만들어 운영했다. 하지만 직원들이 모두 양봉과 음봉을 받는 것은 아니며, 반드시 호경여당에 공이 있어야 한다는 전제가 있었다. 이는 공에 따라 혜택이 주어진다는 의미였다. 음봉과 양봉은 그 비용이 만만치 않았지만, 직원들의 집안 걱정을 해결하고, 그들 사이에서 경쟁을 유발하는 효과를 얻었다. 또한 직원들에게 적극성과 창조적인 태도를 불러일으킴으로써 얻어진 경제적인 이익은 지출된 돈을 훨씬 능가했다.

호설암의 장려제도는 결코 물질적인 것으로 끝나지 않았다. 다함께 복을 누린다는 정신으로 직원들의 책임감과 기업정신을 높이고, 신뢰와 칭찬, 조화로운 관계 등 관리수단을 통해 직원들의 능력을 강화했다.

호설암이 먼저 적극적으로 직원의 금전적 문제에 관심을 가지고 효과적으로 상벌과 격려제도를 운영했기 때문에 호경여당에는 여러 인재들이 모여들었다. 여러 인재들이 모여들기에 앞서 엽종덕에서 호경여당으로 옮긴 그 약공은 스물두 살에서 일흔일곱 살이 될 때까지, 장장 55년 동안 호경여당을 위해 일했다.

흔히 돈은 칼날 위에서 써야 한다는 말을 한다. 장사에서 능력 있고 충실한 직원은 칼날 위의 칼날이다. 인재를 얻기 위해서는 당연히 더 많은 돈을 써야 하며, 또한 그만한 가치가 있다.

유용한 사람을 내 사람으로 만들어라

사람들은 경쟁의 부담이나 이해관계 혹은 생존의 위기가 없는 상황에서는 다가올 위험을 생각하지 못하는 경우가 많다. "우환 속에 살고, 안락 속에서 죽는다"는 말이 나온 것도 이 때문이다. 호설암도 그저 얻거나 편안하게 이룬 것은 아무것도 없었다. 그는 시장의 위험과 경쟁 속에서 부단히 발전을 모색해야 했고, 인재를 필요로 했다. 따라서 그의 수하에 들어간 사람은 최선을 다해 자신의 역량을 발휘해야 했다.

장사란 말을 많이 해야 하고 부지런히 손을 움직여야 하며, 다리품도 많이 팔아야 한다. 또한 고도의 지혜와 재능을 활용해야 한다. 장사를 한다는 것은 식견과 재능을 발휘하는 일이며 지혜를 겨루는 것이다. 따라서 경영자는 자신을 위해 다방면의 인재들을 소유하는 것이 중요하다.

호설암은 대가를 아끼지 않고 인재를 발굴해 자기 사람으로 만들었다. 그가 보는 인재는 우선, 안목이 있어야 했다. 안목이 있다는 것은 풍부한 경험과 지식을 활용하여, 날카로운 관찰과 정보 입수, 그리고 기회를 포착하여 대담하고 신속하게 판단을 내릴 수 있는 것을 의미한다. 이런 능력을 갖춘 사람만이 변화무쌍한 이 세계에서 주도적인 역할을 할 수 있다고 생각한 것이다. 또한 지혜로운 장사수완 외에도 장사라는 전장(戰場)의 경험이 많고 시장상황에 밝으며, 단련된 정신력을 소유하고 있어서 변화에 당황하지 않고 민활하게 반응하는 인물이어야 했다. 신중하면서도 재빠르게 전략을 수립하는 능력도 있어야 했다.

자신의 안목에 근거하여 진정한 인재를 찾아내는 것이 '사람을 보고 사람을 쓰는 것'이다. 사람을 적절하게 쓰지 못하면 손해를 당하는 것은 바로 자기 자신이기 때문이다.

호설암은 창업 초기에 특별한 주의를 기울여 인재가 될 만한 사람을 직접 시험하고 발탁했다. 유경생의 경우, 부강 전장 '책임자'로 앉히기 위해 많은 공을 들였다. 원래 호설암은 유경생에 대해 유능한 사람이라는 인상 정도만 가지고 있었다. 그런데 그를 데려와야겠다는 생각이 들자, 한 차례 시험을 했다. 그 방법은 아주 특이했다. 호설암은 유경생이 여도 사람이라는 것을 알고, 찾아가 대뜸 그와 여도의 풍물에 관해 이것저것 많은 이야기를 나누었다. 여도에서 다시 영파로, 영파에서 다시 소흥으로 끝없이 이야기를 이어갔다. 두 시간이 흘렀지만, 정작 찾아온 이유에 관해서는 전혀 꺼내지 않았다. 유경생으로서는 곤혹스럽기까지 했다. 하지만 그는 호설암의 터무니없는 이야기를 싫은 내색없이 끝까지 들었다.

사실 호설암은 유경생의 인내심을 시험하고 있었던 것이다. 또한 돌발질문을 던져 유경생의 기억력과 관찰력도 시험했다. 유경생은 두서없는 질문에도 막힘 없이 대답해서 자신의 범상치 않은 능력을 보여주었다. 이렇게 묘한 시험을 거쳐 호설암은 비로소 그가 예사롭지 않은 안목과 능력이 있다고 판단하고, 그를 기용하기로 결정했다.

호설암에게는 적도 친구로 돌아서게 만드는 능력이 있었다. 이것은 그가 상계를 종횡무진 넘나들면서 자신의 사업을 날로 번창시킬 수 있었던 중요한 힘이며, 그의 자산이기도 했다.

🔵 호설암 경상지법 53
아랫사람을 믿고 맡겨라

"부지런하고 신속해야 한다. 여러 가지 일을 하다가 실수를 하더라도 조급해 할 필요는 없다. 내가 있으니 일이 잘못될 리 없다." 호설암은 말한 대로 확실히 행동하는 사람이었다.

아주의 부친 장씨는 호설암의 요청대로 생사점포를 열기 위해 호주로 돌아왔다. 하지만 어디서부터 어떻게 일을 시작해야 할지 엄두를 내지 못하고 있었다. 하루빨리 번듯한 점포를 물색하라는 호설암의 독촉에도 그는 하루이틀 미루기만 할 뿐이었다. 일을 시작하면서 발생할 일들이 번거로웠고, 감당할 자신이 없었기 때문이었다. 그래서 호설암이 호주로 올 때까지 그는 일을 진척시키지 못하고 있었다.

호설암은 장씨를 붙잡고 장사라는 일은 부지런해야 하고 빨라야 한다고 충고했다. 지금이 벌써 4월 말이니 곧 생사를 사들여야 하기 때문에, 서둘지 않으면 진짜로 일을 그르치게 될 것이라며 그를 타일렀다. 그는 일을 처리할 때 망설이거나 주인의 결정만을 기다려서는 안 된다고 말했다. 생각한 일은 곧바로 행동으로 옮겨야 한다는 것이었다. 그리고 "잘못했다 하더라도 조급해 할 필요는 없네! 내가 있으니 일이 잘못될 리는 없네"라고 말하며 장씨를 안심시켰다.

호설암은 일을 맡길 때 사람을 믿고 맡겨야 하며 의심하지 않아야 한다고 말했다. 호설암은 앞날에 관계되는 중요한 결정이 아니라면, 구체적인 운영상의 문제는 아랫사람에게 일임하고 간섭하는 일이 없었다. 단지 몇 가지 큰 원칙을 두고 있었다. 조정을 돕는 일이라면 손해를 보는 장사라도 할 수 있다는 것과 자금을 대출할 때는 그 대상을 봐야 하며, 태평군이 점령한 지역으로 가서 장사를 하는 상인에게는 대출해 주지 않는다는 등이었다. 그 외의 일에 관해서는 모두 유경생에게 일임하여 처리하도록 했다. 생사무역에 관한 일들은 고응춘에게 맡기고, 자신은 얼마 전에 시작한 군수품 장사에 힘을 쏟았다.

장사는 전쟁과 마찬가지다. 치열한 경쟁이 벌어지고, 순식간에 변화가 발생하며, 기회는 왔다가 금세 사라진다. 따라서 장사에서 성공하려면 정확한 판단력으로 과감하게 결정하고 신속하게 행동해야 한다. 그러기 위해서는 결정권자가 이러한 자질을 갖추고 있어야 하고, 아랫사람들은 창조적으로 구체적인 사무를 진행할 수 있어야 한다. 직원이 어떤 일이 생길 때마다 주인의 지시를 기다려야 한다면, 그렇게 주저하는 동안에 기회는 사라져버릴 것이다.

주인과 고용인의 관계는 단지 명령을 내리고 복종하는 관계만은 아니다. 직원이 그 재능을 충분히 발휘할 수 있는 조건이 갖추어질 때, 진정으로 사람을 쓰는 목적이 이루어지는 것이다. 사람은 누구나 성취감을 느낄 수 있어야 한다. 고용된 사람도 예외는 아니다. 유능한 사람일수록 성취감 속에서 심리적인 만족을 얻는다. 그를 믿고 쓰지 못한다면 성취감을 줄 수도, 능력을 발휘하게 만들 수도 없다.

인재는 자신의 가치실현을 중요시한다. 따라서 믿고 맡기며, 잘못을 허용할 때, 인재는 진정으로 단련될 수 있다. 이는 성공한 상계의 인물이 반드시 준수해야 할 규칙이다.

일을 이루기 위해서는
교묘한 수도 쓸 줄 알아야 한다

누구나 인재를 얻길 바라지만, 그 어려움이나 방법은 각기 다르다. 호설암은 인재를 얻는 데 뛰어난 고수였다. 걸어다니는 주판이라 불리던 이치어(李治魚)를 얻는 과정에서 그의 교묘한 수단의 단면을 엿볼 수 있다.

이치어는 호설암과 여러모로 비슷한 인물이었다. 어려서 전장에 들어가 도제가 되었고, 뒷간 청소에서 직원으로, 다시 전장의 책임자로 한발한발 승진했기 때문에 전장의 업무에 관한 한 모르는 것이 없었다. 특히 그는 신통할 정도로 빠른 암산능력으로 유명했다. 호설암과 함께 전장 업무에 관한 한 쌍벽을 이루는 인물로, 사람들은 "영강에는 이(李)가 있고, 신화에는 호(胡)가 있다"며 감탄했다.

경쟁의식 때문이었는지, 이치어와 호설암은 서로 교류가 없었고 또한 상대방을 곱지 않은 눈으로 보았다. 어쩌다 우연히 마주치는 일이 있어도, 차가운 얼굴로 냉소 섞인 말을 몇 마디 주고받는 것이 고작이었다. 하지만 호설암은 자신의 전장에 그가 꼭 필요하다고 생각했다. 자신이 한발 물러서서 그의 옹졸함을 더 이상 따지지 않기로 마음먹었다. 문제는 어떻게 이 '걸어다니는 주판'을 영강(永康) 전장에서 데려올 것인가였다.

하지만 그 일은 쉬운 게 아니었다. 영강 전장의 주인 조덕귀(趙得貴)는 이치어를 자신의 친자식처럼 극진히 보살펴주었다. 또한 자신의 무남독녀 옥함(玉函)을 그와 짝지어서 사위로 삼으려 한다는 소문이 있었다. 이치어는 사실상 이미 영강 전장의 주인이나 다름없었기 때문에 다른 곳으로 일자리를 옮길 이유가 없었다.

호설암은 참으로 난감했다. 하지만 앞으로 큰일을 하자면 이치어는 반드시 데려와야 하는 인물이기에 포기할 수 없었다. 호설암은 어디에서 손을 써야 할 것인지 고심했다. 갑자기 그의 머릿속에 한 사람이 떠올랐다. 그는 '그래, 바로 그 여자다!' 하고 무릎을 쳤다.

그는 급히 항주의 외딴 곳에 자리잡고 있는 어느 집으로 달려갔다. 그 집은 마씨 성을 가진 여자의 집으로, 그녀는 항주에서 유명한 매파였다. 호설암도 이전에 그녀를 통해 인연을 맺은 적이 있어서 서로 잘 아는 사이였다. 마침 순무 황종한의 셋째 부인이 죽고 없었는데, 호설암은 마씨에게 그 중매를 청했다.

"항주에서 내로라 하는 집안의 아가씨들은 모두 자네 머릿속에 있으니, 어디 어려운 일이겠나?" 호설암은 그녀를 치켜세웠다. "출중하고 미색이 뛰어난 규수를 택하여 올렸다가 황대인께서 흡족해 하시면, 자네에게도 좋은 일이 있을걸세."

마씨는 기뻐서 어쩔 줄 모르며, 손가락까지 꼽으면서 말했다. "동문의 유거사댁 딸은 다리가 너무 굵고, 서호의 조부자댁 큰딸은 아깝게도 눈이 사시고, 북공교의 강선비댁의 딸은 폐병이 있고, 영강 전장의 옥함아가씨는 재색과 미모를 고루 갖추었는데, 듣자 하니……" 하고 말꼬리를 흐렸다.

"듣자 하니 뭐란 말인가?" 호설암은 급히 그녀의 말을 끊으며 물었다.

"듣자 하니 그 집안에서 이미 사위로 점찍은 사람이 있어서, 옥함아가씨도 줄곧 다른 자리는 거절하고 있다는 얘기를 들었습니다요" 하고 마씨가 말했다.

"동방화촉을 밝힌 것이 아니라면, 그 정도야 문제될 것이 없는 일이지." 호설암은 일깨워주려는 듯이 말했다. 마씨는 고개를 끄덕이며 동의했다. "황대인이야 이 일대에서 가장 높은 어른이시고, 모두가 우러러보는 어른이시니, 하기야 옥함아가씨가 그 댁으로 시집을 간다면야 조씨 집안은 하루아침에 팔자가 피는 일이지요. 무대 어른의 장인이 되니, 아마 모르긴 몰라도 배 아파 하는 사람들이 많을 겁니다요."

두 사람이 의논을 한 후, 호설암은 곧바로 관부로 달려갔다. 본래 황 대인은 여색을 탐하는 인물로, 그 점을 잘 알고 있던 호설암은 그와 의논 한마디 없이 임의로 이 같은 일을 결정한 것이었다. 호설암이 온 이유를 들은 황순무는 눈가에 웃음을 띠면서, "자네가 말한 대로 내가 따르기로 하지" 하고 말했다. 그리고 5백 냥짜리 은표를 끊어주면서, 마씨에게 건네주고 조씨 집안에 중매를 넣으라고 분부했다.

마씨는 황대인이 응낙했다는 말을 듣자 날듯이 영강 전장으로 달려가서 조씨 부부를 만났다. 마씨의 이야기를 들은 조씨 부부는 어이가 없는 표정으로 앉아 있었다. 지금까지 옥함이 출가할 나이가 되어 여러 차례 중매가 들어왔으나, 조씨는 이치어를 사위 삼아서 전장을 물려줄 생각을 일찌감치 하고 있었기 때문에, 고의로 이를 소문내어 중매를 거절하고 있던 참이었다. 황대인이 자신의 딸을 첩으로 삼으려 할 줄은 생각조차 못한 일이었다.

마씨는 다그치듯이 말했다. "딸이란 게 원래 언젠가는 남의 집 사람이 되는 법 아닙니까. 황대인께 시집가면 하루아침에 팔자 피고 금은보화, 부귀영화가 모두 따님 것이 됩니다. 대인의 총애를 받아 정실부인이라도 되는 날이면 2품 부인 첩지를 받을 것입니다. 가문에 더없는 영광이요, 자자손손 그 은혜를 입는 일이 아니고 무엇이겠습니까?"

마씨의 구변에 조씨 부인도 아무 말이 없었다. 어느 어머니가 딸의 앞날을 생각하지 않겠는가.

일이 정해지자, 마씨는 관부로 내달았다. 황대인은 일을 잘 처리했다며 은자 5백 냥을 흔쾌히 내주었다. 혼사준비는 차질 없이 진행되었고, 보름이 채 못되어 혼례를 치렀다.

옥함이 시집간 후, 이치어는 크게 상심하여 풀이 죽었다. 조씨는 자신이 한 일이 있기 때문에 그를 건드리지 않았다. 불과 며칠 만에 두 사람은 서먹서 먹한 관계로 변해 있었다. 그런데 이런 와중에 일이 터졌다.

어느 날, 관부의 윤사부가 찾아와 영강 전장에 돈을 맡기고 은표를 받았 는데, 금액이 8백 냥이나 적다며 항의하는 일이 벌어졌다. 어떻게 된 일인 지, 걸어다니는 주판으로 불리는 이치어는 이 일을 기억하지 못했고, 말을 더듬으면서 제대로 답변도 하지 못했다. 조득귀는 재수가 없어서 이렇게 된 것이려니 생각하며 모자라는 은표를 채워주었다. 하지만 그는 생돈을 날렸다는 생각에 며칠 동안 속을 끓였다.

또 어느 날에는 외지에서 온 상인이 이치어를 찾아왔다. 이치어는 때마 침 일 때문에 외출 중이라 전장에 없었다. 조득귀는 직접 나와서 그를 대접 하며 이야기를 나누었다. 그런데 그가 멀리 운남에서 왔고, 이치어와 약재 장사를 같이 하고 있다는 사실을 알게 되었다. 근래에 장사에서 수익을 남 겼는데, 이치어에게 돈을 주기 위해 일부러 찾아왔다는 것이었다.

조득귀는 화가 머리끝까지 솟았다. 그가 준 보따리에는 수천 냥은 족히 됨직한 은 덩어리가 들어 있었다. 전장의 직원이 사사로이 장사를 하는 것 은 전장에서 엄히 금하는 일이었다. 이것은 주인에게 불충하다는 의미였고 전장의 돈을 전용했을지도 모른다는 의심을 살 만한 일이었다. 이치어가 돌아오자 조득귀는 엄하게 문책을 했다. 이치어는 완강하게 부인하며 모르 는 일이라고 했다. 하지만 두 사람의 관계는 이때부터 금이 가기 시작했다.

남을 헐뜯기를 좋아하는 자들이 조득귀에게, 이치어가 사위가 되지 못하 자 원한을 품고 다른 생각을 하고 있는 게 틀림없다고 속삭였다. 조득귀는 이 말을 그대로 믿고 암암리에 방비책을 마련하기 시작했다. 그러던 어느 날 이치어가 운이 없었던 탓인지, 정말 큰일이 터지고 말았다. 저녁 당직을 맡은 이치어가 큰 불을 내고 만 것이다. 점포 앞쪽이 절반 이상 탔고 몇 년 동안 기록해 왔던 장부들도 재로 변하고 말았다. 조씨 부부의 상심은 이만 저만이 아니었고, 모든 원망과 분노를 이치어에게 쏟아부었다. 이치어는 주인의 무정하고 매몰찬 태도에 뒤도 돌아보지 않고 영강 전장을 떠났다. 그런데 이치어가 가는 곳마다 소문이 꼬리를 물고 따라다녔다. 이치어가 주인 몰래 흉계를 꾸미다가 크게 손실을 입고 허위로 장부를 꾸몄는데, 거짓이 탄로날까봐 증거를 없애기 위해 불을 질렀다는 것이었다.

이치어는 가는 곳마다 냉대를 당하기 일쑤였고, 그의 마음속엔 절망만이 남게 되었다. 생각할수록 분하고 억울하여 견디기가 어려운데다가, 주머니마저 텅 비어 빈털터리가 되었다. 그에겐 시골로 내려가 친척과 친구들에게 의탁하는 수밖에 없었다.

그날, 이치어는 구불구불한 산길을 간신히 걷고 있었다. 엄동설한에 사방을 둘러봐도 보이는 것이라곤 산뿐이었다. 죽을 힘을 다해 걷던 그는 다리 힘마저 풀리면서 그만 담벼락 옆에 쓰러지고 말았다. 그런데 일어날 힘조차 없어 그대로 바닥에 누워 있던 그를 누군가 흔들어 깨우기 시작했다.

"이사형, 이사형!"

귀에 익은 듯한 목소리에 이치어는 눈에 힘을 주고 바라보았다. 바로 호설암이었다.

"당신은 신화의 호설암이 아니오?"

호설암은 자신이 직접 주도한 이 비극을 보면서 내심 기뻐했지만, 내색하지 않고 말했다.

"시골에 아는 분을 만나러 가던 길이었는데, 이렇게 병이 들어 쓰러진 사형을 만나다니 생각지도 못했습니다."

이치어는 어금니를 깨물며 "이 모든 게 피도 눈물도 없는 그 조가 놈 때문입니다. 그렇게 냉정하게 등을 돌리다니, 나를 굶어 죽을 지경이 되게 만들었습니다. 이 원한을 갚지 않으면 내가 사람이 아닙니다" 하고 말했다.

호설암은 "군자가 원수를 갚는 데 10년이 걸려도 늦지 않다 했습니다. 사형이나 나나 모두 전장에서 일하며 남다른 능력으로 일했건만, 그 모든 게 헛수고에 불과했습니다. 우리 둘 다 단번에 내쫓기고 말았지 않습니까. 이렇게 될 줄 미리 알았어야 했습니다. 사형, 나하고 천천히 의논해 봅시다" 하고 말했다.

길가에 있는 작은 식당에 들어간 호설암은 술과 요리를 시키고는 가득 술을 부어 이치어에게 권했다. 이치어는 사양하지 않고 몇 잔의 술을 연거푸 들이켰다. 그제서야 호설암이 입을 열었다.

"이사형, 시골에 가면 무슨 살 방도라도 있습니까?"

"보리 베고 모 심고, 농사라도 지어서 안 굶고 살아야지요."

이치어가 한숨을 쉬며 말했다.

"돈을 셈하는 능력을 타고난 양반이 재주를 써보지도 못하다니, 그냥 이렇게 주저앉고 말 작정입니까?"

"악명이 자자한데 누가 나를 써주겠소. 운명이려니 해야지."

호설암은 그를 뚫어지게 바라보며 "만약 누군가가 사형의 사람됨을 믿고 전장의 관리를 맡긴다면 어떻겠습니까?" 하고 물었다.

이치어는 믿지 못하겠다는 듯한 표정을 지었다.

"정말 그렇다면 그보다 더 기쁜 일이 어디 있겠습니까? 하지만 어느 누가 그렇게 할 수 있겠습니까?"

"멀리 있다면 하늘 저쪽만큼 멀고, 가깝다면 바로 눈앞에 있는 듯이 가까운 이 동생이 있지 않습니까."

"정말입니까?"

"저와 사형은 같은 일을 해왔습니다. 영웅이 영웅을 말하고, 인물이 인물을 알아보는 법입니다. 늘 사형을 존경해 왔는데, 오늘 이렇게 사형에게 청을 하게 되었습니다. 함께 사업을 해봅시다."

"지금 거짓말을 하고 있는 게지요? 전장을 열다니, 어디서 그 많은 돈이 생겼단 말이오?

"사형을 속이다니요. 저는 신화를 떠난 후, 어느 귀한 분의 친구가 되었습니다. 그분의 도움으로 전장을 열게 되었는데, 지금 도와줄 사람이 없습니다. 괜찮으시다면 전장을 맡아주십시오. 어떻습니까?"

절망에 빠진 그에게 하늘에서 동아줄이 내려온 것이나 마찬가지인데, 어찌 응하지 않겠는가? 이치어는 고마운 마음에 호설암 앞에 무릎을 꿇고 고개를 숙였다. 호설암은 급히 그를 일으켜 세우며, "우리는 이제 형제나 마찬가지인데, 이렇게 예를 차리실 필요가 없습니다. 이제부터 같은 배를 탔으니, 같이 전장을 크게 일으켜 봅시다" 하고 말했다. 그러고는 품에서 2천 냥이 예금된 통장을 꺼내어 그에게 주었다. "이제부터 사형께서 부강의 책임자이십니다. 매달 10냥의 보수를 드리고, 연말에는 따로 장려금을 드리겠습니다. 이 돈은 쓰고 싶은 대로 쓰십시오. 집을 사시든 일할 사람을 고용하시든 물건을 사시든 알아서 하십시오. 모자라면 말씀만 하십시오. 제가 언제든 더 드리겠습니다."

이치어는 호설암의 솔직한 말과 후한 배려에 크게 감동하며, 큰소리로 외쳤다. "설암 아우, 염려마시오. 이 걸어다니는 주판이 하는 것을 지켜보기만 하시오!" 호설암은 "이후부터 우리 두 형제는 같은 배를 탔습니다. 같이 숨쉬고 같은 운명을 살 것입니다. 맛있는 음식도, 독한 술도 모두 함께할 것입니다" 하고 말했다. 그는 그제서야 진정으로 더없이 귀한 보물을 얻었다는 것을 알았다.

호설암이 이치어를 얻은 방법이 공명정대하다 할 수 없고, 심지어 비열하다 말할 수도 있다. 하지만 자고로 "간교하지 않은 상인이 없다"는 말이 있듯이, 호설암이 성공할 수 있었던 것은 도달해야 할 목표가 있는 한 수단을 가리지 않는 일면이 있었기 때문이다.

🌀 호설암 경상지법 55

주변을 맴도는 소인배들을 조심하라

세상에는 항상 사리(私利)를 노리고 주변을 맴돌면서 기회를 엿보는 사람들이 있다. 호설암은 "나는 사람을 볼 때 늘 좋은 점부터 먼저 본다. 나는 세상에 나쁜 사람이 있다고는 믿지 않는다. 능력이 없기 때문에 나쁜 짓을 하게 되는 것이며, 능력이 있다면 반드시 좋은 일을 한다. 나쁜 짓을 하는 사람은 능력이 없어서 그러는 것이니 그들을 두려워할 필요가 없다"고 말한 적이 있다. 이는 그럴듯하게 들리지만, 한편으로 호설암의 약점을 드러낸 말이기도 하다.

호설암에게는 사람의 마음을 설득하고 적대적인 사람도 친구로 돌아서게 만드는 대단한 면이 있었다. 하지만 그는 아랫사람에 대해 지나칠 정도로 너그러운 면이 있었다. 그 사람의 좋은 점을 더 많이 보고, 사람을 쓸 때 그의 장점을 활용하며, 나쁜 점으로 사람을 평가하지 않았다. 확실히 자신을 위해 일할 사람들을 곁으로 불러들인다는 점에서 더없이 좋은 장점이었다. 하지만 동시에 위험한 약점이기도 했다. 소인배가 활개칠 수 있도록 만들 수 있기 때문이다. 소인배를 제대로 보지 못하고 내버려두면, 반드시 심각한 후환을 초래하게 된다.

늘 좋은 쪽에서 사람을 보게 되면, 소인배를 볼 줄 모르게 된다. 게다가 나쁜 짓을 하는 사람은 능력이 없기 때문에 두려워할 필요가 없다고 단정해 버리면, 소인배에 대한 방어벽을 만들지 못하게 된다.

소인배에 대비하는 마음이 없으면 그 피해를 당할 수밖에 없다. 호설암이 바로 소인배의 해를 가장 극단적으로 당한 경우였다. 그의 전장이 결국에 가서 파산에 이른 것은, 절반은 시대상황 때문이었지만 절반은 소인배

복본상의 해(害) 때문이었다.

파산을 피할 수 없게 되자, 그의 부인은 파산 후에 생계라도 마련할 요량으로 자신의 장신구 몇 점을 베개 속에 감추어서 주보여(朱寶如)라는 사람의 집에 보관해 두었다. 주보여라는 사람은 항주에서 이름난 부자였지만, 그의 재산은 관부를 등에 업고 갖가지 모략과 잔꾀로 긁어 모은 떳떳하지 못한 것이었다. 그 사실을 호설암도 다 알고 있었지만, 그냥 내버려두었다. 그것들을 내버려둔 것은 결국 조금이나마 생계에 보탬이 될 수 있었던 재산마저 그들의 입 속에 털어넣는 결과를 부르고 말았다. 호설암의 부인은 마지막 남은 희망마저 부서지자 스스로 목숨을 끊었다.

속담에 도둑은 소인배지만, 그 지혜가 군자를 능가한다는 말이 있다. 이 세상에서 벌어지는 나쁜 짓들 중에 많은 일들이 능력 있는 인간들에 의해 자행된 것이다. 소인배는 주목받을 만큼 좋은 일을 하지도 않지만, 그가 벌이는 나쁜 짓은 다른 사람의 모든 것을 철저하게 파멸시킨다.

호설암의 일은 사람을 대비하는 마음이 없어서는 안 된다는 것, 특히 자신의 주변에 있는 소인배를 철저하게 대비해야 한다는 교훈을 보여주고 있다.

🦀 호설암 경상지법 56
사람을 쓸 때는 의심하지 마라

어느 분야든 인재의 활용은 중요하다. 호설암에게는 자신의 밑에 있는 인재가 적극적으로 일하고 능력을 최대한 발휘할 수 있도록 만드는 능력이 있었다. 바로 아랫사람을 충분히 신뢰하고 그에게 맡긴다는 것이다.

경쟁은 치열하고 사방에 위기가 도사리고 있는데다 좋은 기회는 조금만 주저해도 곧 사라진다. 따라서 과감하게 결정하고 신속하게 행동하는 결단력이 필요하다. 결정의 순간에 바로 실무를 보는 직원들의 자질과 능력이 요구된다. 하지만 더 중요한 것이 있는데, 그것은 일을 결정할 수 있는 '권한'이다. 주인이 아랫사람에게 충분한 권한을 주고 그들에게 독립적으로 결정하고 자신의 능력을 발휘할 수 있도록 해주면 기회를 잡을 수 있다.

호설암은 정말 뛰어난 능력의 소유자였지만, 사업을 키우기에 자신만으로는 부족했다. 그는 함께 일할 사람들을 쓰기 시작했다. 호설암은 믿고 맡기며, 맡겼으면 의심하지 않는다는 원칙을 가지고 사람을 썼다.

장사의 앞날을 좌지우지하는 문제가 아닌 이상, 구체적인 업무의 진행은 아랫사람들에게 맡기고, 결코 마음대로 간섭하지 않았다. 부강 전장의 개업 초기, 그는 전장의 책임자로 발탁한 유경생에게 거의 모든 일을 맡겼다. 다만 몇 가지 중요한 원칙을 두었는데, 조정을 돕는 일이라면 손해보는 장사라도 할 것, 돈을 대출할 때에는 그 대상을 볼 것 등이었다. 기타 다른 문제들은 유경생이 직접 알아서 결정하도록 했다.

유경생이 과감하게 2만 냥 가치의 '관표'를 사들인 것이 그 한 예다. 관표는 조정이 새로 발행한 지폐인데, 태평군 진압에 필요한 군비를 마련하기 위해서였다. 관표의 발행은 통화팽창을 초래하여, 그 가치가 평가절하할 가능성이 있었다. 하지만 조정은 항주의 각 전장에 대해 은자 25만 냥에 달하는 관표발행을 강행했다.

항주의 모든 전장이 모여 이 문제를 논의했다. 각 전장들은 저마다 어려움을 호소하며, 구입액의 60퍼센트는 현금으로 납부하고 40퍼센트는 4개월 후 완납하라는 구입조건에 대해서도 불만을 나타냈다. 하지만, 유경생은 사전에 이미 호설암과 관표 일을 놓고 이야기를 나누었다. 호설암은 구입하라는 말을 명확하게 하지 않았지만, 조정을 돕는 일이라면 손해보는 장사라도 해야 한다는 원칙을 강조했었다. 그래서 유경생은 가장 먼저 자발적으로 2만 냥의 관표를 매입하겠다고 나섰다. 이 행동으로 인해 부강은 곧바로 주목을 받게 되었다. 호설암은 이 소식을 듣고 크게 기뻐하며 전장을 완전히 유경생에게 맡겨도 되겠다고 생각했다. 이것은 그가 사람을 쓸 때 의심하지 않은 결과였다.

이뿐만이 아니었다. 서양 상인을 대상으로 생사무역을 할 때도, 그는 매입자 결정, 가격협상 그리고 계약서 체결 등 모든 사무를 고응춘에게 맡기고 자신은 이제 막 시작한 군수품 장사에 전력투구했다. 첫번째 생사거래가 중요한 시기에 접어들고 있을 때에도, 그는 호주에서 욱서의 집안일을 해결하고 있었다.

주인과 직원의 관계는 자금주와 고용인의 관계이며, 직원은 주인이 맡긴 임무를 원만하게 처리해야 할 의무가 있다. 하지만 그 관계가 단지 복종과 피복종의 관계만은 아니다. 직원이 자신의 재능을 충분히 발휘해야만 사람을 쓰는 진정한 목적을 달성할 수 있다. 믿고 일을 맡기지 않으면, 피동적인 위치에만 머물러 있게 되고 그 능력을 발휘할 엄두도 내지 못한다. 사람은 누구나 성취감을 중요시한다. 고용되어 일할 때에도 예외가 아니다. 능력 있는 사람일수록 성취감 속에서 심리적인 만족을 얻기 바란다. 인재를 곁에 두고자 한다면 그가 일에서 만족감을 얻을 수 있도록 충분히 능력을 발휘할 수 있는 환경을 만들어주어야 한다.

호설암은 사람이 능동성을 발휘하도록 동기를 부여하는 것이 중요하다는 것을 잘 알고 있었다. 현대인들은 자신의 가치실현을 더욱 중시한다. 인재에 대한 충분한 신뢰와 존중은 직접적인 물질적 격려보다 더 가치가 있다. 오늘날처럼 정보가 급속도로 변하는 사회에서는 직원 스스로가 독립적으로 결정해야 할 필요성이 더욱 커졌다. 믿고 맡기는 것이 재능과 지혜를 겸비한 인물을 얻을 수 있는 중요한 요소가 된다.

정(情)은 사람의 마음을 녹인다

호설암은 아랫사람에게 물질적인 도움 외에도 '마음'으로 돕기 위해 노력했다. 걸출한 인물을 얻는 데도 마음은 중요했다. 돈도 중요하지만 마음으로 사람의 마음을 움직여야 한다는 것을 호설암은 누구보다 잘 이해하고 있었다. 그는 이 방법으로 왕유령을 위해 유능한 조력자 혜학령을 데려올 수 있었다.

왕유령이 관직에 올라 모든 일이 순조롭게 진행되고 있을 때 생각지도 못한 한 가지 임무를 맡게 되었다. 신성이라는 곳에서 한 스님이 백성들을 선동하여 소작료 납부를 거부하는 사건이 터진 것이다. 무대 황종한은 왕유령에게 군사를 몰고 가서 이들을 소탕하라고 명을 내렸다. 하지만 신성의 민심이 강경해서 군사를 몰고 나간다면 자칫 난동으로 번질 수 있는 상황이었다. 이때 혜학령이 '먼저 달래고 후에 소탕하는 것'이 좋겠다고 주장했다. 하지만 그는 재주는 있으나 자존심이 강한 인물이어서, 다른 사람을 대신하여 명을 전달하는 일은 할 수 없다고 말했다. 그는 매우 가난했지만, 돈문제로 인해 힘들어 하지 않았다. 호설암은 혜학령을 설득하지 않으면 안 된다고 느꼈다. 마침 얼마 전에 혜학령의 아내가 갑자기 사망했다는 사실을 안 호설암은 곧바로 그의 집을 찾아갔다. 하지만 혜학령은 만나기를 거절하며 방에서 나오지 않았다.

마당에 서 있던 호설암은 이미 혜학령이 사람을 멀리할 것이라는 것을 예상하고, 한 가지 다른 수를 미리 준비하고 있었다. 그는 혜학령에게 영정을 모신 방 앞으로 나와 맞아주기만 한다면, 방금 전에 가족들이 불을 붙인 향을 공손하게 바치며 예를 다하고 싶다고 말했다. 이는 확실히 기발한 생각이었다. 예법에 따르면, 지나가는 행인이라도 예를 바치고자 할 때는 주인이 반드시 예로써 이를 받아야 했다. 혜학령은 어쩔 수 없이 나와서 호설암을 안으로 맞아들이게 되었다.

자리에 앉자 호설암은 점잖게 예를 다하여 진심으로 위로를 전했다. 이 말에 혜학령은 청렴하고 오만한 기세를 한풀 꺾었다.

"혜형, 여기 작은 물건을 가져왔습니다. 왕대인께서 저에게 전해달라고 하셨습니다. 받아주시지요" 하고 말하면서, 호설암은 봉투 하나를 꺼내어 그의 앞에 내놓았다. 그 안에는 차용증서와 어음이 들어 있었는데, 봉투 겉봉에는 '무효'라는 도장이 찍혀 있었고, '폐기'라는 두 글자가 적혀 있었다. 이는 호설암이 자신의 전장과 전당포의 직원들을 통해서 작성한 것이었는데, 혜학령이 생활 때문에 전당에 맡긴 물건을 찾을 수 있도록 만든 것이었다.

호설암에게 크게 감화를 받은 혜학령은 한결 부드러운 기색을 띠었다.

혜학령은 호설암이 왕유령의 사람이라는 것을 알고 있었기 때문에 그를 경계했다. 하지만 호설암의 행동을 본 후에는 오히려 그에게 진심으로 감탄하는 마음이 생겼다.

며칠 후, 혜학령은 직접 신성으로 가서 사태를 성공적으로 마무리지었다. 또한 주동자들을 잡아서 항주로 이송했다. 무대 황종한은 조정에 상소를 올려 공이 있는 자들에게 상을 내리기를 청했다. 하지만 혜학령에게는 공을 치하한다는 말 외에는 아무런 상이 없었다. 호설암은 2만 냥의 은표를 봉투에 넣어 황종한의 본가로 보낸 후 왕유령에게 황종한을 만나러 가도록 기별을 보냈다. 황무대는 왕유령이 이임한 후에 절강 해운국의 직책을 혜학령에게 맡기겠다고 승낙했다. 이로써 모두에게 만족스런 결과가 나오게 되었다.

여기에서 우리는 호설암의 지혜로운 수완이 혜학령의 마음을 움직였다는 것을 알 수 있다. 호설암은 그의 죽은 아내에 대해 진심으로 예를 다하여 아내를 잃은 혜학령의 마음을 다독여서 단번에 그의 마음을 움직였다. 또한 실제적으로도 그를 도와주었다. 혜학령은 책을 읽는 선비로서 청렴과 체면을 무엇보다 소중하게 여겼다. 그래서 호설암은 그가 전당포에 맡긴 물건을 되찾을 수 있게 그의 이름으로 차용증을 써주었다. 이것은 돈이 마련되었을 때 갚을 수 있도록 조처를 취한 것이었다. 이는 혜학령에게 현실적인 도움을 주는 동시에 그의 체면도 지켜준 것이 되었다. 이렇게 되자 선비의 오만함과 고고함을 지녔던 혜학령도 일개 상인인 호설암을 새로운 눈으로 보지 않을 수 없게 되었다.

11

힘을 빌려 높이 도약하라

[두 발은 밝고 큰 길과 어두운 골목을 가리지 않고 간다]

세상에는 밝고 큰 길과 어두운 골목이 있다. 지혜롭지 못한 사람은 밝은 길을 가도 제대로 방향을 잡지 못하고 이리저리 부딪힌다. 지혜로운 사람은 어두운 골목이라도 잘 헤쳐나가는 수완이 있으며 힘을 빌려 높이 도약할 수도 있다. 호설암은 장사에서 힘을 빌릴 줄 아는 능력의 중요성을 익히 알고 있었다. 이를 얻기 위해 노력을 아끼지 않았으며, 결과적으로 엄청난 수익도 얻었다. 그에게는 감탄을 금치 못하는 두 가지 기술이 있었다. '사람을 움직이는 기술'과 '대세에 맞게 수완을 발휘하는 능력'이다. 그는 교묘한 상황 대처와 철저한 준비, 가면으로 얼굴을 가린 채 모든 것을 치밀하게 계획하는 능력 등, 힘을 빌려 도약할 줄 아는 사람의 모습을 고스란히 보여주고 있다. 당신의 손에는 '빌리는' 재주가 있는가?

반드시 상대의 심리를 탐자하라

청조 말엽, "3년간 청조의 지부(知府 : 지방관제-옮긴이)를 지내면, 10만의 재물이 생긴다"라는 말이 세간에 떠돌았다. 당시는 정치적 부패와 관제의 혼란이 극에 달했던 시기였다. 이러한 상황 하에서는 심리전에 능해야만 지혜로운 상인이 될 수 있었다. "다른 사람의 심리와 생각을 꿰뚫어보는 것이 장사의 오묘한 이치이다." 이것은 호설암이 한 명언이다.

왕유령이 호설암의 도움으로 곡물운송의 임무를 순조롭게 완수하자, 그의 명성이 절강성 일대에 널리 알려지게 되었다. 이에 힘입어 곧바로 지부라는, 누구나 탐을 내는 자리에 앉게 되었다. 관례에 따르면, 지부로 임명된 후에는 해운국의 직책을 사임해야 했다. 하지만 곡물운송에 쓰인 자금의 보충문제와 몇 가지 장사가 해운국과 연관이 있었기 때문에, 왕유령은 해운국의 직책을 잠시 겸하고자 했다. 그런데 이는 무대의 허락을 받아야만 했다. 왕유령은 절강 무대 황종한을 찾아가 이렇게 청했다. 하지만 그는 고의로 왕유령의 말에 애매하게 대답하면서 부강 전장의 상황에 대해 되물었다. 그리고 호설암의 전장에서 군비 은자 1만 냥을 자신을 대신하여 부담해 줄 수 있느냐고 물었다. 왕유령은 흔쾌히 황대인의 분부가 있으면 그렇게 하겠다고 말했다. 하지만 황종한은 왕유령이 해운국의 직책을 유지하는 문제에 대해서는 일절 언급하지 않았다.

왕유령은 어떻게 된 영문인지 몰라 호설암을 찾아갔다.

황종한이란 인물은 재물을 탐하고 돈에만 욕심이 있을 뿐, 인정이란 찾아볼 수 없는 인물이었다. 호설암은 왕유령에게 군비 대납 요구에 즉시 응한 것은 매우 현명한 처사였다고 말했다. 황종한은 해운국 직책을 빌미로 왕유령에게 돈을 뜯어낼 심산이었던 것이다.

왕유령은 그제서야 상황을 파악하고, 다음날 곧바로 황종한에게 은자 1만 냥을 보냈다. 그리고 실제로도 이 '약발'이 통해서 돈을 보내자마자, 그에게 해운국의 책임을 겸하라는 허락이 떨어졌다.

황종한은 재물에 대한 욕심이 대단했지만 공공연하게 요구하지도 않았고, 주지 않는다 해도 대놓고 문제 삼지도 않았다. 하지만 후에 다른 방식으로 자신의 뜻에 거슬리는 사람들을 손보았다. 호설암은 황종한의 사람됨을 미리 파악하고 돈만 있으면 된다는 것을 알고 있었다.

호설암은 앞으로도 종종 황종한이 돈을 요구할 것이라고 짐작했다. 곡물운송 문제로 왕유령과 호설암 일행이 상해로 떠나기 전, 왕유령은 경비로 3만 냥의 공금을 미리 수령했다. 사실 이 3만 냥 가운데 실제 경비는 1만 냥에 불과했다. 호설암은 황대인이 이번 상해행에 틀림없이 무엇인가를 기대하고 있을 것이라고 짐작했다.

과연 예상은 틀리지 않아, 황종한은 은자 2만 냥을 은근히 요구했다. 호설암은 왕유령에게 공금 2만 냥을 경비로 전용하여, 상해에 간 후 복건에 있는 황종한의 본가로 보내도록 했다. 호설암이 기민하고 재빠르게 일을 잘 처리했기 때문에 황종한은 그에게 여러모로 편리한 배경이 되어주었다. 군수물자 구입도 그의 도움에 힘입어 성사시킬 수 있었다.

하지만 뇌물을 받치는 것은 간단하게 돈을 보내기만 하면 되는 것이 아니었다. 조정의 일부 주요 대신들에게는 드러나지 않게 교묘한 방법을 써야 했다. 호설암은 이 방면에 있어 고수였다.

호설암은 광서 7년 3월에 북경으로 갔다. 은자 3백만 냥의 외채를 서양으로부터 도입할 수 있도록 중앙 조정의 허락을 받기 위해서였다. 북경에 도착하자마자 그는 곧 두 가지 문제에 직면했다. 우선 광서 황제의 부친 순친왕과 교분을 맺어야 했다. 순친왕은 조정금위군 '신기영'의 사령관직을 겸하고 있었는데, 신기영의 훈련과 관련해서 내심 호설암에게 자금을 요구하고 있었다. 호설암은 이 요구에 응하지 않을 수 없었다.

또 하나는 외채를 도입하려는 일과 관련이 있었다. 당시에는 만주족 출신의 보균이 호부상서와 각국 사무를 총괄하는 아문의 대신을 겸임하고 있었다. 이 자리는 오늘날의 재무장관 겸 외무장관에 해당된다. 따라서 호설암은 보균과 반드시 길을 터야 했다. 물론 그 방법은 은자를 보내는 것이었다. 하지만 그를 한번도 만난 적이 없었기 때문에 무작정 은표를 가지고 그의 집으로 갈 수는 없는 일이었다. 그는 이리저리 알아본 결과, 한 가지 경로를 찾아냈다.

북경에는 '유리장'이라고 불리는 곳이 있는데, 서적과 문방사우, 골동품, 서화 등을 전문으로 파는 곳이었다. 고관 대작들은 체면상 공공연하게 뇌물을 받을 수는 없었기 때문에 임시방편으로 유리장의 상가를 이용했다. 상가가 뇌물이 건너가는 중개역할을 하는 것이다.

만약 누군가가 어느 고관에게 부탁할 일이 있을 때 우선 유리장의 상인을 만나 골동품이나 그림을 사겠다고 말한다. 그러면 유리장의 상인은 그 고관의 관저로 가서 그곳에서 골동품이나 그림을 가지고 유리장으로 온다. 그는 뇌물을 주고자 하는 사람에게 그것을 판다. 유리장에서 골동품을 판 후 수고비를 제한 돈 전액을 고관의 관저로 보내면 일이 성사되는 시스템이었다. 고관은 자신의 물건을 판 돈을 받은 것이다. 분명히 뇌물이 오고 갔지만 전혀 돈 냄새를 풍기지 않는 것이다.

호설암은 이 방법을 이용하여 보균에게 3만 냥의 은자를 보냈다. 조정에서는 외채 도입의 합당함을 적극적으로 주장하는 의견이 오갔고, 마침내 일이 결정이 되었다.

호설암은 돈을 주거나 물건을 선물하는 것 외에도 관리의 심리를 잘 파악해 갖가지 수단을 활용하기도 했다. 그는 '특별한 사람들'의 심리를 잘 알고, 그들을 세심하게 돌보고 배려했다. 그렇기 때문에 어디에서든 필요한 도움을 얻어 일을 순조롭게 일을 진행시킬 수 있었다.

⊙ 호설암 경상지법 59
다방면으로 손잡아라

　　호설암의 경상은 여러 관계를 순조롭게 만들어 다양한 투자경로를 찾았으며, 이를 통해 장사도 크게 번창했다.

　호설암이 전장을 준비하던 무렵의 일이다. 아직 전장이 정식으로 간판을 내걸지도 않았는데 한 사람이 찾아왔다. 그는 자신을 고선생이라고 소개하며, 강녕부에서 공무를 보는 사람이라 했다. 그 노인장은 주머니에서 공문서 한 장을 꺼내어 호설암에게 읽어보라고 권했다. 호설암은 겸손하게 "저는 상인입니다. 공적인 일을 어찌 알겠습니까" 하고 거절했다. "보셔도 무방합니다." 노인장은 엷은 미소를 띠며 말했다. "장사하는 사람은 눈으로 육방을 보고, 귀로 팔방을 듣는다 했습니다. 전란의 시기에는 특히 그렇겠지요."

　서류에는 지방관리의 경질 소식이 적혀 있었고, 그중에 '강녕 지부 유대수 하남 번사로 승진'이라는 내용도 있었다. 호설암은 이 일 때문에 노인장이 찾아온 것이라고 짐작했다. 노인장은 매처럼 날카로운 눈으로 호설암을 뚫어지게 보며 말했다. "호씨는 어리석고 단순하니, 이 노인의 가르침을 잘 들으시오."

　그리고는 노인장은 거만한 표정으로 "우리 상전께서 하남 번사로 승진하셨는데, 호 주인장은 기쁘지 않으시오?" 하고 말했다. "당연히 축하할 일입니다만, 저와 무슨 상관인지요?" 호설암은 반문했다.

"호 주인장이 교분을 쌓고자 원한다면, 서로 큰 힘이 되고 좋은 관계를 만들 수 있을 것이오." 이어 노인장은 목소리를 낮추더니 "천리를 마다 않고 관직에 오르는 것은 다만 돈 때문이라 했소. 주인어른께서는 대범하여 좋은 일을 마다하지 않는 어른이셨소. 그러다 보니, 강녕에서 3년을 재임하시는 동안 2만 냥의 관고 손실을 냈소. 머잖아 새로운 인물이 강녕으로 부임해 올 텐데, 앞날에 해가 있을까 걱정이오" 하고 말했다.

호설암은 금세 상황을 이해했다. 새로 후임자가 올 때, 전임자가 재정적자를 메우지 못해 안달하는 것은 어디에서나 흔히 보는 일이었다. 아무도 모르게 장부상으로 말끔하게 처리해 두기만 한다면 '청렴결백하고 유능하다'는 평가를 받을 수 있었다. 고노인이 온 것은 바로 그러한 돈을 빌리기 위해서였던 것이다. 하지만 이상한 것은 전장이 개업도 하기 전에 돈을 빌리러 왔다는 점이었다. 이런 성격의 돈은 잘못하면 전임자나 후임자 모두가 오리발을 내밀 수 있기 때문에, 전장만 돈을 날리고 손해를 보기 쉬웠다. 여러 해 회계를 맡은 적이 있는 호설암은 이런 경우를 수없이 보아왔다. 자본력이 없는 소규모 전장은 어쩔 수 없이 공금을 보충하고 파산하는 경우도 있었다.

호설암이 전장을 개업한다는 소식이 멀리까지 전해졌을 테니, 사방에서 한몫 챙기려는 자들이 찾아올 수 있었다. 하지만 호설암은 각 아문의 관리들과 관계가 돈독했고 왕유령이라는 배경도 있었기 때문에, 함부로 찾아와서 돈을 요구하는 사람은 없었다. 그런데 강녕의 지부라는 자가 감히 호설암에게 손을 벌리고 있는 것이었다.

호설암은 완곡하게 말했다. "어르신, 저희는 이제 막 개업을 앞두고 있어 자금이 충분하지 못합니다. 감히 지체 높으신 어른께 제대로 해드리지 못하여 실망을 안겨드릴까 걱정입니다" 노인은 고개를 가로저었다. "빚을 메워줄 전장이라면 강녕에도 얼마든지 있소. 다만 주인장의 전장 경험과 세심함이 남다르다는 말을 듣고 이리 온 것이오. 그런데 이렇게 거절을 당할 줄은 생각지 못했소. 어리석어 가르침을 주기 어려우니, 정말 안 된 일이오." 그렇게 말하더니 몸을 일으켜 떠나려 했다. 호설암은 그의 말 속에 뼈가 있다는 생각이 들었다. 재빨리 겸손한 태도를 취하며 일어서려는 노인장을 만류했다. "제가 모르고 어른의 뜻을 거스르는 행동을 했습니다. 주저하지 마시고 가르침을 주셔서 어리석음을 깨우쳐주시지요."

노인은 그제서야 부드러운 기색을 띠었다. "장사하는 사람은 마땅히 주변의 소식에 민감해야 하는 법이오. 그렇지 못해 눈앞에 들어온 재물을 놓치게 된다면 평생 재물운이 없을 수도 있다오." 그리고는 자신이 온 뜻을 설명했다.

하남 번사는 한 성의 군비를 관할하는 자리로서 하남의 자금지출을 책임지고 있었다. 전란이 빈번하자, 조정은 하남지방에 매년 군비로 70만 냥을 모집하여 군영으로 보내라는 명을 내렸다. 이 방식을 일명 '협향(協餉)'이라고 불렀다. 협향은 일반적으로 신용이 좋은 전장에서 관리했다. 이자를 지급하지 않는 대신에 언제든지 군에서 필요하다고 하면 이용할 수 있도록 해주어야 했다. 전장들은 어느 곳이나 협향의 자금관리를 맡기를 원했다. 자본력을 튼튼히 하면서 대출을 통해 이자수익을 적잖이 올릴 수 있기 때문이었다.

호설암은 노인의 말뜻을 재빨리 알아차렸다. 번사는 하남의 협향을 이용하자는 속셈이었다. 부강 전장이 재정손실을 보상해 주면, 이후 하남의 협향을 반드시 부강에 맡기겠다는 의미였다. 70만 대 2만이면 어느 쪽이 이득인지 말할 필요도 없었다. 그는 내심 장기적으로 거래가 이루어진다면 더없이 이로운 거래라는 생각을 재빨리 했다. 호설암은 고노인에게 공손한 태도로 머리를 조아렸다. "제가 어리석게도 어르신을 오해할 뻔했습니다. 큰 실수를 했습니다. 정말 부끄럽습니다!"

호설암은 넉넉하게 술상을 차리게 하여 그를 극진히 대접했다. 술자리가 끝난 후, 그는 2만 냥짜리 은표를 작성하여 고노인에게 주면서 지부에 전해달라 청하고, 따로 1천 냥짜리 은표를 끊어 그에게 선물했다.

호설암은 내심 걱정도 했지만, 보름이 채 되지 않아 하남 협향 70만 냥이 부강 전장으로 들어왔다. 호설암은 "적은 것을 손해볼 줄 알아야 큰 이득을 차지할 수 있다"는 옛말을 새삼 깨닫고 감탄을 금치 못했다.

전장의 개업 날짜가 다가오자, 호설암은 항주의 모든 사람들에게 부강의 기세를 보여주고 싶었다. 전장의 체면이란 바로 돈이며, 자본금이 많으면 많을수록 신뢰도 높아지는 법이었다. 호설암은 '퇴화(堆花)'를 통해 사람들을 놀라게 만들어야겠다고 생각했다. '퇴화'는 전장이 새로 문을 열면 다른 전장들이 축하의 뜻으로 새로 문을 연 전장에 돈을 예탁하는 것을 말한다. 이것은 같은 업종끼리 격려하며 분위기를 돋우는 방법이었다. 순수한 의례행사이기 때문에 돈의 액수는 그리 많지 않았다. 예의상 맡기는 정도로 분위기를 흥겹게 만드는 수단일 뿐이었다.

하지만 호설암은 그렇게 생각하지 않았다. 그는 퇴화를 통해 위세를 드러내야겠다고 생각하고, 다른 전장에서 거금을 내놓도록 만들어야겠다고 결심했다.

호설암은 왕유령에게 이 일을 의논했는데, 뜻하지 않게 그가 해결책을 내놓았다. 왕유령은 서랍에서 서류 한 장을 꺼내어 호설암에게 주면서 말했다. "얼마 전에 호부에서 공문이 내려왔는데, 조정에서 군비를 충당하기 위해 새로 관표를 발행한다고 하오. 각 전장에게 관표를 매입하게 하고, 관표를 현금으로 교환할 수 있음을 보장한다는 내용이 적혀 있소"

청 조정은 관표 발행량을 늘렸는데, 이는 후에 조정에서 대량으로 발행하는 지폐와 동일한 가치를 지니게 될 예정이었다. 관표의 발행량을 늘이기 위해서는 반드시 큰 자금이 필요했다. 따라서 각지의 전장들이 관표매입을 담당해야 했다. 조정이 하는 일이기 때문에 전장은 침묵할 수밖에 없었다. 지역마다 규모와 자금력에 따라 분담금액을 나누기 위해 전장업 회의가 소집되었다.

"절강 지역에는 새로 40만 냥의 관표가 배당되었네." 왕유령이 말했다. "전장으로서는 어쩔 수 없는 일이지. 그런데 모든 관표를 부강에서 매입하겠다고 말한다면 모두 크게 고마워하지 않겠는가? 당연히 '퇴화'를 거절할 수 없을걸세." 호설암은 다소 염려가 되었다. "40만 냥이 적은 돈이 아닌데, 우리가 부담할 수 있겠습니까?"

"동생이 모르는 소리를 하는군" 왕유령은 웃으며 말을 이었다. "정말로 부담하는 것이 아니라 그러는 척하는 것뿐일세. 시간이 지난 후에 따로 공문을 발송하여, 모두에게 다시 분배하면 되네."

"공문을 그렇게 발행하기가 쉽습니까? 그냥 쓰기만 하면 됩니까?"

"조금만 수고하면 되네. 이런 일이 없으면, 아문에 있는 많은 문서 관리들이 한가해서 몸살이 나지 않겠나?"

호설암은 이 일을 통해 크게 돈을 벌려면 기교가 없어서는 안 된다는 것을 깨닫게 되었다.

추석이 다가오기 전에, 부강 전장이 개업을 했다. 전장 문 앞에는 가마와 마차가 구름처럼 즐비하게 늘어섰고 많은 이들이 구경하기 위해 몰려들었다. 부강 전장의 계산대 위에는 은자가 산처럼 쌓였다. 햇빛을 받아 하얗게 빛나는 은빛에 눈이 부실 정도였다. 항주의 백성들은 태어나서 이렇게 많은 은자를 본 적이 없었다. 이로 인해 "금으로 된 산과 은으로 된 바다도, 부강의 계산대에 비할 수 없네"라는 말이 생겨날 정도였다.

호설암은 영리하고 민첩한 처세로 상계를 종횡무진 누비며 장사에서 만나는 갖가지 어려움을 하나하나 해결했다. 더욱 중요한 것은 각기 다양한 관계 속에서 스스로 투자방법을 찾아냈다는 것이다. 그의 태도, 관계 그리고 방법은 투자의 기초이자 장사를 키우는 전제조건이었다.

☯ 호설암 경상지법 60
사람의 마음을 얻어라

사람들은 기분을 맞춰주는 것을 좋아하기 마련이다. 이것이 바로 '칭찬의 기술'이다. '특별한 사람'의 심리를 아는 것도 중요하지만, 기분이 좋아지도록 만들 줄도 알아야 한다. 호설암은 그 점을 스스로 터득했다

원래 좌종당은 호설암에 대해 나쁜 인상을 가지고 있었다. 둘이 만났을 때도 그는 전혀 예의를 차리지 않았다. 호설암은 우선 좌종당이 태평군을 평정한 업적을 칭송했다. 그러자 그의 태도가 조금 누그러졌다. 이야기를 계속 하면서 호설암은 좌종당의 특징을 파악하고, 그가 흡족해 할 만한 행동을 했다. 그러자 좌종당도 나라를 위해 군비를 조달하는 일을 적극적으로 도와준 것을 치하했다.

호설암은 특히 좌종당과 이중승(李中丞)의 갈등을 이용하여 좌종당을 치켜세웠다. "제 생각에, 대인께서는 일만 할 줄 아셨지, 명성과 부귀를 마음에 두는 분이 아니십니다. 현재 또 한 어른과는 성정이 정반대이십니다."

이 말은 좌종당의 기분을 흡족하게 만들었다.

"대인께서는 강소의 이중승과는 완전히 반대이십니다. 이중승은 벼슬을 할 줄 알고, 대인께서는 일을 하실 줄 아십니다." 호설암은 다시 "대인께서

는 벼슬을 할 줄 몰라 하지 않는 게 아니라, 그것을 가치 없다고 여기시는 것뿐이지요" 하고 말했다.

"아, 통쾌하군, 통쾌해!" 좌종당은 더욱 흡족해 하며 마음을 헤아리는 친구를 만난 듯한 표정을 지었다. 진심 어린 칭찬을 듣자 무척 기뻤던 것이다.

좌종당은 말했다. "자네는 최근 줄곧 상해에 머물러서 이소전에 대해 잘 알고 있을 텐데, 의외로 나를 그의 업적과 비교하는구려."

호설암은 잠시 생각하더니 말을 이었다. "이중승이 소주를 회복한 것은 당연히 큰 공을 세운 것입니다. 하지만 다른 사람의 도움이 있었으니 대인께서 홀로 고군분투하며 이룬 공적에는 비할 수가 없지요."

좌종당은 이 말을 듣자 크게 기뻐했다. 두 사람의 이야기는 이제 장단 맞추듯 죽이 맞아 돌아갈 정도였다. 자연스럽게 상대를 우쭐하게 만드는 호설암의 수완이 빛을 발한 것이다.

좌종당은 유달리 자신을 칭찬하는 말에 약했다. 호설암에게는 좌종당이 가장 듣기 좋아하고 듣고 싶어하는 말을 하면서도 아첨하는 내색은 전혀 드러내지 않는 재주가 있었다.

서양으로부터 외채를 도입하는 문제를 의논할 때, 호설암은 태래양행과 휘풍양행의 대표들을 함께 데려갔다. 좌종당이 이유가 뭔지 묻자 호설암은 시원하게 대답했다. "휘풍은 서양 상인들 가운데 으뜸인 인물이라 자금을 조달하기가 쉽습니다. 이렇게 비유할 수 있을 것 같습니다. 유홈차나 양제 대가 군비를 모집하면 모두가 꿈쩍도 하지 않지만, 대인께서 한마디 하시면 모든 산이 화답하는 것과 같은 이치입니다."

이 말에 좌종당은 무척 기뻐했고, 대출금의 액수와 이자에 관한 논의도 신속하게 이루어졌다. 그리고 좌종당이 세관의 보증이 필요한지 물었을 때 필요 없다고 시원하게 대답했다.

당시 중국의 세관은 외국인의 수중에 있었기 때문에, 자금을 대출받기 위해서는 대출상환을 보증하는 중국 쪽의 세표(稅票)가 필요했다. 이번 대출은 신뢰와 명망을 두루 갖춘 호설암이 나선 일이라 세관에 보증이 필요하지 않았다.

이는 모두 '호재신(胡財神)'이라 불리는 호설암의 영향력으로 이루어진 일이었으나, 그는 그렇게 말하지 않았다. 좌종당이 섬서와 감숙성의 총독인 자신의 보증만 있으면 되는지 묻자, 호설암은 "예, 섬서와 감숙성 총독의 보증만 있으면 충분합니다"라고 대답했다. 좌종당은 크게 만족하며 "아! 섬서와 감숙성 총독의 보증도 가치가 있긴 하구려!" 하고 감격한 듯이 말했다.

"일의 성공은 사람에게 달려 있다 했습니다." 호설암은 그의 말을 받아서 말했다. "원래 섬서와 감숙은 잘 알려지지 않은 성이었습니다만, 지금은 다릅니다. 섬서와 감숙에는 대인께서 계시다는 것을 모두 알고 있지요. 서양인들은 대인의 명망을 중히 여기고 있습니다. 그래서 섬서와 감숙 총독의 보증이 오히려 강남과 강소에 비해 더 든든하답니다."

물론 이 말은 과장이 아니었다. 언젠가 고응춘이 서양인들에게 만약 이홍장이 대출받고자 원한다면 총독의 보증이 필요한지 물은 적이 있었는데, 그들은 모두 필요하다고 대답했던 것이다. 이 말을 듣자 더욱더 좌종당의 얼굴에는 기쁨이 넘쳐흘렀다. 서양과의 사무에 있어 이홍장을 능가한다는 평가를 받았기 때문이었다.

호설암의 찬사에 좌종당은 자신의 위세가 더없이 대단하다고 느꼈고, 호설암에 대해서도 깊은 호감을 가지게 되었다. 그는 호설암의 여러 활동에 기꺼이 지지자가 되어주었다. 호설암은 말로만 추켜세우는 것이 아니라, 실제로도 좌종당의 기세를 살리는 데 세심한 주의를 기울여 그를 자신의 편으로 만들었다.

좌종당이 강남과 강소의 총독으로 부임하게 되었을 때 상해에서 잠시 머물러야 했다. 호설암은 고응춘에게 서양인들과 연락하여 준비를 하도록 지시했다. 좌종당이 도착했을 때, 영국과 프랑스 조계의 공부국(工部局)과 상해에 주둔하고 있던 각국 해군이 장엄하게 환영의식을 거행했다. 경찰들이 길가에 도열했고 황포강에 주둔해 있던 각국의 함대가 대청조의 황룡기를 게양하고, 200발의 예포를 쏘아올렸다. 귀를 찢을 듯한 우렁찬 소리가 상해 전역을 뒤흔들었기 때문에, 누구나 좌종당이 상해에 왔다는 것을 알게 되었다. 귀한 대접을 받은 좌종당은 기뻐하면서 호설암을 더욱 귀하게 여겼다.

🏵 호설암 경상지법 61
가장 필요한 사람에게 가까이 다가가라

호설암은 장래에 큰 일을 할 인물을 정확하게 볼 줄 아는 안목을 가지고 있었다. 그의 찬란한 역정은 돈으로 관직을 사는 것에서 시작되었다. '돈으로 관직을 살 수 있는' 새로운 개념이 한 시대를 풍미한 홍정상인을 만들었으며, 호설암의 인생역정의 계기가 되었던 것이다.

중국 봉건시대에는 관직에 오르는 길이 몇 가지 있었다. 하나는 과거를 통해 관직에 오르는 것이다. 역사상 청빈한 서생이 장원급제하여 한순간에 입신양명하는 경우가 적지 않았다. 또 외부의 침략이나 민란이 발생하여 나라가 위기에 처했을때 무공을 세우면 관직에 오를 수 있었다. 승리를 거두면 봉전을 받고 관직을 얻어 자손대대로 영화를 누릴 수 있었기 때문에 과거급제에 못지않은 영광이었다.

이런 경우들은 모두 문무를 통해 정정당당하게 관직에 오르는 것이다.

관직에 오르는 또 하나의 경로가 있었으니, 그것은 돈을 주고 관직을 사는 것이었다.

호설암은 왕유령의 비범함을 깨닫고 그가 관직을 살 수 있도록 도와주었다.

곤궁한 처지에 친척 하나 없는 왕유령의 행색은 말이 아니었다. 서른이 넘은 나이에 초라하고 맥없이 살아가는 그를 보면서, 사람들은 혀를 차면서 거들떠보지 않았다. 오직 유일하게 스무 살 정도 된 젊은이만이 예외였는데, 사람들은 그를 '호군'이라 불리는 사람이었다. 호군은 늘 웃는 얼굴이었고 성격이 호탕하고 활발해서 사람들이 좋아했다. 하지만 왕유령은 그와 목례를 나누는 정도였을 뿐 잘 알지는 못했다. 그저 호군이 깔끔하고 행색이 단정한 젊은이라는 정도만 알고 있었다.

한편 왕유령의 형편을 안 호설암은 마음이 무거웠다. 자신이 판단하기에 왕유령은 결코 헛되이 나날을 보낼 인물이 아니었다. 그를 관직에 오르도록 도와준다면, 훗날 성공하여 자신에게 큰 힘이 되어줄 인물이라고 생각했던 것이다.

"형님, 잠깐만, 이것 좀 보세요."

호설암은 막 찻집에서 나온 왕유령을 불러 세웠다.

"뭐 말이냐?"

왕유령은 귀찮은 듯이 물었다.

"풀어보세요. 다른 사람들에게 보여주지 말고."

그는 작은 소리로 말하며, 작은 주머니를 왕유령에게 건네주었다. 그는 행인들을 피하며 안을 들여다보았다. 안에는 접힌 은표와 10냥은 족히 되어보이는 은자가 들어 있었다.

"이게 어떻게 된 거냐?"

"이 돈은 형님이 관직에 오를 밑천입니다."

왕유령은 굳어버린 듯 한참을 바라보더니, 곧 눈자위가 벌겋게 달아올랐다. 그는 눈물을 억지로 참으며 무슨 말을 해야 할지 몰라 한동안 말이 없었다.

"한번 세보세요. 그중에 한 장은 3백 냥짜린데, 북경에 있는 대덕항(大德恒)의 은표입니다. 잃어버리면 찾을 길이 없으니 조심하세요. 나머지는 제가 작은 지폐로 바꾸었는데, 모두 유명한 전장의 것이니 쓰는 데 불편하지는 않을 겁니다." 호설암은 다시 말을 이었다. "만약 교환이 안 되면, 빨리 제게 와야 합니다."

이때 왕유령이 그에게 물었다. "호군아, 너는 왜 나한테 이렇게 잘 해주는 거냐?"

"친구잖아요!" 그는 대답했다. "제가 보기에 형님은 평지에 들어선 호랑이 같아요. 영웅이 갈 길을 잃는다면 그 마음은 말로 다 못할 것입니다. 제가 형님을 도와줘야, 잠이 올 것 같습니다."

"아!" 왕유령은 결국 참지 못하고 뜨거운 눈물을 흘렸다.

"왜 이러십니까. 이래서야 대장부라 하겠습니까!"

이 말은 더없는 위안이자 격려가 되었다.

왕유령에게 관직을 사라고 준 돈은 호설암의 것이 아니라 그가 수금한 돈이었다. 그는 그 돈으로 장사에 투자한 것이 아니라, '왕유령'이라는 인물에게 투자했다.

🌀 호설암 경상지법 62
어려운 처지에 있을 때 도와줘라

어떻게 인간관계를 만들어갈 것인가. 이는 상당한 고민이 필요한 일이다. 급하게 도움을 필요로 하는 사람이 있다면 어떻게 할 것인가. 상관하지 않을 수도 있고 열정적으로 도와줄 수도 있다. 곤경에 처한 사람이 당신의 도움을 받아 성공을 하게 된다면, 이 그것은 나중에 자신에게 더 큰 기회로 찾아올 수 있다. 호설암은 이렇게 '눈 오는 날 땔감을 보내주는' 방법으로 '차가운 바닥을 데우는 아궁이'를 만들었다.

호설암이 왕유령에게 자금을 대준 것도 그중 하나다. 사실 호설암의 도움은 위험을 무릅쓴 결정이었다. 주인의 돈을 빼돌려 왕유령을 도와주었기 때문이다. 그래서 왕유령은 그 피해가 호설암에게 미칠까 염려했다. 하지만 호설암은 분명하게 대답했다. "그렇지 않습니다. 제가 달리 가진 게 없으니 형님에게 도움이 될 만한 것은 없습니다. 5백 냥은 그저 잃어버렸다고 하면 되니, 그렇게 생각하지 마십시오. 마음 놓고 쓰고, 뜻을 이루면 빨리 돌아오십시오. 서로 잊지 않으면 되는 것입니다." 호설암은 목숨을 내놓은 것이나 마찬가지였지만 훗날 자신의 성공을 위한 기초를 닦은 셈이었다.

이렇게 '인재를 미리 알아보고 도와주는 일'은 많이 있었다. 황금영(黃金榮)이 장개석을 대신하여 수천 원의 채무를 변제해 주고 그가 광주로 피신할 수 있도록 도와준 일이 그러하다. 훗날 장개석이 정계에서 성공하자, 황금영은 누구도 감히 손댈 수 없는 지위를 누렸다.

두월생(杜月笙)과 대립(戴笠)도 마찬가지였다. 대립은 어린시절 의지할 데 없는 고아였는데, 길바닥에서 야바위로 먹고 살다가 경찰에 붙잡히는 신세가 되었다. 후에 어찌하다 상해로 흘러 들어와서도 부랑민들 사이에 끼여서 도둑질을 하면서 지냈다. 그때 두월생이 황금영의 집 대문에 들어서다가 대립과 만나게 되는데, 첫눈에 그가 보통인물이 아니라는 생각이 들었다. 그는 얼마 후 대립과 의형제를 맺었다. 후에 대립은 관직에 올랐다가 뜻하지 않은 곤경을 만나서 빈털터리가 된 후, 두월생을 찾아가 도움을 청했다. 그 당시 도월생은 상해에서 손꼽히는 부자였다. 그는 옛정을 생각하여 한꺼번에 50원을 대립에게 주었다. 그 돈이 다 떨어지자, 두월생은 다시 50원을 주었다. 대립은 두월생의 '영웅을 알아보는 혜안'을 잊지 않았다. 나중에 나는 새도 떨어뜨리는 권세가로 변신한 후에도 사람들에게 자주 지난 일을 언급했다. 그는 두월생을 '인정이 많고 의리가 있는 사람'이라고 말하며, 평생 동안 가까운 친구로 지냈다. 상해에 올 때마다, 그는 이 의형을 찾아가 중요한 일을 의논하곤 했다.

도움을 주는 것이 꼭 입신출세 전에만 해당되지는 않았다. 이미 세력을 잃고 물러난 사람에게도 유용한 방법이었다. 물론 권세가 없는 사람을 존중하는 경우는 매우 드물다. 하지만 호설암은 그렇지 않았다. 보삼(寶森)이 정치적으로 별 업적을 쌓지 못하자, 당시 사천의 순무였던 정보정(丁寶楨)은 조정의 손을 빌려 보기 좋게 그를 사천에서 몰아냈다. 보삼은 북경의 집에서 매일 친구와 술이나 차를 마시며 지냈다. 겉으로는 여유롭고 한가했으나 그의 마음은 쓸쓸하고 적막하기 이를 데가 없었다. 호설암은 일부러 그를 찾아가서 상해로 놀러 오라고 권하면서 경비는 모두 자신이 대겠다고 말했다. 하릴없이 놀고 있는 생활에 염증이 나 있던 보삼은 그 길로 호설암을 따라 상해와 항주 일대를 여행하며 지냈다. 이 일로 둘은 가까운 친구가 되었고, 보삼은 큰일을 만날 때마다 자진해서 호설암이 북경에서 활동할 수 있도록 도와주었다.

부강 전장이 개업한 지 얼마되지 않았을 때의 일이다. 절강 번사 린계(麟桂)로부터 편지가 한 통 왔는데, 부강 전장에서 은자 2만 냥을 변통하고 싶다는 내용이었다. 호설암과 린계는 평상시에 교분이 있던 사이가 아니었다. 관부의 상황을 아는 사람을 통해 알아보니, 머잖아 절강을 떠날 린계가 재정손실을 메우기 위해 돈을 빌리려 한다는 것이었다. 당시 부강 전장은 막 문을 연 터라 다른 전장이 보내준 '퇴화'를 합쳐 보유현금이 4만 냥 정도에 불과한 상태였다.

호설암은 진퇴양난에 빠졌다. 만약 자금을 더 빌려서 변통해 준다 해도 린계가 떠난 후 그대로 떼일 확률이 컸다. 은자 2만 냥이면 부강으로서는 적지 않은 손실이었다.

거절할 수 있는 일이었지만 호설암은 생각을 달리했다. 사람이 곤경에 처했을 때 도와준다면, 당연히 잊지 않고 기억해 줄 것이라 믿었다. 또한 필요할 때 린계의 힘을 이용할 수도 있었다. 여러 정보를 통해 호설암은 린계라는 사람이 빚을 지고 떼먹을 사람이 아니라는 확신도 얻었다. 다만 지금의 재정손실 때문에 자신의 앞날에 영향을 받을까 염려되어 급히 돈을 빌리려 한다는 것이었다.

상황을 이해한 호설암은 그를 도와주기로 결정했다. 그는 린계가 필요로 하는 자금 전액을 대출해 주었다. 전장의 관리를 책임지고 있던 유경생이 이것을 이해할 수 없어 하자, 호설암은 이렇게 설명했다. "안배한다는 말이 있지 않느냐. 장사를 할 때는 안배를 중요하게 생각해야 한다. 안배는 조절하고, 예산을 세운다는 뜻이다. 장사를 할 때는 융통성이 있어야 하는 법이다. 돈이 들어오면 나가기도 해야 한다. 다만 계획이 있으면 된다. 안배하여, 판이 무너지지 않게만 만들면 되는 것이다."

호설암의 판단은 옳았다. 린계가 다른 곳으로 부임해 가기 전에 부강에 세 가지 선물을 보내왔기 때문이다.

린계는 구실을 마련하여, 부강에 표창을 내리기를 호부에 요청했다. 이것은 중앙의 재정부가 부강에 정식 인준마크를 발행하는 것이나 마찬가지였다. 이후 부강의 명성이 크게 높아진 것은 물론이고, 향후에 호부와 절강성 간의 공금 왕래를 부강이 위탁받게 되었다. 또한 절강성 지역의 태평군 토벌에 필요한 군비도 부강이 관리하게 되었다. 마지막으로 강소성과 절강성의 공금도 부강을 거쳐 이루어지게 되었다.

부강은 날로 발전하여 영업범위를 상해와 강소지역까지 확대할 수 있었다. 어려울 때 도와준 보답이 엄청난 이윤으로 나타난 것이다.

호설암은 심지어 조정에도 도움을 주었다. 조정이 군사력 강화정책을 펴면서 대량의 자금을 확보하기 위해 관표를 발행했다. 표면적으로 조정은 "관표는 은과 동일한 가치를 지닌다"고 말했지만, 무제한 발행하게 된다면 그 가치는 크게 평가절하될 수밖에 없었다.

청 조정은 각지의 성내에 있는 전장 등 민간 금융기관이 의무적으로 관표를 분담하도록 공문을 보냈다. 조정이 무책임하게 관표를 발행해 놓고, 이를 민간 금융기관이 책임지도록 만든 것이었다.

항주성 내의 크고 작은 전장업자들은 굳은 표정으로 전장공회에 참석하여 대책을 논의했다. 호설암은 유경생을 대신 참석시키고 당부의 말도 잊지 않았다. "우리가 지금 하는 일은 손해를 보는 것이 아니라 자본을 미리 묻어두는 것과 같다. 언젠가 관군이 승리하고 천하가 태평해지면, 우리가 못할 장사는 없게 된다. 우리의 노력을 조정에서도 잘 알고 자연스럽게 보답할 것이다. 그렇게 되면 편하게 장사를 할 수 있게 된다."

유경생은 호설암의 지시를 받고 회의에서 1만 5천 냥에 달하는 관표를 매입하겠다고 수락했다. 후에 태평군을 진압한 후, 청 조정은 부강이 솔선하여 관표매입에 나선 공을 인정하여 상을 내렸다.

호설암은 뜻을 펴지 못하고 물러난 관료들을 가까이 하며 그들을 모사(謀士)로 삼았는데, 허내교도 그 가운데 한 명이었다. 또한 문인 구풍언도 그러한 경우였다. 호설암은 두 사사람에게 큰 도움을 주며 극진히 대접했다.

물론 호설암이 모든 사람들에게 호의와 인정을 베푼 것은 아니었다. 자격과 명망이 있는 사람이거나 후에 반드시 도움이 될 만한 사람을 택해서 적극적으로 후원해 주었다. 언젠가 자신의 투자가 큰 이득이 되어 돌아올 것이라 생각한 것이다.

호설암의 의리 있는 행동과 도움이 천성에서 비롯된 것은 아니다. 그는 인정을 다독이는 자신의 방법이 어떠한 작용을 하는지 잘 알고 있었던 것이다. 먼저 다른 사람의 체면을 세워주고, 나중에 그 사람의 입장에서 체면을 지켜줘야 하는 이치를 그는 알고 있었다.

🏛 호설암 경상지법 63
가장 곤란한 때에 용감히 나서라

사람들은 자신의 손이 부족하다고 느낄 때, 세 번째 손을 찾기 시작한다. 호설암에게 가장 중요한 세 번째 손은 바로 왕유령이었다.

그는 호설암의 절대적인 지지자이자 든든한 뒷받침이었다. 왕유령이 있었기에 호설암 또한 상계에서 빠르게 성공할 수 있었다.

호설암은 임의로 전장의 돈을 왕유령에게 변통해 준 후 크게 곤혹을 치렀다. 결국 주인에 의해 쫓겨나는 신세가 된 것이다. 게다가 그를 다시 고용하겠다는 사람도 없어서 생계는 갈수록 어려워졌다.

사람들의 눈에는 호설암이 한 일이 이해가 되지 않았다. 하지만 호설암은 왕유령을 도와준 일이 현명한 결정이었다고 굳게 믿었다. 이후 전개된 상황은 그의 예상과 정확하게 맞아떨어졌다.

한편, 북경으로 온 왕유령은 '돈으로 관직을 사는' 과정에서 죽마고우 하계청을 우연히 다시 만나게 되었다. 하계청은 영재로 알려졌던 인물로 이미 관직에 올라 강소의 지방관으로 있었다. 그의 도움으로 왕유령은 순조롭게 관직을 살 수 있었다. 절강으로 돌아온 왕유령은 강남일대에서 하계청의 영향력을 배경으로 곧 상당한 세도가로 군림하게 되었다. 절강성 무대 황종한은 친필로 그의 이름을 해운국의 책임자로 낙점했다.

왕유령은 볼품없던 자신을 오늘의 자리에 오르도록 도와준 호설암을 절대 잊지 않았다. 그리고 자신의 은인에게 반드시 보답하겠다고 결심했다. 사람을 보내어 수소문한 끝에, 마침내 그는 항주에서 호설암을 만나게 되었다.

호설암이 그동안 겪은 일을 들은 왕유령은 호설암을 그 지경으로 만든 자들을 가만두지 않겠다고 결심했다. 하지만 호설암에게는 이미 다른 계획이 있었다. "웃는 얼굴이 부를 가져다준다"는 속담이 있다. 그는 상계의 동료들과 돈독한 관계를 만들어야만 장사로 돈을 벌 수 있는 기회가 생길 수 있다고 생각했다. 냉정하게 상황을 분석하고 판단을 내린 것이었다.

며칠 후 전장 책임자의 생일을 맞아, 호설암은 황금으로 된 '수(壽)' 자를 선물하면서 왕유령을 그에게 소개했다. 이에 전장 책임자는 크게 감동했다. 또한 이전의 동료들과 하객들에게도 여러 가지 선물을 나누어주어 자신을 한층 존경하게 만들었다. 이 일이 있은 후 전장업계에서 그의 이름은 크게 알려지게 되었고, 그가 부강 전장을 여는 데도 도움이 되었다.

왕유령의 영향력에 힘입어, 호설암은 이제 전장의 '어린 점원'이 아니라 곡물운송 사업을 하는 어엿한 주인으로 변신했다. 이때부터 그의 장사는 탄탄대로로 들어서게 되었다.

그의 장사는 날로 규모가 커졌고, 든든한 자금력도 갖추게 되었다. 하지만 곡물운송은 계절의 영향을 많이 받았고, 작황이 좋지 않은 해에는 타격이 컸다. 그는 사업을 다른 방향으로 모색해야겠다고 생각했다. 그는 전장에서 일한 경험을 바탕으로 자신의 전장을 열기로 결심했다. 하지만 그러기 위해서는 적어도 은자 5만 냥이 필요했다. 이 시기의 호설암에게는 자금이 한푼도 없었다. 비록 왕유령이 절강 해운국을 관할하고 있었지만, 금전적으로 도움이 되지는 못했다.

그렇지만 호설암은 여러 악조건에도 불구하고 자신의 전장을 시작했다.

전장을 열기 위해서 우선 신화 전장을 통해 절강 해운국의 곡물운송에 필요한 은자 20만 냥을 융통했다. 왕유령은 부임하자마자 곡물운송이라는 어려운 임무를 맡게 되었는데, 탈없이 완수하기 위해서는 이 돈이 필요했다. 호설암은 왕유령과 의논한 끝에 자신이 신화로 가서 상의를 하겠다고 건의했다.

신화로서는 해운국에 자금을 대출해 주는 일은 당연히 마다할 리가 없었다. 신화는 호설암은 물론 해운국과도 관계를 맺기를 원하고 있었기 때문이다. 절강 해운국은 곡물운송에 필요한 막대한 공금을 관할하는 기관이었다. 건륭 연간에, 곡물운송 방법이 하천운송에서 해운으로 바꾸면서 해운국의 중요성이 커졌다. 따라서 신화 전장이 해운국의 공금업무를 대신할 수 있다면 당연히 큰돈을 벌 수 있었다. 또한 신화의 위상을 높일 수 있는 기회이기도 했다. 그렇기 때문에 신화와의 자금대출 논의는 일사천리로 진행되었다. 원래 해운국은 20만 냥의 대금을 단기대출 받을 생각이었지만, 호설암이 장기로 변경시켰다. 그는 꽃을 이식하고 나무를 접목하는 방법, 다시 말해 신화의 자본으로 자신의 전장을 열기 위한 준비를 시작하고자 생각했던 것이다.

또한 호설암은 왕유령의 세력에 힘입어 관고 관리를 맡는 것으로 전장을 시작하고자 했다. 호설암은 왕유령이 머잖아 지방관으로 파견될 것이라고 예상했다. 도나 현의 관고의 경우 이자를 지불할 필요가 없었고, 필요한 때에 위탁한 자금을 이용할 수 있도록 해주기만 하면 되었다. 왕유령이 일단 지방관으로 파견된 후 그 관고 관리를 대리할 수 있다면, 전장을 성장시키는 일은 그리 어려운 것이 아니었다.

호설암은 먼저 해운국의 공금 가운데 5천 냥을 빌어, 곧바로 필요한 인력을 모으고 점포를 세내어 떠들썩하게 자신의 전장을 개업했다. 소주와 항주의 유력인사, 강남의 내로라 하는 전장업계 거물들이 속속 찾아와 축하하는 등 개업식이 성대하게 치뤄졌다. 모두 호설암이 왕유령과 신화 전장의 책임자에게 했던 투자의 성과였다. 전장업주들 사이에서 그는 대단한 자금력과 든든한 신용을 가진 사람으로 인식되었다.

따라서 왕유령이 승승장구하자, 호설암의 사업 또한 날로 발전했다. 전장에서 생사장사, 다시 전당포로 그 영역이 확대되었다. 호설암의 사업에 가장 크게 성공한 사람은 바로 왕유령이었다.

호설암이 왕유령에게 모든 것을 건 것은 그가 '사람을 알아보는' 안목을 가지고 있었음을 말한다. 더 나아가 그가 기꺼이 모든 것을 걸 수 있는 패기를 지닌 인물이었음을 보여준다.

🏵 호설암 경상지법 64
약점을 보고 움직여라

가장 쉽게 파고들 수 있는 부분은 그 사람이 가진 약점이다. 호설암의 지혜 또한 그것을 이용하는 데 능통했다. 하지만 그는 약점보다는 상대가 좋아하는 것을 알고 그에 맞출 줄 알았다.

호설암이 살았던 시대에는 세력을 얻기 위해서 돈의 역할을 무시할 수 없었다. 사람들의 시선은 대개 돈주머니에 머물러 있었다. 호설암은 이 이치를 익히 알고 있었다. 그는 돈을 쓰는 일에 인색하지 않았고, '요구'가 있으면 언제든 응했다. 절강 번사 린계가 강녕 번사로 이임하기 전에 절강 관부의 재정손실금 2만 냥을 보충하기 위해 호설암을 찾아와 대납해 줄 것을 요청했다. 호설암은 두말 하지 않고 흔쾌하게 이를 승낙했다. 황종한이나 조정의 대신들도 모두 돈을 좋아하는 특징이 있다는 점을 간파한 그는 적절하게 응함으로써 적지 않은 수확을 거두었다.

돈을 좋아하는 사람은 미녀도 좋아하는 법이었다. 호설암은 자신이 사랑하는 여인을 버리는 아픔도 기꺼이 감수했다.

절강 순무 황종한은 자신의 후임으로 누가 가장 적합할지 생각하고 있다는 말을 언뜻 내비쳤다. 호설암은 자신을 위해 하계청이 가장 적임자라고 생각했다. 호설암은 곧바로 소주로 향했다. 그는 하계청을 설득했지만 돈만으로는 그를 움직일 수 없었다. 놀랍게도 그는 호설암의 애첩 아교(阿巧)를 마음에 두고 있었다. 이는 호설암에게는 무척 의외였다.

호설암은 아교에 대해 지극한 사랑과 애정을 품고 있었다. 하지만 그는 한 걸음 물러나기로 작정하고, 자신이 사랑하던 여인 아교를 하계청에게 바쳤다. 이에 감동한 하계청은 당장 아교와 함께 북경으로 갔고, 오래지 않아 황종한의 후임을 맡게 되었다. 이때부터 그는 죽을 때까지 호설암의 장사를 위한 강력한 배경이 되어주었다.

하지만 돈도 미인도, 일품 병부상서 겸 복건 및 절강성 총독 좌종당 앞에서는 아무 소용이 없었다. 항주가 태평군에 의해 점령되었을 때 나돌던 온갖 유언비어로 인해 좌종당은 호설암을 탐탁치 않게 여겼다. 하지만 호설암은 결국 좌종당의 신임을 얻었고, 심지어 그로부터 절친한 친구로 대접받았다. 좌종당은 호설암에게 왕유령보다 더 영향력 있는 배경이 되어주었다. 훗날 좌종당의 적극적인 추천에 힘입어 호설암은 조정으로부터 홍정상인의 칭호도 하사 받았다.

좌종당의 신임을 받기까지 호설암은 단지 두 가지 일을 했을 뿐이었다.

첫째는 쌀과 돈을 기부한 일이었다. 항주로 돌아올 때, 그는 쌀 1만 석과 은자 10만 냥을 함께 가지고 왔다. 본래 이 1만 석의 쌀은 항주가 태평군에 의해 포위되어 있을 때 식량부족을 해결하기 위해 호설암이 위험을 무릅쓰고 상해로 가서 구입한 쌀이었다. 하지만 쌀을 항주성 내로 들여오지 못하고 영파로 옮겨갈 수밖에 없었다. 항주가 회복되자 호설암은 이것을 다시 항주로 들여온 것이었다. 이렇게 해서 그는 공금을 가지고 도주했다는 죄명을 벗을 수 있었다. 이외에도 따로 좌종당에게 쌀 1만 석을 더 기부했다. 그리고 호설암이 헌납한 은자 10만 냥은 항주를 공략한 관군에 받치는 것이었다. 당시에는 터무니없는 규정이 있었는데, 성을 함락한 군대는 사흘 동안 약탈을 금하는 군율을 지키지 않아도 되었다. 호설암이 바친 돈은 성내에 피해를 주지 않겠다는 약속과 맞바꾼 셈이었다.

두 번째는 자발적으로 군비 조달임무를 맡은 것이다. 태평군 진압에 나선 좌종당의 군대는 매달 25만 냥에 달하는 자금이 필요했는데, 당시 조정은 '협향'의 방식으로 이를 충당했다. 각 성에서 자금을 각출하는 방식이었만, 실제로는 각 부대가 스스로 자금을 조달해야 했다. 좌종당으로부터 군비 문제를 들은 호설암은 조금도 주저하지 않고 자신이 이 문제를 해결하겠다고 말했다. 그리고 그 자리에서 자금조달을 위한 몇 가지 효과적인 방법도 내놓았다.

호설암은 '원인'을 철저하게 파악하고 그에 꼭 맞는 '처방'을 썼다. 이 당시 좌종당에게 가장 시급한 처방은 바로 군비, 식량 문제의 해결이었다. 이제 막 적의 손에서 회복된 항주는 무엇보다 식량문제 해결이 가장 급선무였다. 또한 좌종당은 당연히 일등공신이 되고자 하는 생각을 품고 있었고, 따라서 군비문제도 시급했다. 군의 급료문제를 해결하지 못하면 군을 통솔하기가 어렵게 되어 혼란을 야기할 우려가 있었기 때문이었다. 호설암은 오자마자 좌종당이 안고 있던 두 가지 골치 아픈 문제를 단번에 해결해 주었다. 좌종당으로서는 그를 중시하지 않을래야 않을 수 없었을 것이다. 호설암이 찾아왔을 때 차갑게 박대했던 그는 쌀을 운송해 왔다는 말을 듣자 곧바로 그를 자리에 앉게 했다. 군비문제에 관한 이야기가 나올 때는 식사를 함께 하자며 당부했다.

선물을 보낼 때도 적절한 선물을 보내야 하고, 상대가 좋아해야 한다. 이것은 중요한 원칙이다. 호설암은 "선물을 줄 때는 그가 원하지만 얻지 못하는 것을 보내야 한다"고 말했다. 그가 물을 만난 물고기처럼 장사의 세계를 종횡무진 누빌 수 있었던 것은 상대방이 원하는 것을 주는 지략과 수완이 있었기 때문이었다.

🏮 호설암 경상지법 65
디딤판을 찾아야
비로소 높이 도약할 수 있다

총명한 사람은 가장 중요한 시기에 전환점을 찾는다. 호설암은 좌종당을 든든한 배경으로 삼는 것으로 전환점을 삼았다.

호설암의 장사는 왕유령의 세력 덕분에 말 그대로 탄탄대로를 걸었다. 하지만 왕유령에게도 마지막이 다가왔다. 동치 원년(1862년), 태평군이 항주를 포위하자 왕유령은 성을 지켜야 할 책임을 맡게 되었다. 그러나 식량이 바닥을 드러내면서 위기가 다가왔다. 호설암은 성밖으로 빠져나가 식량을 구했지만 쌀을 성내로 운반할 수가 없었다. 왕유령은 형세를 되돌릴 수 없음을 알고 목을 메어 자결하고 말았다. 소식을 들은 호설암은 비통함을 금할 수 없었다. 그의 장사는 왕유령의 도움이 절대적이었기 때문에 의지가 되는 기둥이 없어진 것과 마찬가지였던 것이다.

호설암은 새로운 인물을 찾아야 했다. 당시 항주는 여러 해에 걸친 전쟁으로 굶어 죽어가는 백성들이 부지기수였고, 농사를 지을 사람이 없는데다가, '백골이 들에 뒹굴고, 천리에 닭 우는 소리를 들을 수 없는' 정도로 비참했다. 좌종당은 이로 인해 근심이 매우 컸다. 또한 자신이 거느린 병사들을 관리하는 일도 큰 문제였다.

이런 문제로 고심하고 있을 때, 절강의 거상 호설암이 뵙기를 청한다는 전언이 들어왔다. 좌종당은 원래 상인에 대해 좋지 않은 인상을 가지고 있었다. 게다가 호설암이 상해로 가서 식량을 구한다는 거짓 명목으로 거액의 자금을 횡령했다는 소문을 듣고 있었다. 반나절을 기다리게 한 후에야, 그는 마지못해 호설암을 들어오게 했다.

호설암은 분위기가 심상치 않음을 감지하고, 스스로에게 조심하고 신중해 지자고 다짐했다. 호설암은 정신을 가다듬고, 팔을 들어올려 바닥에 엎드리며 좌종당에게 "절강 후보도 호설암, 대인께 문안 드립니다!" 하고 말했다. 좌종당은 본 체도 않았고, 눈에는 노기가 어려 있었다. 잠시 후 좌종당은 두 눈을 돌려 날카로운 빛을 발하며, 머리에서 발끝까지 호설암을 찬찬히 훑어보았다. 머리에 4품 문관의 관모를 쓰고, 중간 정도의 체격에 두 눈은 형형하게 빛을 발하고, 두 볼에는 윤기가 흐르는 품이 당당한 위엄을 느끼게 했다. 자세히 살펴본 후, 좌종당은 무표정한 얼굴로 "내, 이름은 오래 전에 들었네" 하고 말했다. 그 어투는 누가 들어도 가시가 든 조소의 의미를 띠고 있었다.

상인 특유의 인내심으로 마음속에서 솟는 불만을 가라앉히던 호설암은 앞에 있는 사람은 단지 까다로운 손님에 불과하며, 이런 손님이 실제로 물건을 산다고 스스로를 달랬다. 호설암은 직접 좌종당에게 대답하지 않고, 다시 한 번 고개를 숙여 답했다.

좌종당이 칭송받는 것에 유난히 약했다. 호설암은 좌종당이 항주를 회복하여 큰 공을 세운 일을 칭송했다. 호설암은 축하의 말을 하면서 한편 좌종당의 안색을 살폈는데, 좌종당의 얼굴에 보일 듯 말듯한 미소가 스치고 있었다. 이를 놓칠세라, 그는 다시 삼가 예를 다했다. 이번에 좌종당은 비록 여전히 꼿꼿한 자세로 의자에 앉아 있었으나, 딱딱하게 굳은 표정은 조금 누그러졌다. 아마 체면 때문이었는지, 그는 갑자기 생각난 듯 "아, 호대인, 앉으시오!" 하고 말했다. 호설암은 좌종당의 왼쪽 편 의자에 앉았는데, 어색하고 불편한 상황을 그나마 모면할 수 있었다.

호설암이 자리에 앉은 후, 좌종당은 곧바로 항주의 식량구입 일에 관해 물었다. 호설암은 재빨리 처음부터 끝까지 세세하게 고했다. 왕유령이 순국한 사실을 말하면서 자신이 아무런 도움도 되지 못했다며 눈물을 감추지 못했다.

좌종당은 비로소 자신이 헛된 소문을 듣고 그를 오해했음을 깨달았다. 그는 부끄러워하며 부드러운 말로 호설암을 위로했다.

호설암은 좌종당의 태도가 누그러진 것을 보고, 곧바로 2만 냥짜리 은표를 꺼냈다. 그는 식량을 구입하고 남은 돈이라며 이를 나라에 되돌려주기 위해 왔다고 말했다. 이 돈은 본래 나라에 속한 것이라고 말하면서, 좌종당에게 왕유령의 원수를 갚아 달라고 요청했다. 좌종당은 흔쾌히 응하며 군관을 불러 그 돈을 보관해 두도록 지시했다.

매달 지출하는 군비만도 수만 냥이 넘는 좌종당에게는 2만 냥의 은표는 미미한 액수였지만, 어쨌든 눈앞에 떨어진 불은 끌 수 있었다. 좌종당에게 시급한 게 뭔지 잘 알고 있었던 호설암이 기회를 놓치지 않고 좌종당의 호감을 얻어낸 것이다.

호설암이 내놓은 은표를 받은 후, 좌종당은 왕유령에 대한 호설암의 충심을 크게 칭찬했다. 호설암은 그의 군 통솔력과 단독으로 군대를 지휘하여 힘겹게 승리를 이끈 공로를 칭송했다. 호설암의 말 한마디 한마디에는 과장되거나 아첨하는 듯한 기색이 없었다. 좌종당의 얼굴에는 시종 미소가 떠나지 않았다. 호설암은 좌종당이 자신의 말에 수긍하는 것을 보고, 그가 사실에 근거한 칭찬은 기꺼이 수긍하고 받아들인다는 것을 알았다. 그를 배경으로 삼을 수 있다면, 자신의 장사는 더욱 발전할 수 있었다.

생각이 정해지자, 좌종당의 속내를 떠보기 위해 화제를 바꾸어 증국번이 이기적으로 남의 기반을 빼앗으려 드는 것은 의를 모르는 행동이라고 비난했다. 또한, 승기를 잡아 공격을 계속 했더라면 쉽게 상주를 손에 넣었을 텐데 이홍장이 그렇게 하지 않았던 것과 정실에 얽매여 증국번의 아우 증국전에게 공을 돌린 것에 분통을 터뜨렸다. 분명한 근거를 바탕으로 조목조목 비난하는 호설암의 말에 좌종당은 크게 공감했고, 호설암에 대해 더욱 호감을 갖게 되었다.

시간이 흐른 후, 좌종당은 친히 호설암을 배웅했다. 그는 호설암이 장사에도 능하지만 조정에 대해서도 매우 잘 알고 있어서 앞으로 크게 쓸 수 있는 유능한 사람이라고 여겼다. 왕유령이 그를 그토록 신뢰한 데는 이유가 있었다. 하지만 식량문제는 여전히 좌종당을 괴롭혔다. 며칠을 고심해도 좋은 방법이 떠오르지 않았다.

사실 좌종당의 집을 나서면서, 호설암은 다급한 식량문제를 어떻게 해결하도록 도와줄 것인지 고심하기 시작했다. 그는 당장 상해로 가서 수만 석의 쌀을 구한 뒤 항주로 돌아와서, 일부는 성의 난민구제에 쓰고 나머지는 군영으로 보냈다.

이 쌀은 그야말로 원군이나 마찬가지였다. 항주를 구한 것은 물론, 좌종당이 태평군을 소탕하는 데에도 큰 힘이 되었기 때문이다. 좌종당은 흰 수염을 쓰다듬으며, 며칠 동안 찌푸렸던 미간을 펼치며 기쁨을 감추지 못했다. 그는 "호선생의 이 일은 그 공덕이 한량없도다. 무슨 요구라도 구하라.

내가 필히 황상 앞에 나아가 아뢰겠노라"라고 말했다. 호설암은 이에 크게 놀라며 "저의 행동은 결코 조정의 상을 받고자 한 것이 아닙니다. 저는 본래 장사를 하는 사람으로, 일은 할 줄 알아도 벼슬할 줄은 모릅니다" 하고 말했다.

'일은 할 줄 알아도, 벼슬할 줄은 모른다'는 말에 좌종당은 지기(知己)를 만난 것 같이 깊은 인상을 받았고 호설암을 더욱 아끼게 되었다.

식량문제는 해결이 되었으나, 군비문제는 여전히 남아 있었다. 몇 해에 걸친 전쟁으로 국고는 이미 바닥이 난 상태였다. 설상가상으로 두 차례에 걸친 아편전쟁으로 거액의 배상문제가 겹쳐 있어서 관병의 군비를 조달하는 것은 거의 불가능했다. 좌종당은 호설암에게 군비를 마련할 방도를 물었다. 호설암은 매달 20만 냥의 군비가 필요하다는 말을 듣자 난감했다. 하지만 마련할 수만 있다면 좌종당의 신뢰가 더욱 두터워질 것이라고 생각했다. 그는 깊이 심사숙고한 끝에 자신의 생각을 모두 털어놓았다.

태평천국의 난이 10년 동안 계속되면서, 적지 않은 태평군 장교와 병사들이 상당한 재물을 축적했다. 태평군의 패배가 기정사실로 다가오고 있는 지금, 그들은 재물을 은닉할 방법을 찾아야 했다. 하지만 붙잡혀서 목을 베일까 두려워 숨어 지내고 있었다. 호설암은 좌종당에게 '태평군 장교와 병사들이 투항하여 그에 합당하는 벌을 받는다면, 이후에 죄를 추궁하지 않을 것을 명한다'는 내용의 방을 총독의 명으로 붙일 것을 건의했다.

좌종당은 곧바로 그 뜻을 이해했다. 그것은 분명 재물과 함께 사람들의 마음도 얻을 수 있는 일석이조의 방법이었다. 하지만 선례가 없는 방법으로 어떤 결과를 초래할지 아무도 알 수 없었다. 좌종당이 마음속에 우려하는 바를 털어놓자, 호설암은 그에 대해 당장 묘책을 내놓았다.

태평군이 실패한 후, 관련된 많은 사람들이 처벌을 받아야 했다. 하지만 그 수가 엄청나게 많아서 자칫 백성들의 원성을 사서 사회안정이 흔들릴 수 있었다. 이는 전후의 안정을 도모하는 정책과 완전히 배치되었다. 가장 좋은 조처는 빠져나갈 길을 열어주는 것이다. 벌금형과 약한 처벌을 내린 다면, 숨어 있던 태평군들은 가벼운 처벌만으로도 떳떳하게 활보할 수 있 게 될 것이니 이를 마다할 리가 없다는 것이었다.

좌종당은 호설암의 선견지명에 감탄하며 즉석에서 그에게 모든 일을 일 임했다. 호설암은 당장 방을 붙이고 그 뜻을 알렸다. 오래지 않아 그동안 숨어 있던 태평군들이 속속 투항했다. 이 소식이 전해지자 조정은 놀라면 서도 기뻐했다. 이로 인해 부강 전장도 적잖은 이득을 얻었고, 호설암은 4 품 품계를 받게 되었다. 이 일이 있은 후 좌종당은 그를 더욱 믿고 아끼게 되었고 두 사람은 금세 가까운 지기가 되었다.

호설암이 좌종당과 교분을 쌓는 과정을 살펴보면 세 가지가 주요했음을 알 수 있다.

첫째, 호설암은 좌종당을 충분히 이해하고 있었다. 좌종당이라는 큰 배 경을 얻고자 결심했을 때, 호설암은 이미 여러 경로를 통해 그에 대해 철저 하게 파악하고 있었다. 좌종당은 '호남의 노새'로 불릴 만큼 완고한 인물 로, 가까이 다가가기가 쉽지 않았다. 또한 그는 누구보다 뛰어난 공을 많이 세웠으며 자부심도 강하여 칭송 듣기를 좋아한다는 것도 알고 있었다. 그 리고 증국번과 그의 문하생 이홍장 하고는 적잖은 갈등을 빚고 있다는 점 도 잘 알고 있었다. 여러 정보를 철저히 분석하고 이해하고 있던 호설암은 좌종당이 원하는 것을 정확하게 실현했다.

둘째, 상대의 다급한 문제를 신속하게 해결해 주었다. 말만 앞서고 행동 이 없다면 헛일이나 마찬가지다. 호설암이 좌종당의 마음을 움직일 수 있 었던 결정적 계기는 바로 그의 행동이었다. 그는 좌종당을 위해 식량과 군 비라는 두 가지 문제를 해결해 주었다. 호설암이 자발적으로 그의 무거운

짐을 덜어주었으니, 감사와 신뢰를 얻는 것은 당연한 결과였다.

셋째, 가장 중요한 것은 역시 호설암 본인의 재능이었다. 그는 정계 인물들과 교분을 쌓을 때 재물이나 색(色) 혹은 정(情)을 자유롭게 수단으로 삼았다. 하지만 좌종당에게는 이런 수단이 통하지 않았다. 그는 국경수비를 책임지고 있는 장군이었고, 사사로운 이득에는 관심조차 없었다. 따라서 호설암이 의도적으로 가까이 다가가려고 했다면 당장 그를 내쫓았을 것이다. 그가 호설암을 친구로 받아들인 이유는 호설암이 자신에게 도움이 될 수 있는 유능한 인물이었기 때문이다. 따라서, 좌종당도 기꺼이 호설암과 상부상조하는 관계가 되는 데 주저하지 않았다.

좌종당의 등장으로 쇠퇴해 가던 호설암의 장사는 다시 활력을 띠면서 전보다 더 빠른 속도로 발전했다. 십수 년간 군수품 수송, 외자도입, 군량미와 군비조달 등 그의 손을 거치지 않은 일이 없었다. 그 과정에서 사업은 물론 그의 재산도 수십만 냥에서 수백만, 수천 수만 냥으로 불어났다.

당시 항주의 회복은 온전히 좌종당의 공로였지만, 호설암이 쌀을 기부하고 군비를 지원한 일은, 전후의 항주가 정상을 회복하는 데 지극히 중요한 영향을 미쳤다. 이로 인해 얻어진 직접적인 효과는 좌종당의 칭찬과 신뢰를 얻었다는 것이다. 좌종당의 후원을 배경으로, 호설암의 장사는 전란이 지난 후에도 신속하게 정상을 회복하면서 날로 발전했다. 좌종당의 신강지역 정벌을 전후하여, 호설암은 홍정상인의 신분으로 그를 위해 선박 제조국을 설립하고 군비조달을 추진했다. 또한 조정을 대표하여 외채도입과 서양인들과의 금융거래를 시작했다. 이 무렵 호설암은 비로소 진정한 탄탄대로를 걸으며 사업의 전성기를 맞이했다. 좌종당은 광서 4년 봄, 섬서 순무 담중린과 함께 공동 상소문을 올려, 아홉 가지가 넘는 호설암의 공로를 열거하며 '관례를 깨고 그에게 상을 내리기를' 청했다.

호설암의 노모가 칠순 생일잔치를 맞았을 때는 이홍장, 좌종당과 같은 당대 최고의 세도가들뿐만 아니라 자희(慈禧 : 서태후의 휘호-옮긴이) 태후도 특별히 축하선물을 보내왔다. 이때부터 호설암의 사업은 절정기를 구가하게 되었다.

호설암 경상지법 66
자신에게 유리하도록 상대를 유도하라

　　　　　　세상사의 흐름에 따라 움직이면 자금과 체력 그리고 시간을 절약하면서도 이윤을 획득할 수 있다. 호설암은 새로운 세력을 빌리는 데 능했다. 이것은 그가 세력을 확대하고 상계를 주름잡을 수 있었던 하나의 '재주'이기도 했다.

　1862년 2월, 호설암은 처음으로 좌종당을 만났는데, 당시 그는 신임 절강 순무였다. 호설암은 절강이라는 땅에서 돈을 벌고, 크게 성장하기 위해서는 당연히 눈앞에 앉아 있는 사람과 특별한 관계를 맺어야 한다고 생각했다. 이때부터 두 사람은 장장 20년 동안 밀접한 협력관계를 유지했다.

　좌종당이 높은 지위에 오른 것은 다년간에 걸친 치열한 노력의 결과였다. 그보다 스무 살이 적은 호설암은 그가 포부를 펼치고 공을 세우는 데 지원을 아끼지 않았다. 호설암은 무기와 식량구입 그리고 군비조달 등을 맡아서 좌종당이 태평군과 염군(捻軍 : 청대 가경 연간에 일어난 농민 폭동군-옮긴이) 그리고 섬서와 감숙성 등지의 농민봉기를 진압하는 일에 참가했다. 이것은 당시에 매우 중대한 국사였다.

　호설암은 좌종당이 서양과 교류하는 데도 협조를 아끼지 않았다. 또한 좌종당이 예순이 넘은 고령에 출병하여, 아고백(阿古柏) 등 분열 세력에 맞설 때, 그를 적극 지지하여 신강지역을 회복하는 데 큰 도움을 주었다. 정적들이 냉소와 조롱으로 일관하고 각 성들이 관망만 하던 상황에서, 호설암은 서양에서 무기와 외채를 도입하는 등 큰 노력을 기울였던 것이다. 당연히 좌종당에게 호설암은 위기에 빠진 정나라를 구한 소장수 현고(弦高)나 서한시대에 재산을 헌납하여 주변을 도운 복식(卜式)과 같은 선량한 상인이었을 것이다. 호설암이 충성을 다한 결과, 좌종당은 그를 크게 신임하게 되었다.

좌종당은 한 편의 상소에서 다음과 같이 호설암을 평가했다. "강서의 보용도(補用道 : 2품에 해당하는 벼슬-옮긴이) 호설암은 신이 절강으로 온 후, 많은 일을 맡아 전력을 다하였습니다. 항주가 회복된 후에는 전후작업에 많은 힘을 쏟았으며, 성심성의를 다하였습니다. 구휼의 공적 또한 비할 바 없이 훌륭합니다." 1878년 3월 27일, 담종린에게 보낸 서신에서는 "가장 오래 의지하고, 가장 많은 힘을 써준 사람"이라고 호설암을 평가했다.

호설암은 공적인 일을 통해 좌종당과 사적인 교분을 쌓았다. 1881년, 강남과 강서성 총독 겸 통상 사무대신으로 부임한 좌종당은 자신의 질녀를 호설암에게 돌봐달라고 부탁할 만큼 그를 신임했다. 호설암이 파산에 직면하여 재판에 회부되었을 때는 남경에서 상해로 세 차례나 달려가 호설암의 근황을 살폈다.

호설암은 장수이자 재상인 좌종당이라는 든든한 배경을 등에 업고 식량 조달, 기부, 군수품 마련과 외자 도입 등 적지 않은 일을 했다. 게다가 양무파 좌문양(左文襄 : 좌종당의 호-옮긴이) 공이 아끼는 사람이라는 소문이 나면서 더욱 승승장구할 수 있었다.

태평천국 시기에 호설암은 청조 관병의 예금을 위탁받은 적이 있었다. 그런데 대부분 성을 공략하는 과정에서 약탈한 돈으로, 떳떳하지 못한 재물이었다. 하지만 당시에는 많은 재물과 자금이 떳떳하지 못한 것들이었다. 호설암은 그 재물들을 받아들여 장사의 밑천으로 삼았다. 대세에 순응하며 자신에게 유리한 점을 취했던 것이다. 전쟁이 계속되면서, 여러 장수들이 얻은 재물이나 성에서 징수한 세금도 호설암에게 쏟아져 들어왔다. 또한 호설암의 전장이 남북 각 성과 수도에서 문을 열자, 고관과 부자들이 속속 호설암에게 와서 자산을 예탁했다. 이렇듯 호설암은 세상 흐름을 잘 살펴 자신의 세를 키워나갔다.

대세에 순응할 줄 알았던 호설암의 경상의 법은 장사를 위한 단단한 기초가 되어주었다.

⊕ 호설암 경상지법 67
교묘하게 보호책을 구하라

사람에게는 반드시 편히 쉴 수 있는 곳이 있어야 한다. 장사에는 든든한 지지자가 꼭 필요하다. 이 점을 잘 알고 있는 호설암은 여러 계층의 세력과 교분을 쌓으면서 그들을 거대한 재원으로 활용했다. 당시 호설암이 살았던 시대는 특수한 시대였다. 구시대의 제도가 흔들리고 외세가 나라의 문을 거세게 두드렸으며, 사회는 변란에 휩싸였다.

이러한 격동기에는 자신의 사업을 안정하게 지켜줄 세력이 무엇보다 필요하다. 호설암은 자신을 보호해 줄 '특수한 인물'과 관계를 맺기 위해 다각도로 방법을 모색했다.

보호막을 찾는 방법은 많았다. 우선 전도가 밝은 인물을 돕는 것이다. 왕유령은 절대적으로 알맞은 인물이었다. 그가 집안을 경제적으로 보살피고 상관에게 뇌물을 보내는 모든 일들이 호설암의 도움으로 이루어졌다. 그 다음 인물은 하계청이었다. 왕유령의 전례가 있었기 때문에, 호설암은 하계청에게 더욱 더 지극하게 대했다. 그의 승진을 위해 은자 1만 5천 냥을 한번에 내놓기도 했으며, 자신의 애첩을 그에게 보내는 아픔도 감내했다.

또한 호설암은 그들을 위해 다루기 힘들고 까다로운 문제들을 도맡아 처리했다. 방비군 훈련, 바닷길을 이용한 곡물운송, 헌납금 징수, 군수물자 구입, 반란군 토벌을 도운 일 등이 그가 다른 사람을 대신하여 자처했던 수고였다. 하지만 그들이 조정의 인정을 받게 됨으로써 호설암 자신의 지위도 탄탄해졌고 상인으로서의 영향력도 한층 강화되었다.

하계청이 강소와 절강성 지역에서 영향력을 확대해 나갈 때, 호설암의 사업도 점차 이전에 전장을 경영하던 방식을 벗어나 관부를 배경으로 대외로 확장하기 시작했다. 이러한 확장은 호설암이 장차 상계에서 연해지역 이남의 패권을 장악하게 될 서막이었다. 이때 호설암은 관료계층을 통해 세력을 확장할 수 있음을 경험했다.

왕유령과 하계청이라는 배경이 무너지자 호설암은 새로운 보호막을 찾기 시작했다. 이로써 좌종당이라는 세기의 인물이 그의 인생에 출현하게 되었다.

좌종당이 권좌에 있는 동안 호설암은 그를 위해 군량미 조달, 총기와 탄약 구입, 서양식 대포 구입, 기계 도입, 조선소 건설, 외채 도입 등 많은 일을 했다. 좌종당의 명성이 점차 높아지고 조정에서 지위가 안정되자, 호설암의 지위도 한층 견고해졌다. 관부의 힘이 든든하게 뒷받침되는 한 그는 무서울 것이 없었다. 좌종당이라는 거물이 뒤에 있고, 조정에서 하사한 홍정을 달고 황괘를 입은 지금, 호설암이 천하제일의 상인이라는 것을 모르는 이는 아무도 없었다. 또한, 부강도 천하에서 안정적인 간판으로 자리잡았다. 그는 거액을 안심하고 맡겨도 되는 인물이었고, 단호하게 서양 상인들과 힘겨루기에 나설 만큼 능력이 뛰어난 인물이었다. 어떠한 상인도 그를 따르지 못했다.

호설암은 왕유령, 좌종당 외에도 전장업을 통해 혁흠, 문욱 등 북경의 고관대작들과 관련을 맺었다. 친구가 한 명 생긴다는 것은 길이 하나 더 생기는 것이다. 낮은 관직의 사람들부터 사대부 문인들에 이르기까지, 호설암은 적극적으로 교분을 쌓았다. 이자명(李慈銘)이 "늘 작은 이익으로도 항주의 사대부를 낚는 재주가 있었다. 항주의 사대부는 그를 아버지처럼 존경했으며, 한림들이 식객을 자청했다"라고 기록했을 만큼 호설암의 인간관계는 폭이 넓었다.

호설암은 항주로 돌아와 자금을 모집했는데, 먼저 항주 무대 황종한에게 자금을 출자하도록 설득했다. 황종한이 출자하자, 그의 수하에 있는 사람들이 그를 쫓아 속속 호설암의 약국에 출자했다.

호설암은 관부의 자금을 이용하여 자신의 약국을 시작했다.

그는 우선 약효가 뛰어난 명약을 이용하여 원가에 혹은 무료로 군대에 헌납해서 군인들이 사용하도록 했다. 그 후 다시 후방에서 군대의 물자공급을 담당하는 인물과 교분을 쌓았다. 그에게 이득을 보장해 주면서, 선지급 형식으로 대종군대에 공급할 약품을 자신에게 주문하도록 만들었다. 선지급으로 받은 대금은 약국에 투자되었고, 호설암의 약국은 급성장을 이루었다.

호설암은 이렇게 호경여당을 시작했다. 호경여당은 그에게 엄청난 부와 '제세선거(濟世善擧 : 세상을 구하고 선을 행한다는 뜻-옮긴이)'라는 명성도 함께 가져다 주었다. 하지만 관부의 힘이 없었다면, 이러한 일들은 실현되지 못했을지도 모른다.

홍정상인이란 지위가 호설암의 또다른 막강한 배경이었다. 이 '홍정'이란 말은 조정에서 하사한 것이기 때문에 황제의 은총을 입었다는 것을 의미했다. 황제가 호설암의 상업적 활동의 합법성을 인정했다는 뜻이었다. 만인지상의 자리에 있는 황제가 보호하는 사람은 당연히 어떤 방해도 받지 않았다. 그것은 인물의 신용을 입증하는 보증수표나 다름없었다. 따라서 황실의 인척들과 대신들이 안심하고 거액의 자금을 부강 전장에 맡길 수 있었다.

호설암은 늘 자신의 독특한 안목과 역량으로 끊임없이 솟아나는 재원을 발견하고 열어갔다.

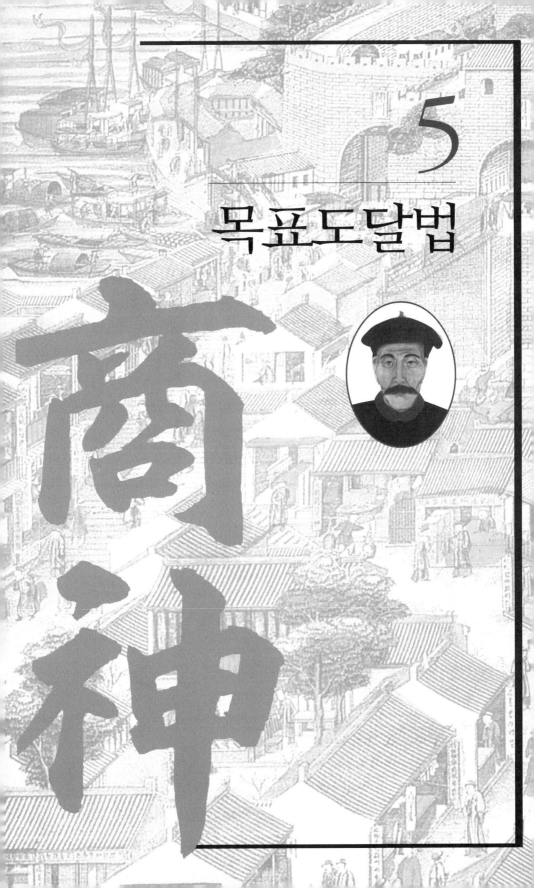

5

목표도달법

商神

12

일에는 순서가 있다

장사에도 규칙이 있으며, 규칙을 벗어나는 사람은 반드시 실패한다. 진정으로 자신의 장사를 아끼는 사람이라면 반드시 명심해야 한다. 호설암은 규칙을 벗어나는 행동을 해서는 안 된다고 늘 스스로를 일깨웠다. 이는 "본분을 지키는 장사를 하겠다"는 자기와의 약속이었다. 장사가 정도를 지켜야만 명예와 재물을 얻을 수 있으며, 비록 실패에 부딪힌다 하더라도 다시 재기할 수 있는 희망이 있다. 하지만 도의를 거스르고 정도를 벗어나면 사람들로부터 버림을 받고, 실패했을 때 재기는 고사하고 명예와 재물을 모두 잃는 결과를 낳는다. 굳이 이런 어리석은 짓을 범할 이유가 없다. 호설암은 반드시 규칙에 따라 일을 처리했다. 어떤 장사든 일에는 순서가 있어야 하며 규칙을 벗어나서는 안 된다. 그렇지 않으면, 위험한 함정에 빠지게 된다.

🏛 호설암 경상지법 68
두 발은 정도 위에 있어야 한다

호설암은 장사를 할 때, 정도에 따라 재물을 취해야 한다는 점을 특히 중요하게 생각했다. "군자가 재물을 좋아하더라도 그것을 취하는 데는 도가 있다." 이 말은 중국에서 수천 년간 전해 내려오는 말이다. 여기에서 '도(道)'의 의미는 바로 '정도(正道)'를 뜻한다. 규칙에 따라 재물을 취하고 정도를 지킨다면, 군자가 재물을 좋아하는 일은 부끄러운 것이 아니다.

"장사는 정도로 가는 것이 가장 좋다." 이것은 호설암이 고응춘에게 한 말이다. 방이와 손잡고 시작한 무역이 순조롭게 진행되고 있을 때의 일이다. 방이의 상해 생사점포 책임자로 있던 주복년이 점포의 공금을 가지고 몰래 장사를 하기 위해 계략을 꾸몄다. 주복년을 응징하기 위해 호설암은 한 가지 계책을 세웠다. 그는 우선 주복년의 계좌에 은자 5천 냥을 입금하고, 입금한 전장에서 영수증을 받았다. 그리고 고응춘에게 주복년을 찾아가서, 자금이 부족하여 생사를 급히 팔아야 하니 서양 상인보다 5퍼센트 낮은 가격에 방이에게 팔겠다고 말해 달라고 부탁했다. 이 말은 주복년에게 5퍼센트의 거래차액을 주겠다는 의미였다. 즉, 호설암과 주복년의 '비밀거래'인 셈이었다. 하지만 이 거래는 주복년을 잡기 위한 함정이었다.

주복년의 계좌에 은자 5천 냥을 넣은 것도 함정이었다. 그가 이 돈을 착복한다면, 호설암이 방이에게 이 일을 고할 것이다. 그가 이 돈을 생사 거래장부에 기록한다 해도 5천 냥에 대한 영수증을 근거로, 그가 주인의 재물을 횡령하려 했다고 몰아붙일 수 있었다. 결국 어떻게 하더라도 주복년은 방이의 신뢰를 잃게 될 것이니, 곤경을 벗어날 수 없는 상황이었다.

호설암의 계책은 과연 효과가 있었다. 주복년은 마음을 고쳐 먹고 규칙

288 5부 목표도달법

에 따라 성실하게 일했고 5천 냥의 은자도 물리쳤다. 그런데 고응춘은 영수증 원본은 남겨두고, 다시 영수증을 받아서 그에게 주었다. 약점을 잡아 놓자는 것이었다. 하지만 호설암은 그럴 필요가 없다고 말하면서 이렇게 설명했다. "굳이 그러지 않아도 되네. 방이는 주복년과의 우정을 중시하는 사람이니 반드시 나에게 무슨 말을 할걸세. 그리고 주복년도 과감히 자신의 밥그릇을 내던졌으니, 우리도 정도로 가는 것이 좋네."

호설암이 말하는 정도란 정상적인 방식, 정당한 경로에 따라 일을 하는 것을 의미한다. '왜곡된' 수단이나 '이상한' 수단을 이용해서는 안 된다는 뜻이다. 호설암은 주복년을 굴복시키기 위해 고의로 함정을 파는, 정도에서 '벗어난' 방법을 썼다. 하지만 그는 부득이한 경우에 한해 이런 방법을 사용해야 하며, 일단 정상적인 궤도로 돌아오면 정도를 지켜야 한다고 말한 것이다. 우리는 호설암이 주복년을 굴복시키기 위해 사용한 계략을 마음속으로는 불편해 했다는 것을 알 수 있다.

"장사는 정도로 가는 것이 좋다"는 말 속에는 장사를 할 때 큰 원칙을 위배해서는 안 된다는 뜻도 담겨 있다. 벌어도 되는 돈인지 아닌지를 분명히 구분해야 하며, 돈 버는 일에만 열중한 나머지 도의를 저버려서는 안 된다.

호설암은 장사꾼은 모험을 두려워하면 안 된다고 말했다. 심지어 상인은 이윤이 생기는 일이라면 칼끝에 묻은 피도 핥을 수 있어야 한다고 했다. 하지만 자신이 핥아야 하는 피가 어떤 피인지 반드시 잘 판단한 후 행동해야 한다고 강조했다. 언젠가 그는 자신의 전장 책임자에게 이렇게 비유를 들어 말한 적이 있었다.

자신이 만약 어떤 쌀장수에게 돈을 대출해 줘야 한다면, 그의 쌀이 어느 지방으로 운송되는지 분명히 알고 있어야 한다. 함락되지 않은 곳으로 운송된다면, 그에게 돈을 빌려줄 수 있지만, 그 쌀이 '장발적(長髮賊 : 태평천국군을 말하며, 이들이 장발을 하고 있었기 때문에 이렇게 부름-옮긴이)'이 있는 곳으로 간다면, 이 장사는 해서는 안 된다. 조정을 도울 수는 있어도, 장발적을 도울 수는 없기 때문이다.

호설암은 자신이 대청국의 신하이고 조정을 도우며 돈을 버는 것이지, 역적인 장발적을 돕는 것은 정도에서 돈을 버는 것이 아니라고 생각했다. 정도를 지키지 않는 일은 아무리 큰돈을 벌 수 있다 해도 해서는 안 되는 장사였다.

상인은 이윤을 추구하는 사람으로, 어떠한 경우에라도 돈을 벌어야 하며, 벌 수 없는 돈은 없으며, 손해 보는 장사를 해서는 안 된다. 하지만 당당하게 다른 사람의 주머니에서 돈을 '꺼내고', 반대로 자신의 돈을 쾌척하는 일은 결코 쉬운 것이 아니다. 여기에도 반드시 기교가 필요하다. 이것이 바로 사람들이 말하는 '재물을 모으는 도(道)'다. 호설암은 재물을 모으는 도에 정통한 인물이었다.

호설암은 '간판'을 만들고 '체면'을 만들었으며, '상황'을 만들고 또한 '신용'을 만드는 것을 중시했다. 그리고 널리 인재를 받아들이고, 든든한 후원자를 만들었으며, 재물을 베풀어 널리 이름을 알리고, 폭넓은 인연을 만들었다. 이 모든 것들이 재물을 모으는 그의 도였으며, 확실한 성과를 거두었다.

호설암은 '호경여당'이 문을 연 초기에 몇 가지 계획을 세웠다. 삼복더위가 기승을 부릴 때, 더위를 식혀주는 환약을 만들어 '호경여당'이란 네 글자가 찍힌 종이에 싸서 행인들에게 무료로 나누어주었다. 또한 조정이 태평천국군을 평정하는 데 힘을 쏟을 때 역병 예방약과 창상 치료제를 대량으로 조제하여 염가로 군영에 공급했다. 오늘날 경영적인 관점에서 볼 때 이 모든 행위는 기업의 명성 제고, 이미지 확립, 기업의 지명도 제고, 시장 개척 그리고 신용확립을 위한 중요한 조처라고 말할 수 있다. 덕분에 호경여당은 곧 뿌리를 내리고, 짧은 시간에 강소와 절강성 일대는 물론 전국 최고의 약국으로 발돋움했다. 더욱이 수십 년 동안 그 명성은 쇠퇴할 줄 몰랐다. 호경여당을 통해 이룩된 호설암의 명성과 영향력은 전장, 생사, 전당포 등 그의 다른 사업에도 매우 긍정적인 효과를 발휘했다.

하지만 여기에서 도는 마땅히 재물을 취함에 있어 양심에 거스르지 않고, 도의에 위배되지 않아야 한다는 뜻을 담고 있다. 상도는 인도(人道)와도 같다. 사람이 사람다워야 상도도 바로 설 수 있는 것이다. 엽전 구멍 안에 빠져서 마음속에 오직 돈만 있고 사람이 없다거나, 돈을 위해 사람으로서 미처 못할 짓을 하는 이는 간상(奸商)이다. 간상은 남을 속이고도 수치를 모른다. 이런 사람은 아무리 돈이 많아도 사람들로부터 사람대접을 받지 못한다.

군자가 재물을 취할 때 도가 있어야 한다는 것은 자신의 담력과 식견, 능력, 지혜, 부지런한 노동에 기대어 떳떳하게 취해야 한다는 것이다. 일확천금을 바라며 사도를 쫓아 속임수로 취하는 것이 아니다. 진정으로 성공한 상인은 신의, 명예, 신용, 성실과 직업정신, 그리고 부지런한 노력이 가장 중요하다는 것을 잘 알고 있다. 정도 위에서 '부지런히 애쓰는' 장사가 오래가며, 마땅히 재물도 얻는다. 일확천금이 '천금(千金)'이 아니라, 천화(千禍)'라고 하는 것도 바로 이러한 이치다. 약국을 시작한 후, 호설암은 제대로 된 약재로 약을 조제하고 합리적인 가격에 팔았다. 또한 그는 동업할 때에도 진심과 성실로 일했고, 자신이 손해를 볼지언정 친구가 손해를 입게 하지 않았다.

호설암은 장사를 하면서 다음 원칙을 반드시 지켰다.

첫째, 어떤 돈이라도 벌 수 있지만 결코 조정이 정한 길이 아닌 '검은 돈'을 벌지 않았다.

둘째, 다른 사람의 덕택으로 돈을 벌 수는 있지만, 다른 사람을 불리하게 하거나 이익을 탐하지는 않았다. 다시 말해 자신이 돈을 벌기 위해 다른 사람의 밥그릇을 깨는 일은 하지 않았다.

셋째, 친구의 힘을 빌어 돈을 벌 수는 있지만, 친구에게 미안해 할 행동은 절대로 하지 않았다.

넷째, 기회를 이용하여 교묘하게 돈을 벌 수 있지만, 신의를 저버리고 양심을 속이는 돈은 벌지 않았다.

다섯째, 돈을 버는 행위가 어떤 것보다 우선순위이지만, 재물을 베풀어 선을 행하며, 결코 인색한 수전노가 되지 않았다.

🏵 호설암 경상지법 69
원칙이 없으면 노하우도 없다

호설암은 장사를 함에 있어 '반드시 원칙에 따라야 한다'고 강조했다. 이것이 의미하는 것은 무엇일까 ?

녹영병 관군 나상덕은 전쟁터로 가기 전에 자신의 돈을 부강 전장에 맡겼다. 그는 부강 전장의 신용을 믿었고, 전쟁터에서는 자신의 생사를 장담할 수 없으므로 입금 영수증이 필요 없다고 말했다. 하지만, 호설암은 반드시 영수증을 작성해야 한다고 말했다. 그것이 원칙이었기 때문이다.

호설암은 고응춘, 우오, 욱서 등과 함께 서양 상인들을 상대로 한 생사장사를 벌였다. 이 장사에서 그는 18만 냥이 넘는 돈을 벌었다. 하지만 장사를 하면서 들어간 각종 비용과 뇌물을 제하고, 우오와 고응춘 등에게 줄 분담금을 제외하고 나면 오히려 1만 냥이 넘는 손실이 생겼다. 장사의 협력자이자 친구인 고응춘은 자발적으로 이윤을 분배받지 않겠다고 말했지만,

호설암은 자신에게 한푼도 남지 않는 한이 있어도 해야 할 것은 반드시 해야 한다고 말했다. 사업 협력자에게 이윤을 균등하게 배분하는 것이 원칙이기 때문이었다.

또한 호설암은 절대로 태평군과는 거래하지 않았다. 이것은 그가 한번도 깨뜨리지 않은 중요한 원칙이었다. 그의 전장은 태평군은 물론이고, 태평군과 관련이 있는 상인들에게도 자금을 대출해 주지 않았다. 그 자신도 태평군이 점령한 지역에서는 결코 장사를 하지 않았다. 식량이라든가 군수물자를 태평군의 점령지역으로 운송하는 일도 없었다.

항주를 점령한 태평군은 그에게 항주로 돌아와서 '전후업무'를 맡아줄 것을 요청했었다. 그의 장사의 근거지가 항주였고, 게다가 노모와 가족들이 아직 항주에서 탈출하지 못한 상태였던 것이다. 따라서 일반적인 상인의 안목에서 본다면, 자신의 장사를 지킬 수 있고 노모와 가족들도 보호할 수 있다면, 항주로 돌아가지 않을 이유가 없었다. 상인은 다만 이윤을 구하는 사람일 뿐이고, 누가 천하를 차지하든 무슨 상관이겠는가.

하지만 호설암은 자신의 뜻을 고수했다. 어쨌든 천하는 여전히 청조의 것이었고, 태평군과 거래하는 것은 청조의 법에 위배되기 때문이었다. 융통성과 편리를 구할 수는 있지만, 법을 위반할 수는 없었다. 이것이 그의 규칙이었다.

장사를 할 때는 원칙에 따라야 한다. 필요한 수속이 있다면 복잡하든 간단하든 해야 할 것은 반드시 해야 한다. 체결한 계약서에 대해서도 그것이 어렵든 쉽든, 행할 것은 반드시 이행해야 한다. 원칙에 따르는 것은 실제로 비즈니스 활동이 정상적으로 진행되기 위해 반드시 보장되어야 할 조건이다. 그렇지 않으면 혼란이 야기되고, 정상적인 거래가 이루어질 수 없다.

정도를 따르는 장사는 명예와 이득을 가져오며, 실패한다 하더라도 다시 재기할 수 있는 희망이 있다. 하지만 도의와 정도를 벗어나면 사람들로부터 버림을 받으며, 실패하면 명예와 이득 모두 회복할 길 없는 지경에 빠진다. 호설암은 정도를 벗어나는 것의 두려움을 잘 알고 있었고, 반드시 원칙에 따라 일했다.

🏵 호설암 경상지법 70
손을 데일 돈은 멀리 던져버려라

어떤 돈이 손을 데일 돈인가? 사람마다 시각이 다르겠지만 대략 다음에 열거하는 세 가지 종류의 돈이라 할 수 있다.

첫째, 법률에 저촉되는 돈이다. 밀수나 마약 등 불법적인 수단으로 벌어들인 돈, 다시 말해 우리가 통상적으로 '검은 돈'이라고 부르는 돈을 말한다. 이런 돈은 법과 도리에 어긋나는 것으로, 필연적으로 화를 초래한다.

둘째, 자신의 이익을 위해 타인에게 해를 끼치는 결과를 초래하는 돈, 같은 업종 혹은 동료를 속여 벌어들이는 돈이다. 타인의 이익에 손해를 입힐 수단으로 벌어들이는 이런 재물은 본질적으로 앞의 부류와 큰 차이가 없는 돈이다. 상호이익이라는 거래의 원칙을 위반했을 뿐 아니라, 사람이 마땅히 준수해야 할 기본적인 도덕적인 원칙을 짓밟는다. 사람에게 해를 입히면 반드시 그 대가를 치르게 된다. 이런 종류의 돈은 자신에게 화근이 되는 돈이라 하겠다.

셋째는 법을 어기지 않고 정당한 이유로 번 돈이지만 동료나 친구의 원망을 사는 돈이다. 일반적으로 앞의 두 가지 부류에 대해서 사람들은 비교적 쉽게 이성적으로 판단하고, 스스로를 속박할 줄 안다. 하지만 이 경우는 사람들이 분명히 보지 못하고, 분명하게 인식하기도 힘들며 돈의 성격을 안다 해도 뿌리치기도 쉽지 않다. 부당하게 타인에게 직접 해를 끼치는 것이 아니기 때문이다. 이런 경우 장사꾼이라면 돈의 유혹을 물리치기가 쉽지 않다. 하지만 다른 사람의 입장에서 생각할 줄 아는 자각의식이 필요하다. 호설암은 바로 그러한 인물이었다.

왕유령은 곡물운송의 공을 인정받아 곧바로 해운국에서 호주부로 승진했다. 당시에는 관원이나 현지의 재산가, 유력자는 명절 때 반드시 지방관에게 '명절인사'를 하는 관행이 있었다. 마침 단오를 앞두고 왕유령의 승진이 있었다. 그가 원한다면 일정을 재촉하여 적지 않은 명절인사를 받을 수 있었다. 전혀 문제될 일은 아니었지만 호설암은 그렇게 해서는 안 된다고 생각했다. 전임자가 이미 여러 날을 그 자리에 있었으니 마땅히 그가 받아야 한다는 것이었다. 또한 다른 사람에게 가야 할 이익을 뺏는 꼴이 될 수 있으므로 원한을 사게 된다는 것이었다. 엽전과 은자를 다 쓰기는 쉬워도, 한 사람에게 산 노여움은 만회하기 어려운 법이다.

호설암은 상인이라면 "전반야(前半夜 : 초저녁부터 자정까지의 시간-옮긴이)에는 자기 자신을 생각하고, 후반야(後半夜 : 자정 이후의 한밤중-옮긴이)에는 다른 사람을 생각하는 법을 배워야 한다"는 명언을 남겼다. 여기에서 '다른 사람을 생각한다'는 것은 다른 사람의 입장에서 고충을 이해하고, 그의 고통을 나의 고통과 마찬가지로 생각하는 것을 말한다. 상인은 자신을 먼저 생각하고, 자신의 이익을 위해 계산하고 계획하는 것이 인지상정이다. 하지만 자신을 생각할 때 다른 사람도 함께 생각해야 한다. 그래야만 불필요한 문제를 스스로 초래하는 경우를 피할 수 있다. 결과적으로 다른 사람을 생각하는 것은 또한 자기 자신을 생각하는 것이다.

호설암은 자신을 돕는 사람들에게 "천하의 밥을 한 사람이 다 먹을 수는 없는 일이다. 동료들과 관련을 맺고, 그들로 하여금 자신을 따르도록 만들어야 한다"고 말했다. 사람들은 장사를 전쟁과 같은 이치로 이해하고 경쟁을 강조한다. 하지만 장사에 경쟁이 있다면, 반드시 연합도 있어야 한다. 실력이 아무리 막강하고 능력이 뛰어나도 전체 시장을 점유할 수는 없다. 지혜로운 상인은 시장에서 성공하기 위해서는 천시(天時)와 지리(地利)도 중요하지만, 또한 반드시 인연을 맺어야 한다는 사실도 잘 알고 있다.

장사는 비록 돈을 벌기 위한 것이지만, 어떤 돈을 벌어야 하고 번 돈이 어떤 결과를 초래할 것인지 신중하게 고려해야 한다. 손을 데일 돈은 아무리 많아도 원해서는 안 되며, 장사에도 이 원칙을 마땅히 지켜야 한다.

🪙 호설암 경상지법 71
원칙에도 융통성이 있어야 한다

호설암은 매우 융통성이 있고 수완과 적응력이 뛰어난 인물이었다. 그는 "우리는 법을 어기지 않는다. 조정의 법은 논리정연하고 빈틈이 없다. 조정이 말하는 대로 행하는 것이 바로 법을 지키는 것이다. 조정에서 말하지 않은 것은 우리 스스로의 뜻에 따라 행할 수 있다"고 말했다.

전장은 본래 돈으로 돈을 번다. 호설암은 장뚱보에게 태평군 도망병의 자산을 위탁받아서 관원들과 상해로 피난 온 재산가들에게 돈을 대출해 주는 '장사'를 하자고 제안했다. 들어온 돈에 대해 이자를 지불할 필요가 없고, 대출해 준 돈에 대해서는 이자를 챙길 수 있으니, 밑천 없이 돈 버는 장사임에 틀림없었다.

하지만 장뚱보는 엄두를 내지 못했다. 호설암의 방법은 비록 사람에게 해가 되는 것은 아니나, 위법이라는 것이었다. 태평군의 재산은 모두 '역산(逆産)'이었고, 조정에 의해 몰수를 당하는 게 마땅했다. 그런 재산을 받아들이는 것은 이를 은닉해 주는 것과 마찬가지이므로 법을 위반하는 것이라는 말이었다.

하지만 호설암은 그렇게 보지 않았다. 법을 위반해서는 안 되지만 장사는 융통성과 적응력이 있어야 하며, 이용할 수 있는 기회는 이용해야 한다. 조정의 법이란 본래 빈틈이 없는 것이니 한 치도 어긋나서는 안 되며, 반드시 지켜야 한다. 하지만 조정의 법과 규정이 따로 없는 것은 자신의 뜻에 따라 행동할 수 있다. 법에서 규정하지 않은 일을 했다 하여 법을 위반한 것이 아니었다. 역산을 은닉하는 것은 위법이다. 하지만 태평군 도망병들이 실명이 아닌 가명으로 예금을 한다면 얘기는 달라진다. 조정의 법에는 다른 사람의 이름을 빌려 예금하는 돈을 전장이 받아서는 안 된다는 규정은 없다. 누가 그의 신분을 알 수 있겠는가? 그의 신분을 알지 못하는데, 어떻게 위법이라고 말할 수 있겠는가? 물론 이것은 큰 위험이 따르는 일이다. 따라서 이 같은 문제를 고려할 때는 반드시 대비책도 마련해야 한다.

장사에서는 순식간에 변화가 일어나고, 예측하기 어려운 일들이 일어난다. 따라서 아무리 능력 있고 자신이 넘치는 사람이라 할지라도 장사에서 실수하지 않는다고 장담할 수 없다. 장사의 규모가 클수록 이윤이 크며, 위험도 크다.

위험을 감수하고 일해야 한다면, 먼저 만일의 사태에 대비하는 준비가 필요하다. 따라서 어떤 장사든 시작하기 전에 먼저 '퇴로'에 대해 생각해야 한다. 호설암은 창업에서 최고의 전성기에 이르기까지, 장사를 할 때마다 과감하게 위험을 감수했고, 자신을 위한 퇴로에 특별히 주의를 기울였다.

전장은 돈이 들고나는 과정에서 돈을 버는 장사였다. 예탁된 돈은 자본이 되고, 대출해 주는 돈은 이자수익을 가져다준다. 당연히 대출금은 이자가 높을수록 좋고, 예탁금은 이자가 낮을수록 좋다. 은가(銀價)의 등락에 따라 대출과 예탁의 이자 조정시기를 정확하게 파악하기만 하면, 앉아서 돈을 벌어들이는 것이나 다름없었다. 하지만 '큰 장사'를 하고자 한다면 돈이 들고나는 일에 위험이 따르게 된다.

돈을 대출해 주고 높은 이자를 받으려면 큰 고객을 찾아야 한다. 큰 고객은 큰 장사를 하며 큰돈이 필요한 사람이다. 큰 이윤을 창출할 수 있기 때문에 이자의 고저를 따지지 않는다. 높은 이자를 회수할 수 있는 것이다. 하지만 장사가 실패하여 원금도 건지기 어려워지면, 대출한 돈도 건지기가 어렵다. 조정과 태평군 간의 전쟁이 끊이지 않던 시기에, 양곡상은 곡물을 사서 갖다 팔면 막대한 이윤을 챙길 수 있었다. 하지만 위험도 크기 때문에 돈을 빌려주는 일은 신중하게 판단해야 할 문제였다.

예탁의 경우, 가장 좋은 것은 예탁자가 자신이 맡긴 돈에 대한 이자를 원치 않는 것이다. 관부의 관고를 대리하는 업무가 대표적인 경우로, 위험부담도 그리 크지 않다. 이와 달리 큰 위험을 부담해야 하는 경우도 있었다. 태평천국의 난이 실패로 접어들 무렵, 태평군 도망병들이 재산을 전장에 은닉하는 경우가 많았다. 이런 재산들은 '역산 혹은 역제'라 하여 관례에 따라 조정에 몰수되었다. 만일 역산에 대한 조사가 전장에까지 이른다면, 전장은 이를 보고하지 않을 수 없었다. 말하지 않았다가 발각되는 날에는 '역도들을 도운' 죄명으로 처벌을 받았다. 그런데 체포되었던 태평군이 석방되어 전장에 와서 자신이 맡긴 예금을 요구하면, 전장은 반드시 이를 지불해 주어야 했다. 이렇게 되면 전장으로서는 '외상값'을 떼이는 격이어서, 그야말로 닭은 도망가고 계란도 깨지는 꼴을 당할 수밖에 없었다.

이처럼 대출과 예탁에 모두 위험이 따를 수 있으므로 사전에 미리 퇴로를 생각해 두어야 했다. 양곡상에게 대출해 줄 때, 호설암에게는 하나의 원칙이 있었다. 그의 쌀이 어디로 운반되어 갈 것인지를 분명하게 아는 것이었다. 관군이 점령한 지역으로 간다면 돈을 대출해 줄 수 있지만, 태평군의 지역으로 간다면 대출해 주지 않았다. 태평군 점령지로 쌀을 팔러 갔다가 파산하면, 사람들이 '장발적'을 도왔다고 손가락질하며 비난할 것이기 때문이다. 이렇게 되면 어떠한 퇴로도 없게 된다. 호설암은 태평군 도망병의 돈을 받을 때도 퇴로를 미리 생각해 두고 있었다. "그가 익명으로 돈을 맡겼고, 이마에 '나는 태평군이다'라고 써붙여 놓은 것도 아닌데, 내가 어떻게 그가 도망병이라는 것을 알겠는가?" 하고 말하는 것이었다. 이렇게 하면 적어도 과실을 면제받을 수 있고, 죄를 뒤집어 쓰는 길은 피할 수 있었다.

호설암은 어떤 일에서든 미리 앞날을 생각하고, 자신을 위한 퇴로를 확실하게 남겨두었다. 하지만 애석하게도 그도 마지막에 이르러서는 퇴로를 마련하지 못했다. 그가 일일이 모든 것을 살피지 못한 점, 게다가 자신의 강한 재력을 너무 맹신한 실수 등으로 인해, 반드시 지켜야 할 몇 가지 원칙을 소홀히 했다. 결국 예금인출 사태가 터지자, 속수무책으로 철저하게 무너지고 말았다.

호설암은 좌종당의 서역정벌에 필요한 군비를 마련할 때, 구체적인 운영 과정에서 자신을 위한 퇴로를 마련하지 않았다. 군비를 마련하기 위해 외채를 도입하는 것은 실제로 수지가 맞는 장사가 아니었다. 무거운 이자부담을 져야 하는데, 상업적 투자도 아니어서 자금을 보충할 방법이 없었던 것이다. 하지만 좌종당은 서역정벌의 공을 세우기 위해 반드시 성취하려는 의지를 갖고 있었다.

광서 4년, 좌종당은 호설암에게 국내에서 자금을 모집하는 한편, 영국 HSBC 은행으로부터 자금을 대출받게 했다. 이렇게 국내외로부터 모집한 자금이 650만 냥에 달했고, 모두 서역정벌의 군비로 충당되었다. 좌종당은 7년 이내에 섬서와 감숙성에서 협향으로 1천 880만 냥 이상의 자금을 모집할 수 있으므로 외채를 모두 상환할 수 있다고 생각했다. 다만 협향이 도착하는 시기가 각기 다르기 때문에 첫 상환기일을 정하지 말도록 요청할 생각이었다. 하지만 이는 좌종당의 일방적인 바람이었다. 이 자금은 실제로 6개월 거치 6년간 분할상환 방식으로 정해졌다. 또한 좌종당은 후임인 유금당(劉錦棠)이 서역정벌 이후의 임무를 수행할 수 있도록 하기 위해 독단적으로 HSBC 은행으로부터 다시 4백만 냥을 도입했다.

외채를 도입하여 군비로 충당한 것은 원래 국가의 책임이지만, 두 차례에 걸친 채무부담은 모두 호설암 한 사람의 어깨에 지워졌다. 광서 4년, 좌종당이 외채도입을 위해 조정에 상소를 올리고 한 달이 지난 후 조정으로부터 회신을 받았다. 그 내용은 외채도입 때문에 수도의 여러 지출을 감당할 길이 없으니, 외채상환을 도울 수 없다는 것이었다. 조정은 이 자금에 대해 '일체 책임 없다'는 태도를 취한 것이다. 이렇게 하여 자금도입의 위험은 고스란히 호설암에게 떨어지게 되었다.

게다가 원래 논의되었던 협향도 취소될 가능성이 있었다. 협향이 들어오지 않고 상환할 방법이 없으면, 자연히 서양인들은 호설암을 찾을 수밖에 없었다. 호설암은 자신의 신용을 지키기 위해 무슨 수를 써서라도 상환을 해야 했다. 정상적인 상황이었다면, 호설암의 재력만으로도 문제가 될 것이 없었지만, 상황은 좋지 않게 돌아가고 있었다.

한 개인이 국가의 채무를 감당한다는 것은 결코 자신을 위한 대비책이 아니다. 또한 상황도 이미 불리하게 바뀌고 있었다. 상해의 경기가 극도로 침체되어 있었고, 자금 보유고도 1백만 냥 정도에 불과했다. 특히 이홍장이 호설암을 축출하려는 의도를 드러내고 있음에도, 그는 다시 좌종당을 위해 50만 냥의 군비조달 임무를 맡고 나섰다. 이것은 더욱 더 자신을 위한 퇴로와 멀어지는 행동이었다. 이런 상황 하에서, 호설암은 생사장사에서 서양인들과 끝까지 맞붙어보자는 결심을 하고 있었다. "싸워서 이길 수 있어도 싸워야 하고, 이길 수 없어도 싸워야 한다"는 의지로, 그는 비축한 생사를 시장에 내놓으려 하지 않았다. 자신의 퇴로를 스스로 막는 배수진을 치는 결정이었다. 따라서 거세게 몰아치는 풍랑 앞에서 파산을 맞을 수밖에 없었다.

"상황이 나빠지기 시작하면 신속하게 진행되기 때문에, 미리 방법을 생각하지 않으면 때가 되어 깨달아도 이미 되돌릴 수 없다." 호설암 역시 이 이치를 잘 알고 있었겠지만, 그처럼 영명한 인물도 실수를 피하지 못했다. 비가 오기 전에 비올 때를 대비한다는 것은 결코 간단한 일이 아닌 것이다.

13

계산에 정통하라

[장사를 원활하게 움직이는 것은 계(計)이다]

상인은 누구나 자신의 장사가 순조롭게 발전하기를 바란다. 그러기 위해서는 '계(計)'에 밝아야 한다. 호설암은 장사를 할 때, '눈덩이를 굴리는' 전략을 유효하게 운영했다. 이것은 한 푼의 은자를 한 꾸러미의 은자로 변화시키는 능력을 말한다. 호설암은 '엽전 구멍 속에서 재주 넘는 법'을 알고 있다고 스스로 말할 정도로 '사람의 힘을 빌려 일을 성사시키는' 법에 능통했다. 자신이 직면한 상황에 근거하여 융통성 있게 대책을 마련하고, 시의 적절하게 자신의 사업을 펼쳐갔던 것이다. 호설암의 '눈덩이를 굴리는 기술' 속에는 장사의 심오한 이치가 함축되어 있다.

돈을 쓰는 것이 돈을 '낳는' 것이다

사업은 돈이 돈을 낳는 과정이다. 즉, 얼마간의 돈을 합리적으로 운용하고 배치하여 더욱 많은 돈을 버는 것을 말한다. 돈을 효과적으로 운용하고 배치하는 것은 경영자의 능력과 지혜를 가늠하는 시험대이기도 하다. 하지만 "손재주가 좋은 여자라도 쌀 없이는 밥을 짓지 못한다"라는 속담이 있다. 아무리 뛰어난 경영능력을 지닌 사람이라 할지라도, 운용할 돈이 없다면 모든 것은 사상누각에 불과하다.

중국의 전통상인들은 '한 푼의 돈으로 천하를 창조한다'는 포부를 가지고 있었다. 하지만 돈을 한 푼 두 푼 모으기만 한다면 부에 이르는 과정이 멀고 지루하다는 것을 잘 알고 있었다. 따라서 그들은 어느 정도 자금이 모이게 되면 빚을 내어 부를 축적하는 지름길로 이용했다.

호설암은 '엽전 구멍 속에서 재주를 넘는' 고수였다. 사실 그는 사업을 시작할 때 한 푼도 가지고 있지 않았다. 그는 "엽전 구멍 안에서 재주 넘는 방법을 알고 있다"고 말한 적이 있다. '사람을 통해 일을 성사시키는 방법'은 '재주를 넘기 위한' 일종의 '뒤집기'인 셈이었다.

약국을 창업할 때, 그는 "우선 은자 10만 냥을 모을 생각이다"라고 단호하게 말했다. 이 말은 상당히 '허풍'이었다. 그에게 10만 냥의 돈은 애당초 없었다. 비록 욱서가 일부를 내놓겠다고 말했지만, 이미 그는 꽤 많은 자금을 호설암에게 빌려 준 상태였다. 따라서 다시 자금을 내놓자면 전답을 팔 수밖에 없었다. 당시는 전란이 끊이지 않았던 시기라 부동산을 현금화하기란 거의 불가능했다. 호설암에게는 '강호를 거닐어도, 친구에게 해가 될 짓은 절대로 하지 않는다'는 원칙이 있었다. 그런 그가 이를 용납할 리가 없었다. 그는 처음으로 불안감을 느꼈다. 하지만 누구도 그를 막을 수는 없었다. 고심 끝에 호설암은 자금을 마련할 방법을 찾아냈다.

첫번째는 항주의 청렴치 못한 관리들, 다시 말해 관직을 빙자하여 사욕을 채우는 데 급급한 관리들로부터 자금을 모집하는 것이었다. 그는 항주로 돌아오자마자 곧바로 항주 무대 황종한을 끌어들였다. 전란의 시대에 약국은 안정적인 돈벌이가 되는 장사이고, 동시에 세상을 구휼한다는 명분도 있었다. 하지만 황종한의 주머니에서 돈을 꺼낼 수 있을지 장담하기 어려웠다. 황종한을 끌어들일 수만 있다면 다른 관원들의 재력을 끌어들이는 일은 어렵지 않게 할 수 있었다.

만약 첫번째 시도가 성공한다면 다음으로 넘어가는 일은 어렵지 않았다. 다음에 할 일이라는 건 관부로 하여금 약국에 출자하도록 만드는 것이었다.

호설암의 처숙 '유백수'에게는 전쟁터에서 발생하기 쉬운 역병 전문 치료제 '제갈행군산'의 조제비법이 있었다. 이것은 독특한 약재를 사용하여 효과가 탁월한 약이었다. 호설암은 군대의 후방 조달임무를 책임지고 있는 '양대(糧臺)'와 접촉할 준비를 했다. 우선 '제갈행군산'을 원가에 군영에 제공하면서, 군대에 헌납하고자 하는 사람에게 '제갈행군산'을 헌납하도록 했다. 그리고 주문량에 따라 값을 깎아주었다. 군영의 병사들로부터 약효를 인정받는다면, 양대와 줄이 닿아 약품 조달업무를 맡을 수 있었다.

양대는 일선에서 전쟁을 하지는 않았지만, 전쟁터에서 일어나는 모든 일에 깊이 관여하고 있었다. 그에게 가장 골치 아픈 문제는 전투가 끝난 후 치료를 제대로 못하여 사망자가 속출하는 일이었다. 따라서 사용하는 약의 종류와 수량이 매우 많았다. 호설암은 좋은 약효와 저렴한 가격 외에도 외상구매가 가능하도록 하여, 양대가 공무상 말하기 좋도록 해주었다. 외상으로 약재를 구입할 수도 있었지만, 반면에 대금을 미리 지불할 수도 있었다. '제갈행군산' 외에도, 상처와 역병을 치료하는 데 효과가 뛰어난 약을 몇 가지 더 조제했다. 그리고는 이를 각 양대들에게 알렸다. 그들이 약을 주문하고 대금을 미리 지불하면 이 자금을 다시 약국에 투자했다. 이렇게 다양한 방법을 통해 약국은 눈덩이가 굴러가듯 발전했다. 당연히 약국은 자본금을 걱정할 필요가 없었다.

사업을 경영하는 일도, 새로운 사업을 시작하는 일도 모두 돈이 있어야 한다. 자본이 미리 준비되어 있어야만 좋은 기회가 왔을 때 바로 시작할 수 있고 성공도 할 수 있는 것이다. 자금을 마련하는 방법에는 여러 가지가 있을 수 있다. 가장 안정적인 방식은 지금 자신이 가진 자금에 맞게 사업계획을 세우고, 조금씩 자금을 축적하여 크게 키우는 방식일 것이다. 이런 안정적인 방식을 선호하는 사람이라면 호설암의 자금 마련 방식에 동의하지 않을 것이다. 하지만 타인의 돈을 자신의 창업자금으로 활용하는 호설암의 수완에는 감탄하지 않을 수 없을 것이다.

따라서 성공한 경영인이 되고자 한다면 자본을 모으는 일의 시작을 잘 해야 한다. '좋은 시작은 성공의 반이다'라는 말도 이런 의미일 것이다.

생사거래가 끝난 후, 호설암은 곧바로 약국과 전당포 사업에 착수했다. 하지만, 이때에도 그에게는 충분한 자금이 없었다. 첫번째 생사거래에서 18만 냥이라는 돈을 벌었지만, 이것 저것 계산하고 지불한 후에는 오히려 1만 냥에 달하는 부채를 떠안게 되었다. 그런데 이렇게 자금이 없는 상황에서 그는 또다시 두 가지 '큰 사업'을 계획한 것이다. 그의 능력에 감탄해 마지않던 우오와 고응춘조차도 의문을 제기했다. 그들은 전장과 생사도 막대한 자본금이 필요한 장사인데, 약국과 전당포를 시작할 여력이 어디 있느냐고 반문했다.

호설암에게는 자신만의 계산이 있었다. 자신의 신용과 명예 그리고 능력을 담보로 다른 사람들로부터 협조를 얻어낼 수 있다는 것이었다. 그는 분명한 사업계획이 있었다. 부강은 한층 더 자리를 잡았고 중요한 협력자인 방이와는 이미 견고한 관계를 구축한 상태였다. 또한 생사장사도 여러 사람들의 출자로 순조롭게 진행되고 있었다. 약국은 조정의 관심을 끌 수 있는 사업이었고, 전당포 사업은 소주의 부호로 이름난 번숙아(藩叔雅)를 비롯한 부잣집 공자들을 염두에 두고 있었다.

그가 소주의 부호들을 떠올린 것은 그들의 자금을 자신의 사업에 끌어올 수 있다고 생각했기 때문이다. 서양 상인과 거래하던 무렵, 호설암은 당시 소주성 관리로 있던 하계청(何桂淸)의 도움을 얻기 위해 소주를 방문한 적이 있었다. 이때, 그는 소주의 부호 번숙아, 오계중(吳季重), 육지향(陸芝香) 등을 만나게 되었다.

당시는 태평군이 소주와 절강성 지역에 대해 대대적인 공략에 나선 터라, 소주의 상황이 매우 불안정했다. 관군과 태평군의 강남본영이 바로 이 일대에 있었기 때문에, 지역의 관군이 모두 전쟁에 투입되어 있었던 것이다. 따라서 이 지역의 부자들은 혹여 백성들이 소요를 일으킬까 몹시 불안해 하고 있었다. 머잖아 태평군이 동남지역으로도 밀려들 기세여서 이들은 더욱 두려움에 떨고 있었다. 이런 불안감에 그들은 상해로 피난을 갈 계획을 세우고 있었다. 그들에게는 막대한 현금이 있었는데, 호설암이 전장을 경영한다는 것을 알고는 그의 전장에 맡겨 상해에서 이를 이용하고자 했다.

그 액수는 자그마치 20만 냥이 넘었다.

호설암은 이 부잣집 공자들에게 자금의 절반은 정기예금으로 보관하고, 절반은 당좌예금으로 넣어두었다가 장사 밑천으로 사용할 것을 건의했다. 전장에 자금을 위탁하는 일과 장사 계획은 모두 호설암이 맡았다. 이것은 원금은 보존하고 이자를 이용하는 것이었다. 호설암에게는 자신이 장기적으로 운용할 수 있는 자금을 구한 것이나 마찬가지였던 것이다.

호설암이 부잣집 공자들의 일에 나선 것은 '자신에게 절호의 기회'라고 생각했기 때문이다. 호설암이 보기에 세상의 어려움을 모르고 살아온 이 공자들은 좋고 나쁜 것을 분별하지 못했다. 처음에 그는 그들과 교분을 쌓으면 힘만 들 뿐, 큰 이익이 없을 거라고 생각했다. 하지만 곧 생각을 달리했다. 이들이 자신의 건의에 따라 자금을 맡겨주기만 한다면 사업에 큰 도움이 될 것이기 때문이었다. 20만 냥이라는 거금을 장기운용할 수 있다면, 그 정도는 문제가 되지 않았다.

직접 운용할 수 있는 자금 20만 냥을 확보한 호설암은 전당포 설립을 계획했다. 당시에는 5만 냥 정도의 자본이면 적당한 규모의 전당포를 설립할 수 있었기에 자금은 문제가 안 되었다. 호설암의 전당업은 이렇게 시작되었다.

호설암은 "엽전 구멍 안에서 재주 넘는 방법"을 알고 있었다. '사람을 통해 일을 성사시키는 방법'은 '재주를 넘기 위한' 일종의 '뒤집기'인 셈이었다. 결과적으로 자신이 직면한 실제 상황에 근거하여 융통성 있게 대책을 마련하고 시의 적절하게 사업을 펼쳐나가는 것을 말한다. 작은 것을 하나하나 축적해 가는 수동적인 기다림이 아니라, 적극적이고 주동적으로 장사를 했던 것이다. 크게 장사를 하고자 한다면 마땅히 이런 자세를 가져야 할 것이다.

🌐 호설암 경상지법 73
양쪽으로 모두 이익을 취하는 법을 배워라

어릴 때부터 전장의 도제로 일한 호설암은 전장업의 비결을 누구보다 잘 알고 있었다. 따라서 개업 초기에 수중에 자금이 10만 냥에 불과했지만, 그는 새로이 자금을 동원하여 생사장사에 뛰어들 수 있었다.

유경생은 호설암의 계획을 듣고 난 후 선뜻 동의하지 못했다. 유능한 전장의 관리자였던 유경생은 전장이란 강한 자금력이 밑바탕이 되어야 한다고 늘 생각하고 있었다. 그의 이런 생각을 짐작한 호설암은 '무식폐(無息幣 : 돈은 끊임없이 움직여야 한다는 철학—옮긴이)'의 원리를 예로 들며 설명하기 시작했다. 전장 장사를 할 때는 일곱 개의 뚜껑으로 여덟 개의 항아리를 이리저리 덮어서 탄로나지 않게 하는 능력이 있어야 한다. 돈의 들고나는 것을 정확하게 파악하고 계산하는 것이 가장 기본적인 일이지만, 전장업에서 가장 두려운 것은 바로 돈을 썩히는 것이다. 누군가 돈을 한 보따리 맡겼는데 돈을 내보낼 데가 없다면, 곧 문을 닫을 준비를 해야 할 것이다.

호설암의 이러한 상업적 관념은 '안목'이 있어야 한다는 것을 말한다. 안목이 있다는 것은 관찰을 통해 시장의 변화를 발견하고, 마음속에 큰 계책을 가지고 종합적으로 경영해 나가는 것이다. 하지만 이것만으로는 부족하다. 자신의 사회활동이 시장상황의 변화에 영향을 미치고, 시장이 유리한 방향으로 흘러가도록 주도할 수 있어야 한다. 일단 시장상황에 영향을 미칠 수 있게 되면, 자연히 시장을 예측하는 것도 정확해지고 신뢰할 수 있게 되기 때문이다.

유경생을 통해 자금을 융통할 때, 호설암은 이미 왕유령이 호주로 부임하면 새로운 자금원이 열릴 것이라는 것을 예측하고 있었다. 그랬기 때문에 위험을 안고 자금을 동원하기로 결정한 것이다. 그런데 호설암이 예상하지 못한 '좋은 변수'가 생겼다. 이전에 자금을 대출해 준 적이 있던 린계가 강소 번사로 부임한 후 절강지역에서 강남대영으로 보내는 협향을 모두 부강전장에서 대리한다는 소식을 전해 온 것이다. 돌아가는 상황을 본 유경생도

비로소 자금을 융통해 준 것이 정확한 판단이었다고 생각하게 되었다.

상인이라면 시장의 법칙에 정통해야 한다. 시장의 표면적인 상황에 일 희일비해서는 안 되며, 항상 저 깊은 곳에서 소용돌이치는 변화를 관찰해야 한다. 시장이 포화에 가까워졌을 때는 가차없이 내버릴 줄 알아야 한다. 귀할수록 즉시 처분하는 데 망설여서는 안 된다. 반대로, 가격이 바닥으로 곤두박질칠 때는 대량으로 사들일 줄도 알아야 한다. '귀할 때 똥처럼 버리고, 천할 때 옥구슬처럼 취하라.' 바로 이것이 사고파는 일의 기본 원칙이다.

호설암은 어렸을 때 교육을 많이 받지는 못했지만, 시장상황을 관찰하는 눈만은 정확했다. 그는 이렇게 결론내렸다. "세상의 모든 일에는 양면이 있다. 이쪽이 이득을 보면 저쪽이 손해를 본다. 장사도 마찬가지다. 사고파는 양측이 있으면, 한쪽은 사들이고 다른 한쪽은 팔아야 한다. 그러니 둘은 태생적으로 적대적이다. 때로는 사는 쪽이 이득이고, 때로는 파는 쪽이 이득이다. 따라서 어느 정도 올랐으면 내놓고, 어느 정도 내렸으면 사들여야 한다. 이것이 양쪽으로 이득을 보는 것이다."

장사에 관한 호설암의 논리를 더 따라가보자.

장사뿐만 아니라 여러 세상사에 비추어보더라도 이 말에는 일리가 있다. 즉, 모든 일에 양면이 있는 것이다. 우리가 이쪽에서 이득을 본다면, 저쪽에서는 손해를 볼 수밖에 없다. 하지만 손해를 보는 것이 오히려 복이 될 수도 있다. 즉, 모든 것은 어떻게 보느냐에 달려 있다. 당신이 손해 본 것이 다른 사람에게는 인정을 베푼 것이 될 수 있으며, 인정은 언제든 보답이 되어 돌아오기 때문이다. 만약 다른 사람의 이득을 차지했다면, 그 사람의 요구에 응할 준비도 해야 한다. 반대로 손해를 보았다면, 사소한 친절에도 감사해하고 상대의 요구를 철저하게 만족시켜서 손해 본 상황이 보답이 되어 돌아올 수 있도록 바꿀 수 있어야 한다. 이것을 호설암은 "사람은 반드시 일 처리가 깔끔해야 하며, '반푼이'가 되어서는 안 된다"는 것으로 표현했다.

'반푼이'란 무엇일까? 이득을 취할 줄만 알고 손해 볼 줄은 모르는 사람을 말한다. 손해 볼 줄을 모르기 때문에 손해를 지나치게 심각하게 여긴다. 당장 자신이 손해를 본다는 사실에만 집착할 뿐, 손해의 다른 일면을 보지 못한다. 손해가 '이득'이 된다는 것을 모르는 것이다. 물론 그 이득은 금세 드러나는 것이 아니며, 여러 과정을 거쳐서 돌아오게 된다. 하지만 현실을 살아가는 우리는 당장 보답이 돌아오지 않으면 참지 못한다. 이런 식으로 일하는 것은 실속도 없을 뿐더러, 깔끔하지도 못하다.

⊙ 호설암 경상지법 74
이재에 밝으면, 도처에 돈이 보인다

시장을 관찰하는 눈이 있는 상인은 도처에서 재원을 발굴한다. 호설암 역시 그러했다.

호설암은 생사장사 때문에 잠시 상해에 머물렀는데, 그가 주로 머문 곳은 생사창고 옆에 딸린 유기여관이었다. 어느 날 그는 생사거래에 관해 생각하다가 무심결에 옆방에서 두 사람이 나누는 이야기를 듣게 되었다.

그 두 사람은 서양인들과 상해의 토지개발 방식에 관해 상당히 잘 알고 있는 듯했다. 그들은 서양인들의 도시개발 방식이 중국인과 아주 다르다고 말했다. 중국인들은 흔히 도심을 먼저 만들고 나중에 자연스럽게 길이 만들어지는 방식을 썼다. 하지만 이런 방식에는 한 가지 큰 취약점이 있었다. 도로와 도심을 확장해야 할 때가 되면, 자연스럽게 형성된 도로 양쪽으로 이미 노점상들이 들어차서 확장할 수 없게 된다는 것이었다.

반대로 서양인들은 먼저 도로를 만들었다. 도로를 왕래하는 사람이 많아지면 자연스럽게 도심이 형성되었다. 그들은 현재 상해의 도심개발이 바로 이렇게 이루어질 것이라고 말했다. 그중 한 사람이 "상해탄의 상황으로 볼 때, 대마로(路)와 이마로(路)가 확장되면 남북으로 따라가면서 번창할 것이 틀림없지. 서쪽 일대는 더 말할 것도 없고. 밭이든 논이든 가리지 말고 사놓으면 좋을 텐데 말이야. 서양인들이 길을 뚫었을 때, 그야말로 앉아서 돈을 버는 게 아니겠나" 하고 말했다.

이 이야기는 사실이었다. 오늘날 상해에서 가장 번화한 곳이 바로 옛 상해의 상징이었던 외탄(外灘)이며, 이곳은 도로를 놓은 후에 형성된 지역이다. 1843년에서 1850년까지 상해가 어쩔 수 없이 개항해야 했던 시기에, 외탄에는 황포 강변에서 외국인들이 거주하던 서쪽 지역으로 이어지는 흙길 하나뿐이었다. 총 500미터의 이 흙길은 외국인들이 마차를 달릴 수 있도록 만들어진 것으로, 간단히 '한길'이라고 불려졌다. 이 길이 오늘날 남경동로에서 외탄을 따라 하남중로로 이어지는 길이다. 1850년에서 1853년까지 이 흙길은 서쪽으로 연장되었는데, 오늘날의 절강중로이다. 이 길은 너비가 7.5미터로 일반적으로 '파이커농' 혹은 '큰길'이라고 불렸다. 1862년, '파이커농'은 서쪽으로 더욱 연장되어 오늘날 서장중로가 되었다. 이렇게 하여 오늘날 우리가 알고 있는 남경로의 모습이 갖춰지게 되었다. 더욱 중요한 것은 이 도로가 연장됨으로써 '파이커농'을 축으로 하여 동서와 남북으로 13개의 도로가 생겨났고, 마침내 오늘날에도 상해 토박이들의 자부심이 되고 있는 외탄이 형성되었다는 것이다. 1864년 초의 《북화첩보》에 난 기사에서 '새 도로는 이미 완공된 곳도 있고 현재 공사중인 곳도 있는데, 외탄은 이미 매우 번영된 면모를 드러냈다'고 적고 있다.

두 사람의 이야기에 호설암은 그대로 누워 있을 수가 없었다. 그는 자신을 따라 장사를 배우러 온 진세룡(陳世龍)을 유기여관으로 불렀다. 그리고 함께 마차를 타고 서쪽 길로 행했다. 이리저리 두서없이 다니면서 실제로 관찰해 보고자 하는 생각에서였다. 주변을 관찰하면서 그는 두 가지 안을 구상했다. 하나는 자금이 허락하는 한 땅값이 싼 틈을 타서 땅을 사두었다가 상승한 후 팔아 넘기는 방안이었다. 다른 하나는 고응춘의 인맥을 통해 서양인들의 도심개발계획을 자세히 파악한 후, 도로를 만들려고 하는 지역의 주변 땅을 사놓는 것이었다.

호설암은 '상해의 토지거래'라는 큰 재원을 발견한 것이었다. 그가 상해로 '진출'한 시기는 개항한 지 얼마 되지 않아서 빠른 속도로 발전해 가던 때였다. 당시 태평군이 강소와 절강성 일대의 곡창지대를 점령하려고 시도하고 있었다. 하지만, 서양 열강들은 중국에서 자신들의 이익을 지키기 위해, 청조는 서양인들의 손을 빌려 태평군을 평정하기 위해, 둘 사이에는 '동남을 함께 사수한다'는 계약이 암묵적으로 세워져 있었다. 이들이 연합하여 상해 사수에 나섰기 때문에 상해는 태평군의 포화를 받지 않은 '외로운 섬'으로 남아 있었다.

하지만 태평군의 진공이 계속됨에 따라 동남지역에서 상해 조계지로 밀려드는 난민들이 갈수록 늘어났다. 이로 인해 상해의 도심도 많은 사람들로 북적거리게 되었다. 당시는 남경로가 계속 확장되고 있던 때이자 상해에서 처음으로 부동산 거래의 성황기가 도래하기 직전이었다. 19세기 말, 상해지역의 지가(地價)는 묘당(1묘는 약 30평에 해당-옮긴이) 수십 냥에서 2천7백 냥으로 치솟았다. 그 후 몇 년이 채 못 되어 상해 외탄지역의 지가가 묘당 36만 냥까지 치솟은 적도 있었다. 이것은 적은 자본으로 큰돈을 벌 수 있는 재원이었다.

호설암은 "모든 일에는 머리를 써야 한다. 이재(理財)로 말하자면, 도처에 재원(財源)이 있다"고 말했다. 이는 당연히 그의 경험에서 나온 말이다. 장사는 당연히 이재를 떠나 생각할 수 없다. 장사하는 사람의 이재는 크게 두 가지이다.

하나는 자금의 합리적인 사용과 관리를 통해 기업의 이윤을 증대하는 것이다. 정기적인 재무감사와 분석, 자금구조와 자금운용 상황 연구, 세밀한 계산을 통한 지출감소, 비경영적인 자금이 차지하는 비중 축소 등이 여기에 속한다. 이것은 장사하는 사람이라면 누구나 평소에 해야 할 기본적인 업무이다. 다른 하나는 끊임없이 재원을 개척하는 것이다. 현대경영학의 용어로는 정확한 투자 포인트를 발견하여, 투자범위를 확대하는 것이다.

넉넉한 재원이 있어야만 장사가 번창한다. 상인이라면 늘 관심을 가지고 생각해야 할 문제이자 누구나 하고 싶어하는 일이기도 하다.

🪙 호설암 경상지법 75
모든 사람들을 이해시킬 수는 없다

호설암은 장사에서 명성과 이미지를 매우 중시했으며, 그 것을 관리하는 자신만의 독특한 방법을 갖고 있었다. 오늘날로 치자면 광고전략이라 할 수 있겠다. 호설암이 이름을 알리기 위해 자주 이용했던 몇 가지 책략에 대해 간단하게 알아보자.

'덮고 가리며, 허허실실'이 호설암이 가장 자주 이용했던 방법이었다. 그 전형적인 예가 호설암이 고양이를 팔았던 일일 것이다.

호설암이 장사로 성공을 거두기 전까지는 집안 사정이 매우 어려웠다. 집안에는 이미 전당포에 맡길 물건도 별로 없었다. 그는 집안에서 기르던 고양이라도 팔아야겠다는 생각을 했다. 하지만, 고양이 한 마리 값이 몇 푼이나 되겠는가. 그의 아내도 그 생각에 어이없어 했다. 호설암은 갑자기 기발한 생각이 떠올랐다. 그가 아내의 귀에다가 뭐라 속삭이자, 그의 아내는 손바닥을 치며 기가 막힌 생각이라고 말했다.

이튿날, 호설암은 문밖으로 나가더니 큰 소리로 자기 아내에게 말했다.

"우리 고양이를 잘 돌보구료. 이런 고양이는 온 성을 다 뒤져도 없을 거요. 다른 사람들이 알게 해서는 절대로 안 되오. 누가 훔쳐가기라도 한다면 나는 죽은 목숨이오. 이 고양이는 내 자식이나 마찬가지요."

호설암이 매일 이런 말을 하자 이웃 사람들은 이 고양이가 어떻게 생겼는지 궁금해지기 시작했다. 하지만 호설암의 아내가 철저하게 감시를 했기 때문에 누구도 고양이를 볼 수 없었다.

어느 날, 고양이가 갑자기 줄을 끊고는 문밖으로 뛰쳐나오자 호설암의 아내가 급히 따라 나와서 안고 들어갔다. 마침 그 근처에 있던 사람들이 한눈에 그 고양이가 빨간색이라는 것을 알았다. 게다가 꼬리며 발까지 털이 모두 붉은 색이었다. 그 광경을 본 사람들은 하나같이 눈이 휘둥그레졌다. 그리고 소문은 빠르게 퍼져나갔다.

집에 돌아온 호설암은 다른 사람이 고양이를 보았다는 소리를 듣고는 미친 듯이 화를 냈다. 며칠 후, 소문이 한 부자의 귀에 들어가게 되었다. 그 부자는 사람을 보내어 높은 값에 고양이를 사겠다고 했지만, 호설암은 꿈쩍도 하지 않았다. 그 부자는 반드시 사고 말겠다는 생각이 들기 시작했다. 가격이 계속 올라갔지만, 호설암은 여전히 팔지 않겠다고 버텼다. 끈질긴 요구에 못 견딘 호설암은 그에게 고양이를 한 번 볼 수 있도록 허락했다. 고양이를 본 후에 부자는 정말 희귀하다는 생각을 하게 되었고, 어떻게 해서든 이 고양이를 손에 넣어야겠다고 마음먹었다. 결국, 엽전 30만 닢에 고양이는 팔려갔다. 부자가 고양이를 가져가던 날, 호설암은 눈물을 주체하지 못했다. 그는 자신의 아내를 원망하며 길게 탄식을 늘어놓았다.

고양이를 손에 넣은 부자는 좋아서 어쩔 줄 몰라 하며, 고양이를 황상에게 받쳐야겠다고 생각했다. 그런데 얼마 후부터 고양이의 색깔이 점차 연해지더니, 보름이 넘어가면서 평범한 흰 고양이로 변해버렸다. 부자는 곧바로 고양이를 가지고 호설암에게 달려갔다. 하지만 호설암은 이미 이사를 간 후였고, 어디로 갔는지 알 길이 없었다. 호설암은 자귀나무를 이용하여 고양이의 털을 붉게 염색한 것이었다. 그가 자신의 아내를 나무라며 호통친 것 또한 다른 사람의 이목을 끌기 위한 수단일 뿐이었다.

호설암의 고양이 매매는 당연히 사기에 속한다. 하지만 손님을 끌었다는 점에서는 대성공이었다. 결과적으로 30만 냥에 거래를 성사시켰다는 것은 그의 책략이 성공했음을 입증하는 것이기 때문이다.

그는 고의로 이웃들이 고양이를 볼 수 없도록 만들었다. 그리고 한차례, 우연인 듯 그 모습을 보여주고는 고양이가 붉은색이라는 소문이 퍼지도록 내버려두었다. 그 소문을 들은 부자는 고양이를 꼭 갖고 싶은 마음에 호설암의 줄다리기에 속아 넘어가 버렸다. 호설암의 '협상의 기교'에 철저히 속은 것이다.

사람들은 누구나 호기심을 가지고 있고, 가질 수 없는 것에 대한 열망이 대단한 법이다. 호설암은 그러한 인간의 천성을 잘 조절하고 이용했다. 이것은 오늘날에도 유효한 광고전략이다. (흔히 말하는 '티저 광고'가 이것이다.) 며칠 동안 사람들의 주목을 끄는 광고가 나온다. 하지만 광고내용이 무엇을 말하는지 알 수가 없다. 그러다가 독자들의 호기심이 증폭되었을 때 비로소 상품과 브랜드를 드러낸다.

언젠가, 호설암이 남경에서 생사 수천 축을 비축한 적이 있었다. 당시에 생사시황이 좋지 않았기 때문에, 당장 물건을 내놓는다 해도 몇천 냥을 손에 쥐기도 어려웠다. 그때 호설암은 기발한 생각을 내놓았다. 금릉성(金陵城: 남경의 옛이름-옮긴이)의 고관들 및 부유한 명망가들과 상의하여, 그들에게 비단으로 지은 홑겹 옷을 입게 했다. 기타 관원들과 서생들은 그 모습을 보고는 그들을 모방하기 시작했다. 비단으로 지은 홑겹이 어느새 유행하는 옷차림이 되었다. 그러자 생사가격이 덩달아 올랐고, 순식간에 날개 돋친 듯이 팔려나가게 되었다. 호설암은 창고 안에 쌓아둔 생사를 모두 내다 팔았는데, 한 축당 황금 한 냥의 고가에 팔 수 있었다.

14

열정적으로 살아라

[모든 것을 분명히 하라]

인생의 가치는 '성(成)'에 있으며, '이(利)'에 있지 않다. 이 말은 언뜻 상인의 소망과 반대되는 의미로 들리기도 한다. 하지만 깨달음이 있는 사람이라면 그 의미를 이해할 수 있을 것이다.

호설암은 사업형 인물이었다. 그는 아무런 구애를 받지 않고 세상을 둥글게 보는 태도를 발전시켰다. 그는 고상한 이론을 쫓기보다는 먼저 생존을 구하고, 그 다음 편안한 삶을 구하며, 그 이후에 사람 사이의 정과 온기를 찾았다. 원칙을 중시하면서도 원활함과 융화를 통해 자유롭게 변신했다. 이렇게 세상을 둥글게 보는 책략의 목적은 오로지 '성(成)'에 있었다.

거상은 몸을 굽히고 펴는 데
자유로워야 한다

사람이 지나치게 반듯하고 모가 나면 상처받기 쉽고, 반대로 지나치게 영리하고 민첩하면 사람들이 곁을 떠난다. 남을 앞서는 데만 급급하고 전체를 위해 자기 의견을 굽힐 줄 모르면, 운신이 마음대로 되지 않는다. 호설암은 '원만한' 인물로서, 능히 펴고 굽힐 수 있었다.

그에게는 만 가지 속세를 모두 품어 안을 수 있는 원만함이 있었다. 모두가 말하는 대로 말하고, 모두가 행하는 대로 행했다. 사람의 희로애락을 관찰하고 그 애증과 욕망에 따르는 것, 이 두 가지를 해냈기 때문에 그는 모든 일에 성공했고, 모든 사람의 마음을 얻을 수 있었다.

단정하고 정직한 사람의 인품과 덕성은 사람들로 하여금 숙연한 존경심을 불러일으킨다. 하지만 가까이 다가가기는 어려운 법이다. 혜학령 같은 사람이 바로 그러한 인물이었다. 그는 구변이 좋고 지모가 뛰어난 인재였지만, 단정하고 반듯하여 자신의 고충을 털어놓거나 아쉬운 소리를 하는 법이 없었다.

그런 그가 호설암을 만나게 되었다. 호설암이 직접 찾아와 애도를 표하고, 전당포에 맡긴 물건을 찾을 수 있도록 해주고, 다시 아내를 맞을 수 있도록 도와주자, 그의 마음이 움직였다. 그는 은혜에 보답하고자 왕유령을 도와 지방 농민들의 소요를 해결했다. 그런데 후에 또다른 문제가 생겼다.

소요진압이나 치수공사 혹은 곡물운송 등 지방의 대사를 원만하게 처리하면, 관례에 따라 관련자들에게 상이 내려졌다. '보안(保案)'이라는 상인데, 이 상은 '명보(明保)'와 '밀보(密保)'로 구분되었다. 밀보가 더 나은 상이었는데, 황무대는 혜학령에게는 명보를 내리고 호설암에게 밀보를 내렸다.

이를 이상히 여긴 호설암이 알아본 결과, 그 내막을 알게 되었다. 황무대의 수하의 문서관원이 혜학령에게 은자 2천 냥을 상납할 것을 요구했지만, 그가 거절한 것이었다. 내막을 알게 된 호설암은 혜학령을 위해 이 일을 공평무사하게 처리하기로 결심했다.

호설암이 사용한 방법은 무엇이었을까? "상대의 뜻에도 원만하게 맞추고, 나의 살길도 열어둔다"는 것이 그의 방법이었다. 그는 은표를 2천 냥짜리 한 장과 2백 냥짜리 한 장을 끊었다. 이것을 봉투에 넣어 봉하고, 위에는 '비의(非議 : 변변치 못한 선물—옮긴이)'라고 쓰고, 아래에는 "우둔한 소생 혜학령을 가르쳐주십시오"라고 서명했다. 그는 그것을 관부의 문서관원에게 보냈다. 한 시간이 채 지나지 않아, 누군가가 문서관원의 전언을 가지고 왔다. 그 위에는 "고맙게 잘 받겠습니다"라고 적혀 있었다.

호설암은 그날 밤 왕유령에게 연통을 보내어, 황무대를 만나보라고 말했다. 모든 일이 원만하고 순조롭게 처리되었다. 혜학령이 해운국을 관장하게 되었던 것이다.

이것이 바로 호설암의 '원만함'이었다. 원만함을 추구하는 것은 손해를 보지 않겠다는 태도라고도 할 수 있다. 하지만 사람들은 보통 반듯한 처세는 명예로 여기지만, 원만한 처세는 수치로 여기는 경향이 있다. "나는 다른 사람들과 달리 비위를 맞출 줄 안다"고 말한다면, 사람들의 호의적인 반응을 이끌어내기는 힘들 것이다. 반듯한 처세는 사람들의 칭찬을 받기에 좋은 준칙이고, 원만한 처세는 이해득실에 관한 준칙이다. 여론의 압력에 부딪히면, 우리는 어쩔 수 없이 사람들을 쫓아 반듯함을 취하거나 원만함을 구할 때가 많다. 이것이 바로 자기주장이 없는 평범한 삶의 원인인 것이다.

하지만 호설암은 달랐다. 그의 유년은 그렇게 탁월한 생존조건을 타고나지 못했다. 상류사회와는 거리가 멀었던 것이다. 따라서 고상한 논리도 반듯한 준칙도 그리 중요하지 않았다. 그는 '원만함'이라는 한 가지 길을 정하고 꾸준히 걸어올 수 있었다. 그에게 오히려 그것이 더 쉬웠던 것이다.

원만함은 그에게 융통성을 발휘하고, 막다른 길에서 벗어날 수 있도록 만들어주었다.

호설암은 상해에서 절강으로 서양식 총의 운반을 추진하던 중에, 친구와 관련된 한 가지 일을 당하게 되었다. 본래, 총을 절강지역으로 운송하기 위해서는 송강 조방의 협력이 있어야 했다. 하지만 송강 조방으로 왔을 때, 그는 일이 상당히 골치 아프게 돌아간다는 사실을 알게 되었다. 송강 조방 위행수의 죽마고우인 유무성(俞武成)이 이미 태평군의 뢰한영(賴漢英)과 결탁하고, 군수물자를 도중에서 탈취하기로 음모를 꾸미고 있었던 것이다. 호설암은 어디에서 손을 써야 할지 난감했다. 그조차도 선뜻 뾰족한 대책이 서지 않았던 것이다.

송강의 위행수는 유무성과 교분을 끊고 호설암을 돕겠다고 결정했다. 우정이 반목으로 바뀌려는 순간이었다. 하지만 한 번 관계가 틀어지고 나면 되돌릴 수 없는 법이다. 호설암은 오랜 우정을 손상시키지 않으면서도 일을 원만하게 마무리 지을 수 있는 묘책을 내놓았다.

그 계획은 유무성의 노모를 동원하여 아들로 하여금 양보하도록 만드는 것이었다. 늙은 어머니가 나서서 하소연한다면 아들인 유무성으로서도 이를 거역할 수가 없을 것이라 판단했던 것이다. 하지만, 유무성의 노모도 보통 인물이 아니었다. 그녀는 마치 귀가 들리지 않는 것처럼 꾸미면서 호설암을 돕지 않으려 했다. 그러자 호설암은 단도직입적으로 간단명료하게 찾아온 뜻을 밝혔다. 송강 조방이 곤란한 지경에 처하는 것을 원치 않으며, 관병의 호송을 청하고 싶지도 않고, 또 유무성과 충돌하여 강호의 의협심을 상하게 만들고 싶지 않다고 밝혔다. 그의 이 말은 말 속에 뼈를 심은, 일종의 경고였다. 세상물정에 밝은 그의 노모는 관병을 언급하자 내심 움찔했다. 자기 아들이 군수품을 강탈하려다 발각되는 날에는 멸문의 화를 당할 수도 있다는 뜻이 말 속에 들어 있었기 때문이다.

위급한 상황에 몰리자 유무성의 노모는 바보 같은 아들놈을 데려와야겠다며 고래고래 소리를 지르기 시작했다. 노모를 설득한 일은 성공적이었다. 하지만 일이 그렇게 간단하지 않았다. 당시 유무성이 다른 곳에 살고 있었기 때문에 노모의 말 한마디로 일이 마무리될 것 같지는 않았다.

당시 유무성이 형제들의 생계를 위해 그처럼 위험한 일을 계획하고 있었음을 호설암은 알게 됐다.

압력을 받아 어쩔 수 없이 호랑이 등에 올라탄 것이었다. 호설암은 무서운 줄도 모르고 호랑이 등에 탄 사람을 이제 쫓기 시작한 것이었다. 따라서 어떻게 그를 무사히 호랑이 등에서 내려오도록 만드는가 하는 것이 중요했다. 그의 머리, 실력 그리고 인간관계라면 이는 그리 어려운 문제가 아니었다. 악독한 호랑이를 얌전히 엎드리도록 만들기만 하면 모든 것은 자연히 해결될 일이었다.

호랑이를 엎드리게 한다는 것은 바로 항복을 받아내는 것이다. 그는 상인의 시각에서 전체 상황을 바라보았다. 태평군은 한때를 휩쓰는 세력이며, 정세를 고려해 볼 때 오래가지 못한다고 굳게 믿었다. 따라서 호설암의 장사의 기본원칙은 관군을 도와 태평군과 싸운다는 것이었다. 이는 하루빨리 천하가 안녕을 찾도록 하여 장사가 빨리 순조롭게 발전할 수 있도록 한다는 것이었다. 이번 군수품 거래도 이러한 원칙 하에서 시작된 것이었다. 그는 어려움에 직면하자, 마찬가지로 이 원칙에 따라 문제를 해결했다.

그는 재빨리 유무성과 그 외 군수품 강탈을 계획한 인물들을 만나 합의했다. 호설암은 관부에 청하여 이들에게 3개월치 입을 것과 쓸 것을 내주고, 목숨을 보장해 주었다. 또한 일이 완수된 후 군대를 다른 곳으로 이동시키겠다고 보장했다. 이를 위해 호설암은 직접 은자 1만 냥을 내놓았다.

살길이 생겼는데 굳이 죽을 길로 가겠다고 할 사람은 없었다. 따라서 상황은 원만하게 해결이 되었다. 이 일에서도 원만한 결과를 추구하는 호설암의 결심과 수완을 엿볼 수 있다. 더 이상 해결점이 없어지기 전에는 반드시 평화적인 방법으로 문제를 해결한다는 의지를 버리지 않았다. 지나친 관용을 베푼다는 의미가 아니라, 원칙을 고수하면서 상황에 따라 대처한다는 것이다.

이것이 호설암이 말하는 일종의 '원만함'이었다.

위행수가 유무성과의 우정을 저버리고 둘 사이가 틀어지도록 만들기만 하면, 총기운송은 별 탈 없이 이루어질 수 있었다. 하지만 그렇게 되면, 위행수는 곳곳에서 견제를 받아서 순조롭게 일을 할 수가 없게 되었다. 따라서 위행수의 깊은 인정을 그렇게 값싸게 사들이고 말 일이 아니었다. 유무성 쪽은 달랐다. 그는 본래 인정이 없었다. 따라서, 반드시 인정에 따라 행동하도록 만들어야 했다. 인정에 따라 행동한다는 것은 바로 생사와 환란을 함께하는 것이었다. 호설암은 상대를 도와 세심한 고려로 난제를 해결함으로써, 자신의 일도 완수한 것이다.

이것이 바로 소위 말하는 '반듯함'과 '원만함'의 절묘한 결합이었다.

원만한 처세는 '융통성을 이용하는 것'과 '융통성을 발휘하는 것'으로 나타난다. 수습할 수 없을 정도의 손실이 발생하도록 놔두어서는 안 된다는 게 호설암의 처세 원칙이었다. 호설암은 '상대에게 궁지를 벗어날 기회나 길을 남겨둔다'는 원칙을 지켰다. "나에게 손해를 끼치고, 나의 아픈 곳을 헤집는다면 가만히 둘 수 없지만, 상대에게 이용할 수 있는 구석이 있다면 같이 하나의 밥을 먹어야 한다."

호설암의 친구 욱서가 아칠(阿七)을 내보냈다. 그런데 아칠은 옛정을 잊지 못하여 느닷없이 진세룡을 찾아갔다. 진세룡에게는 이미 아주(阿珠)가 있었기 때문에 아칠을 받아들일 수 없었다. 이에 아칠은 가슴 아파했고, 욱서는 낙심했다. 호설암은 아주 간단한 방법을 한 가지 내놓았다. 그것은 '배는 옛 항구를 찾는다'는 것이었다. 아칠과 욱서 두 사람은 여러 해 동안 정을 쌓아왔기 때문에, 쉽게 끝날 수 있는 관계가 아니었다. 아칠이 욱서에게 돌아가야만 욱서의 상심한 마음도, 진세룡의 골치 아픈 문제도 모두 해결이 될 수 있었다.

하지만, 이 일의 성공여부는 욱서와 아칠이 다시 합쳐질 수 있는가 하는 것이었다. 취성 전장에 도착한 호설암은 다짜고짜 도대체 아칠이 어떻게 된 것이냐며 나무라듯 물었다. 호설암과 대면한 욱서는 고개를 흔들며 한숨만 내쉬었다. 호설암은 그의 안색을 살핀 결과, 그녀가 돌아오기를 몹시 바라고 있다는 것을 알았다. 하지만, 아칠이 자신에게 화가 나 있을까 걱정하고 있다는 것도 알아챌 수 있었다. 그는 욱서에게 반드시 아칠이 돌아오도록 만들겠다고 장담했다.

말을 하면 곧바로 행동으로 옮기는 사람이 호설암이다. 그는 그 길로 아칠을 찾아갔다. 그는 아칠 앞에서 욱서가 무정하고 복을 제 발로 찼다는 식으로 몹시 나무랐다. 이렇게 그는 금세 아칠의 환심을 샀다. 아칠도 눈물로 자신의 억울함을 하소연했다. 호설암은 한마디도 하지 않고 그녀의 원망을 들었다. 그리고 그녀의 진심이 어디에 있는지 알게 되었다. 아칠은 입으로는 욱서를 원망하고 있었지만, 여전히 그를 원하고 있었던 것이다. 호설암은 두 사람이 다시 합치도록 만들 수 있다는 자신이 생겼고, 일을 일사천리로 진행했다.

이것이 모두가 다 만족하는 상황을 만드는 호설암 식의 '융화'였다.

호설암의 처세는 밖으로는 원만함을 추구하고, 안으로는 반듯함을 구하는 태도라고 할 수 있다. 몸을 펼 때 펴고, 굽힐 때 굽힐 줄 알았다. 어떠한 경우에도 일을 완벽하게 무리 없이 마무리함으로써, 자신에게도 퇴로를 만들어두었다.

이처럼 반듯함과 원만함, 원할 때 굽히고 펼 수 있는 호설암의 수완은 절묘한 경지에 이르렀다고 말할 수 있을 것이다.

⊙ 호설암 경상지법 77
칼끝을 무디게 만드는 영리함을 배워라

같은 장사를 하는 사람은 서로 질투하기 마련이고, 그 질투의 힘은 무섭다. 장사에서 가장 두려운 것은 비난을 받는 것과 적을 만드는 것이다. 따라서 사소한 일에도 신중을 기해야 한다. 호설암도 이 점을 잘 알고 있었다. 그는 사업이 전성기를 구가할 때에도, 내리막을 걸을 때에도 자신의 거동에 매우 주의했다. 다른 사람들의 질시를 받거나 적을 만들지 않기 위해서였다. 이는 동종업자들 사이에서 고립되지 않기 위해서 꼭 필요했다. 창업 초기에, 그의 이러한 안목이 드러나기 시작했다.

그는 왕유령을 도와준 일로 인해 전장에서 쫓겨났다. 왕유령이 관직에 오른 후 은혜에 보답하고자 그에게 창업의 기회를 주었다. 전장을 계획하던 때에, 사실 호설암에게는 한푼도 없었다. 하지만 그는 왕유령과의 교분을 바탕으로 관고의 자금관리를 대리하기로 계획을 세웠다. 관고의 자금을 전장의 유동자본으로 활용할 수 있기 때문이다. 또한 이자도 줄 필요가 없는 자금이었다. 당연히, 이렇게 하는 데는 한 가지 조건이 있었다. 그것은 왕유령이 반드시 주나 현의 관리로 임명받아야 한다는 것이다. 하지만 막 관직에 오른 왕유령은 절강 해운국의 관리자에 불과했다. 오히려 그가 호설암의 도움을 받아야 할 형편이었다.

왕유령은 자기가 진정으로 관직에 오른 후에 호설암이 전장을 시작해도 늦지 않는다고 생각했다. 어쨌든 당시의 통례에 따르면 그가 관고 자금의 관리를 호설암의 전장에 맡기는 것은 지극히 자연스러운 일이었다. 따라서 다른 사람들의 이목을 두려워할 이유가 없었다.

하지만, 호설암은 그렇게 생각하지 않았다. 우선 간판부터 내걸어야 한다고 생각했다. 왕유령은 아직 외부에 크게 알려진 인물이 아니었기에 호설암은 이때가 기회라고 판단했다. 당장에는 빈 금고나 다름없겠지만, 일단 왕유령이 지방관으로 파견된 후에는 상황이 달라질 수 있었다. 관고를 대리하면, 공금이 끊임없이 들어와 빈 금고가 금세 가득 찰 수 있었다.

그리고 일단 왕유령이 주현의 관직에 오르면, 그때는 이미 절강의 관리와 상인들이 왕유령이라는 인물을 모두 알게 될 것이고 두 사람의 교분도 알려지게 될 것이다. 비록 자신의 전장이 관고 자금을 대리하는 것뿐일지라도 외부에서는 그렇게 보지 않을 수도 있었다. 호설암과 왕유령이 서로 편의를 봐주며 자기 배를 불린다고 말할 수도 있다. 누군가 장난으로라도 상부에 일러바치기라도 하는 날이면, 정말로 '접어야' 할 수도 있었다.

호설암의 생각은 분명했다. 일을 할 땐 흔적을 남기지 말고 질시를 불러일으켜서도 안 된다는 것이었다. 장사를 제대로 하려면 시기를 받는 일은 최대한 피해야 한다. 같은 장사를 하는 사람들로부터 질시를 받으면 보이지 않는 괴리가 생겨서 협력할 수 있는 가능성이 희박해진다. 특히 자신이 의도적으로 과시하여 질시를 불러일으키면 스스로를 고립시키는 결과를 낳는다. 심지어 상대방이 연합하여 자신과 대적할 수도 있다. 결국 도처에서 견제를 받아 사면초가에 직면하게 되는 것이다.

따라서 질시를 불러일으키는 행동은 곧 자신의 적을 만드는 것이다. 시기하는 '적'은 일반적인 '적'보다 더 두려운 존재이다. 보이지 않는 곳에 숨어 있기 때문에 대응하기가 어렵다. 또한 겉으로는 당신과 친밀한 척하지만, 보이지 않는 곳에서 덫을 만들고 있을지도 모른다. 당신은 적수가 있다는 것은 알지만, 어디에 있는지는 모른다. 그러다가 그 적이 누군지 알았을 때는 모든 것이 물거품으로 사라지고 난 뒤가 될 수도 있다.

영리한 상인은 질시를 피할 수 없다는 것을 잘 안다. 하지만 결코 스스로 그것을 초래하는 일은 없다. 그들은 결코 동종업자들에게 칼끝을 겨누지 않는다. 그리고 좋은 것을 자신이 모두 차지하겠다는 생각도 하지 않는다. 사람들과 만나는 과정에서 발생할 수 있는 적대적인 심리에 늘 주의를 기울인다. 일을 하지만 흔적을 남기지 않는 것이다.

청조 말엽, 서구화 운동이 점차 뿌리를 내리면서 조정은 특별히 '총리각국사무아문'을 설립하여 대외사무를 전담하게 했다. 이 기구는 '총리아문'이라는 약칭으로 불렸는데, 오늘날의 외교부에 해당했다. 하지만 성격은 좀 달라서, 총리아문은 어떤 의견이나 방법을 제안할 수는 있지만, 어쨌든 제2선에서 사무를 관장하는 기구였다. 외국의 관리나 상인들과 직접 만나는 제1선의 아문은 따로 있었다. 하나는 천진에 설립된 총리 겸 북양대신의 직속기관이었고, 다른 하나는 남경에 설립된 강소 및 강남성 총독 겸 남양대신의 직속기관이었다.

조정은 좌종당을 남경으로 파견하여 남양대신에 임명했다. 좌종당은 남경으로 오자 대담하게 이홍장과 맞섰다. 그는 강남지역에서 이홍장의 세력을 축출하기 위해 안간힘을 썼다. 이홍장 또한 호락호락한 인물이 아니었기 때문에, 좌종당을 넘어뜨리기 위해 온갖 책략을 꾸몄다. 두 마리의 독수리가 맞붙어서 먼저 상대의 날개를 부러뜨리려고 하는 형국이었다. 어쨌든 당시는 몹시도 골치아프고 혼란스런 상황이었다. 그런데, 그 와중에 호씨 집안이 경사를 치르게 되었다. 바로 그의 셋째 딸이 혼례를 치르게 된 것이다.

호설암은 자신의 소실을 상해로 보내어 딸의 혼수로 쓸 보석을 장만하게 했다. 그녀는 조차지 내에 있는 독일양행에서 진귀한 다이아몬드 장신구를 구입했다. '재신(財神)'으로 불리는 호설암의 명성을 익히 알고 있던 이 독일양행의 책임자는 그녀에게 무리한 청을 내놓았다. 만약 동의한다면, 그 다이아몬드 장신구를 가게에서 일주일 동안 진열해서 광고를 하고 싶다는 것이었다. 다시 말해 호설암의 딸이 혼수를 장만한 곳이라고 광고를 하고 싶다는 말이었다.

그녀는 무척 곤혹스러웠다. 그래서 호설암의 형제나 다름없는 고응춘에게 이 일을 상의했다. 많은 사람들이 호설암이 스스로 큰 화를 자초하기만을 기다리고 있었다. 호설암은 조정으로부터 홍정을 하사 받은 관리였고, 상해탄에서 그 위세가 대단했다. 그만큼 사람들의 입방아에 오르내리기도 쉬웠다. 따라서 공개적으로 장신구를 전시하는 것은 적절치 못한 일이었다. 하지만 거절하는 것도 체면상 마땅찮은 상황이었다. 마침내 그녀와 고응춘은 결정을 내렸다. 전시를 하는 것을 허락하지만 보석 옆에 영어와 독일어 설명을 붙이고 중국어 설명문은 내걸지 못하도록 요구했다. 궁여지책이긴 했지만, 나름대로 절충안이었다.

호설암은 '재신'이라고 불릴 정도로 동남지방에서 손꼽히는 거부였지만, 비방과 질시를 두려워해야 한다는 것을 깊이 명심하고 있었다. 상인이라면 스스로 질시를 자초하는 행동을 해서는 안 된다. 칼끝을 신중하게 다룰 줄 알아야 하는 것이다.

🏵 호설암 경상지법 78
서로 돕고 사는 것이 세상이다

다른 사람과 좋은 관계를 유지하기 위해서는 진심으로

사람을 대해야 한다. 즉, 상대에게 당신이 진심으로 도움을 필요로 한다는 것을 느끼게 만들어야 하는 것이다. 또한 인재를 부당하게 대우해서도 안 된다.

혜학령과 호설암이 친구가 될 수 있었던 이유가 바로 여기에 있다. 혜학령은 책을 읽는 선비의 신분으로, 학문하는 자의 오만함도 지닌 인물이었다. 그런 그가 상인에 불과했던 호설암과 의형제를 맺었다. 그 이유는 호설암이 그를 존중하여 성심으로 도왔고, 그가 감동할 만큼 성의를 보여주었기 때문이다.

혜학령은 상당히 높은 학문을 지녔으나, 실제 관직은 없고 직함뿐인 '후보' 지현(知縣 : 현의 지사-옮긴이)에 불과했다. 그는 줄곧 재능을 발휘할 기회를 얻지 못하고 있었다. 게다가, 성품이 강직해서 절강의 내로라 하는 관리들과도 사이가 좋지 못했다. 호주 지부로 부임한 왕유령은 순무 황종한으로부터 신성현의 굶주린 백성들의 소요를 평정하라는 명을 받게 되었다. 왕유령은 상황 조사를 통해 민심을 달래는 책략을 쓰기로 결정하고, 혜학령이 그 적임자라고 생각했다.

하지만 혜학령은 거절했다. 부인이 세상을 떠난 지 얼마 되지 않은 때이기도 했고, 전혀 수입이 없던 상태라 아내의 장례도 물건들을 전당포에 맡긴 돈으로 치러야 했기 때문이다. 또한 두 딸을 돌봐줄 사람도 없었다. 그는 심적으로 매우 울적해 있었다. 좋은 일이 있을 때는 거들떠 보지도 않다가, 어려운 일을 당하자 자신을 찾는다는 사실에 그는 원망을 가득 품고 있었다. 자신이 이 일을 처리할 능력이 있다 하더라도 결코 나서지 않겠다고 결심했다.

왕유령을 돕기 위해, 호설암은 혜학령을 '설득하는' 일을 맡고 나섰다. 그는 매우 특이한 방식으로 이 일을 처리했다. 도리를 설명하거나 금전적인 이익으로 유혹하는 방법은 사용하지 않았다. 혜학령의 아내의 '칠재(49제를 말함-옮긴이)' 전이었는데, 호설암은 향과 초 그리고 종이돈 등 제사용품을 준비하여 사전에 연통도 없이 그의 집으로 갔다. 그는 향상을 차려놓고, 성심으로 혜학령의 죽은 아내에게 예를 올렸다. 또한 혜학령이 전당포에 맡긴 물건들을 찾아다가 그의 집으로 보냈다. 호설암의 말과 행동에 감화를 받은 혜학령은 그에게 진심으로 감탄하는 마음이 생겼다.

호설암의 행동은 감정적으로 혜학령의 마음을 움직였다. 아무도 찾아와 위로하는 사람이 없을 때, 진심으로 죽은 그의 아내에게 예를 다했기 때문에 그럴 수 있었던 것이다. 또한 실제적으로도 그를 도와주었다. 호설암은 선비의 청렴을 중요하게 생각하는 혜학령을 위해 돈을 직접 주지 않고 그의 이름으로 차용증을 써주었다. 후에 혜학령이 돈이 생기면 갚을 수 있도록 조처한 것이다. 그의 어려움을 해결해 주면서 동시에 그의 체면도 지켜준 셈이었다. 이렇게 되자, 선비의 오만함과 고고함을 지녔던 혜학령도 일개 상인인 호설암을 새로운 눈으로 보지 않을 수 없게 되었다.

호설암의 방식은 "사람을 정(情)으로 움직여야 한다"는 원칙을 보여주는 것이기도 하다. 사람을 정으로 움직이기 위해서는 상대가 당신의 정이 진심이라는 것을 믿도록 만들어야 한다. 그러기 위해서는 당신의 진심을 보여주어야 한다. 사실 호설암이 혜학령을 대우한 것은 그를 설득하기 위해서이기도 했지만, 진심으로 그와 교분을 쌓고자 하는 바람 때문이었다. 호설암은 자신이 공부를 많이 하지 못한 것을 안타까워했고, 학문이 높은 사람을 매우 존중했다. 후에, 호설암은 직접 나서서 왕유령 부인의 몸종을 혜학령과 맺어주었다. 그리고 왕유령과 혜학령 두 사람도 의형제를 맺게 되었다.

🏛 호설암 경상지법 79
능력이 클수록
사람들의 호응이 있어야 한다

장사에서의 경쟁은 결국 인재와 지력(智力)의 경쟁이다. 따라서 조력자를 선택하는 것은 무엇보다 중요하다. 사람을 잘못 쓰면 그 결과는 상상하기조차 어렵다. 한 사람 때문에 힘겹게 이룩한 천하가 무너지는 경우가 종종 있기 때문이다. 따라서 크게 성공하길 원하는 사람이라면 '사람을 알아보고, 사람을 쓸 줄 아는 능력'을 갖추어야 할 것이다.

"능력이 클수록, 사람들의 호응이 있어야 하는 법입니다. 황제도 내관이 있어야 하고, 노인장도 시종이 있어야 하며, 오직 거지만이 아무도 따르는 사람이 없습니다. 마찬가지로 장사를 하는 사람에게는 반드시 회계가 있어야 합니다. 호선생의 수완이야 누구나 잘 압니다. 그분은 장차 누구도 견줄 수 없을 만큼 시장을 장악하게 될 것입니다. 하지만 따르는 사람이 없고 아무것도 가진 것이 없다면, 능력이 아무리 뛰어나도 소용이 없습니다."

이 말은 '작은 스님'이라고 불리던 진세룡이 아주의 부친 장씨에게 한 말이다. 장씨는 소심하지만 성실한 사람이었다. 전에 호설암과 인척을 맺을 기회가 있었기 때문에, 그는 호설암의 건의를 받아들여 호주로 돌아와 생사점포를 열었다. 후에, 아주를 '작은댁'으로 삼는 것은 적절치 못하다고 생각한 호설암은 자신이 중간에서 아주와 진세룡을 맺어주려고 했다. 그래서 장씨는 호설암의 도움을 받을 수 없다고 생각하고 장사에서 손을 떼려고 했다. 진세룡은 장씨의 마음을 돌려놓기 위해 위와 같은 말을 했다.

진세룡의 말은 장씨를 설득하고자 한 말이지만, 한편으로는 한 사람이 성공할 수 있는 가장 큰 이유를 설명한 말이다. 즉, 성공하기 위해서는 도와줄 사람이 있어야 하고 호응하고 따르는 사람이 있어야 한다는 것이다.

물론 한 사람이 성공하는 데 가장 기초가 되는 것은 그 자신의 재능, 식견 그리고 능력이다. 하지만 그러한 조건을 갖추었다고 해도 외부적인 조건, 소위 기댈 수 있는 배경이나 인연이 없다면 성공은 불가능하다. 조력자가 특히 중요하다는 말이다. 도울 사람이 없고 따르고 호응하는 사람이 없다면, 아무리 큰 재능도 헛된 것이다.

호설암의 전장은 항주, 영파, 상해, 무한, 북경 등지에 분점을 두었고, 전당포도 스무 곳이 넘었다. 또한 생사장사와 군수품 장사도 하고 있었기 때문에 사람을 쓰는 일이 호설암에게 가장 중요한 문제가 되었다.

왕유령은 유능한 관리가 될 자질이 있긴 했지만, 다른 사람의 도움이 없었다면 절강 관부의 유력자가 되기 힘들었을 것이다. 막다른 길에 처해 있던 그에게, 자신보다 열 살 어린 약관 스무 살의 호설암이 도와줬기 때문에 7품 지현 후보직을 살 수 있었다. 또한 왕유령은 관직을 사러 간 북경에서 강소 학정으로 있던 하계청을 만나게 된다. 하계청은 왕유령의 부친의 도움을 받은 적이 있었다. 이런 인연으로 그는 절강 순무 황종한에게 왕유령을 추천해 주었다. 그 자신의 능력도 있었지만, 호설암과 하계청이라는 '사람들의 도움'이 절대적이었던 것이다.

그의 관운이 순탄하게 발전하는 데도 호설암이라는 조력자의 힘이 컸다. 그가 해운국 관리로 임명된 직후에 맡은 임무인 곡물운송을 호설암의 계책으로 해결할 수 있었다. 그동안의 관례를 깨고 대담하게 상해 부근에서 곡물을 사서 곧바로 바닷길로 운송했던 것이다. 왕유령의 첫 전투는 승리로 끝났고 관리로서의 지위도 한층 다져지는 계기가 되어, 그는 곧바로 호주 지부로 승진하게 되었다.

앞서 진세룡의 말처럼, 호설암 역시 호응하는 사람이 많았기에 성공할 수 있었다. 호설암이 '홍정상인'이라는 영광의 정점을 향해 나아가는 과정을 보면, 왕유령, 좌종당, 고응춘, 우오, 욱서, 유경생 그리고 장뚱보, 유백수, 진세룡과 같은 인물들의 도움과 호응이 컸다. 그가 대단한 능력을 지녔다 하더라도 이 조력자들이 없었다면 소용이 없었을 것이다.

'사람을 쓰는 일'은 매우 해묵은 화제로서, 수천 수백 년 동안 인간들은 이 문제로 골머리를 앓았다. 초의 회왕(懷王)은 간신의 말에 귀를 기울였다가 결국 진나라 땅에서 객사했고, 유방(劉邦)은 문(文)으로는 소하(蕭何)가 있었고, 무(武)로는 한신(韓信)이 있었기 때문에 고조 황제가 될 수 있었다. 조맹덕(曹孟德)은 사람을 쓸 줄 알았기 때문에 중원을 평정했고, 당의 현종은 사람을 쓸 줄 몰랐기 때문에 안사(安史)의 난을 초래했다. 사람을 쓸 줄 아느냐 모르느냐 하는 문제는 크게는 국가의 흥망을, 작게는 개인의 성패를 좌우한다. 한 위대한 인물은 '노선이 정해지면 관건은 간부 문제이다'라고 말한 바 있다. 간부 문제란 바로 사람을 쓰는 문제를 말한다.

왕유령은 운 좋게도 호설암의 금전적 도움으로 북경으로 가 관직을 샀고, 다시 강소 학정 하계청과의 관계 덕분에 절강 순무 황종한의 임용을 받아 절강 해운국 관리자가 될 수 있었다. 이것이 그가 벼슬길에 오른 첫 계기가 되었다. 하지만 절강 해운국의 관리자란 자리는 매우 힘겨운 직책이었다. 절강 지역에서 징수한 10만 석의 곡물을 운송해 가야 했지만, 하천교통이 원활하지 못했고, 관부 간에 서로 일을 떠넘겼기 때문에 제때에 곡물운송의 임무를 완수하기가 어려웠다. 하지만 왕유령은 지략이 뛰어난 호설암의 대담한 책략과 주도면밀한 계획에 힘입어, 자금대출, 곡물매입 그리고 운송을 모두 순조롭게 마칠 수 있었다. 이 계획은 모두 호설암의 머리에서 구상되었으며, 세부적인 계획도 모두 그에 의해서 추진되었다. 왕유령의 성공은 곧 호설암의 적극적인 도움으로 맺어진 것이었다.

호설암이 전력을 기울여 왕유령을 도운 것은 친구이기 때문만은 아니며,

사실 자신의 큰 계획을 실현하기 위한 준비였다. 그는 의지할 수 있는 큰 나무를 심고 기른 것이었다. 그들의 관계는 결코 단순한 주종관계가 아니었다. 왕유령이 호설암을 중히 여긴 것도 은혜에 보답하기 위해서가 아니었다. 관도(官途)의 순탄한 발전을 위해 호설암이라는 존재가 필요했기 때문이다. 하지만 둘은 서로에게 진심을 다했다. 그랬기 때문에 오랫동안 '진실한 조력자'로 남을 수 있었다.

왕유령은 호설암을 충분히 신뢰하고, 그의 어떤 말이나 계획도 모두 받아들였다. 그는 호설암의 주도면밀하고 노련한 능력을 인정했고, 그것을 용인(用人)의 방식으로 택했던 것이다. 하지만, 호설암이 사람을 쓰는 방식은 신뢰 이외에도 심리적, 물질적으로도 상대의 요구를 만족시켰다. 상대가 자신에 대해 고마움을 느끼고 보답하고자 하는 마음이 들도록 만든 것이다. 결과적으로 상대가 전심전력으로 자신을 위해 일하도록 만들었다.

장기적인 안목, 주도면밀한 계획, '공적관계' 유지, 지혜로운 책략 등등, 이 모든 것을 통해 호설암은 하는 일마다 성공을 이끌어냈다. 전장, 생사, 전당포, 군수품, 곡물, 부동산 등 여러 사업을 함께 경영하며, 경영범위도 절강, 강소, 상해 등 중국 전역에 미쳤고, 심지어 외국인 지역까지 뻗어나가는 홍정상인이 될 수 있었던 것은 '사람을 쓸 줄 알았다'는 데 있었다. 그는 모든 사람의 역량을 자신을 위해 일하도록 집중시킬 줄 알았고, 이를 통해 경영의 기적을 창출했다.

호설암의 용인의 방식은, 첫째는 내부적으로 기용하는 것이고, 둘째는 외부적으로 이용하는 것이었다. 직원을 채용할 때 그는 하나의 기준으로 인재를 선발하지 않았다. 특기를 가지고 있다면 대담하게 기용했다.

호설암 경상지법 80
주머니는 풀고, 체면은 거두어라

　　매사에 지나치게 따지고 각박하게 굴면 큰 일을 할 수 없다. 호설암의 장사가 서양무역까지 확장될 수 있었던 것은 그의 넉넉한 씀씀이와 무관하지 않았다.

　　호설암이 료화생(廖化生)과 손잡고 서양 상인과 교분을 쌓는 과정을 살펴보면 이것을 잘 알 수 있다.

　　겨울이 되어 항주에는 북풍이 몰아치고 온 산하가 얼어붙었지만, 부강 전장만은 열기가 넘쳤다. 수년간의 노력 끝에 호설암의 부강 전장은 가장 으뜸가는 전장이 되었고, 자금거래 업무에 있어 부강을 능가하는 전장이 없었다.

　　어느 날, 한 손님이 은표 한 장을 회계에게 내밀며 돈을 찾겠다고 말했다. 회계는 잠시 멍하게 보다가, 얼굴에 미소를 가득 머금으며 손님에게 자리를 권하고 향이 좋은 차를 내왔다. 호설암은 회계를 불러 차를 대접하는 까닭을 물었다. 그 손님은 은자 5만 냥을 찾으려고 왔는데, 액수가 커서 금고에 가서 돈을 가져와야 하기 때문에 시간이 걸리는 일이라 그렇게 한 것이라고 말했다.

　　사람의 언행과 안색을 살피는 데 능한 호설암은 그 손님의 행색을 유심히 살폈다. 행색으로 보아 먼 길을 달려온 것 같았다. 자세히 살펴보니, 두 눈에 빛이 흐르고 미간에는 재기가 서린 것이 보통인물은 아니었다. 그의 사정을 알아볼 요량으로, 호설암은 오른손으로 찻잔을 들고 세 개의 손가락을 모으고 엄지손가락은 세웠다. 그것은 청방 사이에서 통용되는 암호로, '댁은 뉘십니까? 천천히 하시지요'라는 뜻이었다.

그 손님은 이를 보더니 민첩하게 찻잔을 들고, 세 개의 손가락을 따로 떼고 엄지손가락은 아래로 향하게 했다. 그것은 질문에 답하는 암호였다 '청방의 형제올시다.'

호설암은 급히 공손하게 손을 내밀었다. "성씨가 어떻게 되시는지요?"

"저는 고씨 성을 가진 사람입니다. 형제께서는 저를 '셋째 고씨'라 부르시면 됩니다."

서열이 세 번째라면, 청방의 자금을 관리하는 집사였다. 호설암은 그의 신분을 알아보고, 함께 정담을 나누기 시작했다. 셋째 고씨는 소남 청방 '동복회'의 집사였다. 자금을 전담관리하고 있으며, 이번에 항주에 온 것은 급히 자금을 찾기 위해서라고 했다.

"금액이 많으니 길을 가다 나쁜 일이라도 당하지 않을까 염려됩니다. 어떻게 한번에 이렇게 많은 돈을 찾으십니까?" 호설암이 물었다.

셋째 고씨는 "주인장의 말씀이 맞습니다. 하지만 이 돈은 곧바로 형제들의 가족수당으로 지급될 것이므로 남지는 않을 것입니다" 하고 대답했다.

"아, 가족수당이라?" 호설암은 조금 놀랐다. 그가 알기로는, 청방은 피를 흘려야 할 일이 생길 때만 수하들에게 가족수당을 지급했다. 이는 그들이 가족에 대한 걱정이 없이, 기꺼이 죽을 수 있도록 하기 위해서였다. 그는 다시 "동복회는 사람과 원수를 진 적이 없는데, 살생을 해야 할 일이 있습니까?" 하고 물었다.

"주인장께서 청방의 규율을 알고 계신 듯하니 말씀 드리겠습니다. 동복회는 곧 태평군을 대신하여 군수품을 상해에서 금릉으로 운송할 계획입니다. 도중에 관군들이 지키고 있을 테니, 충돌을 피할 수는 없을 것입니다. 그래서 죽음을 각오한 백여 명의 형제들을 선발하여 이 임무를 완수하고자 합니다" 하고 셋째 고씨가 말했다.

호설암은 그제서야 깨달았다. 청방과 태평군이 자주 손잡고 일한다는 사실을 알게 된 것이다. 태평군은 적지않은 비용을 대가로 지불하고, 동복회는 태평군을 위해 군수품 후송이라는 엄청난 모험을 감수하는 것이었다. 그는 더 이상 아무 말도 하지 않고, 셋째 고씨가 은자를 찾아서 갈 때 공손히 문밖까지 전송했다. 그가 떠난 후, 호설암은 내심 이 정보의 가치를 몇 번이고 가늠해 보았다.

태평군과 관군이 여러 해 동안 대치하는 동안 양쪽 다 군수품이 부족했다. 그런데 청방은 태평군을 대신하여 군수품을 후송해 주고 있었던 것이다. 호설암은 이 일과 아무 상관이 없었으나, 그 속에서 심상치 않은 냄새를 맡았다. 당시 태평군은 상해에서 서양인들을 통해 무기를 구입했다. 군수품 거래가 막대한 이윤이 남는 장사라는 것을 이미 아는 사람은 다 알고 있는 사실이었다. 그동안 호설암은 여기에 뛰어들고 싶었지만, 어디에서 손을 써야 할지 몰라서 침묵하고 있었다. 그런데, 오늘 이 소식을 우연히 듣게 된 것이었다. 발이 빠른 자가 먼저 차지한다는 말이 있듯이, 자기가 먼저 맡아서 이 장사를 하면 그만이었다. 생각이 정해지자, 그는 당장 가마를 놓아 왕유령의 관저로 향했다.

그의 말을 들은 왕유령은 기뻐하며 말했다. "정말 기가 막힌 정보로군. 손 하나 까딱하지 않고 얻다니. 방금 황대인께서 나를 찾으시더니, 해운국의 자금으로 모제르총 5백 점을 사는 문제를 상의하셨네. 절강 녹영병의 장비를 강화하기 위함이지. 마침 이 일을 누구에게 맡길까 고심하던 차였는데, 자네가 관심이 있으면 맡아서 해보게."

호설암은 심중으로 모제르총 한 점에 은자 15냥이니 5백 점이면 2만 5천 냥의 은자가 필요하고, 1할 정도가 남으니 적어도 은자 3천 냥은 족히 벌 수 있는 장사라고 계산했다. 호설암은 상해에서 사용할 수 있도록 3만 냥 짜리 정부어음을 써줄 것을 왕유령에게 청했다. 그리고 행장을 꾸린 후 작은 배 한 척을 재촉하여 급히 상해로 떠났다. 조금이라도 지체하다가는 시기를 놓칠 수 있기 때문이었다. 태평군이 무기구입을 서둘지 않을 것이라는 것을 그는 알고 있었기에 서양 상인들과 미리 가격협상을 마칠 생각이었다. 차일피일 미루다가 태평군의 무기구입 시점과 맞닥뜨리기라도 하면 값이 올라갈 것은 뻔했다. 태평군이 총 5백 점을 구입한다면, 이만한 수량을 서양 상인들도 당장 공급할 수는 없었다. 따라서, 외국에서 운송되기를 기다리는 데 거의 달포의 시간이 필요할 것이라고 그는 예측했다. 그는 이 군수품 장사를 성공시킬 수 있다는 자신감에 차 있었다.

며칠 후, 상해에 도착한 호설암은 상해 청방의 수령 료화생을 만나 찾아온 뜻을 상세히 말했다. 료화생은 큰소리로 웃으며 "장사는 누구나 할 수 있지요. 누가 먼저 차지하냐가 문제 아니겠습니까? 호선생의 능력을 보니 이 장사는 선생께서 꼭 맡으셔야겠습니다" 하고 말했다. 호설암은 겸손하게 "제가 단기필마로 나서서는 결코 성공할 수 없습니다. 형님께서 힘껏 밀어주셔야지요. 일이 끝난 후, 형님께 3할의 이윤을 드리겠습니다. 공동의 장사인 셈이지요" 하고 말했다.

료화생은 호설암의 말에 기쁜 빛을 감추지 않으며 "내가 할 일이 있으면 모두 말하시오. 이 일은 선생께 맡기겠습니다" 하고 말했다.

"제가 서양 상인에 대해서는 아는 것이 적으니, 형님께서 이를 잘 아는 사람을 보내어 저를 돕게 해주셨으면 합니다."

료화생은 잠시 깊이 생각하더니 말했다. "마침 한 형제가 있습니다. 지금 양행에서 통역을 하고 있는데, 외국말을 아주 잘 하고 서양 상인들의 사정에 대해서도 잘 알고 있지요. 그 사람이 선생을 도우면 어떻겠습니까?"

호설암은 흔쾌히 받아들였다. "물론이지요, 아주 좋습니다!"

잠시 후, 한 젊은이가 들어왔다. 그는 검은 테 안경에 양복차림을 하고 구두를 신고 있었는데, 머리는 길게 변발을 하고 있었다. 중국식도, 서양식도 아닌 것이 무척 익살맞게 보였다. 그는 구양상운(歐陽尙云)이라는 이름의 젊은이로, 양행에서 여러 해 일을 했기 때문에 프랑스어와 네덜란드어 그리고 영어를 할 줄 알았다. 다양한 외국어를 구사할 줄 알았기 때문에 그는 상해의 서양 상인들이 중요하게 생각하는 인물이었다. 구양상운은 서툰 표준어로 호설암에게 "어려서부터 양행에서 화장실 청소를 하며 서양말을 배웠습니다. 오랫동안 일하다 보니, 중국말이 오히려 서툴 정도입니다"라고 말했다. 호설암은 그가 총명하고 기민한 것을 보고 잘 대우해야겠다고 생각했다. 앞으로 서양 상인들과 접촉하자면 없어서는 안 될 인물이었다.

구양상운은 상해의 서양 상인들에 관해 손바닥 보듯 훤하게 알고 있었다. 마치 자기 집안사정을 말하듯이 서양 상인에 대해 상세하게 이야기했다. 호설암은 그를 통해 태평군이 영국상인 맥도웰로부터 모제르총 5백 점을 구입하고자 한다는 것과 현재 물건이 부족하여 본국에 총을 운송해 줄 것을 요청하는 전보를 쳤다는 사실을 알게 되었다. 또한 다음달 초에 물건을 인도하기로 했다는 사실도 알게 되었다.

호설암은 아직 20여 일이 남았다는 생각에, 하늘이 도왔다며 자신도 모르게 손을 모았다. 그 정도면 충분한 시간이었다. 물건이 아직 인도되지 않은 상황에서는 모든 협의와 계약의 구속력은 거의 없었다. 호설암은 맥도웰이 태평군과의 계약을 파기하고, 자신과 거래를 하도록 만들 자신이 있었다.

호설암은 구양상운에게 맥도웰과 연락하여 직접 그를 만나게 해달라고 말했다.

이튿날, 구양상운은 호설암과 함께 서양식 술집으로 맥도웰을 찾아갔다. 맥도웰은 현관으로 나와서 일행을 맞이했다. 그는 키가 크고 마른 체격으로 코가 날카롭게 구부러져 있어서 매의 주둥이를 생각나게 했다. 맥도웰은 쾌활하고도 열렬하게 환영했다. 호설암은 식탁 옆에 자리를 잡고 앉자마자 단도직입적으로 군수품 거래에 관한 이야기를 꺼냈다. 맥도웰은 고개를 가로저으며, 다른 사람과 계약을 했으니 실언을 할 수는 없다고 했다. 호설암은 그에게 누구와 계약을 했는지 알고 있으며, 그들은 합법적인 정부와 대적하는 반란군이라고 말했다. 맥도웰은 자신이 상인이기 때문에 오직 장사만을 신경쓸 뿐, 상대가 귀신이라 해도 상관할 일이 아니라고 말했다. 호설암은 상대에게 '오구 통상조약'을 아느냐고 물었다. 그것은 외국정부와 청 조정 간에 맺은 것으로, 중국 내 외국상인의 이익을 보호한다는 내용의 조약이었다. 지금 당신네들이 반란군과 군수품 거래를 하는 것은 중국정부에 반대하는 것이나 다름없는데, 그래도 보호를 받을 수 있다고 생각하느냐고 호설암은 재차 반문했다.

이 말에 맥도웰은 아무런 대꾸도 하지 못했다. 호설암은 그 기회를 놓치지 않고 몰아쳤다. 청 조정에서 이 사실을 알면 군대를 보내어 군수품을 몰수할 것이 분명하다. 그렇게 되면 당신은 본전은 고사하고 정부의 책임추궁을 받게 될 것이다. 어느 것이 이익이고 어느 것이 손해인지 모르겠느냐고 덧붙였다.

맥도웰은 쓴웃음을 지으며 어쩔 수 없다는 뜻을 표했다. 그는 총을 선적한 배가 이미 떠났으니 곧 상해에 당도할 것이라고 말했다. 하지만 도중에 계약을 파기하면 엄청난 손해를 보게 된다며 교활하게 변명했다. 호설암은 그에게 자신이 절강지방 관부를 대표하여 물품을 모두 구입하는 것이니, 높은 가격을 제시할 수 있다고 말했다. 하지만 여전히 맥도웰이 교활하게 주저하며 확답을 하지 않자, 호설암은 강하게 밀어부쳤다. 만약 자신의 말대로 하지 않으면 모든 역량을 동원해서 맥도웰과 태평군 간의 군수품 거래를 방해할 것이라고 단언했다.

맥도웰이 반신반의하자 구양상운이 옆에서 설명해 주었다. 그는 '돈만 있으면 귀신도 부릴 수 있다'는 중국의 속담을 들려주며, 그의 재력이 절강성의 절반을 사들이고도 남는다고 말했다. 그리고 이는 영국의 세 섬 가운데 하나만큼 넓다고 덧붙여 설명했다. 맥도웰은 벌어진 입을 다물지 못했다. 돈의 위력이 곧바로 그를 항복시켰다. 맥도웰은 호설암 같은 거부와 접촉하면, 반란군인 태평군에 비해 훨씬 이익이 된다고 재빨리 판단한 것이다.

맥도웰은 원래의 계약을 파기하고 호설암과 총기매입의 구체적인 사안을 논의했다. 호설암은 총 한 점당 은자 1냥을 더 얹어주겠다고 말했다. 맥도웰은 크게 기뻐하며 호설암에게 거래성사를 축하하는 건배를 제의했다.

15

천하를 구제하라

[큰 장사를 하려면 먼저 사람이 되어야 한다]

거상은 천하를 구할 수 있는 혜안이 있지만, 작은 상인은 이렇게 할 수 없다. 작은 상인의 눈은 늘 돈에 머문다. 그는 이익을 생각하는 것에만 머리를 쓸 뿐이며, 자신의 처세나 마음가짐에 대해서는 신경을 쓰지 않는다. 호설암은 경영과 수신(修身)을 병행하면서 조금씩 홍정상인의 소양을 닦았다. 그의 경영비결은 '의로움과 인정'을 재물에 투영할 줄 알았다는 데 있다. 상인은 선행으로 이미지를 확립하고 기꺼이 돈을 쓸 줄 알아야 한다. 그리고 돈을 때와 장소를 가려 쓸 줄 알아야 한다. "1냥을 들여서 10냥의 효과를 거둘 수 있어야 비로소 돈을 제대로 썼다 할 것이다." 전란의 시대를 살았던 호설암은 이름을 알리고 명성을 얻으려면 먼저 사람들에게 은혜를 베풀어야 한다는 이치를 잘 알고 있었다. "능력이 클수록 사람들의 호응과 지지가 있어야 한다." 이것은 누구나 알고 있는 간단한 이치이지만, 그 뜻은 아주 깊다. 크게 성공을 하고 싶다면 먼저 사람이 되어야 한다. 그 이치를 모른다면 어쩌다 얻어지는 작은 이익에 만족해야 할 뿐이다.

🌐 호설암 경상지법 81
당신의 마음속에 다른 사람이 있고, 다른 사람의 마음속에 당신이 있다

인재를 곁에 둘 수 있는 방법에 대해 호설암은 다음과 같은 말을 한 적이 있다. "일을 할 때는 항상 그 사람의 입장에서 생각해야 한다." 상대의 입장에서 문제를 바라보라는 말이다.

청 조정의 재정과 군비는 주로 인구가 많고 물자가 풍부한 강남지방과 절강성 일대에 의존하고 있었다. 이 지역에서 해마다 거두는 곡물은 조방의 도움을 받아 하천을 통해 북경으로 운송되었다. 그런데 가뭄으로 하천의 수심이 얕아져서 수송이 원활하지 못하게 되자, 절강지역의 곡물운송이 어려워졌다. 더불어 조정의 독촉도 더욱 빗발쳤다.

절강 해운국으로 부임한 지 얼마되지 않은 왕유령은 이 때문에 고심이 이만저만한 게 아니었다. 부임하여 날아갈 듯이 기뻐했던 마음도 잠시, 이제는 그 자리가 엄청난 중압감이 되어 돌아왔다. 곡물운송 자체가 어려운데다가, 운송한다 하더라도 이미 시기적으로 늦었기 때문에 문책을 면하기 어려웠다. 게다가 내년의 곡물운송도 연기해야 할 판이었다. 비록 호설암이 내놓은 묘안이 있었지만, 여기에도 해야 할 일이 한두 가지가 아니었다. 우선 전장에서 자금을 변통해 줘야 했는데, 상해에서 쌀을 매입하는 데 은 10만 냥이 필요했다. 그 다음은 쌀을 팔겠다고 나서는 양곡상이 있어야 했다.

자금문제는 쉽게 해결이 되었다. 상해에 있는 전장은 호설암이 도제생활을 했던 신화 전장이었다. 예전에 신화 전장과 호설암은 서로 껄끄러운 사이였지만, 이 거래는 신화 전장에 여러모로 유리했으므로 선뜻 받아들였다. 호설암이 옛날의 견원은 잊자고 제안했고, 또 해운국의 공금 왕래를 신화가 대리할 수 있게 해주었기 때문이었다. 신화 전장은 곡물 대금 10만 냥을 기꺼이 대출해 주었다.

문제는 쌀을 가지고 있는 양곡상이었다. 곡물장사를 겸하고 있는 송강 조방의 우오가 몹시 주저하며 응하지 않았던 것이다. 송강 조방은 상해에서 운영하는 양곡상이 필요로 하는 물량을 보유하고 있었다. 하지만 최근 몇 년 동안 조정의 이곳저곳으로부터 적지않은 착취를 당해서인지 사정이 썩 좋지 못했다. 따라서 송강 조방으로선 지금 가지고 있는 쌀을 현금화하여 당장 눈앞에 떨어진 불을 끄는 것이 급선무였다. 마침 태평천국의 봉기로 인해 남쪽은 전쟁이 끊일 날이 없었고, 북쪽은 민심의 동요가 심해서 식량 부족 문제가 나타나고 있었다. 여기에다가 보릿고개도 다가오고 있어서 양곡가격이 인상될 것은 뻔했다. 따라서 조방으로서는 쌀을 넘기는 문제를 두고 이해득실을 따지지 않을 수 없었던 것이다.

호설암은 우오가 가지고 있는 쌀을 내주겠다고 응낙을 하긴 했지만, 그에게 말 못할 근심이 있다는 것을 눈치챘다. 필히 그들만의 고충이 있는 것이 틀림없다고 생각한 호설암은 그에게 문제가 뭔지, 고충을 털어놓도록 설득했다. 그리고 그 고충을 알게 되자마자 곧바로 신화 전장에 연락하여, 조방에 자금을 대출해 주고 쌀을 넘긴 후 그 돈을 갚도록 해달라고 요청했다.

호설암은 다른 사람의 고충을 일단 알게 된 이상, 그의 입장에서 생각하고 최선을 다해 도움을 주어야 한다고 생각했다. 그리고 그 도움은 반드시

'실제로' 도움이 되는 것이어야 했다. 이미 사전에 신화의 장뚱보와는 충분히 이야기가 되어 있었기 때문에, 장뚱보는 조금도 주저 없이 자금을 대출해 주겠다고 말했다. 일이 너무 쉽게 진행되자 믿어지지 않는 듯, 우오는 장뚱보의 흔쾌한 승낙에 오히려 의아해 했다. 장뚱보는 자신이 위험을 무릅쓰고 자금을 대주겠다고 나선 이유를 분명하게 설명했다. 첫째는 송강 조방의 신용을 믿기 때문이고, 둘째는 절강 해운국이라는 이름이 있기 때문이고, 셋째는 쌀이 아직 그곳에 보관되어 있는 이상 전장이 손해볼 걱정은 없다는 것이었다. 이로써 절강 해운국, 신화 전장 그리고 송강 조방, 삼자가 모두 이득을 얻을 수 있는 큰 규모의 거래가 성사되었다.

호설암은 도제생활을 벗어나 자신의 사업을 시작한 지 얼마되지 않아 벌써 자신의 남다른 능력을 보여주기 시작했다. 그는 다른 사람의 사정을 살펴 치밀하게 처신하며, 사람의 말과 안색을 잘 판단해서 상대의 심리를 꿰뚫어볼 줄 아는 능력을 갖고 있었다. 사람과 교류할 때는 예를 다했으며, 상대의 내적인 요구는 물론 물질적으로 만족시켜 그들의 믿음을 얻었다.

"일을 할 때는 사람을 먼저 생각하라." 사람을 먼저 생각한다는 것은 그 사람의 입장에서 문제를 생각한다는 것과 일맥상통한다. 그 사람의 문제를 생각하게 되면 상대의 이해득실과 고충에 대해서도 자세하게 이해할 수 있게 된다. 그렇게 되면 자신의 판단과 결정에도 도움이 되며, 적절한 시기에 조정을 할 수 있는 기회도 갖게 된다. 또한 자신의 결정이 상대의 이익과 상충되어 거절당하는 경우를 피할 수 있다.

더욱 중요한 것은 상대방도 당신의 입장에서 생각할 수 있도록 만든다는 사실이다. 그렇게 되면 상대방이 당신의 인간적인 면모를 알게 될 것이고, 당신과 일을 하면 결코 손해보지 않을 거라는 확신을 가질 수 있도록 만들 수 있다. 금전적으로 조금 손해를 보는 결과가 나와도 그는 개의치 않고 다음번에도 당신을 위해 일하게 될 것이다.

인재를 얻는 것은 그 사람의 마음을 얻는 것과 같다. 상대의 입장에서 생각하는 것이 바로 그 사람의 마음을 얻는 것이다.

호설암 경상지법 82

다른 사람에게 활로를 주면,
자신에게는 재로가 생긴다

사람이 일을 할 때는 양보도 할 줄 알아야 한다. 호설암은 원한다면 상대를 사지로 몰아넣을 수 있는 능력이 있었지만 결코 벼랑으로 내모는 법이 없었다.

소주에 도착한 호설암은 영흥성 전장으로 가서 원보 20개를 급히 환전하려고 했다. 그런데 그들은 즉시 환전을 해주지 않고 늑장을 부렸다. 이 전장은 평소에도 부강 전장의 은표는 신용이 없다고 모함을 하여, 그의 심기를 불편하게 했었다.

영흥성 전장은 처음부터 시작이 옳지 못했다. 본래의 주인이 반평생 동안 안 먹고 안 쓰며 힘겹게 모은 돈으로 전장을 열었으나, 아내와 딸 하나를 남기고 마흔 초반에 병사하고 말았다. 현재의 전장 관리자가 실제적인 주인인데, 그는 원래 주인이 죽은 후 감언이설로 두 모녀의 신임을 얻어서는 전장을 좌지우지하고 있었다. 영흥성 전장은 경영에도 문제가 있었다. 자본금이 10만 냥에 불과하면서도 20만 냥 이상의 은표를 발행하여 경영 상태가 매우 위태로웠다.

이 전장에서 이유없이 모욕을 당한 호설암은 꼭 응징하겠다고 결심했다. 그는 '4대항(四大恒)'이 의원 전장을 협공하여 문을 닫게 한 방법을 쓰기로 생각했다.

북경의 전장들 가운데 규모가 가장 큰 전장이 네 곳 있었다. 이름 속에 하나같이 '항'자가 들어 있었기 때문에 이들은 '4대항'으로 불렸다. 이 전장들은 손님은 물론, 다른 전장을 속이는 일도 심심찮게 자행했다. 의원 전장은 후에 문을 열었지만, 장사수완이 뛰어났고 신용도 좋았을 뿐더러 일반 백성들을 파고드는 전략으로 그 이름이 금세 널리 알려졌다. 관부에서도 그 명성을 알고 있을 정도로 장사가 날로 번창했다. 이를 시기한 4대항은 의원 전장을 무너뜨리기로 작당하고 '검은 손'을 내밀었다. 그들은 암암리에 의원이 발행한 은표를 사들이고, 의원 전장이 파산위기에 직면했다는 소문을 퍼뜨렸다. 결국 예금인출 사태가 발생하고 말았다.

호설암은 이 방법을 모방했다. 하지만 그의 방식은 당시 4대항이 의원을 무너뜨린 것에 비해 손쉽지만 모진 방법이었다.

절강성과 강소성 간에는 공금 왕래가 잦았다. 호설암은 자신의 영향력을 활용하여, 해운국의 공금 가운데 일부, 그리고 호주의 군비, 절강에서 강소로 보내는 협향 가운데 일부 자금 등을 끌어 모았다. 그런 다음 이 자금을 영흥성의 은표로 바꾸어 곧바로 강소성 관부로 보냈다. 이것은 그들에게 직접 영흥성으로 가서 은자로 환전하게 하려는 의도였다. 이렇게 되면, 영흥성 전장은 파산을 면할 길이 없었다. 게다가 직접 손을 더럽히지 않고 칼을 빌려 처치하는 셈이니, 조금의 흔적도 남지 않았다.

하지만 호설암은 자신의 계획을 실행하지 않았고, 마지막에 가서 영흥성에게 탈출구를 열어주었다. 그가 계획을 포기한 데는 두 가지 이유가 있었다. 이 방법은 너무 잔인해서, 여기에 걸려들면 영흥성은 절대 살아남을 수 없었다. 그리고 영흥성을 무너뜨릴 수는 있지만 자신에게 아무런 이득이 없었다. 호설암은 다른 사람에게는 손해를 입히고 자신에게는 이로울 것이 없는 일을 하고 싶지 않았던 것이다.

사실 영홍성 전장은 그 시작이 떳떳하지 못했고 경영 또한 부실하여 겨우 명맥을 유지하고 있는 것이나 다름없었다. 무너진다 하더라도 동정할 사람이 많지 않았다. 오히려 전장업에 해가 될 수 있는 존재를 제거하는 셈이라 전장업 동료들 사이에서 환영받을 만한 일이었다. 하지만 호설암은 마지막에 손을 거두었다. 호설암은 "앞으로 언젠가 만날 날이 있을 것이니, 여지를 남겨두어야 한다. 절대로 벼랑으로 몰고 가서는 안 된다"고 했다. 말만 한 게 아니라 자신의 행동으로 보여준 것이다.

물론 여기에는 당연히 자신의 이익에 대한 고려도 작용했다. 언젠가 만나 함께 일을 할 수도 있으니 여지를 남겨두어야 하는 것이다. 장사에는 영원한 친구도 영원한 적도 없다. 아무리 치열하게 경쟁했던 상대도 경쟁이 끝난 후에는 손을 잡을 수 있는 것이다. 경쟁도 늘 존재하지만 '만남'의 기회 또한 항상 존재한다. "다른 사람에게 활로(活路)를 주면, 자신에게는 재로(財路)가 생긴다"는 말처럼, 상인은 눈을 더 먼 곳에 둘 줄 알아야 한다.

🔵 호설암 경상지법 83
사람은 관용을 알아야 한다

호설암은 '체면'의 역할을 매우 중시했다. 그는 자신뿐만 아니라 다른 사람의 체면을 지키는 일에도 매우 주의를 기울였다. 한 사람이라도 명예가 떨어지면 모두에게 이롭지 못하다고 생각했기 때문이다.

호설암이 도제생활을 마치고 독립할 때의 일이다. 호설암의 도움으로 관직을 사서 항주로 돌아온 왕유령은 그가 자신 때문에 일자리를 잃고 형편없는 처지가 되었다는 사실을 알게 되었다. 그는 신화 전장에 은자 5백 냥을 돌려주고, 호설암의 오명을 씻어주려고 했다. 왕유령은 차용증서의 내용대로 이자를 계산하여 즉시 해운국에서 은자 6백 냥을 내어 계산을 마쳤다. 그리고는 관복을 차려 입고 호설암과 함께 타고 갈 가마를 준비하게 한 후, 징을 울려 길을 열게 했다(봉건시대에는 징을 울려 관리의 행차를 알렸다-옮긴이). 그는 자신의 위풍을 과시하여, 호설암을 대신해 그동안 쌓였던 울분을 풀어줄 요량이었던 것이다.

하지만 호설암은 이를 거절했다. 그가 가지 않겠다고 하는 이유는 간단했다. 현재 신화 전장의 책임자는 바로 당시에 그를 전장에서 내쫓은 장똥보였다. 자신이 왕유령과 함께 동행한다면 그를 몹시 난처해 할 것이고, 체면도 크게 손상될 것이 분명했다. 이것은 호설암이 원하지 않는 일이었다. 자신을 만났다는 사실조차도 말하지 말라 당부하는 호설암의 말에 왕유령은 감탄했다. "마음이 후덕한데다가 수단 또한 그럴듯하구만. 다른 사람이었다면, 이렇게 분을 풀 수 있는 기회를 쉽게 포기하지 못했을 것이네. 자신을 희생하면서까지 다른 사람의 체면을 지켜주고자 하다니, 정말 넓은 도량일세!"

호설암의 속뜻을 이해한 왕유령은 혼자 가서 돈을 지불했고, 처신 또한 훌륭하게 해냈다. 그는 평상복으로 갈아입고 징을 울리지도 못하게 했으며, 관부의 가마를 작은 가마로 바꾸어 타고 신화에 당도했다. 신화는 당초에 이 5백 냥을 받을 수 없는 돈으로 생각했기에 차용증을 어디에 두었는지조차 모르고 있었다. 왕유령이 돈을 갚으러 오자, 전장을 온통 다 뒤졌지만 차용증을 찾을 수 없었다. 전장의 장똥보가 이 상황을 사실대로 말하자, 왕유령은 두말도 하지 않고 원금과 이자를 합쳐서 550냥을 내놓았다. 그러고는 갚은 돈에 대한 영수증만 써달라고 요구했다. 원래의 차용증을 찾더라도 문제가 되지 않도록 하기 위해서였다.

이렇게 아주 '근사하게' 해묵은 계산을 끝마쳤다. 이전에 호설암은 많은 억울한 일을 겪었다. 체면이 크게 상했고 일자리도 잃어서, 결국 허드렛일을 하며 생계를 이어가야 했다. 다른 사람이었다면 그동안의 억울함을 씻을 수 있는 기회를 그냥 놓치지는 않았을 것이다. 하지만 호설암은 자신의 체면이 중요한 만큼 다른 사람의 체면을 중요하게 생각했기 때문에 일을 마무리지었던 것이다. 몰래 자금을 빼돌린 주복년을 대할 때에도, 호설암은 "관용을 베풀면 길이 열리고, 사람을 상하게 하면 벽이 가로막는다"는 이치에 따라 일을 처리했다.

🌐 호설암 경상지법 84
정과 의를 모르면,
진정한 친구는 있을 수 없다

호설암이 직면했던 조직세력에는 조방과 같은 구세력과 소도회 같은 신세력이 있었다. 호설암은 결코 천하를 자신이 독점하려고 한 적이 없었다. 따라서 조방에 대해서는 신뢰를 얻고 공동으로 살길을 찾고자 하는 태도로 대했다. 소도회의 경우, 자신의 이익이 손해 입지 않도록 하기 위해 태평군의 경우처럼 관부가 그들을 진압하도록 도왔다. 그는 조방 내 여러 계층의 사람들과 교분을 쌓고, 그들로부터 신뢰와 지지를 얻었다. 후에 큰 규모의 장사를 할 때, 조방 세력의 도움으로 성공할 수 있었다. 조방의 인정을 받으면서 호설암도 난세에 '검은' 조직의 역량을 빌릴 수 있게 되었다. 이는 호설암의 사업이 순조롭게 발전하는 데 중요한 역할을 했다.

그는 '정(情)'과 '의(義)' 두 글자를 매우 중시했다. 장사를 하는 원칙도 같았다. 장사를 통해 많은 사람들과 왕래하면서 그는 늘 상대의 입장에서 그가 처한 고충이나 문제를 생각했다. 상대방은 호설암이 의리 있는 인물임을 알고 그를 친구로 받아들여 기꺼이 같이 장사를 하고자 했다. 폭넓게 강호의 친구들을 만들었기 때문에 그는 하는 일마다 속속 성공을 거둘 수 있었다. 그는 이렇게 사업적으로 큰 성공을 거두었지만, 진정으로 '강호에 발을 들여놓았다'라고 말할 수 있는 시기는 조정에 보낼 쌀을 매입하기 위해 상해로 오면서부터였다.

왕유령이 해운국 관리로 취임한 후, 호설암은 상해로 가서 조정에 바칠 쌀을 매입하는 임무를 맡게 되었다. 절강의 곡물을 북경으로 운송해야 하는 일을 조속히 완수하기 위해서였다. 곡물이 도착하는 속도는 강남지방의 여러 지방관들의 관운에 깊은 영향을 미쳤다. 쌀을 구입할 대금은 호설암이 예전에 일했던 전장으로 가서 구할 수 있었다.

그는 송강 조방과 친분이 있는 사람을 통해 송강이 10만여 석의 쌀을 매도할 계획이라는 소식을 알게 되었다. 조방의 상황에 대해 더 조사한 결과, 현재 송강 조방의 일을 관장하는 인물이 위행수라는 것을 알게 되었다. 호설암은 이 거래가 쉽지 않다는 것을 알고 있었지만, 일단 되기만 한다면 절강지방의 곡물운송 문제가 단번에 해결될 수 있다고 믿었다. 그는 직접 찾아가서 위행수를 만나기로 결심했다.

그는 자신의 친구인 유선생과 왕선생을 대동하고 위행수의 집으로 갔다. 그런데 위행수는 집에 없었고 그의 노모만이 있었다. 노모는 세 손님을 거실로 맞아들이고 차를 대접했다. 유선생과 왕선생, 두 사람은 위행수가 없다는 사실에 매우 실망스러워 했다. 하지만 호설암은 노부인의 모습에서 어떤 범상치 않은 여걸의 기운을 느꼈다. 그는 위씨 집안에서 그녀의 영향력이 상당히 클 것이라고 짐작하고, 위행수를 설득하느냐의 여부는 이 '여장부'를 설득하는 데 달려 있다고 생각했다.

호설암은 연배가 어린 사람으로서 예를 다해 인사를 했고, 노부인은 보일 듯 말 듯 고개를 끄덕였다. 공손하면서도 당당한 어투로 세 사람에게 차를 권하면서도 노부인의 날카로운 눈빛은 호설암에게 향했다. 세 사람이 차를 한 모금 마신 후, 노부인은 단도직입적으로 물었다. "세 분께서 먼 곳까지 오실 줄 몰랐습니다. 무슨 일인지 말씀해 주시지요?" 호설암은 매우 겸손하게 "위씨 집안의 명성이 상해에 널리 알려져 있어 모르는 사람이 없다는 것을 알고 있습니다. 이번 길에 다행히도 찾아뵙게 되었습니다. 제가 나이는 적지만, 위행수 님과 차라도 나누며 교분을 쌓고자 합니다" 하고 말했다.

인사말이 오간 후, 노부인의 요청을 받아 호설암은 더 이상 주저하는 법 없이 곧바로 찾아온 뜻을 설명했다. 호설암의 말을 듣고 난 후, 노부인은 천천히 눈을 감았다. 호설암은 방 안 공기가 마치 그대로 굳어버리고 시간이 멈춘 것처럼 느껴졌다. 한참이 지난 후, 노부인은 다시 감았던 눈을 천천히 떴다. 그녀는 호설암을 뚫어지게 바라보면서 말했다. "호선생, 당신이 말한 얘기가 우리 조방 형제들의 밥그릇을 깨뜨리는 짓임을 알고 계시는 게요? 쌀을 사는 문제에 관한 건데, 모르긴 해도 호선생이 돈을 주고 쌀을 사려고 하는데도 팔지 않는 것에는 말 못할 이유가 있기 때문일 게요. 나는 강호의 도의를 지키고자 하오. 단지 돈을 맡겨놓는 것에 불과하다면 호선생에게는 얻어지는 것이 없는데, 장사를 하는 사람으로서 그 이유를 알 수가 없군요."

노부인의 말을 들은 호설암은 기가 죽기보다는 오히려 생각이 분명해졌다. "제가 사실대로 솔직하게 말씀드리겠습니다. 전쟁이 임박해지고 있기 때문에 조정에서는 절강의 쌀이 북경으로 운송되기를 학수고대하고 있습니다. 만약 시기를 놓치게 되면 조정에서 이를 추궁할 것이고, 저는 그 죄를 면하기 어려울 것입니다. 제 생각에는 조방 또한 이를 변명하기가 어려울 것입니다. 하천운송이 제대로 이루어지지 않아 그것을 추궁받게 된다면, 이 일은 조방으로서도 안위에 문제가 생기는 일이 될 것입니다. 역도들과 내통했다는 의심을 받게 될 것이 틀림없는데, 위행수께서 전체 조방의 형제들에게 당당하실 수 있겠습니까?"

강호에서 가장 중요하게 여기는 것이 바로 의(義)였다. 호설암은 조방이 의리로 얽혀 있다는 사실을 가지고 노부인의 정곡을 찌른 것이었다. 노부인은 깊이 고심하지 않을 수 없었다. 호설암은 재차 그 이치를 설명했고 노부인은 생각을 정한 듯, 하인을 불러 아들을 데려오라 분부했다.

오래지 않아서 한 남자가 급히 들어왔다. 언뜻 마흔 살 전후로 보였는데, 키는 크지 않았지만 체구가 당당하고 눈빛이 매처럼 날카로웠다. 보통인물이 아니라는 것을 금세 알 수 있었다. 그가 바로 현재 조방을 관할하고 있는 위행수였다.

위행수가 노모에게 절을 하자, 노모는 호설암 일행을 소개했다. 노부인이 세 사람에게 예를 다하는 것을 본 위행수도 호설암을 호선생이라고 불렀다. 노부인은 "호선생은 비록 이곳 사람은 아니나 보기 드문 의협심을 지닌 분이다. 너는 이 양반과 잘 지내야 한다. 이후부터 이분을 '어른'이라고 불러라" 하고 말했다. 위행수는 노모의 말에 곧 호설암을 "어른"이라고 불렀다. '어른'은 조방의 사람들이 외부 사람을 부르는 존칭이었다. 조방은 일단 입 밖에 낸 말은 반드시 행동으로 옮겼다. 호설암이 극구 사양했지만 위행수가 어른이라고 부르자, 나머지 사람들도 모두 그를 어른이라고 불렀다.

저녁이 되자 위씨 집 안에서는 음식을 장만하고 등을 높이 내다 걸었다. 노부인, 위행수, 호설암, 유선생과 왕선생, 이렇게 모두가 잔을 들어 우의를 다짐했다. 이렇게 호설암은 조방의 실력자 위행수와 초면에 곧바로 막역한 친분을 다지게 되었다. 위행수의 영향력 덕분으로, 쌀을 매입하는 일은 이제 문제가 되지 않았다.

위행수 휘하의 인물 우오와 쌀 매입에 관해 이야기를 나누던 중, 호설암은 우오의 안색이 편치 않다는 것을 알았다. 위행수의 체면상 뭐라 말하지 못하는 것일 뿐, 그가 입으로만 승낙하고 진심은 그렇지 않다는 것을 눈치챈 것이다. 호설암은 무슨 어려움이 있으면 말해 달라고 우오에게 솔직하게 말했다. 그렇지 않으면 이 쌀을 살 수 없다고도 덧붙였다. 그러자 우오는 숨길 게 없다고 생각하고 자신의 마음속에 있는 고충을 털어놓았다.

관부의 곡물운송이 해운으로 바뀐 이후 조방의 자금사정이 무척 좋지 않다는 것이었다. 자금이 필요한 지금, 호설암에게 쌀을 '파는' 것은 단지 임시방편일 뿐이었다. 관부에 쌀을 납부해도 다시 쌀로 조방에 돌려줄 텐데, 그것은 단지 쌀을 한 차례 융통한 것일 뿐이고 결국 조방의 손에 남는 것은 다시 쌀이 아니냐는 것이었다. 우호는 이 점이 걱정되었던 것이다. 하지만 위행수가 이미 승낙한 일이기 때문에 그는 이를 원망할 수는 없다고 말했다.

상황을 알게 된 호설암은 당장 쌀 구입자금을 대준 신화의 장뚱보에게 달려갔다. 그는 장뚱보에게 조방이 쌀을 돌려받은 후 맡긴 돈을 회수하는 것이 아니라, 돌려받은 쌀을 팔아 넘긴 후 현재 맡긴 돈을 받아가는 건 어떤지 물었다. 장뚱보는 호설암을 신뢰하고 있었기 때문에 두말하지 않고 이를 승낙했다. 문제가 해결되자 우오는 무척 기뻐하면서, 호설암의 인품을 높이 샀다. 이렇게 하여 쌀을 매입하는 일은 신속하게 매듭지어 졌다.

호설암이 산 것은 쌀만이 아니었다. 우오와의 정(情)도 샀다. 이 일이 있은 후, 우오는 호설암의 말이라면 무엇이든 믿었고, 그의 화물이라면 반드시 자신이 운송했다. 자연히 호설암의 화물은 막힘 없이 신속하게 운송되었다. 또한 우오는 조방에서 장사와 관련된 소식을 들으면 즉시 호설암에게 알려주었다. 호설암으로서는 '장사 밀정'을 둔 것이나 다름없었기에, 시장의 상황을 더욱 잘 파악하게 되고 유리한 기회도 선점할 수 있었다.

강호의 세력을 대하는 호설암의 태도는 정확했다. 그는 강호의 세력 모두가 법과 이치에 어긋난 행동을 하는 것은 아니며, 그들에게는 강호의 도의(道義)가 있다는 것을 알았다. 그래서 "꽃가마도 사람과 사람이 맞든다"는 태도로 그들을 대했다. 자신이 항상 상대를 깊이 생각하고 있으니, 상대도 자신에게 불의하게 대하지 말라는 태도가 바로 그것이다. 호설암은 강호의 세력과 장사의 성패 간에 밀접한 관련이 있다는 사실도 잘 알고 있었다. 이들과 어긋나면 적지않게 골치 아픈 일이 생기고, 제대로 처리하면 순조롭게 장사의 뜻을 펼칠 수 있었다. 그리고 이후에 일어난 사실들은 그의 대응방식이 성숙되고 성공적이었음을 증명했다.

🌐 호설암 경상지법 85
같은 일을 하는 사람과 높고 낮음을 다투지 마라

호설암은 덕(德)이 있어야 사람들의 칭송을 받는다고 믿었다. 호설암의 덕은 눈앞의 이익보다 같은 일을 하는 사람들과의 정을 우선했다는 점에 있다. 치열한 경쟁이 펼쳐지는 장사의 세계에서 그는 다른 상인들이 결코 할 수 없는 일을 했다. 결코 같은 일을 하는 사람의 밥그릇을 빼앗지 않았던 것이다.

그는 장사를 할 때 인연을 가장 우선 순위에 두었다. '인연'이란, 안으로는 직원이 회사에 한결같은 충심을 다하는 것이고, 밖으로는 같은 일을 하는 사람들끼리 서로 격려하는 것이라 할 수 있다.

호설암은 부강 전장을 개업할 때, 신화 전장의 근심을 해소하기 위해 다음을 분명히 밝혔다. "부강은 신화 전장의 장사에 손대지 않을 것이며, 새로운 길을 개척할 것이다. 절강 해운국의 자금 왕래는 원래 약정대로 신화 전장이 맡아서 운영할 것이다." 신화 전장으로서는 경쟁상대가 아닌, 협력자가 하나 더 생긴 셈이 되었다. 의혹이 사라지자, 그들은 진심으로 부강을 돕고자 했다. 호설암이 장사를 했던 그 세월 동안, 신화는 그에게 많은 도움이 되어주었다. 그것은 당초에 신화의 장사를 빼앗지 않았던 우정의 결과였다.

그는 군수품 장사를 할 때도 돈을 포기하면 했지, 같은 업종의 사람으로부터 원망 살 일은 하지 않았다. 군수품 장사는 이윤이 큰 반면 많은 위험이 따랐다. 호설암은 기존에 가지고 있던 자신의 사업을 기초로 삼고 또 조방의 세력에 힘입어서 군수품 장사에서 정도를 고수했다. 그는 몇 차례 큰 거래를 성사시켰고 군수품 업계에서도 대표적인 인물로 부상했다.

어느 날 호설암은 서양 상인이 성능이 좋은 무기류를 들여왔다는 소식을 입수하게 되었다. 알아보니 상당한 이윤을 남길 수 있는 장사였다. 그는 즉시 서양 상인과 연락해서 그 거래를 성사시켰다.

그런데 한 친구가 그에게 누군가 호설암이 옳지 못하게 장사를 한다고 비난하더라는 말을 전해주었다. 그 서양 상인은 원래 다른 상인에게 군수품을 넘기기로 약속되어 있었다. 다만 대금이 지불되지 않았을 뿐이었다. 이때 호설암이 더 높은 가격에 물건을 가져갔기 때문에, 그가 큰돈을 벌 수 있는 기회를 놓치고 무척 낙심해 있다는 것이었다.

이 일을 알게 된 호설암은 자신의 경솔한 행동을 나무랐다. 그는 즉시 그 상인을 찾아가 이 일을 어떻게 처리해야 좋을지 상의했다. 그 상인은 군수품 시장에서 호설암의 영향력이 얼마나 큰지 잘 알고 있었기 때문에 자신에게 해라도 돌아올까 두려워했다. 그는 잠시 주저하다가, 이 장사는 이왕 호선생에게 돌아갔으니 그것으로 그만이라고 말했다.

이 일은 이런 식으로 해결될 수 있었다. 하지만 호설암은 그러지 않았다. 그는 자발적으로 외국 상인에게 샀던 것과 동일한 가격에 이번 군수품 거래를 그 상인에게 '사겠다'고 말했다. 이렇게 되면 그 상인은 돈 한푼 내놓지 않고 차액을 남길 수 있었다. 얘기가 끝나자, 호설암은 바로 그 자리에서 차액을 내놓았다. 그 상인은 호설암의 상덕(商德)에 감탄해 마지 않았다.

이 일은 세 가지 효과를 가져왔다. 호설암은 이전과 마찬가지로 거래를 완수했고 같은 장사를 하는 사람으로부터 원망을 듣지 않게 되었다. 그리고 업계에서의 명성은 더욱 높아졌다. 그의 능란한 수완은 상계에서 그 지위를 한층 다져주었고, 그가 상계를 종횡무진 누빌 수 있는 법보(法寶)가 되었다.

남의 것을 빼앗지 않는 미덕. 호설암은 장사에서뿐 아니라 정치에서도 늘 이 준칙을 지켰다. 외지에서의 경제활동이 많아지면서 공적인 왕래도 빈번해졌다. 하지만 관직이 없으면 신분이 낮을 수밖에 없으므로 여러모로 불편한 점이 많았다. 호설암은 관직에 뜻이 없었지만 관직을 사야 했다. 후에 왕유령이 세 가지 주요관직을 겸하게 되면서, 항주성 내의 해운국 사무를 직접 관장할 수 없게 되었다. 마침 호설암이 관직을 사자, 왕유령은 그에게 해운국 위원을 맡기려고 했다. 왕유령의 해운국 대리인이 되는 셈이었다.

하지만 호설암은 그럴 수 없다고 했다. 그는 한발 물러서서 다른 사람들을 생각해야 한다고 말했다. 해운국 내에는 경험도 많고 연장자인 주위원이 있었다. 왕유령이 누군가에게 임무를 맡겨야 한다면 당연히 그에게 맡겨야 한다고 주장한 것이다. 자신이 그 자리를 차지한다는 것은 주위원에게 돌아가야 할 이익을 빼앗는 것이나 다름없다고 말했다. 어쨌든 주위원이 일을 주관하게 되더라도 매사를 자신과 상의하게 될 것이므로, 자신은 여전히 막후 대리인으로 일할 수 있다고 덧붙였다. 따라서 대리임무는 주위원에게 맡겨지게 되었다.

호설암은 주위원의 몫을 빼앗아 스스로 적을 만드는 상황을 피하는 동시에 실리를 취하는 안목을 발휘한 것이다.

호설암이 다른 사람의 밥그릇을 빼앗지 않는다고 하는 것은 경쟁과 충돌을 피하는 것이 아니라, 가까운 이익을 버리고 우정을 지킨다는 의미였다. 이것이 먼 장래의 큰 상업적 이익을 가져다주었다.

🔵 호설암 경상지법 86
어리석은 자는 '인정 빚'을 져도 갚지 않는다

장사하는 사람은 협력자에 대해, '금전 빚'뿐 아니라 '인정(人情) 빚'을 지고 있다. 호설암이 이 양자간의 관계를 어떻게 처리했는지 살펴보기로 하자.

일찍이 소년시절부터 그는 사람과 사람 간의 인정 빚에 유의하고, 이를 금전적인 빚보다 더 중요하게 보았다.

도제시절 호설암의 한 친구가 부모님을 떠나 일을 하기 위해 항주로 왔다가 병으로 여관방에 누워 있었다. 이미 보름이나 방세와 식대를 내지 못한데다가 병을 치료하기 위해 의원을 청해야 했기 때문에, 은자 5냥이 없어서 문밖을 나오지 못했다.

호설암은 자신도 박봉이었지만, 도와주는 사람도 없이 곤경에 처한 친구를 그냥 두고 볼 수 없었다. 그는 다른 친구를 찾아갔다. 친구는 없었다. 그는 친구의 아내에게 좀 도와줄 수 있는지 물었다.

친구의 아내는 호설암이 비록 실의에 빠져 있는 듯했지만 안색이 사람을 속일 사람 같지는 않아서 주저하지 않고 그에게 은자 5냥을 빌려주었다.

호설암은 어깨에 달려 있던 팔찌를 끄집어내더니 친구의 아내에게 말했다. "지금 제 상황이 좋지 못하여, 이 5냥을 언제 갚을 수 있을지 모르겠습니다. 하지만 꼭 갚겠습니다. 팔찌는 한두 냥의 가치도 나가지 않아서 저당 잡힐 물건도 안 됩니다. 하지만 이 팔찌는 제 모친이 하시던 것이어서, 제게는 무척 소중한 물건입니다. 이렇게 드리는 것은 돈을 갚아야 한다는 것을 잊지 않도록 저 자신을 일깨우기 위해서입니다."

후에 성공한 후, 호설암은 이 돈을 갚았다. 친구의 아내는 그 팔찌를 호설암에게 돌려주었다. 하지만 호설암은 금전 빚은 갚았지만, 그 너머에 있는 인정의 빚은 갚지 못했다고 생각했다. "아직 가지고 계십시오. 제가 갚은 것은 단지 은자 5냥뿐, 두 분의 정은 갚지 못했습니다. 지금 사시는 형편이 괜찮으시니, 제가 돈을 더 드리는 것은 큰 의미가 없을 것입니다. 나중에 그때의 인정을 갚을 기회가 오면, 제가 팔찌를 가지고 가겠습니다."

후에 그 친구는 장사를 하다가 사기를 당했는데, 이 소식을 들은 호설암은 직접 나서서 도와주었다. 다행히 친구는 곤경을 모면했고, 그의 아내는 다시 그 팔찌를 내놓았다. 호설암은 그때서야 그것을 받아 넣었다.

"금전 빚 너머에 있는 인정은 언제나 금전보다 더 중요한 것이다." 호설암 역시 이 말의 덕을 보았다. 왕유령이 실의에 빠져 지낼 때 위험을 무릅쓰고 그에게 은자 5백 냥을 주었는데, 성공한 왕유령이 돈뿐만 아니라 그에게서 받은 인정도 갚았기 때문이다. 이 인정이 호설암의 창업자본이 되었다.

호설암은 금전 빚과 인정 빚이 서로 상충될 때에는 항상 인정을 택했다.

서양 상인과의 무역을 성공시키기 위해 호설암은 사람의 마음을 얻고 동업자를 끌어들이며, 시장을 장악하고 가격을 독점하는 등 그야말로 치밀하고 세심하게 계획을 세웠다. 그는 관부의 세력, 조방의 행수 그리고 서양 상인 사이에서 온갖 지모와 책략을 동원했다. 또한 서양 상인과 전쟁을 하는 와중에도 주복년 같은 소인배들과 맞서야 했다. 정말 위험하기 그지없는 한판 승부였다. 하지만 마침내 그는 서양 상인들과의 첫번째 생사거래를 성사시키고, 은자 18만 냥을 벌어들였다. 물론 지출도 많았고 이익을 분배해야 할 협력자와 뇌물을 바쳐야 하는 곳이 많았기 때문에 오히려 1만 냥의 손실이 났다. 공연히 한바탕 헛수고를 한 것이나 마찬가지였다. 하지만 비록 한푼도 못 번다 하더라도, 나누어야 할 것은 나누고 지불해야 할 것은 지불해서 결코 친구에게 손해를 끼치지 않겠다고 단호하게 결정했다.

이렇게 나누고 지불하는 가운데 호설암은 큰 수확을 얻었다. 협력자와 친구들은 호설암에게 크게 감동했다. 그들은 호설암이 친구와의 정을 중시하는 인물임을 알게 되었다. 앞으로 고통도 기쁨도 함께 할 수 있다는 의리도 느꼈다.

호설암은 이번 장사에서 서양인들과 접촉하는 경험을 쌓게 되었다. 그들과의 기본적인 의사소통 창구를 확보하게 된 것이다. 이것은 장차 군수품 거래와 외채도입을 위한 기초가 되었다. 동시에 생사업계의 거두 방이와 견고한 협력관계를 구축할 수 있게 되어서 생사시장에서 자신의 입지를 마련하게 되었다. 이후에 생사시장을 장악하고 조종할 수 있는 절대적인 조건을 구축한 것이다.

하지만 가장 중요한 수확은 뭐니뭐니해도 조방의 우오, 양상의 고응춘, 호주의 욱서 등 그와 죽음도 함께할 수 있는 친구와 조력자들을 얻었다는 점이다. 그것은 돈으로는 환원할 수 없는 가치였다. 호설암이 추진한 대규모 장사는 그들의 도움으로 이루어졌다고 해도 과언이 아니다. 생사장사에서 호설암은 비록 돈은 손해를 보았지만, 엄청난 인정을 벌었다고 할 수 있다. 전자는 그 액수가 한정되어 있지만, 후자는 그에게 무한한 기회와 부를 가져다주었다.

장사를 하다 보면 금전적으로만 자신의 손익을 계산할 수 없을 때가 많다. 금전적으로만 타산을 맞추면, 정확한 계산에 의해 약간의 이득을 얻을 수는 있을 것이다. 하지만 큰 성과를 이루기는 어렵다. 반대로 금전적인 손익에 어느 정도 대범해지면, 생각지 못했던 큰 이익이 장기적으로 돌아오기도 한다. 호설암이 바로 금전적인 손익에 연연하지 않고, 나누고 지불하는 과정에서 이러한 수익을 얻었던 것이다. 실로 그의 대범하고 장기적인 안목에 감탄하지 않을 수 없다 하겠다.

그리고 호설암의 이름이 더 빛나는 이유는 그가 '다른 사람을 대하는 것에는 너그럽고, 자신에게는 엄격한' 잣대를 가지고 있었다는 점이다. 그의 이런 마음가짐은 '친구나 협력자들과의 신용'이라는 구체적인 표현으로 나타났다.

호설암은 장사에서 신용을 보여주는 것에 주의를 기울였다. 그와 방이의 협력은 서양 상인을 상대로 한 첫번째 생사장사를 성사시켰다. 이 거래의 진행과정에서 그는 방이가 운영하는 상해 생사점포 관리자 주복년의 '문제'를 발견하게 되었다. 호설암은 주복년을 잘 설득하고 그로 인해 발생한 문제들을 매끄럽게 처리했다. 이 일로 방이는 호설암의 인품에 진심으로 감복하게 되었다.

그는 호설암을 무조건 자신의 장사에 받아들였고, 그에게 상해의 생사거래에 대한 전권을 주었다. 방이가 생각해 낸 방법은 자신이 직접 호설암에게 지분을 넘겨주는 것이었다. 이렇게 하면, 호설암은 그의 협력자이면서 동시에 경영자의 신분을 가질 수 있었다. 상해 생사장사를 관리할 수 있는 당당한 지위를 확보하게 되는 것이다.

방이와의 전면적인 협력은 호설암에게는 더할 나위 없이 좋은 일이었다. 하지만 호설암은 아무런 대가도 지불하지 않고 지분할당을 받을 수는 없다고 말했다. 방이가 지분을 배당하겠다면 자신은 반드시 반드시 자금을 투자하여 지분을 매입해야 한다고 생각한 것이다. 방이에 비해 자금력이 약했기 때문에, 방이가 40만 냥을 내놓고, 자신은 10만 냥을 내놓았다. 지분은 2할이었다. 이외에 협력 계약서도 작성했다.

호설암의 생각은 아주 명확했다. 정은 정이고, 장사는 장사였다. 이를 한데 뒤섞을 수는 없었다. 계산은 정확해야 하는 법이다. 우정으로 도움을 주자고 시작했다가 일이 잘못되기라도 한다면, 나중에 후회하며 서로 마음만 상하는 상황이 올 수도 있다. 그렇게 되면 시작처럼 끝이 좋을 수는 없을 것이다. 자연히 장사의 협력도 좋은 결과를 얻을 수 없다.

따라서 호설암이 이렇게 한 것은 현명한 결정이었다. 그와 방이 사이에는 협력자의 계약이 성립되어 명확한 책임과 신용관계가 생긴 것이다. 친구가 아닌, 책임과 신용관계를 구축함으로써 장기적으로 협력할 수 있는 보장이 된 것이다.

장사는 정만으로는 부족하다. 정리(情理) 이외에 규정에 의한 보장이 있어야 한다. 중국 속담에 "친형제도 계산은 정확해야 한다"는 말이 있다. 호설암은 '금전 빚'과 '인정 빚'의 관계를 적절하게 처리할 줄 알았던 것이다.

⊕ 호설암 경상지법 87
큰 선행을 베푸는 인생은 찬란하다

　　상인은 이익을 좇는 직업이다. 이 때문에 전통사회에서는 상인을 간교함과 인색함의 대명사로 보았고, 이익만을 중히 여기는 사람으로 여겼다. 하지만 이것은 편견이다. 역사상 의로움과 이익을 모두 중요하게 생각한 지혜로운 경영자들이 많았다. 그들은 재물을 아끼지 않고 자선과 공익사업에 열성을 쏟았다. 그들은 선한 이름이 널리 알려지면서 사업에서도 더욱 큰 보답을 얻었다. 일찍이 춘추전국 시대에, 월왕 구천을 도와 오나라를 멸한 범려는 19년 동안 천금의 재물을 모았고, 수차례에 걸쳐 빈민구제와 고향을 돕는 데 재물을 바쳤다. 범려의 자손은 그의 사업을 이어받아 더욱 발전시켰고 재물은 천금에서 만금으로 불어났다. 이는 범려가 부(富)로써 덕(德)을 행한 보답이었다.

　　범려 이후에도 공익과 자선사업에 큰 도움을 준 거상들이 적지 않았다. 예를 들어 명청대의 산서와 휘주 양대 상단의 많은 상인들은 구휼사업, 다리와 도로 건설, 의복과 식량 기부, 제방 건설, 학문 발전 등에 재물을 아끼지 않았다. 이는 모두 공공의 이익을 위한다는 미덕에서 비롯되었다.

　　자선을 행하기 위해서는 필연적으로 돈이 있어야 한다. 상인은 선행을 통해 이미지를 만들어야 하므로 돈을 쓸 때는 아끼지 말아야 한다. 또한 돈을 쓰는 시기와 장소가 적절해야 한다. "1냥으로 10냥을 벌 수 있어야만 비로소 돈을 썼다 할 것이다." 전란이 끊이지 않던 시대를 산 호설암은 이름을 널리 알리기 위해서는 은혜를 베풀어야 한다는 이치를 잘 알고 있었다.

　　호설암의 고향에는 전당강이 있었다. 고대에는 절강, 점강, 나찰강 그리고 지강으로 불렸다. 이 강은 절강성에서 가장 큰 강이자, 동남지역의 대표적인 강이었다. 전당강의 주요 지류는 란강, 포양강 그리고 조아강이 있었다.

1세기도 더 전에 전당강의 강폭은 10여 리에 달했다. 봄가을 우기가 되면, 상류는 물살이 급하고 빨라서 마치 활시위를 떠난 화살 같았다. 강물이 별자문에서 바다와 만나면, 세차게 출렁거리는 기세가 '전강의 파도'를 형성했다. 급류와 바다의 만남은 다시 전당강의 굽이치는 물살을 복잡하게 만들었다. 이 물살은 예로부터 배의 운행을 위협해 왔다. 청조 말엽까지, 전당강 양쪽의 주민들은 날씨가 화창하고 바람이 잦아드는 날을 택하여 고깃배로 강을 건넜다. 가족 중에 강을 건너가야 할 사람이 있으면, 다른 가족들은 모두 무사히 돌아오기를 기원하며 신에게 제사를 올렸다. 그렇다고 위험이 줄어드는 것은 아니었다. 강을 건너는 어려움을 해결하기 위해, 호설암은 10만 냥을 내놓았다. 그는 "이 일은 안 해도 그만이지만, 하면 모든 어려움을 해결할 수 있고, 적어도 50년에서 100년은 그 혜택을 입을 수 있다"고 말했다.

당시 항주의 전당강에는 나루터가 하나도 없었다. 그래서 강소흥, 금화 등 '상팔부' 일대의 사람들이 항주로 들어올 때에는 모두 배를 타고 와서 망강문에서 내렸다. 당시의 엽종덕 약국은 망강문 거리에 있었기 때문에 늘 사람들로 북적거렸다. 하지만 호경여당은 하방가 대정항에 있었으므로 주로 항가호 등 '하삼부'의 손님들이 찾아왔으며, 상팔부 일대의 손님이 오는 경우는 매우 드물었다. 경쟁에서 안정된 뿌리를 내리기 위해서는 천시, 지리 그리고 인화 세 가지 요소가 갖추어져야 한다. 그렇다면 지리적인 열세는 어떻게 바꿀 수 있을까?

호설암은 직접 나루터로 나와 조사를 해보았다. 그때 한 사공이 "상팔부에 사는 사람들이 항주로 들어오는 길을 바꾸고 싶으시면, 반드시 여기에 나루터를 만들어야 합죠!" 하고 힘주어 말했다. 말하는 사람은 무심코 한 말이었으나, 듣는 사람에게는 의미심장하게 들렸다. 나루터에서 돌아온 호설암의 머릿속에는 이미 생각이 정해졌다. 그는 다시 강변을 따라가며 조사를 했다. 서흥에서 배로 강을 건너면, 뱃길도 멀고 풍랑이 심해서 위험한 일이 발생하기 쉽다는 것을 알게 되었다. 호설암은 삼랑묘 부근의 강폭이 비교적 좁은 곳을 택해 그곳으로 나루터를 '가져와서' 상팔부의 사람들이 이 곳을 통해 성내로 들어오도록 만들기로 결정했다.

나루터는 신속하게 만들어졌다. 호설암은 몇 척의 대형선박을 만들어서, 사람뿐 아니라 마차와 가축들도 강을 건널 수 있도록 했다. 더구나 누구나 무료로 이용할 수 있었다. 시간과 돈을 절약할 수 있었기 때문에, 상팔부의 사람들은 너나없이 크게 기뻐했다. 자연히 호경여당도 상팔부의 손님들 사이에서 널리 알려지게 되었다. 상팔부에서 온 행인들도 이 길을 따라 성으로 들어왔다. 호경여당의 지리적 열세가 우세로 바뀐 것이었다. 엽종덕은 나루터의 개통으로 인해 금세 내리막을 걸었다. 실로 일석삼조의 효과를 거두었다고 할 수 있었다.

호설암이 나루터를 세운 것은 항주 내의 유명한 약국 엽종덕과의 장사에서 먼저 기선을 잡기 위해 비롯되었다는 것을 알 수 있다. 전당강 나루터를 세우게 된 원인에 대해 갖가지 설이 있지만, 이렇게 대체적인 윤곽을 잡을 수 있다. 태평천국이 절강을 공략하기 전, 지방정부는 관원들의 기부금을 전강을 운영하는 호설암에게 모두 주어 나루터 공사를 계획하게 했다. 불안정한 시국으로 도중에 중단되었다가, 관군이 회복한 후에 호설암이 다시 이 일을 추진하면서 거액의 자금을 기부했다.

호설암은 나루터를 세운 후, 임시로 작은 배를 운행하여 행인들의 편리를 도왔다. 이 배는 매일 10여 차례 강을 오갔는데, 일반 손님들은 돈을 한푼도 낼 필요가 없었다. 다만 막일을 하는 사람이 나루터를 건널 때에는 반드시 사공을 대신하여 잠시 배를 저어야 했다. 나루터는 모두에게 혜택을 주는 곳이었기 때문에 막일을 하는 사람도 기꺼이 잠시나마 자기 힘을 보탰다. 전당강에는 구명배가 있었다. 풍랑이 심한 날에는 선박운행이 중단되고, 구명배에는 붉은 깃발이 내걸렸다. 구명배는 순찰을 하다가 위급한 상황을 만난 배를 보면 재빨리 달려가서 구조했다.

전당강 나루터는 호설암의 명성을 널리 알리고, 상팔부와 하삼부를 연계하는 역할을 했다. 이는 객관적으로 상업발전을 촉진했고, 호설암의 장사에도 크게 이익을 가져왔다.

광서 연간에 호설암이 파산하자 더 이상 나루터를 유지할 수 없게 되었다. 이렇게 되자 '절강유호칠읍동향회'의 이사 가운데 한 명인 유낭주(兪囊周)가 사회 각계각층에 기금모집을 하여, 호씨의 의로운 뜻을 계승하고자 했다. 그는 상해의 외국 상인으로부터 소형 기선 한 척을 구입하여, 원래의 나무선박을 대신했다. 후에 다시 디젤엔진 선박 네 척으로 늘어났다.

신해혁명 후 정부는 의도국(義渡局)을 설치하여, 각 성에서 나루터를 관리하게 했다. 이로 인해 민영으로 운영되던 나루터가 관과 민이 함께 운영하는 체제로 바뀌었다. 이때에도 여전히 무료로 운영되었다. 지금도 전당강 남쪽 기슭에 있는 이 나루터는 인민정부에 의해 중건되어 지금은 설비가 한층 좋아졌다.

이외에도 그의 선행은 많다. 해마다 각지에서 자연재해가 발생하면 호설암은 주저하지 않고 기부금을 내놓았다. 물론 좋은 일이기에 행한 것이기도 했지만, 그는 굶주리는 백성들이 그 혜택에 고마워하고 관부에서도 자신을 새로운 눈으로 보게 될 것이라는 것도 알고 있었다.

절강이 회복된 후, 호설암은 좌종당을 찾아가서 쌀 1만 석을 항주로 운반해 왔다는 보고를 했다. 좌종당은 전란으로 인해 관부의 재정이 바닥났기 때문에 쌀 구입자금을 한꺼번에 갚기는 어렵다고 말했다. 하지만 호설암은 그것은 기부한 것이며 관부에서 갚을 필요가 없다고 말했다. 이 말에 좌종당은 크게 놀라워하면서도 감탄해 마지 않았다. 좌종당은 조정에 상소를 올려 호설암을 크게 칭찬하면서 '관례를 깨고 상을 내리기를' 성심으로 청했다. 호설암의 수완이 얼마나 뛰어난지 알 수 있는 대목이라 하겠다.

⊕ 호설암 경상지법 88
눈을 크게 뜨고 천하를 보라

평생동안 상인의 길을 걸으면서도 호설암이 품었던 한 가지 포부는 '위로는 나라를 걱정하고, 아래로는 백성을 걱정한다'는 것이었다. 그는 전통적인 상인들이 지녔던 품성 가운데 중요한 이념인 '보국(報國)'과 '우민(憂民)'을 계승했다. 서양인과 무역을 하고 서역정벌에 협력한 것은 보국이었고, 자선을 행하고 빈민을 구제한 것은 우민이었다.

호설암은 항상 이렇게 생각했다. 관직에 오르든 장사를 하든, 모두 사회적 책임을 지고 있다. 자신의 이익을 생각해야 하지만, 또한 천하의 백성을 생각해야 한다. 그렇지 않으면 관리는 탐관이 되고, 상인은 간상이 된다. 이들은 어떤 일을 하든 좋은 결과를 얻을 수 없다. 이렇게 그는 항상 가슴속에 세상을 구제한다는 정신을 갖고 사업을 했다.

자고로 상인은 늘 이익을 위해 분주하다. 그래서 상인은 날카로운 안목으로 만사를 살펴 이익을 도모할 수 있는 기회를 찾아내고자 한다. 이익은 사람의 눈을 멀게 하기 때문에, 다른 일과 분별하기가 어렵다. 따라서 온종일 안절부절 불안해 하며, 오로지 권세에 빌붙는 것이 능사라고 여긴다. 중국에서 전통적으로 상인을 멸시하는 것도 많은 상인들이 자중할 줄 모르고, 오직 권세에 빌붙는 것만을 알았기 때문이었다.

호설암이 살았던 시대는 상업이 비교적 크게 발전했지만, 상인의 지위는 그렇게 변화가 없었다. 하지만 호설암은 예외였다. 동시대의 사람들이 입을 모아 칭송했고, 후대에 이르러서도 그에 대한 존경이 끊이지 않고 있다. 그 이유는 무엇일까? 그가 일개 전장 직원의 신분에서 누구보다도 많은 부를 이룩한 거상으로 변신했다는 사실 때문은 아니다. 진정으로 사람들을 탄복케 한 것은 몸은 상계에 있었지만 마음은 천하를 걱정했다는 사실 때문이다.

절강성은 기후가 온화하여 뛰어난 자연환경을 자랑하며, 중국에서 주요한 약재 산지 가운데 하나였다. 또한 약재의 품질도 뛰어나서 역대 황제의 어의들이 사용해 왔다. 천혜의 자연조건으로 인해, 일찍이 남송 때부터 항주에서는 중의약이 발전하기 시작했는데, 이곳에서 생산되는 약재의 종류만도 70여 종에 달했다.

조정은 '혜민화제약국'을 설치하여 약국과 민간의 조제법을 수집했고, 『태평혜민화제국방』을 편성하여 병증과 조제법을 상세히 기록했다. 중국에서는 '어려울 때는 혼자 몸만 생각하지만, 출세해서는 천하를 더불어 구제한다'는 말이 처세관념으로 숭상되어 왔다. 또한 의술과 약으로 죽어가는 사람을 구하면 사회로부터 널리 존경을 받았다. 호설암은 중의약이 발달한 항주에서 살았기 때문에 중의문화의 영향을 많이 받았다.

한편 함풍, 동치, 광서 세 황제의 치세 동안, 전국적으로 농민봉기와 열강과의 전쟁이 끊이지 않았다. 한차례의 전쟁이 끝날 때마다, 시체가 산을 이루었고, 여기에 자연재해까지 빈번하게 일어나 각지에서 역병이 창궐했다. 1851년(함풍 원년)에는 인구가 4억이 넘어, 1811년에 비해 15.3퍼센트 증가했다. 하지만 1875년(광서 원년)에는 인구가 3억 2천만 명으로 줄어들었다. 이는 전란과 역병 때문이었다. 호설암은 죽어가는 사람을 구하고 병자들을 치료하겠다는 결심을 하게 되었다.

그는 관군어 태평군 진압과 서역정벌에 나섰을 때, 강소와 절강성의 명의들을 찾아가서 '호씨벽온단', '제갈행군산', '팔보홍령단' 등의 약을 조제하도록 요청했다. 그는 이 약들을 증국번과 좌종당의 군영 및 섬서와 감숙 등 각 성의 재해지역으로 보냈다. 전란이 끝난 후, 호설암은 약국을 시작하기로 결정했다.

호설암이 난세에 약국을 연 것은 일종의 자선사업이었다. 난세에 역병이 만연하고, 관군과 반란군의 충돌이 끊이지 않았기 때문에, 수많은 사람들이 다치거나 고향을 등지고 떠났다. 풍토가 맞지 않아서 병이 나기도 하고 음식을 잘못 먹어 병이 나기도 했다. 도처에서 약을 필요로 했다. 하지만 전쟁으로 피폐해진 시대에 돈을 가진 사람은 많지 않았다. 따라서 약국을 연다는 것은 손해를 볼 게 뻔한 일이었다.

호설암도 이 상황을 잘 알고 있었지만, 천하 백성들의 불운을 근심하는 마음으로 기꺼이 손해를 자청했다. 그는 각지의 전장에 명을 내려 약포를 열게 했다. 돈이 있는 병자에게는 돈을 적게 받고, 돈이 없는 병자는 무료로 병을 보고 약을 주도록 했다. 게다가 호설암은 상군 및 녹영 군대와 계약을 맺어, 원가만 제공하면 자신의 조제약을 공급했다. 증국번은 이 사실을 알고 "나라에 대한 호씨의 충절이 나보다 못하지 않구나" 하며 감탄했다.

태평천국군이 진압된 후, 천하의 선비들이 과거를 치루기 위해 몰려들었다. 호설암은 다시 각종 약품과 예물을 선비들에게 보냈다. 매년 시험이 치루어질 때마다 밤낮없이 달려오느라 심신이 지친 선비들이 종종 병으로 쓰러졌기 때문이다. 물론 이렇게 한 데는 이유가 있었다. 시험관과 선비들의 칭찬이 자자했고, 어떤 이들은 호설암에게 감사의 뜻을 전해오기도 했다.

그가 과거를 보러 온 선비들에게 약을 증정한 일로 천하의 모든 선비들이 그를 칭송했고, 조정에서도 그에게 2품 관직을 하사했다.

이것은 모두 공리적인 목적에서 비롯된 것처럼 보인다. 호설암은 공리적인 목적으로 이렇게 했을까, 아니면 이렇게 했기 때문에 공리적인 결과가 따라왔을까? 하지만 이것은 우리 논의의 핵심이 아니다. 사실 세상의 많은 것들이 의(義)와 이(利)의 분별이 분명치 않다. 안목이 있는 상인이라면, 어느 한쪽만을 취할 것이 아니라 이 둘을 잘 결합해야 한다. 그것이 성공의 지름길이기 때문이다.

1875년부터 호설암은 고용인들에게 '호경여당약호'라는 글씨가 적힌 제복을 착용하게 하고, 뱃길이나 육로로 오가는 상인과 행인들에게 벽온단, 홍역치료약 등 상비약을 무료로 나누어주었다. 이렇게 해서 외지에서 항주로 오는 사람들에게 항주에 유명한 호경여당이라는 약국이 있다는 것을 알렸다. 1875년에서 1878년까지, 이렇게 나간 비용만도 은자 10만 냥이 넘었다.

동시에 《신보》 등 신문에 광고를 냈고, 『절항호경여당설기환산전집』을 인쇄하여 사회각계에 보냈다. 사람의 입은 움직이는 광고였다. 호설암이 행하는 자선사업은 그것을 본 사람들의 입을 타고 널리 퍼져나갔다. 그리하여 호경여당이 문을 열기도 전에 이미 그 이름이 전국에 알려졌다. 1878년 대정항에서 약국이 문을 연 이후, 그동안의 비용은 몇 배의 이윤이 되어 돌아왔다.

1880년에 이르러, 호경여당의 자금은 280만 냥에 달하여, 북경에 있는 100년 전통의 동인당과 남북으로 대치하는 형세를 이루었다. "북에는 동인당이 있고, 남에는 경여당이 있다"는 말이 사람들 사이에서 회자되었다. 약업에 대해 전혀 알지 못했던 한 인물이 마침내 중국 약업사상 빛나는 한 획을 그은 것이다. 의술을 행하고 약을 나누어주어 병자를 고치는 것은 유가사회에서 부르짖는 '인도(仁道)'에도 부합했다.

호경여당을 시작했을 무렵, 호설암에게는 이미 막강한 실력자 좌종당이라는 언덕이 있었고 청조의 각급 관리들과도 밀접한 관계를 유지하고 있었다. 자금력이 수천만 냥에 달했던 그를 사람들은 '살아 있는 재신(財神)'이라 부르며 존경했다. 따라서 그가 약국을 시작한 것은 경제적 이익만을 위한 것은 아니었으며, 자선사업을 위한 수단이었다. 하지만 선한 이름은 어느새 숫자로 가늠하기 어려운 실리로 변모했다.

오늘날도 마찬가지다. 많은 갑부와 거부들이 곳곳에 기부를 하고, 고아와 노인들을 돌보고, 학교를 세우는 등 자선사업을 통해서 그들의 이름과 상품을 더욱 인정받고 있다.

호설암의 사업 가운데 전장과 전당포가 대표적이었고, 약업은 극히 일부에 지나지 않았다. 하지만 그가 파산하고 사망한 후, 그 가족들이 생계를 의지했던 것은 바로 호경여당이라는 간판이었다. 호경여당이 없었다면, 호설암의 명성도 오늘날까지 이렇게 전해지기는 어려웠을 것이다. 이 또한 호설암이 약국을 열고 '인술(仁術)'을 행한 선한 보답이라 하겠다.

장사의 신 호설암

초판 1쇄 2004년 3월 20일
초판 15쇄 2013년 12월 10일

지은이 | 증다오
옮긴이 | 한정은
펴낸이 | 송영석

펴낸곳 | (株)해냄출판사
등록번호 | 제10-229호
등록일자 | 1988년 5월 11일(설립연도 | 1983년 6월 24일)

121-893 서울시 마포구 잔다리로 30(서교동 368-4) 해냄빌딩 5 · 6층
대표전화 | 326-1600 **팩스** | 326-1624
홈페이지 | www.hainaim.com

ISBN 89-7337-606-3

값 15,000원